CW01332807

CIĄGLE PO KOLE

ROZMOWY Z ŻOŁNIERZAMI GETTA WARSZAWSKIEGO

ANKA GRUPIŃSKA

CIĄGLE PO KOLE
ROZMOWY Z ŻOŁNIERZAMI GETTA WARSZAWSKIEGO

PRZEDMOWA
PAWEŁ SZAPIRO

Wydawnictwo Książkowe
Twoj STYL

Okładka i typografia Bogna Burska

Zdjęcia całostronicowe Adam Różański

Pozostałe zdjęcia pochodzą z archiwum Żydowskiego Instytutu Historycznego, archiwum Autorki i zbiorów prywatnych. Autorka dziękuje Rozmówcom i ich rodzinom za udostępnienie zdjęć.

Redaktor Maria Nowak

Opracowanie mapy getta Wydawnictwo „Kartografik"

© Copyright by Anka Grupińska, 2000.
© Copyright by Włodzimierz Filipek – „Co było znaczące w getcie... Rozmowa z Markiem Edelmanem", 2000.
© Copyright for the introduction and footnots by Paweł Szapiro, 2000.
© Copyright for the photos by Adam Różański, 2000.
© Copyright for the Polish edition by Wydawnictwo Książkowe Twój Styl, sp. z o.o., Warszawa 2000.

Wydawnictwo Książkowe Twój Styl, sp. z o.o., wydanie pierwsze, Warszawa 2000.

ISBN 83-7163-187-1

Cena 46 zł

Opracowanie edytorskie, łamanie, korekty IND

Naświetlanie Notus Bis

Druk, oprawa Drukarnia Wydawnicza im. W.L.Anczyca s.a. w Krakowie

Spis treści

Przedmowa – *Paweł Szapiro*	7
Co było znaczące w getcie? Nic! Nic! Nie mówcie bzdur!	
Rozmowa z Markiem Edelmanem – *Anka Grupińska i Włodzimierz Filipek*	17
Wtedy było mnóstwo legend...	
Opowieść Szmuela Rona	39
Ktoś musiał tę szafę dosunąć od zewnątrz...	
Rozmowa z Maszą Glajtman Putermilch	49
Ja opowiadam tak powierzchownie, bo ja nie pamiętam.	
Rozmowa z Pniną Grynszpan-Frymer	81
Bo my byliśmy tacy żołnierze szeregowi.	
Rozmowa z Aronem Karmi	111
No przecież jestem!	
Rozmowa z Lubą Gawisar	153
Tak naprawdę – w 1942 roku wyszłam z domu	
i nigdy do niego nie powróciłam.	
Rozmowa z Adiną Blady Szwajgier	169
I to jest cała moja biografia.	
Rozmowa z Haliną (Chajką) Bełchatowską i Bronkiem Szpiglem	213
Wiem, co wiem i pamiętam, co pamiętam.	
Rozmowa z Kazikiem Ratajzerem	223
To wszystko nie ma żadnego znaczenia.	
Rozmowa z Markiem Edelmanem	273
Przypisy – *Paweł Szapiro i Anka Grupińska*	317
Biogramy	377
Indeks osób – *Maria Nowak*	393
Mapa getta warszawskiego	399

Przedmowa
Dookoła „Po kole" i wokół „Ciągle po kole"

I

Od daty wydania książki zatytułowanej *Po kole. Rozmowy z żydowskimi żołnierzami* minęła już prawie dekada. Dla mnie i dla kilku innych z mojego pokolenia „krążących" – podobnie jak Anka Grupińska – „Wokół tamtego świata i nie mogących go dotknąć" (to fragment dedykacji książki) *Po kole* pozostaje jednak „ciągle" książką kultową. Że jest inteligentnie pomyślana – to było widoczne od pierwszej chwili; że powzięty zamysł Grupińska realizowała konsekwentnie i umiejętnie – zorientowałem się natychmiast po przeczytaniu *Po kole*. Natomiast na upewnienie się, że jest to po prostu mądra książka – i to zupełnie inaczej mądra – potrzebne były, jak się okazało, wszystkie lata mojego „krążenia"; w tym: dłuższe cyrkulowanie po manuskrypcie *Ciągle po kole*.

To ostatnie stało się możliwe, kiedy jesienią ubiegłego roku szczęśliwym zbiegiem okoliczności zostałem chwilowo odizolowany od kłopotów świata codziennego. Nie zatruwany toksynami mej powszedniości, mogłem skupić się na innym niż zwykle (w sensie sposobu i celu) czytaniu tekstu. Wędrowałem po nowej wersji? nowej książce? Anki Grupińskiej. I choć nieznanych mi informacji znajdowałem w niej sporo, tym razem mniej mnie one interesowały. Po zakończeniu lektury miałem dość czasu na staranny namysł, na refleksję: czym i dlaczego ta właśnie książka aż tak bardzo różni się od innych przeczytanych. Na życzenie i ryzyko Autorki, zachęcony przez wydawnictwo, spisałem tę część swych spostrzeżeń i przemyśleń, które uznałem za istotne i zarazem, mam nadzieję, niespecjalnie nużące. Oto one.

II

Wiedziałem dobrze, że wielu czytelników dla różnych przyczyn ciekawych „tamtego świata" (także i ci znający go z autopsji, ze zrozumiałych powodów – najsurowsi recenzenci) wysoko oceniło *Rozmowy z żydowskimi żołnierzami*, tekst z roku 1991. Uznałem wówczas – i tak uważam nadal! – że stało się tak przede wszystkim dlatego, iż zapis sporządzony został znacznie bliżej Holokaustu niż jakakolwiek inna książka „niewspomnieniowa", czyli napisana przez autora z zewnątrz, obcego w pewnym sensie.

Po raz kolejny przekonałem się, że o pewnych trudnych, zupełnie nowych sprawach, z rozmaitych powodów wcześniej nie postrzeganych lub tabuizowanych, dobrze pisać w sposób dotąd nie praktykowany. Inaczej sprawy te pozostają nie zauważone. Pytanie tylko, jak konkretnie to robić? Na pewno także i tak, by pozostały one nie zauważone, by pisarski warsztat nie pokonał treści. Książka Anki Grupińskiej przykuwa uwagę prawie każdym szczegółem, a także dobrze się czyta jako całość. Ciekawość jednych wzbudza zapisem tego, co działo się w getcie, a o czym nikt dotąd nie mówił, innych – faktem opowiadania o owym „dzianiu się" przez jego uczestników, co często, samo w sobie, bywa fascynujące, jeszcze innych – *sui generis* reportażem z własnego intelektualnego i emocjonalnego doświadczenia z nie byle jakimi rozmówcami. Mnie zaś Grupińska zadziwia umiejętnością opowiadania cudzych opowiadań na swój własny sposób. Dzięki temu nie zanudza czytelnika – jak większość historyków – jakoby obiektywną opowieścią o tym, jak to właśnie było naprawdę. Skromnie nie zajmuje się też tym, co sama sądzi: że było i jak było. Nie ubiera własnych myśli w cudze słowa, i odwrotnie – nie mówi głosem innych. Przedstawia tylko – chciałoby się powiedzieć: prawie słowo po słowie – cudzą (należącą do bardzo skądinąd ważnych osób) wizję zaszłości. Czytelnikowi pozostawia zaś pełną swobodę formułowania własnego zdania.

III

W podtytule książki opublikowanej 10 lat temu Autorka nazwała swoich rozmówców „żydowskimi żołnierzami". Sam, nie tylko ze względów eufonicznych, wolę określenie: „żołnierze żydowscy". Po zmianie szyku wyrazów brzmi ono zdecydowanie lepiej. I co ważniejsze: na pewno jest też bliższe swemu realnemu odpowiednikowi sprzed ponad półwiecza: Żydom w ich własnej organizacji, walczącym w getcie warszawskim w kwietniu 1943. Inwersja wyrazów prowadzi też – co uparcie nie tylko w tym miejscu podkreślam – do stworzenia nazwy własnej, a więc zbitki językowej, przez porównanie z innymi jednoznacznie odczytywanej. A może jednak przymiotnik „żydowski" jako doraźnie ważniejszy, bo informujący i podkreślający, o kim w książce mowa (no i, zdaje się, marketingowo istotny) powinien był zostać umieszczony przed rzeczownikiem „żołnierze"? Nie sądzę. Także dlatego, że walczących w Warszawie kilkanaście miesięcy później, w sierpniu 1944, nikt nie nazywa warszawskimi powstańcami ani powstańcami z Warszawy. Są to bowiem – z rozmaitych powodów – powstańcy warszawscy. Rozmaitej narodowości żołnierzy, oczywiście między nimi także i Żydów, było wiele milionów w armiach II wojny światowej. Natomiast wojsko warszawskiego getta – i to nie

PRZEDMOWA

tylko dlatego, że było w nim zaledwie kilkuset żołnierzy i wszyscy byli Żydami – stanowi ewenement w historii.

O swoistości żołnierza i żołnierzy z warszawskiej dzielnicy zamkniętej, o specyfice narodowej armii bez państwa, którą sami sobie stworzyli, o stopniach wojskowych w tej armii rozumianych pod słowami: anielewicz, edelman, ratajzer, karmi, szwajgier itd., o żydowsko-niemieckiej wojnie, jaką tamci żołnierze toczyli, o prowadzonej przez ich dowódców polityce w getcie, tak by stała się w końcu globalną – o tym wszystkim również traktuje ta książka. I jeszcze, czasem jakby niechcący, w ustalonych przez rozmówców proporcjach, opowiada o odwadze, strachu, przyjaźni – także nieoczekiwanie dużo o miłości, o tym, bez czego nie sposób opisywać życia ani tam, ani tu, ani nigdzie.

Że to wszystko udało się „wyrozmawiać" i zapisać – należy uznać za osiągnięcie choćby z tego powodu, że bohaterowie, których Anka Grupińska odnalazła po ponad 40 latach i przekonała do długich z nią rozmów, byli ostatnimi żołnierzami Żydowskiej Organizacji Bojowej. Zostało ich siedmiu. Kilkaset godzin rozmów potrafiła ona zapisać na zaledwie kilkuset papierowych stronach. To, że jest jak jest – to w pewnym sensie przypadek, ale i oczywiście wyczucie, które stanęło po stronie Autorki: jeszcze jedna rozmowa więcej i zawahałbym się, czy mam do czynienia z dziennikarstwem czy z literaturą.

Dokonanie jest tym bardziej znaczące, że sporządzony zapis jest niestety – w dosłownym znaczeniu – ostateczny. Nie będzie już po nim żadnego innego. Najkrótsza z zamieszczonych w książce rozmów smutnie unaocznia, dlaczego tak być musi. Uświadamia jednocześnie fakt, że wraz ze schyłkiem holokaustowej historii mówionej powoli przestaje obowiązywać historię pisaną – zupełnie inną historię – klauzula (czy przesadnego?) liczenia się z pamięcią pamiętających, a w konsekwencji: w ogóle z nimi samymi. Rzadko, tylko w przypadku nielicznych potrafiących porządnie opowiadać o cudzej przeszłości, dzieje się to z korzyścią dla tematu.

IV

Na wszelki wypadek – i bardzo szkoda – w podtytule *Ciągle po kole* bohaterów książki nazwano żołnierzami getta warszawskiego. Oczywiście tylko wyrażenie „getto warszawskie" jest tu nazwą własną; jednak nie jest to książka o warszawskiej dzielnicy zamkniętej, a o żołnierzach żydowskich. Na doborze właściwych dla rzeczywistości nazw potykają się wszyscy. Czasem jednak nazw tych nie sposób odnaleźć nawet w rzetelnie spisanych słownikach. Piśmiennictwo holokaustowe szczególnie narażone jest na przypadłość braku właściwych definicji. Niemcy z upodobaniem i z konieczności, chcąc utrzymać Zagładę w tajemnicy przed całym światem, temu, co robili nadawali – jak powiedziałby Tacyt – uczciwe imiona (*honesta nomina praetendebant*). Te uczciwe nazwy niegodnych czynów, owe – jak je nazwał historyk Nachman Blumenthal – „słowa niewinne" tworzą język Trzeciej Rzeszy (*lingua Tertii Imperii*). *Lingua Tertii Imperii*, pojęcie stworzone przez Klemperera, jest nazwą własną. „Słowa niewinne" używane były na określanie zjawisk zgoła nie niewinnych, będących zupełnie nowym, nie opisanym doświadczeniem ludzkości. Dlatego właściwych imion dla owych zjawisk nigdy nie było i dotąd nie ma.

Swoisty slang niemieckich morderców został mimowolnie przejęty przez ich ofiary i świadków zbrodni. Wszyscy oni jednak dobrze rozumieją, o czym mówią, jakie zdarzenia i zjawiska nazywają. Autorka musiała się do tego uproszczenia językowego, czy raczej językowej nieprzystawalności, dostosować. Musiała się jej nauczyć. Nie potrafiąc odpowiedniego dać rzeczy słowa, pamiętać musimy, że w zapisie czasu holokaustowego, a więc także i w tej książce, istnieje cały słownik terminów przybliżonych, umownych a czasem wręcz fałszywych; wszystkie one jednak zastępują skutecznie określenia stosowne, a nie istniejące.

Zauważmy, że najczęściej, a więc najchętniej, opowiadający o czasie Zagłady posługują się figurą językową zwaną niedopowiedzeniem. Tłumaczyć to można zapewne niemożnością opisu rzeczywistości od dawna nie istniejącej i nie wyobrażanej, choć przez jej uczestników zapamiętanej. Przykładów na niemożliwość połączenia tamtego i tego świata w jeden spójny można w książce znaleźć wiele: „inna moralność", wszystko, co stało się potem, jest „mniej prawdziwe", wszystko tam „było nienormalne".

Dla porządku pewnego ustalmy listę podstawowych językowych nieporozumień. „Akcja" w getcie to nie jakaś akcja, a „wysiedlenie"; „przesiedlenie" czy „czyszczenie terenu" to nie żadne przemieszczanie ludzi – są to synonimy dla słów: mord, zabijanie i im pochodne. I dalej: „placówka" to niewolnicza praca poza gettem; „przejście przez wachę" oznacza dramatyczną, bo śmiercią grożącą, ucieczkę z getta; „legitymacja", „zatrudnienie" czy wreszcie słowo-klucz dla życia w getcie – „numerek" znaczą po prostu chwilowe pozwolenie na życie lub zabranie życia; „transport", „rejestracja" i „selekcja" to skazanie na śmierć. Użycie słowa „Holokaust" i niestosowność kryjącego się w nim znaczenia dla opisania zjawiska(?) zdarzenia(?) wydarzenia(?), o którym we fragmencie opowiada książka Anki Grupińskiej, zostało obszernie omówione w jednym z przypisów.

V
Zupełnie osobną sprawą jest tytuł pierwszej, poprzedniej książki. Przy śledzeniu jego losów skazany byłem na domniemania. Książka została nazwana

Po kole. Miało to wyrażenie zapewne być (*vide* autorska dedykacja) symbolicznym zapisem przekonania Grupińskiej, że świata Holokaustu tak naprawdę nie uda się nigdy i nikomu zgłębić, że można jedynie w o k ó ł niego krążyć, nigdy zaś go dotknąć. Wielu jest tego samego zdania. A jednak – i to już moja obserwacja – nielicznym dane było, dane jest, zbliżyć się do niektórych fragmentów tamtego świata. Autorce chyba też – choć trochę może mimochodem, jak zazwyczaj w takich przypadkach bywa – to się udaje.

Dlaczego akurat jej się powiodło, choć tak wielu skapitulowało z góry, a jeszcze więcej innych bezskutecznie próbowało? Anka Grupińska jest w swym działaniu odważna. Że jest to w tym przypadku, powiedzmy, odwaga jubilerskiego praktykanta z żydowskiej anegdoty? To też być może. Ale ponieważ Grupińska osiągnęła na kilkuset stronach wiele z tego, czego oczekiwała (a może nawet i wiele więcej), nie ma znaczenia, dlaczego ręka jej nigdy nie zadrżała i jak zdołała zapisać to, czego najdociekliwsi ledwie się domyślali, a i tak nikogo o to wprost zapytać nie śmieli.

VI

Piszącym czy raczej opowiadającym w pisaniu zagraża zawsze pewna istniejąca realnie pokusa – świat opisywany, świat przedstawiany jest dobrym pretekstem dla opowiedzenia o sobie samym, dla umieszczenia siebie w centrum sprawy, czy wreszcie dla uznania siebie samego za miarę rzeczy. Tej pokusie, niestety, uległo wielu autorów tekstów o Zagładzie. W wypadku Anki Grupińskiej to niebezpieczeństwo zostało na szczęście skutecznie – może też początkowo dzięki przypadkowi? – zażegnane. Otóż bardzo dobrze się stało, że Grupińska w pierwszej rozmowie z doktorem Edelmanem, wiedząc w zasadzie tylko to, co wiedział Sokrates, głównie, zresztą bardzo inteligentnie, słuchała.

Ta pierwsza rozmowa, rozpoczynająca wówczas i teraz zapis spotkań z żołnierzami żydowskimi, jest sama w sobie, ale także (i to mnie interesuje najbardziej) jako pierwszy fragment książki, niezwykle dla całego tomu istotna. Zdaje się, że to właśnie ten tekst umożliwił powstanie wszystkich następnych. Jestem głęboko przekonany, że bez tych kilkunastu stron ani *Po kole*, ani *Ciągle po kole* nigdy by nie powstały. Autorka obu książek o żołnierzach żydowskich najpewniej nie wiedziałaby też, że „najtrudniej jest spotkać Lilit", ja nie pisałbym tej przedmowy i w ogóle wiele rzeczy by się nie zdarzyło. Myślę, że to właśnie pierwsza rozmowa była jej uniwersytetem prowadzenia wszystkich innych i w pewnym sensie nakazem ich spisywania. Że posiada Grupińska umiejętności elementarne: pozwala mówić, niepotrzebnie nie przerywa i rzeczywiście potrafi słuchać, pokazała była nie tylko w pierwszym zapisie rozmowy z doktorem Edelmanem.

VII

W ostatnim ćwierćwieczu dr Marek Edelman udzielił pewnie setek wywiadów, które opublikowano w rozmaitych gazetach, rozmawiał też z wieloma osobami, co zmaterializowało się w postaci kilku książek i filmów. Nikomu – mimo że podejmowały się tego różne osoby, o rozmaitym poziomie wiedzy, nierówno obdzielone zdolnościami i rozmaitymi celami motywowane – nie udało się zapisać tekstu czy zrobić filmu mało ważkiego, w pełni nieudanego czy nieinteresującego. Skłonny jestem uznać, że współautorstwo Doktora w sukcesie jest obojętnie proporcjonalne do udziału, jaki mieli w nim, bądź jaki przypisują sobie, poszczególni autorzy. Zawsze jednak jest większe.

Czy Anka Grupińska zdawała sobie sprawę, iż w istocie, prawie że tylko zapisując „rozmawianie do niej" doktora Edelmana, mnożyła wartość rozmowy? Czy orientowała się, że wybrała najwłaściwszy sposób postępowania? Że jej ówczesna niewiedza, naiwność, a może niewinność, zderzyły się z doktora Edelmana „rozmawianiem do niej" w sposób niezwykły? (Czytelnik bowiem otrzymał tekst wyraźnie nakreślający osobność dwóch światów, do których przynależą słuchani przez niego rozmówcy). Odpowiedzi na powyższe pytania nie znamy. Jednej rzeczy z całą pewnością nie można zakwestionować – od tamtej pory, tamtej rozmowy, od 1985 roku Anka Grupińska przebyła długą i pewnie trudną drogę z tego świata i z pewnością wiele się nauczyła. Zapewne z czasem, i nie w pełni, a raczej etapami, orientowała się, aż zrozumiała, że jej ówczesna niewiedza bynajmniej nie przeszkadzała, potem – że trochę pomagała, wreszcie – iż była tak potrzebna, że aż niezbędna dla powstania niniejszej książki.

Wszystkie rozmowy w pierwszej książce – z wyjątkiem tej jednej z doktorem Edelmanem – zatytułowane są fragmentami wypowiedzi żołnierzy żydowskich. Tytuł tej, właśnie pierwszej, jest minidialogiem z rozmówcą. Pytanie w nim zapisane jest bodaj najlepszym ze wszystkich. Świadomość celności pytań i sformułowań musiała towarzyszyć Ance Grupińskiej przy redagowaniu następnych rozmów. Drugi tekst (opowieść Szmuela Rona) jest właściwie monologiem z pytaniami ukrytymi w wypowiedziach interlokutora. W kolejnych rozdziałach pytania służą jakby tylko „popychaniu" rozmowy. Dopiero ostatnia umieszczona w *Po kole* (rozmowa z Adiną Blady Szwajgier) wydaje się być prawdziwym, pełnym dialogiem.

VIII

Tymczasem otrzymujemy poprawione i uzupełnione wydanie książki. Właściwie – z racji zamieszczenia trzech nowych rozmów przeprowadzonych w ostatnim roku, usunięcia jednej wyraźnie do opowieści o żołnierzach getta warszawskiego nie pasującej, poprawienia nielicznych błędów oraz umieszczenia bardzo wielu nowych przypisów i niezwykle bogatego materiału zdjęciowego tworzących integralną część tekstu – otrzymujemy całkowicie nową książkę.

Zmiana tytułu zdawała się być czymś oczywistym, toteż i jej dokonano. Bardzo długo tytułem właściwszym niż figurujący na okładce wydawał mi się wymyślony przeze mnie: „Wciąż wokół". Anka Grupińska przeforsowała jednak swój pomysł jako otwarcie nawiązujący do pierwotnego tytułu: *Po kole* i nadała nowej książce nazwę *Ciągle po kole*. Gdyby drobiazgowo rozpatrywać problem – miała trochę racji. Przecież słowo „wokół", użyte jako przyimek, znaczy oczywiście dokładnie to samo, co wyrażenie „po kole", czy – jeszcze dokładniej rzecz ujmując – jest synonimem „dookoła"; niby więc nie ma o co kopii kruszyć. Niewykluczone jest jednak inne odczytanie tytułu. Kiedy słowo „wokół" potraktujemy jako przysłówek, znaczyć ono także może „ze wszystkich stron, od wewnątrz i na zewnątrz" czegoś!

Anka Grupińska nie widzi lub nie chce zobaczyć „i – i", czyli obu możliwych znaczeń. Między jednym a drugim wydaniem znacznie zbliżyła się bowiem do istoty zajmującej ją Sprawy (tej pisanej wielką literą, wykraczającej poza problem żołnierzy żydowskich), uwikłała się w nią intelektualnie (do imentu) i emocjonalnie (do granic obsesji). Więc może krąży ciągle po kole, ale – moim zdaniem – czasem, trochę, i: w kole. I to jest główna różnica pomiędzy dwoma wydaniami, czy raczej dwoma omawianymi książkami.

Wiele wspominałem powyżej o znaczeniu pierwszej rozmowy z doktorem Edelmanem. Z pewnością nie przypadkiem książka *Ciągle po kole* zamknięta zostaje drugą rozmową z drem Edelmanem. I zapewne nie tylko chodzi tu, po raz kolejny, o zakreślenie figury geometrycznej. Przywołałem także rozmowę z Adiną Blady Szwajgier i nazwałem ją dialogiem wskazując w ten sposób na drogę, którą Anka Grupińska „wyrozmawiała" sobie ze swoimi bohaterami. Nie znajduję stosowniejszego określenia dla tej ostatniej rozmowy niż rozmowa pełna i intymna.

IX
Stwierdzenie, że wartość odpowiedzi zależy w znacznym stopniu od jakości pytania, jest uwagą banalną. Nie zawsze jednak kwestia ta bywa właściwie zrozumiana i wykonana. Oto w wielu tak zwanych wywiadach-rzekach, a więc gatunku pokrewnym, z którym czytelnik mógł mieć wiele do czynienia w ostatnich latach, troska zadającego pytania i zarazem opracowującego odpowiedzi (modyfikującego zapewne bez końca jedne i drugie przed oddaniem do druku) graniczy niejednokrotnie, jeśli nie wprost z tak zwanym zamysłem

noblowskim, to przynajmniej z zamiarem nie pozostawienia czytelnikowi złudzeń, kto tak naprawdę wie tutaj lepiej i kto tak naprawdę jest ważniejszy. Od ciężaru tej przypadłości książka Anki Grupińskiej jest wolna.

X

W tym miejscu po raz kolejny muszę zrezygnować z opowiadania o tym, co w książce jest, na rzecz powiedzenia dzięki czemu to się tam znajduje. Otóż absolutnym mistrzem światowym, numerem jeden w dziedzinie zadawania właściwych pytań oraz nie zadawania pytań nie na miejscu, jest francuski dziennikarz telewizyjny Bernard Pivot, klasyk i niedościgły mistrz gatunku talk-show. Łatwo rozszyfrować *sui generis* receptę Pivota na prowadzenie rozmowy: pyta bez wahania i fałszywego wstydu (jakby w imieniu największego laika spośród telewizyjnej widowni), rzadko prezentuje własne zdanie, prawie nigdy nie polemizuje, nie dąży za wszelką cenę do uzyskania oczekiwanej odpowiedzi, zadowala się – choć tylko pozornie – odpowiedziami udzielonymi, wreszcie bez fałszywego wstydu demonstruje własną autentyczną niewiedzę. Czasami nieautentyczną. To ostatnie w jego metodzie wydaje się najważniejsze.

Rozmowy prowadzone przez Ankę Grupińską nie są wolne od takiej lub podobnej mistyfikacji. Koniecznej chociażby dlatego, że jej interlokutorzy odpowiadali już wielokrotnie na pytania, które i ona stawia. To, co mówią, na ogół nie jest mówieniem na temat tego, co się zdarzyło, lecz opowiadaniem rzeczy już wielokrotnie opowiedzianych, wysłuchanych i sprawdzonych w odbiorze. Opowiadaniem opowiadania, za którym dopiero ukryta jest prawda, którą trzeba czytelnikowi wskazać.

XI

„W wypadku Zagłady – jak pisał kiedyś Roman Zimand – ze szczególną ostrością jawi się ta immanentna trudność uprawiania historii, którą można nazwać trudnością niemożliwego wypośrodkowania. Mamy z jednej strony świadectwa, źródła pochodzące od ludzi, którzy żyli w getcie, z drugiej naszą wiedzę. Ocena, a nawet prosta próba przedstawienia zachowań, myśli i emocji tamtych ludzi wyłącznie w ich własnych kategoriach myślenia, jest niepodobieństwem. Ocena czy opis z punktu widzenia naszej wiedzy jest z kolei nonsensem. W gruncie rzeczy oba punkty widzenia są tak przeciwstawne, że ich spośredniczenie wydaje się wysoce wątpliwe. A jednak bez prób znalezienia takiej mediacji niemożliwe jest w ogóle uprawianie wiedzy". Mogę jedynie dodać: nie można uniknąć przedstawienia dwóch różnych punktów widzenia, co czyni Autorka poprzez swoje rozmowy. Pozostawia jednak czytelnikom możliwość ich „spośredniczenia" czy „mediacji", czyli skonstruowania wiedzy wyższego rzędu.

PRZEDMOWA

Co prawda, jak pisze Hanna Krall w przedmowie do poprzedniej książki, do *Po kole*: „Nie jechaliśmy do Treblinki. Nie skakaliśmy z wagonów. Nie zakładaliśmy min. Nie robiliśmy stosownych wpisów w karcie choroby". Niby nie jechaliśmy, nie skakaliśmy, nie zakładaliśmy, nie robiliśmy, ale czy Autorka *Zdążyć przed Panem Bogiem* zna świat, w którym my żyjemy, i co wie o tym, co działo się z nami w lipcu tamtego roku?! Bez dopuszczenia tej nieco metafizycznej kwestii nie sposób zrozumieć, skąd tyle empatii w zapisie Anki Grupińskiej.

XII

Terminami kluczowymi w powyższym tekście są słowa „rozmawiać", „rozmówca", „rozmawianie", „wyrozmawianie" no i oczywiście „rozmowa", które nabrały tutaj – odnoszę teraz mocne wrażenie – zupełnie specjalnego sensu. Nawet – choć nie było to zaplanowane – trochę osobistego zabarwienia. Rozmawianie potrafi być – a nie każdy to postrzega i docenia – najbardziej intymną formą kontaktu pomiędzy ludźmi. Czytając książkę *Ciągle po kole* Anki Grupińskiej przysłuchujemy się rozmowom ważnym i intymnym.

Paweł Szapiro

Warszawa, styczeń 2000.

Co było znaczące w getcie?
Nic! Nic! Nie mówcie bzdur!
Rozmowa z Markiem Edelmanem
przeprowadzona wspólnie z Włodzimierzem Filipkiem
dla poznańskiego podziemnego kwartalnika „Czas" w 1985

Chcielibyśmy zapytać, kim pan był przed wojną? W świadomości społecznej funkcjonuje pan jako żołnierz ŻOB-u[1], jako powstaniec getta warszawskiego[2], a my zainteresowani jesteśmy pana genealogią, rodziną. Gdzie pan mieszkał, do jakich szkół uczęszczał? Bo przecież tego nikt nie wie.
Aaa, no tak, tego nikt nie wie, szczególnie sąd nie chce tego uznać, ale to nie ma żadnego znaczenia. Mieszkałem w Warszawie.

Urodził się pan w Warszawie?
Powiedzmy. Tak jest w papierach. Matka była repatriantką z Rosji, ojciec był repatriantem też z Rosji, z Białorusi dokładnie, bo z Mińska, Homla. Ja się urodziłem w Warszawie. Wcześniej, w trakcie tej podróży, umarł mój brat. A gdyby mój brat wyżył, to by mnie nie było. A potem moi rodzice bardzo szybko umarli.

Dlaczego pańscy rodzice opuścili Homel i wyjechali z Rosji do Polski?
Tak naprawdę nie umiem ci powiedzieć, przecież jeszcze mnie wtedy na świecie nie było. Nie sądzę, żeby to był antykomunizm. Możliwe, ale nie mogę ci powiedzieć.

Czy były to przyczyny polityczne?
Możliwe. Przecież wszyscy Polacy z obywatelstwem polskim opuszczali wtedy Rosję.

Czy pańscy rodzice mieli obywatelstwo polskie?
Matka chyba nie, ale ojciec miał obywatelstwo polskie, a więc matce przysługiwało to z urzędu.

Ile pan miał lat, gdy został sam?
Właśnie tego nie wiem dokładnie. Ojciec umarł, jak miałem może cztery, może pięć lat – w 1924, może w 1926 roku, a ja urodziłem się w 1922*. Pamiętam go z tego, że siedziałem kiedyś u niego na kolanach, i nic poza tym.
A mama?
A mama umarła chyba w 1934 roku. To ja miałem lat dwanaście, może trzynaście. Ale dokładnie nie wiem, bo cmentarz, gdzie ona jest pochowana, był zbombardowany dwukrotnie. Raz w 1939, a potem w powstaniu warszawskim. Tam nie ma śladu po jej pomniku. Gdy robiłem maturę w 1939 roku, to uznałem, że trzeba pójść na grób matki i powiedzieć, że zdałem maturę. Wtedy jeszcze był ślad tego grobu, ale ulice robili czy coś takiego, a już w 1940 roku tego grobu nie było.
Kim był pana ojciec?
To jest bardzo ciekawa rzecz, że tego nikt nie wie. Tego nikt nie wie w domu. To znaczy może wiedzieli, ale byłem za mały, żeby mi o tym mówić. Matka pracowała w szpitalu dziecięcym jako intendentka, zawsze po południu. Przychodziła do domu o czwartej nad ranem, gdy ja już spałem, a w domu była tylko Frania.
Kim była Frania?
No, taka Frania. Nie miałem rodziny. Rodzice przyjechali z Rosji. Mama miała dwunastu braci eserów[3]. Nie wiem, czy w 1918, czy w którym roku do Homla przyszli bolszewicy i wyprowadzili wszystkich dwunastu braci (dziadek miał tak dużo dzieci, bo czekał na córeczkę). Nie śmiejcie się, bo to jest istotne. I jak tych dwunastu braci wyprowadzili pod pomnik Poniatowskiego do rozstrzelania, to ona szła, taka *maleńkaja diewoczka*, szła w środku. I ten ruski *czubaryk* powiedział: – *Diewuszka, udiraj*! – Tych dwunastu braci rozstrzelali, a ona jedna została. Po wojnie, zdaje się, córka najstarszego brata tu się pokazała. Nazywała się Tania, ale już jej nie ma. Znaczy może i jest, ale więcej żadnej rodziny nie miałem. Jak dwunastu braci rozstrzelali jako eserów pod pomnikiem Poniatowskiego w ogrodzie Paskiewicza w Homlu, no to kto może?... Jak powiedział Lenin – będziemy robili politykę eserów, ale eserowców posadzimy do więzień. Ale jak trzeba, to zamiast do więzień – lepiej rozstrzelać, bo w więzieniach trzeba dawać jeść.
Czy ta tradycja eserów powodowała również jakoś pana ojcem?
Nie wiem, nie wiem. Ja nie mogę powiedzieć. Matka była normalną socjalistką. Była przewodniczącą czy sekretarzem jakiejś takiej kobiecej organizacji socjalistycznej**. W tamtych latach to była wielka rewolucyjna rzecz, legalna niby, ale wielka rewolucja – bo kobiety, bo socjaliści, bo jeszcze do tego Żydzi.

---

* Marek Edelman urodził się 1 stycznia 1919.
** Żydowska kobieca organizacja socjalistyczna JAF (Jidisze Arbeter Froj).

Marek Edelman, 1937 lub 1938

To znaczy pańska matka należała do PPS-u[4]?
Nie. To był Bund[5]. Ja pamiętam, że ona kiedyś mnie zaprowadziła na jakiś wiec, gdzie przemawiała. To było w Warszawie. Bund to była taka żydowska partia socjalistyczna, jak PPS, która mówiła, że tutaj będzie socjalizm i wszystko jedno, czy jesteś Ukraińcem, Białorusinem, czy Żydem, czy Polakiem, będzie tu normalny kraj.

Czy pana stosunek do komunizmu w latach trzydziestych był jednoznaczny?
Oczywiście. Ja byłem uczony, że komunizm to jest normalna dyktatura, która zabija ludzi po to, żeby utrzymać władzę. Ja jestem tego uczony od dziecka, to nie jest moja zasługa, mnie mama nauczyła, powiedziała: – Marek, chcesz zobaczyć ostatni raz w życiu socjalizm, to pojedź ze mną do Wiednia (w 1934 czy w 1933 roku, już nie pamiętam), bo to jest ostatni raz, kiedy zobaczysz socjalizm. Tam była olimpiada robotnicza, ale ja wolałem pojechać na obóz z koleżankami, i pojechałem.

Jakie szkoły pan kończył?
No, mnie z tych szkół ciągle wyrzucano.

To proszę nam o tym opowiedzieć.
Ale to jest wstyd. Ja się źle uczyłem. Miałem gruźlicę i zacząłem bardzo późno chodzić do szkoły, dopiero od czwartego oddziału szkoły powszechnej. Potem poszedłem do gimnazjum. Byłem tam dwa lata chyba, w tym pierwszym gimnazjum. 1 maja nie wolno było chodzić na pochód, a ja poszedłem, no i spotkał mnie dyrektor, jak wracałem z tego pochodu, i ja, grzeczny chłopak, mu się ukłoniłem. Nazajutrz zawołał moją opiekunkę i powiedział: – Ja go muszę wyrzucić ze szkoły, ponieważ on chodzi na pochody, ale ja go nie wyrzucam za to, że był na pochodzie, tylko za to, że jest głupi. Bo gdyby mi się nie ukłonił, to ja bym go nie widział. – Ostatnie dwa lata byłem w Zgromadzeniu Kupców. Miałem tam bardzo ciężko, bo to była szkoła, w której panowało ONR[6]. Do szkoły ze mną chodził brat Mosdorfa[7]. Tam było okropnie, w tej szkole. Była ciągle zamknięta, bo bili tam Żydów. Zresztą była znakomita – jako szkoła.

Ile lat chodził pan do tej szkoły?
Dwa lata. Od szóstej do ósmej klasy. W 1939 roku skończyłem.

Z tego, co pan mówi, wnioskuję, że nigdy nie odbierał pan żadnej edukacji religijnej.
Nie, nie. Z Panem Bogiem nie miałem nic wspólnego. Jednego chcę, żeby mnie Bóg od przyjaciół chronił, bo od wrogów sam się obronię. Ale on nie chce mnie chronić nawet od przyjaciół.

Chyba nie, rzeczywiście...
Mój dom był bardzo świecki, bardzo postępowy. Zresztą Kościół przed wojną w Polsce to była czarna sotnia. Te wszystkie wielkie hece antyżydowskie[8] i an-

20

tyukraińskie zaczynały się właśnie od kościołów. W Warszawie ksiądz Trzeciak[9] miał na placu Teatralnym swój kościół i stamtąd się zaczynały wszystkie pogromy. „Nie kupuj u Żyda", „bij Żyda", i tak dalej. Na Nowym Świecie, zdaje się w czasie matury, pobili mnie. Tam nie można było wyjść, tam była ONR-Falanga, te całe bandy, które bały się Żydów z placu Bankowego, gdzie Żydzi bili ich dyszlami. Pani nie pamięta wozaków. Mieli takie wózki z dyszlem. Po wojnie pewnie już ich nie było. Jak na Nowym Świecie przechodził Żyd, to była klęska. I już nie pamiętam dokładnie, jak to było, ale to był jedyny raz, kiedy mnie tak strasznie pobili. Matura jakoś mi się udała. Chociaż nic nie umiałem, ale zdałem.

Co było źródłem pańskiej tożsamości? To znaczy, co powodowało panem?
Ja nie wiem, co to znaczy. Pan mówi takie mądre zdania.

Dlaczego pan nie został syjonistą[10]?
No, proszę pana, przecież człowiek wychowuje się w jakimś domu. Mama uważała, i mnie tak wychowała, że tutaj będzie dobrze, że wszyscy są równi, dobrzy i tak dalej. Syjonizm to jest w ogóle przegrana sprawa. I wtedy, i teraz.

Czy mógłby pan to rozwinąć?
Ja nie mówię o ideologii. Ja nie mówię o tym, że można wrócić do tego, co było 2 tysiące lat temu, bo to jest niemożliwe. W morzu 100 milionów Arabów nie można robić państwa, które jest przeciwko nim, bo tych Żydów tak samo wyrżną lada dzień, jak wyrżnął ich Hitler. Ja nie mówię, że dzisiaj, ale Arabowie nauczą się strzelać tak samo jak oni. Są o wiele większym narodem. Przecież to jest czysto polityczna sprawa. Arabowie mówią: — No dobrze, dlaczego ma tu być państwo Izrael, przecież Niemcy zabijali Żydów, dlaczego nie jest w Monachium, dlaczego te 3 miliony Żydów nie są pod Hanowerem? Przecież Niemcy powinni za to płacić. I mają rację. Tak samo się mówi, że Ziemie Zachodnie są polskie. Ludzie! 700 lat tam mieszkali Niemcy. Czy Kijów jest polski dzisiaj, chociaż Polska tam kiedyś władała?

Ale państwo Izrael w końcu powstało i istnieje.
No, Rosjanie zrobili im państwo polityczne. Potem Żydzi wykiwali się od Rosjan i poszli do Amerykanów, ale tak i tak zginą. Trzymilionowe państwo w morzu 100 milionów Arabów nie może istnieć. Nie ma żadnych szans. Będą tak samo wyrżnięci i cofnięci do morza. Ameryka będzie tak długo dawała im samoloty, jak długo tam będzie miała swój lotniskowiec. Niech Amerykanie dogadają się nie z Mubarakiem[11], tylko z innym fakiem, to wypną się na te 3 miliony ludzi. Państwo Izrael jest czysto polityczną rzeczą. Wpierw chcieli Rosjanie wyrzucić stamtąd Anglików. Potem Amerykanie chcieli wyrzucić stamtąd Anglików, i wyrzucili. I teraz mają ten swój przyczółek. Oczywiście, jedyna skała, która trzyma się tak długo, to jest Gibraltar, ale to jest skała. Nie ma wielkich szans, żeby istniało państwo żydowskie na Bliskim Wschodzie.

Ale to państwo już istnieje czterdzieści lat. I każde państwo istnieje w określonych układach politycznych. Czy pan takimi samymi argumentami operował w roku 1939 w stosunku do swych kolegów syjonistów?
Nie mogłem operować takimi samymi argumentami, bo dzisiaj mam inne doświadczenie. Ale było to samo. Było 3 i pół miliona Żydów w Polsce, z czego 3 miliony chciały mieszkać i żyć tutaj, zarabiać, pracować. Ale było 40 czy 50 tysięcy ludzi, którzy byli mistykami i chcieli jechać do Izraela. Syjonizm był odrzuceniem Diaspory. Był to ruch polityczny marginesowy. Musiał być marginesowy, bo był niepraktyczny, nie miał żadnych szans. Przecież te 50 tysięcy Żydów to była kropla w morzu. To była mistyczno-religijna i nacjonalistyczna sprawa. Szczególnie po wojnie religijność Żydów i mistycyzm żydowski przestały istnieć. Przestały istnieć w czasie wojny: religijność, mistycyzm, wiara. Bóg się od nich odwrócił i oni odwrócili się od Boga. – Pocałuj mnie w dupę! – powiedzieli do Boga.

Co było znaczące w getcie?
Nic! Nic! Nie mówcie bzdur. Wam się wydaje, że to, co wy widzicie w filmach, w kinie, że to jest prawda.

Czy pamięta pan chasydów[12] w getcie?
Tak, oczywiście, było ich bardzo wielu, ale już w 1941 to przestało istnieć. Jedyny ruch społeczny, który nie pozostawił po sobie śladu, który pozostawił tylko otwarte bóżnice. Ci wierzący Żydzi zostawili te wszystkie święte księgi i wyszli stamtąd. W 1939 roku mieszkałem na Dzielnej, a naprzeciwko byli tacy Żydzi, którzy się nazywali *Tojte Chasidim**. Byli ze Wschodu, ich rabi umarł i oni byli jego następcami. Taka wytrwała, pogodna, ukraińska, mistyczna grupa. Po trzech miesiącach już ich nie było, zostawili wszystko otwarte i nic już nie istniało. To, co zostało z pamiątek żydowskich, Niemcy zabrali ze spalonych domów i wywieźli do Pragi[13]. Ten ruch przestał istnieć. Nic nie istniało. Pan Bóg ich zawiódł. Bo On ich za nic karał. A wobec tego oni odwrócili się od Boga; ogolili brody, zdjęli chałaty, wyszli z bóżnic. Powiedzieć to dzisiaj w Polsce to straszna rzecz. To przez ten katolicyzm polityczny, który tutaj wyrósł; dziś każdy wierzy w Pana Boga, żeby czerwonemu przypieprzyć. Ludzie chodzą do kościoła i robią te pozory, ale tak między nami mówiąc, to Polska nigdy nie była krajem za bardzo wierzącym. Kościół był zawsze polityczny, był zawsze z państwem. Taka sama była ta żydowska religia – była polityczna. Jeśli się Pan Bóg odwróci od Polaków, jeśli tutaj w kościołach zaczną wyrzynać – nie to, że będą bili pałkami, bo to jest drobiazg, ale jak te 100 tysięcy ludzi sprzed kościoła zagazują, to zobaczycie, że będzie pusto w kościołach i zostaną tylko sztandary. W getcie było to samo. Religia odeszła...

---

* *Tojte Chasidim* (jid.) – Martwi Chasydzi – zwolennicy rabina Nachmana z Bracławia, którzy po śmierci swego cadyka nie wybrali jego następcy. Grupa Bracławian mieszkała w getcie przy ul. Nowolipie.

Sklepik Lejzora Grynbauma, wrzesień 1941

Te wszystkie bajdy, które opowiadają, że gdy się powstanie zaczęło, to Żydzi się modlili, to wszystko są ładne literackie kawałki. Przecież zabijali ludzi za nic. Szedłeś ulicą, byłeś czarny, siwy, to cię zabijali. To jak taki człowiek może wierzyć w Boga? On nic złego nie zrobił. On nawet chciał temu Niemcowi buty wyczyścić, czy coś innego. On się pochylił, a ten go zastrzelił. A co wy? Chrystus każe zabić 20 milionów Polaków i wszyscy Polacy będą wtedy wierzący?

No tak. Ale jest jakiś porządek?
Porządek jest taki, że ludzi musi być mniej na świecie.

Ja mam na myśli nadrzędny porządek. Porządek pewnych wartości, które niekoniecznie – zgadzam się – muszą być reprezentowane przez Kościół.
Oczywiście, i te wartości reprezentują zupełnie inni ludzie, którzy wiedzą, kogo trzeba bić. A trzeba bić i z lewa, i z prawa, wszystko, co jest totalitarne. Bo totalitarne zabija ludzi. Tak jak Jaruzelski[14], tak samo jak Stalin i Hitler. Dlaczego Murzyni zostali równouprawnieni? Nie dlatego, że Luther King[15] chodził z rękoma do góry, tylko dlatego, że Czarne Pantery[16] zaczęły palić miasta. Człowiek nie jest aniołem.

Tak, ale to, że człowiek nie jest aniołem, nie znaczy, że jest szatanem.
Oczywiście, że nie. Z człowiekiem jest tak, jak z lwami w stadzie, kiedy one na zewnątrz wyrzucają te słabsze. Żeby szakale, które podejdą, zżarły te słabe sztuki. Tak samo jest u ludzi. Nie ma różnicy. To jest filogenetyczne.

No tak, ale zdarzają się takie sytuacje, kiedy człowiek przezwycięża strach.
Tak, tylko że w głodzie i obrzękach człowiek nie jest mądry, nie może myśleć.

A Korczak[17]? Kolbe[18]?
Ja znam dwadzieścia dziewczyn, młodych, zdrowych, pięknych, które zrobiły to samo i o wiele piękniej niż Korczak. Ale on miał nazwisko, pisał książki, i tak dalej.

Więc takie postawy są możliwe?
Nie, nie. Jest sytuacja przymusowa. Postawa tych dwóch ludzi, którzy stali się symbolami, nie jest akurat tym, czym jest.

My rozumiemy, że takie postawy jak Kolbego i Korczaka nie były jedynymi. Mówił pan o tych dwudziestu dziewczynach...
Nie było postaw.

A co było?
Obowiązek.

Obowiązek też wynika z pewnych postaw.
Obowiązek matki, ale jako instynkt. Bo przecież pokazuje się na filmach, jak matki kopały w Oświęcimiu[19] dzieci, żeby się uratować. Oczywiście, że zdarzały się takie rzeczy. Ale w 90 procentach wszystkie matki szły za dziećmi, a cór-

ki szły za matkami. Wy chcecie moralność dzisiejszą dopasować do tamtych czasów.

Nie! Nie! My uważamy, że tam była jakaś moralność, i chcielibyśmy to zrozumieć.

Zupełnie inna.

No dobrze, ale jaka? Nie był to tylko instynkt.

Oczywiście, że instynkt. Zabić tego, który cię zabija – to była jedyna moralność. Zabić go.

No, ale tak nie było do momentu powstania[20].

A co ty za bzdury opowiadasz. Co tam do powstania! Możliwości się liczą.

Czy pan chce powiedzieć, że wszyscy mieli taką samą świadomość, że wszyscy chcieli zabijać?

Oczywiście, że tak. Trzeba mieć możliwość i tylko możliwość, bo zabić nie jest sztuką, trzeba mieć tylko czym, jak i kiedy. I trzeba wiedzieć, że jak ja cię zabiję, to za to nie zabiją 9 tysięcy ludzi bezbronnych. Trzeba mieć jeszcze do tego odpowiedzialność.

Chciałbym się trochę cofnąć. Wybucha wojna. Czy był wtedy dla pana oczywistym Holokaust[21]?

W 1939 roku – nie. Ale po 1941, już tak.

Co się dzieje z panem po wybuchu wojny?

Nic takiego się nie dzieje.

Czy pan zachowuje związki z Bundem?

Oczywiście.

Czy mógłby pan nam powiedzieć, jak to wtedy wyglądało?

Praktyka nie jest tutaj istotna. W 1939 nikomu nie przychodziło do głowy, że w Polsce wyrżną 3 i pół miliona Żydów.

No, ale chodziły głosy o „kryształowej nocy"[22] w Rzeszy, o losie Żydów ze Zbąszynia[23]?

W Zbąszyniu nikogo nie zabili. Oczywiście, prześladowania, to, tamto. Przepraszam bardzo, ale w Polsce w pogromach przedwojennych też zabijano, tak samo jak w „nocy kryształowej". Przytyk, Radom, i tak dalej. Jak policzyć, to będzie równo to samo.

Czyli mniej wyostrzona czujność...?

Nie, nie mniej wyostrzona czujność, ale nie przyszło nam do głowy, moje dziecko, że zabiją 3 miliony ludzi z głupoty. Przecież do 1939 roku nie było takich mordów masowych, żeby wszystkich gazowali. A jak już się dowiedziano, że gazują[24], to wszyscy się śmiali z tego i mówili: – Co oni tam opowiadają.

Nie wierzono w takie rzeczy?

A jak ty możesz wierzyć, że jesteś taka śliczna dziewczyna i tylko dlatego, że jesteś ładna, to ciebie zabiją?

Czy mógłby pan powiedzieć, jak bundowcy widzieli swoją działalność po 1939 roku[25]?
Normalnie. Tak jak przedtem. Działalność była taka sama po aryjskiej stronie, jak i po żydowskiej.
A związki ze stroną aryjską?
No, były, oczywiście. Do 1941 roku były bardzo bliskie. Dopiero później, jak postawiono mur, były trudniejsze. Ale nikomu, ani z tej, ani z tamtej strony, nie przyszło do głowy, że te 500 tysięcy ludzi, które jest w Warszawie, zamordują. To nie wchodziło w ogóle w rachubę, mimo że Hitler pisał o tym w *Mein Kampf*.
Czy związki ze stroną aryjską były związkami przede wszystkim z komunistami?
Z jakimi komunistami? Co ty opowiadasz! Komunistów w ogóle nie było. To były kontakty z PPS-em.
A z ugrupowaniami militarnymi?
Oni nie wierzyli Żydom. Przecież to była sanacja. Przecież ci panowie, „Bór" Komorowski[26] i „Grot" Rowecki[27], mówili: – My Żydom broni nie damy[28], bo nie wiadomo, co oni z nią zrobią, czy ją wykorzystają. Bo Żydzi się nie nadają do tego, żeby strzelać.
W ich przekonaniu było to zakorzenione w kulturze żydowskiej?
Ja nie wiem, co było ich przekonaniem, *relata refero*. Niech się pan ich o to sam spyta. Nie ma o czym mówić. Zresztą Gomułka[29] miał to samo w głowie. Idźcie z gołymi rękoma na mury, ze stu tysięcy przeżyje dziesięciu. A broni wam nie damy. Bo nie wiemy, czy ją wykorzystacie, czy ona zginie, czy wy zginiecie. Prawdą jest, że oni nic nie mieli. To była inna mentalność, to były inne czasy.
Czy jeszcze mógłby pan nam powiedzieć coś o związkach ze stroną aryjską w momencie, gdy Holokaust stał się oczywisty[30]?
Były bardzo trudne.
Czy pan upatruje tych trudności tylko w tej ich niechęci?
Oni sami byli słabi. Poza tym nie mieli do nas zaufania. Oczywiście przysłali jakieś tam instrukcje, takie bzdury smażone. Przecież oni dali pierwszą broń dopiero po 18 stycznia[31]. Zauważcie, przecież oni sami się nie bili[32]. Ani AK[33], ani AL[34]. Nikt się nie bił. Akcja „Arsenał"[35] była dopiero po akcji w getcie, po pierwszych trupach w getcie. Mnie się w głowie nie przewraca, ale uważam, niezależnie od tego, co kto powie, że to była cezura. Gdy zginęło dziesięciu Niemców i nic się nie stało, to ci chłopcy zrobili akcję „Arsenał", bo Komenda AK nie chciała tego robić. Getto – to był ten bodziec. Nie mówię o pojedynczych wyrokach, które się zdarzały, ale pierwsze wystąpienie zbrojne było w Warszawie w 1943 roku, 18 stycznia, w getcie. I potem, 26 marca, był „Ar-

senał". W jakiejś tam książce piszą, że ja mówię nieprawdę, bo w Pińsku w 1943 roku odbili dziesięciu jeńców z więzienia i to była pierwsza akcja zbrojna[36]. Możliwe.

Czy pan uważa, że pomoc ze strony aryjskiej była wystarczająca?
Oni po pierwsze nie mogli, po drugie nie chcieli.

Ale pan ciągle nie odpowiada na pytanie.
Jak to nie odpowiadam?

No, bo jeśli ktoś nie może, to nie można nic zmienić, ale jeśli ktoś nie chce, to jest to inna sytuacja.
Trudno jest na to odpowiedzieć, tego nie można wymierzyć. Ile było niechęci, ile było kradzieży, tego nie można było ani wówczas, ani dziś powiedzieć. To były inne czasy. Każdy chłopak chciał mieć rewolwer. Oni może dali pięćset, a przyszło pięćdziesiąt. Oni mówili, że dali sto pięćdziesiąt granatów, a przyszło pięćdziesiąt. Czy to ukradli, czy co innego się z tym stało, tego nie można wyjaśnić. Fakty są faktami.

W jaki sposób istniał dla Żydów w getcie świat poza murami? Czy był on nadzieją?
To był wróg. Pan tego nie rozumie. Bo wrogiem nie jest tylko ten, kto ciebie zabija, ale też ten, który jest obojętny. Dzisiaj Bujak[37] nie ma mieszkania. Ile osób mu zaproponuje mieszkanie? Dziesięć na sto? Jak mu grozi śmierć, to każdy z tych stu będzie wrogiem. Czy pan tego nie rozumie?

Rozumiem...
I już. Wróg w tym sensie, że jak wyszedłeś stąd na tamtą stronę i powiedziałeś, kim jesteś, to cię zabili.

Lub nie pomogli...
To jest obojętne. Nie pomóc i zabić to jest to samo. Ja nie mówię dziś, bo dziś można jeszcze pójść ulicą. A wtedy, jeżeli ci nie pomogli, to na drugim rogu cię zabili. To są nieporównywalne sytuacje. Bujak może dziś przejść dziesięć ulic i nikt go nie zaczepi. Nie wezmą go do domu, ale będą się do niego uśmiechać.

Dlaczego powstanie wybuchło tak późno?
Nie opowiadaj, że późno! A dlaczego w Oświęcimiu nie było powstania?! Bardziej ich bili i gnębili?! Bo nie było możliwości. Dlaczego nie masz pretensji do Oświęcimia, do Mauthausen[38]?! Uważam, że powstanie wcześniej było niemożliwe. Zwróć uwagę na to, że jeszcze kilka miesięcy przed wybuchem powstania mówili nam, że przyjdą wagony broni – i nie przyszły... Nie bądźcie dziećmi. Nie mówcie takich rzeczy! W 1942, na jakimś spotkaniu Żydów, ci wierzący uważali, że nie należy strzelać, bo Pan Bóg tak chce. Wszystko w swoim czasie. To całe AK się bało, że jak w getcie wybuchnie powstanie, to Warszawa się zapali i ich wszystkich wtedy wyrżną. A to by było

za wcześnie. Bo front był z jednej strony o pięćset kilometrów, a z drugiej o 2 tysiące.

W rozmowie z Hanną Krall[39], mówiąc o samobójstwie na Miłej 18[40], powiedział pan, że nie poświęca się życia dla symboli. Powiedział pan również, że był przekonany o tym przez tamte dwadzieścia dni. Chcę zapytać, jak pan to dzisiaj ocenia?
Tak samo.

Czy rzeczywiście samobójstwo jest bezsensowne, jeśli nie ma żadnego innego wyjścia, jeśli pozostaje tylko śmierć-samobójstwo?
Nie mów głupstw, życie jest jedno. Ja nie jestem zwolennikiem samobójstwa, a nuż się uda. Ci, co tego nie zrobili, wyszli stamtąd. Zawsze trzeba na coś liczyć.

To znaczy Mordechaj Anielewicz[41] źle zrobił?
Wie pan, to jest bardzo piękne, jak się mówi: „Zginął naród, zginęli jego żołnierze".

Z drugiej strony miał pan pretensje do Czerniakowa[42], że on swoją śmierć uczynił prywatną.
No tak, ale Anielewicz nie uczynił jej ani prywatną, ani inną. Przecież wtedy było już po wszystkim. Nie było powodu się zabijać. Jednak kilkanaście osób z tego wyszło, bo się nie zabiło. I do dzisiejszego dnia żyją – sześć, siedem osób.

Czy ktoś z nich jest w Polsce?
Nie...

Czy pan utrzymuje z tymi ludźmi jakieś kontakty?
Nie... Widziałem kiedyś tam kogoś.

Proszę nam powiedzieć, co się z panem dzieje po powstaniu?
To nie ma znaczenia. Te wszystkie szczegóły nie mają znaczenia.

Jeśli można, to chcemy powiedzieć, że one dla nas mają znaczenie.
Potem byłem po aryjskiej stronie. Jest to gdzieś napisane w książkach. Jesteście marudni.

Potem pan walczył w partyzantce AL?
Potem byłem w powstaniu warszawskim. Byłem w AL-u dlatego, że AK chciało mnie zastrzelić, bo powiedzieli, że mam fałszywą kenkartę[43] i jestem Żydem – szpiegiem. Zamknęli mnie w pierdlu i miał być sąd, czy jak to tam się nazywa. Mnie udało się wyrzucić karteczkę przez piwnicę i Kamiński[44] mnie stamtąd wyciągnął. Przecież nie będę bawił się z tymi, co mnie chcą zabijać. A potem mnie jeszcze parę razy AK stawiało pod murem, bo Żydzi to jest błąd, a żandarmeria na Starym Mieście to była ONR-owska, czysta Falanga. No więc, byłem w AL-u. Jakiś chłopak z tego AL-u powiedział: – Marek, nie śpij tu, w piwnicy, chodź lepiej spać na Świętojerską – i mnie przykrywał

Wizyta przedstawicieli niemieckich władz wojskowych (Luftwaffe) w Judenracie, po prawej przewodniczący Judenratu inż. Adam Czerniaków, między lutym 1940 a wiosną 1941. Autorem zdjęcia jest dr Hans Joachim Gerke, żołnierz kolumny transportowej Luftwaffe

Przedstawiciele niemieckich władz wojskowych (Luftwaffe) opuszczają siedzibę Judenratu przy ul. Grzybowskiej 26, między lutym 1940 a wiosną 1941. Autorem zdjęcia jest dr Hans Joachim Gerke, żołnierz kolumny transportowej Luftwaffe pałatką, i spał ze mną, żeby mnie nie zastrzelili. Więc to nie jest wszystko takie proste, jak wam się wydaje.

Właśnie wiemy o tym. I dlatego tu jesteśmy.
Eee, tam. Jesteście dziećmi. Nie słuchaj tych obrzydliwości, to się nie nadaje do żadnej gazetki. Bo naród polski, jak wiesz bardzo dobrze, jest tolerancyjny. Nigdy tu nie było niczego złego przeciw mniejszościom narodowym, przeciwko religii, to jest nadzwyczajny naród. Kazimierz Wielki przyjął Żydów i ich hołubił, i do dzisiejszego dnia ich kocha. No i koniec. I po co o tym mówić? To jest niepotrzebne.

Może byśmy jednak porozmawiali o antysemityzmie? To, co jest z tej tradycji żywe, to jest właśnie to memento.
Synu, zwróć uwagę, że Narutowicz[45] nie został zabity dlatego, że był Narutowiczem, tylko dlatego, że został wybrany żydowskimi głosami. Przecież tych posłów żydowskich, którzy mieli głosować za Narutowiczem w Sejmie, nie bili. Bił ich naród. Przecież to nie jest przypadek, że Narutowicz został zabity, przecież Niewiadomski nie był idiotą. On był emanacją pewnej części tego narodu. Wówczas bardzo dużej części. Bicie Żydów było rzeczą powszechną. Bo Kościół uczył, że Żyd zabił Chrystusa.

Ale ksiądz Zieja[46], który jest księdzem katolickim?
Ale ksiądz Zieja jest jeden. A poza tym był ksiądz Trzeciak, był Hlond[47] i byli wszyscy ci, którzy to robili.

Ale przecież tego, że Żydzi zabili Chrystusa, nie uświadamiają sobie na co dzień ludzie z ulicy.
No, to co ja ci na to poradzę? A jednak wszystkie pogromy antyżydowskie wychodziły z kościołów. Tak jak dziś wychodzą pochody za Przemyka[48], tak wtedy wychodziły przeciwko Żydom. Przecież tak naprawdę to zdarzało się, że księża po spowiedzi wydawali Żydów...

• • • • •

Jesteśmy zaszokowani, nie ukrywamy tego.
Ale czym?

Jesteśmy zaszokowani stawianiem przez pana spraw na ostrzu noża.
Tak to jest, że wszyscy słabi są bardzo humanitarni, a wszyscy silni zarzynają.

No, to miła wizja świata.
Oczywiście, człowiek jest pochodnym tego zwierzęcia, które walczy o byt.

Chcę zapytać, w jakiej mierze są dla pana tamte sprawy czymś zamkniętym?
Nie, to jest ciągle aktualne. Tu się nic nie zmieniło. Polski naród, który nienawidzi Jaruzela, Breżniewa[49], Stalina i Gorbaczowa[50], jest słaby. Jeśli nie zacznie bić i nie będzie silniejszy, to przegra tak samo. Tylko siła się liczy. Nie tylko u komunistów. Na Zachodzie także. Mitterrand[51] też się liczy z siłą. Tak samo Reagan[52].

Marek Edelman, zdjęcie z kenkarty

Czy w 1943 roku w getcie myślał pan o wszystkich tych zależnościach wielkiej polityki?
Ależ dziecko, przecież nie można tak rozumować. Jak człowiek na przykład pisze wiersz, to myśli o tym, żeby ten wiersz wyszedł dobrze, nie myśli o całej polityce światowej. Jak zamiatasz podłogę, to nie myślisz o tym, czy premier będzie zadowolony. Chcesz, by ta podłoga była czysta. Ale to wszystko razem składa się na jakiś interes. Zresztą ja w 1943 roku wiedziałem, że to jest politycznie przegrany interes. Że może się zdarzyć taki przypadek, że ktoś stąd wyjdzie żywy, ale nic poza tym.

To jaki to miało w takim razie sens?
Nie marudź. Lepiej jest coś robić, niż nic nie robić.

Tylko tyle?

• • • • •

Wracając do poprzedniego wątku. Jakie są pańskie losy po powstaniu warszawskim?
Nie, nie. Nie mam cierpliwości, to jest nudne, a poza tym gdzieś ktoś kiedyś o tym pisał. To jest niepotrzebne. Nie trzeba znać całej biografii, człowiek musi zostawić coś dla siebie.

Ale naszych czytelników bardzo to interesuje.
To nie jest takie proste. Po powstaniu zostałem na Żoliborzu jeszcze sześć tygodni. Potem przyszedł taki patrol[53], który mnie wyprowadził stamtąd jako chorego na tyfus plamisty. Później byłem w Grodzisku, a potem, gdy Rosjanie przyszli, „wybuchła wolność" i poszedłem do Warszawy, i tak dalej.

Dlaczego nie wyszedł pan z Warszawy z powstańcami?
Żeby mnie zabili? Nie ma takich frajerów. Przecież jakbym poszedł razem z powstańcami, to mógłby znaleźć się taki, który by mnie pokazał i powiedział: – A ten jest Żyd. – Zanim bym doszedł do tego miejsca, gdzie się broń składało, to Niemcy by mnie zastrzelili. Przecież w powstaniu były bardzo różne elementy, chociaż Żoliborz był najlepszy z tego wszystkiego.

W jakim sensie najlepszy? Czy znaczy to, że najmniej antysemicki?
Tak. Tam było najmniej ONR-owców, najmniej Falangi, najmniej tych ludzi, którzy uważali, że Żydów trzeba wykończyć i że dobrze, że „Hitler to zrobił za nas". Był tam taki porucznik Tytus[54], który powiedział do mnie: – Marek, chodź z nami... Albo może nie, czy ja wiem, kto jest w naszym oddziale? Mogą cię wydać przed obozem. No i dlatego zostałem na Żoliborzu w jakiejś piwnicy.

To znaczy przez sześć tygodni się pan ukrywał? Czy był pan sam?
Nie, nie, było tam trochę ludzi. Może z dziesięć osób. No i później przyszła ekipa sanitarna... No, ale te szczegóły nie są takie ważne. W każdym razie

udało się. O, możesz napisać, był tam taki doktor Śwital z Boernerowa*, który to wszystko zorganizował. Przecież nie będę opowiadał tego, co było potem.
Ale to jest przecież najistotniejsze!
No, mogę ci jeszcze powiedzieć, że między innymi w tym patrolu sanitarnym był Janusz Osęka. Miał wtedy dziewiętnaście lat, był odważny i dobry.
I co było dalej?
Potem mieszkałem w takim domu, w którym na parterze był sztab *Zur Bekampfung der Banditen und Partisanen***, a na pierwszym piętrze mieszkało dziesięciu Żydów, tych, którzy wyszli z powstania. No a w klozetku wisiał portret Hitlera i wszyscy w tym samym klozetku siusiali. Potem przyszli Rosjanie... Taki szwadron rosyjskich szwoleżerek z szarym futrzanym otoczkiem na czapkach, śliczne dziewczyny. I na tym się skończyła wojna.
I co się z panem dzieje po wojnie?
No, jak to, co? Miałem dwadzieścia pięć kochanek, co drugi dzień inną, no i co tu będę opowiadał!
Jak się pan znalazł w Łodzi?
No, bo tu był tapczan i było ciepło, i tu położyłem się spać. Nudziło mi się już dalej chodzić, ale to też jest gdzieś napisane. W Warszawie nie było gdzie głowy położyć, a tu był tapczan, poduszka i położyłem się na tej poduszce, i już tu zostałem.
Gdzie pan studiował?
W Łodzi. A dlaczego? Zapytaj Hani [Krall], ona tam o tym napisała.
W którym roku zamieszkał pan w Łodzi?
Może w 1945, a może w 1946 roku? Nie umiem ci powiedzieć.
Czy należał pan kiedyś do PZPR-u[55]?
Nie! Nie! Ja już dawno wiedziałem, czym to pachnie. Przed wojną wiedziałem, co jest grane w komunizmie.
W jaki sposób był ważny rok 1968? Co się z panem wtedy działo?
Nie był ważny, co miałby być ważny? Komuniści są zdolni do wszystkiego. Wyrzucili mnie z roboty i to wszystko.
Gdzie pan wtedy pracował?
W wojskowym szpitalu w Łodzi. To znaczy mnie właściwie nie wyrzucono, tylko mnie nie wpuszczono do roboty. Portier powiedział, że nie mogę już tam wejść. Nie wyrzucono mnie, bo nikt ze mną nie rozmawiał. Tylko portier mnie nie wpuścił.
Jak długo był pan bez pracy?
W ogóle nie byłem bez pracy. Poszedłem do jakiegoś szpitala, gdzie kolega mnie przyjął na młodszego asystenta. A potem stamtąd mnie też wyrzucili,

---

* Obecnie Bemowo.
** *Zur Bekampfung...* (niem.) – do zwalczania bandytów i partyzantów.

chyba w 1970 roku. I potem przyjęli mnie do tego szpitala, w którym pracuję teraz. Mój oddział jest stworzony *ad personam*, bo wtedy było wielkie halo, interwencja. Bo wtedy miałem jeszcze znajomych u władzy. Znałem wtedy Cyrankiewicza[56], Rakowskiego[57] i oni wstawili się za mną, mówili, że nie można takiego ważnego Żyda, który tu został, wyrzucić z pracy. Wyrzucili kogoś innego, a mnie dali te dwadzieścia pięć łóżek. I tak od kilkunastu lat jestem pełniącym obowiązki ordynatora. Ale to nie jest ważne. To są drobiazgi, nawet w pieniądzach to jest tylko 200 złotych różnicy.

Wróćmy jednak do roku 1968. Oczywiście nie pytam pana, dlaczego pan z tego kraju nie wyjechał, bo byłoby to pytanie nieładne, natomiast pytam, czy myślał pan o wyjeździe?
Ja – nie. Aż dziw, że mnie nie zapytałaś, dlaczego moja żona i dzieci wyjechały. Dlaczego się nie pytasz?

Wobec tego chcę zapytać, dlaczego oni wyjechali?
Po pierwsze, moją żonę i dzieci bardziej sekowano niż mnie. Może nie bardziej, tylko oni bardziej się tym przejmowali, że ich wyrzucają, że im nie dają zdawać egzaminów. A po drugie, jak jest tak źle, to tych, którym jest gorzej, należy wyrzucić za mur, żeby mieć – że tak powiem – pewną swobodę ruchu. No i już, koniec. Nie ma o czym dalej mówić.

Chcę jeszcze zapytać pana o ocenę obecnego zainteresowania problemem żydowskim w Polsce. Pisma katolickie poświęcają wiele uwagi kulturze żydowskiej.
Te pisma katolickie są pismami opozycji – większej czy mniejszej, ale w każdym razie opozycji. „Tygodnik Powszechny", „Znak", „Więź", „Przegląd Powszechny" to są pisma nie najlepiej widziane przez administrację kościelną. Prezentują poglądy świeckiego katolicyzmu, który wierzy w te parę idei chrześcijańskich, które są również podstawą socjalizmu. Żydzi to w Polsce temat bardzo ważny. Nie ze względu na obecność, bo nie ma już Żydów, ale ze względu na przeszłość. Bo Kościół zachował się wobec Żydów, na przykład w dwudziestoleciu międzywojennym, paskudnie. Ja nie mówię o tym Kościele, który dzisiaj jest przeciwko państwu i do którego 100 tysięcy ludzi przychodzi na msze za księdza Popiełuszkę[58]. I ten Papież wiszący nad Stocznią Gdańską[59] nie jest Papieżem kościelnym, ale ochroną wolności.

Ale ma coś wspólnego z religijnością...
Z religijnością? Bzdura! Z bezpieczeństwem! Zrozumcie to, ludzie. Jesteście naiwni. Czy pamiętacie, kiedy ludzie najczęściej chodzili do kościoła? Chodzili od 1945 do 1948 roku, żeby pokazać czerwonemu; zaczęli chodzić w czasie wojny. A kiedy w Kościele była kultura? W 1968 roku i teraz, jak biją. Kościół jest jedynym miejscem, gdzie naród może się schronić. Nie bądźcie dziećmi, to jest polityka.

No dobrze, ale czyja polityka?
Polityka narodu.

A jednak powtórzmy nasze pytanie. Czym pan tłumaczy zainteresowanie problemami żydowskimi w polskiej prasie katolickiej? Czy jest to potrzeba zadośćuczynienia?
W pewnym sensie tak. Przypuszczam, że tym ludziom jest przykro za ten Kościół, który tutaj był w okresie międzywojennym.

Z drugiej strony jest również zainteresowanie w społeczeństwie...
Żydami? Fuj. Żydzi są obrzydliwi! Ja nie wiem, może jest takie zainteresowanie, ale zwróć uwagę – to społeczeństwo nie zna już Żydów, przecież Żydów już nie ma.

Ale jest zainteresowanie przeszłością.
No tak, bo to jest jakaś egzotyka. Ale w sumie to zainteresowanie o niczym nie świadczy. Zobacz, w 1968 roku było 18 tysięcy Żydów w Polsce. Zobacz, jak to się świetnie udało z tymi ludźmi. Nawet taka robotnica z Wedla krzyczała: – „Moszek, do Izraela!" Ona nie była przekupiona. To zainteresowanie problemem żydowskim może być też tłumaczone jako sprzeciw wobec polityki komuny. Jeżeli komuna jest przeciw Żydom, to ja będę za.

Ale z drugiej strony jest koncepcja żydokomuny.
No tak. Zobacz, co w „Solidarności"[60] zrobili ci prawdziwi Polacy. Powiedzieli tak: – KOR[61], Żydzi, komuna. – Nie chwyciło to na Zjeździe, ale chwyciło w Mazowszu. Już chcieli Bujaka przewrócić, bo mówili, że to Żyd. To była robota ubecka.

Ja wcale nie jestem przekonany, że to była robota ubecka.
Bo ty jesteś dziecko.

Rozumiem, że to tak jak z incydentem kieleckim[62]. Nieważne, czy to robiło UB, czy nie; ważne jest, że był ktoś do sprowokowania.
To chyba nie jest tak samo. Myślę, że ta władza ciągle próbuje wracać do sprawy żydowskiej, bo myśli, że znów jej się uda coś wygrać. To w okresie międzywojennym chwytało. I chwyciło w 1968 roku, a teraz zobacz – ostatnio Kiszczak[63] odważył się powiedzieć o Bieleckim[64], że ma on tylko to wspólnego z tym krajem, że jest tutaj urodzony... Tak naprawdę to jest nie do pojęcia, skąd bierze się problem antysemityzmu w kraju, w którym już prawie nie ma Żydów. Jednak z drugiej strony nie o to chodzi, że musisz być Żydem. O tym, kto jest Żydem, decydują oni.

Czy mógłby się pan ustosunkować do książki Hanny Krall i do zawartych tam pańskich wypowiedzi? Jak ocenia pan...
Za to, co ja tam mówię – odpowiadam. Nie mówię o puentach autorskich.

Czy ceni pan tę książkę?
Nie cenię, bo się nie znam na literaturze. Znaczy, nie w tym sensie, że nie cenię...

Czy lubi pan tę książkę?
Ja nie wiem, bo jej nie przeczytałem. Poza tym, ze mną mało o niej mówią.
Czy mógłby pan odpowiedzieć na pytanie, co to znaczy być Żydem dzisiaj...
Gdzie? Tu, w Polsce? ... To znaczy być ze słabymi, nie być z władzą, bo władza zawsze tu Żydów biła, a dzisiaj jest bita „Solidarność". Bujak jest bity przez władzę. Myślę, że zawsze – niezależnie od tego – kim jest ten bity – trzeba z nim być. Trzeba dać mieszkanie bitemu, trzeba go schować w piwnicy, trzeba się tego nie bać i trzeba w ogóle być przeciwko tym, którzy biją. I to jest jedyna rzecz, dla której jest się dzisiaj Żydem. Żydostwo polskie zginęło. Ta wielka kultura żydowska zginęła i nigdy już nie powstanie.

Ale to nie zupełnie zginęło. Pozostała pamięć o tym, co było.
Nie, nie opowiadaj. Nic nie pozostało. Choć pozostało we wspomnieniach, pozostało w literaturze polskiej, obecności nie ma i nie będzie. Obecności nie ma wtedy, kiedy coś nie tworzy się dalej.

Wobec tego, czy mógłby pan odpowiedzieć na pytanie, co to znaczy być Żydem nie tu, w Polsce, ale w ogóle?
Jest to rzecz bardzo trudna do określenia. Żydostwo było basenem między Wisłą a Dnieprem. To wszystko, co było w Ameryce, we Francji, w Anglii, nie tworzyło kultury żydowskiej. Bo co to jest naród? Naród to ludzie, którzy tworzą wspólną kulturę, postęp. Niekoniecznie naród musi mieć wspólnotę ideologiczną bądź religijną. Mahometan są na świecie miliony, a jednak nie jest to ta sama kultura. Te pięć milionów Żydów od Odessy do Warszawy miało jedną kulturę. I nawet jedne warunki gospodarcze. I to już nie istnieje.

No właśnie, to nie istnieje, ale z drugiej strony istnieje państwo Izrael, o którym pan mówi, że nie ma ono szans na przetrwanie.
Państwo Izrael ma zupełnie inną kulturę. Jeśli nawet ono się utrzyma, to za jakiś czas kulturowo zostanie państwem arabskim. I nie ma na to rady. Przecież nie jest to państwo żydowskie, lecz państwo mojżeszowe. Sprowadzono do Izraela Żydów z Etiopii, z Egiptu, z Chin, którzy nie mają ze sobą nic wspólnego poza tym, że są wyznania mojżeszowego. I dlatego, jeżeli oni się utrzymają, to powstanie nowy naród, nowa kultura, która nie będzie miała nic wspólnego z Europą, z Chagallem[65] czy z Perecem[66], z tym żydostwem, które było tutaj.

Z czym powinien się według pana identyfikować człowiek, który mówi o sobie „jestem Żydem"? Gdzie powinien szukać swojego miejsca?
Jeśli myśli o sobie, że jest Żydem w Europie, to on zawsze będzie przeciwko władzy. Żyd ma zawsze poczucie wspólnoty ze słabszymi.

Czy wobec tego jest jakaś różnica między Żydem, który jest ze słabymi, a słabymi nie-Żydami?
Czy jest różnica? Nie. Żadna. Bujak, Kuroń[67], Michnik[68], Jaworski, Lis, Frasyniuk[69] są Żydami tego ustroju.

ROZMOWA Z MARKIEM EDELMANEM

Czym chciałby pan zakończyć naszą rozmowę?
Jesteś bardzo miła, żeś przyjechała, jesteś bardzo solidna. Jest mi bardzo miło, że mogę mówić do Poznania, bo nigdy nie przypuszczałem, że z Poznaniem będę miał coś wspólnego.
Dziękujemy za rozmowę.

Łódź, wiosna 1985.

Wtedy było mnóstwo legend...
Opowieść Szmuela Rona

Dawniej nazywałem się Rozencwajg. Nazwisko zmieniłem w 1951 roku. Przed wojną mieszkałem w Katowicach. Tam zostałem wychowany, tam chodziłem do szkół – tuż przed wojną do żydowskiego gimnazjum w Będzinie. Kiedy wybuchła wojna, Żydzi zostali wygnani z Katowic. Nas wiatr powiał do Sosnowca. Wówczas przyłączyłem się do organizacji HaSzomer HaCair[1]. Z czasem nasza działalność wychowawcza, charytatywna i częściowo polityczna została zastąpiona przez szkolenie bojowe; staliśmy się grupą bojową. Ale to nie zdarzyło się tak od razu – Mordechaj Anielewicz miał tu wielki wpływ. Kiedy Mordechaj przyjechał do nas? Datę mogę podać prawie dokładnie. Łączy się ona z dwoma wydarzeniami, które pamiętam bardzo dobrze. W maju 1942 roku zmarł mój przyjaciel Kalman Tencer. To był jeden z nielicznych wypadków, kiedy człowiek mógł umrzeć w swoim własnym łóżku i być normalnie pogrzebanym. Nie zawsze mieliśmy to szczęście. A w czerwcu ja zachorowałem na zapalenie opłucnej. I to było poważne wydarzenie, bo wtedy niełatwo się było leczyć. Kiedy wreszcie doszedłem do siebie, pamiętam, przyjechał Mordechaj. To był koniec czerwca albo początek lipca 1942 roku.

Był u nas jeden raz, ale był długo. Aż do momentu, kiedy nadszedł list od Josefa Kapłana zawiadamiający o samobójstwie Czerniakowa. I wtedy Mordechaj wrócił do Warszawy. Ja myślę, że on był u nas dwa albo nawet trzy miesiące. On nie wyjechał od razu po nadejściu tego zawiadomienia, a i list nie natychmiast przyszedł. Mordechaj przyjechał do nas z pewną misją, którą przerwał – samobójstwo Czerniakowa świadczyło o tym, że gra jest poważniejsza, niż nam się wydawało. Ja nie jestem pewny, czy on był u nas trzy miesiące, ale dwa z kawałkiem na pewno.

Dlaczego przyjechał? W naszej grupie HaSzomer HaCair bardzo ważni ludzie, na przykład Idzia Pejsachson czy mój kolega Sewek Meryn, ku wielkiemu rozczarowaniu pozostałych, stali się trockistami. Takie wielkie nieszczęście! Mordechaj przyjechał po części w związku z tą sprawą. Chciał tak trochę wyrównać linię ich politycznego myślenia. O drugiej przyczynie jego przyjazdu ja dowiedziałem się później, po jego wyjeździe – to była wielka tajemnica. Istniała w owym czasie taka legenda, a wiele było wówczas legend, że Moniek Meryn, przewodniczący Judenratu[2] w Sosnowcu, ma ponoć takie stosunki z gestapowcami, że może ich przekupić. A Mordechaj chciał wyjechać za granicę, by wezwać przywódców świata do protestu. Ale on w trakcie pobytu zaniechał tego pomysłu.

Każdy dzień przynosił nowe, straszniejsze od poprzednich, wiadomości. Każdy dzień grzebał w warstwach archeologicznych to, co było wczoraj, to, co było tydzień temu. Tamte rzeczy już nie istniały. Nawet w naszym myśleniu to nie istniało, przeszłości już się nie czuło, jej nie było. Przyjaciele, rodzina – już ich nie ma, to już inny świat, inne życie. Tego, co odeszło, nawet opłakiwać nie można było. Mordechaj, gdy przyjechał, przedstawił nam rzeczywistość, o której myśmy i wiedzieli, i nie wiedzieli, i wiedzieliśmy, i nie chcieliśmy wiedzieć. Ja pamiętam pierwsze spotkanie z Mordechajem na takim zebraniu, których było kilka. Z mapą na kolanach przedstawiał nam sytuację na froncie w Afryce. On był wspaniałym żurnalistą, reporterem, komentatorem politycznym. Właśnie wtedy on budował nasze nowe myślenie. Pamiętam jego słowa, które później były naszym hasłem: – Od Jugosławii do Norwegii, od Słowacji do Ukrainy walczą partyzanci. Czy zabraknie naszych ludzi wśród nich? – On wtedy nie wiedział, że partyzantka na Litwie składa się w 90 procentach z Żydów. Tak. Wtedy również nie było wiadomo, że polscy partyzanci odepchną nas... Z tym też miałem doświadczenia osobiste. Widzi pani, zestarzałem się, psiakrew, i nie pozbyłem się tych wzruszeń. Te sprawy są dla mnie ciągle żywe.

Ja pamiętam, jak Mordechaj mówił o pierwszych doświadczeniach Zagłady. Miejsca takie, jak Chełmno[3], Bełżec, Trawniki[4], jeszcze nie Treblinka[5], były mi znane od niego[6]. I te opowiadania o autach z gazami... On opowiadał nam w szczegółach, ponieważ jeden z naszych ludzi był tam i zdołał zwiać. Ja pamiętam swoją fizyczną reakcję. Nie wiem, jak mam to pani przedstawić. Wyobraź sobie pani – siedzi tutaj pani, siedzę ja i wielu innych ludzi w różnym wieku, i ktoś mówi: – Ja jestem skazany na śmierć – nie ma wyjścia, i pani jest skazana na śmierć – nie ma wyjścia, i ten jest skazany na śmierć – nie ma wyjścia, wszyscy, wszyscy: sąsiedzi, przyjaciele, rodzina, dzieci, starcy, bez wyjątku... – Rozum tego nie potrafi przyjąć, rozum się sprzeciwia temu. I ja pamiętam swoją reakcję fizyczną – czaszka mi zamarzła... Ja, ja, ja oddech straciłem. Nie mieliśmy żadnych wątpliwości, że Mordechaj jest miarodajny, że to nie są bzdury, fantazje, opowiadania nie z tej ziemi. Wierzyliśmy, że coś takiego, nie tylko, że może istnieć, ale już istnieje. Pamiętam, że opowie-

OPOWIEŚĆ SZMUELA RONA

działem o tym moim rodzicom i oni to przyjęli. Ale opowiedziałem o tym również w domu mojego przyjaciela, Lipki – on był naszym specjalistą od nasłuchu radiowego. Powiedziałem ojcu jego: – Słuchaj pan: pan, żona i ten dziadek wasz, i synowie pana, i ja, i moi rodzice, wszyscy jesteśmy skazani na śmierć. Ten człowiek mi wystrzelił dwa poliki; nie mógł tego znieść. Ja odbierałem jemu pewność życia. Ja, młody szczeniak – ile lat wtedy miałem? – bawię się takimi słowami, których znaczenia nie sposób pojąć. Taka była jego reakcja. Ja nie uważałem, że on był agresywny. To on uważał, że ja jestem nienormalny.

Więc o tym opowiedział nam Mordechaj i dlatego zaczęliśmy mówić o samoobronie. Wtedy jeszcze w Sosnowcu i Będzinie getto było otwarte. Myśl, że trzeba się bronić czymkolwiek – siekierą, drągiem czy pięścią, była dla mnie nowa. To trwało trochę, nim tę myśl przyjąłem. Nasza grupa, tych dojrzałych – między osiemnastym a dwudziestym rokiem życia – było kilkudziesięciu w Będzinie i Sosnowcu, chyba cała była podobnie zaskoczona jak ja. Strach nas ogarnął. Nie pamiętam w sumie, byśmy wątpili, że pójdziemy z nim. Było dla nas jasne, że od tej pory żyjemy tylko myślą o samoobronie. Inne grupy, inne organizacje nie od razu zaakceptowały tę myśl. Ale nie chcę mówić o tym. Ja nie jestem historykiem, który ocenia. Po wojnie tyle legend narosło, a ja nie chcę ich odbrązawiać. Wiele spraw bardzo mnie boli. To jest jedna z przyczyn, dla której nie chcę swojej książki opublikować[7]. Pewne rzeczy nie przestały mnie palić w środku. W książce czynię jakieś sugestie i pozostawiam to moim synom. Niech oni się martwią, jak ich to ciekawi. Ale to ich chyba nie ciekawi. Zresztą te szczegóły nie są ważne dla historii. Jeśli chodzi o samoobronę, to my, z HaSzomer HaCair, odmowę traktowaliśmy jako słabość, jako zdradę. Zdradę nie w znaczeniu hańby; chodziło o to, że nie można było na tych ludziach polegać. Oni byli za słabi w naszym pojęciu.

Z Mordechajem byłem bardzo często sam na sam. Ja się musiałem ukrywać bardziej niż inni i Mordechaj też się musiał ukrywać. Poza tym ja byłem łącznikiem w Zawierciu i ja Mordechaja wprowadziłem do Zawiercia. Byłem takim jego opiekunem. Miałem parę pięści, znałem dobrze teren, a on był obcy. Wprowadzałem go do gett w Zawierciu, Będzinie i Sosnowcu. Pamiętam, że spędziłem z nim kilka nocy w warsztacie szewskim. Ten warsztat był poza gettem; getto było jeszcze otwarte. To było w Sosnowcu. Tam spaliśmy na jednym łóżku. A w Będzinie ukrywaliśmy się na fermie, wśród uli. Aa, ciekawa rzecz! Ja z Katowic przywiozłem sobie tutaj książkę Władysława Spasowskiego[8]. Czy wie pani, kim był Władysław Spasowski? Ach, wy, młodzi ludzie dzisiaj w Polsce! Władysław Spasowski był filozofem w Polsce przedwojennej. Napisał książkę *Wyzwolenie człowieka*. To była nasza biblia. To była nasza wizja przyszłości. Tak samo Kotarbiński[9] był dla nas ważny. No, w każdym razie ja dałem Mordechajowi tego Spasowskiego i on go czytał bardzo gorliwie.

Myśmy rozmawiali o wielu rzeczach. Ale pamiętam, że była sfera życia Mordechaja, o której nic nie wiedziałem – jego osobiste sprawy. To było tabu. O tym się nie mówiło. Nic, absolutnie nic! Wszyscy go pytali, a on nic nie gadał. Ja nie znałem – ani wtedy, ani po wojnie – nie spotkałem żadnej osoby, która znała jego sprawy osobiste. Później dowiedziałem się, że miał dziewczynę. Mira [Fuchrer] miała na imię. Ona do niego pisała listy i te listy były u nas przechowywane. Ja je kiedyś czytałem. Ani słowa od ukochanej do ukochanego! Tylko o sprawie. On utkwił mi w pamięci jako człowiek myślący i zajmujący się bez przerwy sprawą. Dzień i noc. O niczym innym nie można z nim było mówić. Być może ja przesadzam, być może jest to jedna z tych legend, o których mówiliśmy.

Pamiętam, że na fermie rolniczej na Środuli[10] spotykaliśmy się często. To był dla nas azyl. Tam się śpiewało i pisało wiersze, i kochało się, i pracowało, i uciekało od różnych tarapatów, i śniło się o przyszłości, i politykowało – nawet teatr tam był! Pamiętam, że Mordechaj kiedyś dyrygował tam chórem młodzieży, która śpiewała piosenki chanukowe[11]. Ja wtedy tych piosenek nie znałem, ale wiem, że tutaj, w Kraju, w przedszkolach się je śpiewa. Ale tamte piosenki nie były piosenkami z ogródka dziecięcego. To były pieśni walczące.

Mówiłem już o tym, że Mordechaj żył tylko sprawą. Kiedy on poszedł do Meryna przedstawić swój plan – oczywiście Meryn nie przyjął jego planu – on nie mówił, że tworzy się ruch oporu. Mordechaj twierdził, że ruch oporu jest i że on stoi na jego czele. Dla nas to było coś niebywałego. U nas wszystko było dopiero w fazie fermentacji, a on już potrafił spokojnie mówić o istnieniu ruchu oporu. On groził Merynowi, mówił mu: – Ty się musisz liczyć z nami. – On miał w sobie coś więcej niż charyzmę, to była niezwykła siła. Miał wielki wpływ na ludzi. Nie wiem, czy Mordechaj miał inne kontakty z Judenratem. Wiem jedynie o tych z Merynem w sprawie wyjazdu. Mordechaj zrezygnował ze współpracy z Mońkiem Merynem, kiedy się okazało, że jego możliwości to jedna z tych legend. Poza tym, nie ufał specjalnie Merynowi. Brał pod uwagę to, że wiedząc za dużo – Meryn może zdradzić.

Mordechaj, jak już mówiłem, był nie tylko doskonałym reporterem politycznym, organizatorem i człowiekiem o wielkiej charyzmie, ale był też wspaniałym dziennikarzem. On na poczekaniu zorganizował u nas gazetę. Nazywała się „Przełom". To był organ żydowskiej młodzieży rewolucyjnej. Ta gazeta dostała się do rąk Gestapo, ale o tym dowiedziałem się dopiero w więzieniu. Zaraz. Najpierw aresztowano mnie w styczniu w Bielsku, ale im uciekłem.

OPOWIEŚĆ SZMUELA RONA

Potem aresztowali mnie w marcu i już nie mogłem uciec, bo byłem ranny, jak mnie złapali. Siedzieliśmy wtedy w Katowicach, a potem w więzieniu w Mysłowicach. To była rzeźnia; gorzej niż Auschwitz. Każdy nowy więzień – Żyd i nie-Żyd, polityczny i kryminalista, który przychodził do celi, miał uroczysty *welcome* z biczem, z bykowcem i tak dalej. Ja byłem ranny. Oni prali mnie i walili, a ja nie wydobyłem z siebie głosu. Od jednego, to był zdaje się kryminalista, dostałem za to komplement: – A tu już był jeden taki twardy Żydek, ale go powiesili. – Bardzo ładne przyjęcie! Po tym powitaniu, w nocy, przyszedł do mnie pewien jegomość. W więzieniu nazywano go „pan Stanisław", mieli szacunek dla niego – on był komunistą, Polak. Powiedziałem mu, kim jestem, i spytałem, czy słyszał o grupie „Przełomu". Oczywiście! Jego gestapo przesłuchiwało na ten temat. Ten pan Stach pomógł mi trochę, zrobił mi fory wśród politycznych. Polityczni trzymali się razem, mieli też kontakt na zewnątrz. Prosiłem ich o jedną jedyną rzecz – o porcję cyjankali. Dostałem. Ale to nie było cyjankali, jak się później okazało, to chyba była morfina. Na szczęście nie musiałem tego użyć. Pewnie bym dostał tylko rozwolnienia. A tak, nie wiedząc co mam, czułem się bezpieczniejszy. Mnie się wydaje, że właśnie dzięki temu ja trzymałem się w pierwszych godzinach w Auschwitz. Ale to już inna historia... Wróćmy do Mordechaja.

No więc Mordechaj był znany w kręgach warszawskich, ale nie był znany w całej Polsce. Wówczas znani byli tacy ludzie, jak Josek Kapłan, Tosia Altman, Arie Wilner. Kapłan był już wtedy starcem – miał dwadzieścia osiem lat, zdaje się, Mordechaj też nie był młody – miał ponad dwadzieścia trzy. I ja już nie byłem najmłodszy – miałem dwadzieścia lat! Tak... O Mordechaju wiedzieliśmy też, że z Tosią i Arie Wilnerem zwiał do Wilna, gdy wybuchła wojna. Po jakimś czasie postanowili wracać. Uznali, że ich miejsce jest z narodem i że przywódcy ruchu młodzieżowego nie mogą sobie pozwolić na to, by zostawić organizację. No i wrócili do Warszawy.

Co jeszcze pamiętam o Mordechaju? Nie przypominam sobie, by miał poczucie humoru. Pamiętam też, że często mówił o podziemiu polskim. Kontakty były bardzo słabe, trudno było dostać od nich broń. AK i AL nie popierały idei samoobrony w gettach. Broń dostawało się przeważnie z dwóch źródeł. Albo kupowało się „rozpylacze" na rynku, albo od podziemia polskiego. Pamiętam, jak Mordechaj przekonywał nas, że broń o krótkiej lufie, rewolwer, jest nic niewarta, że musimy zdobywać broń o długiej lufie – karabiny. To się nam nie udało. Ale mieliśmy swoją własną wytwórnię granatów. Ten jegomość, który je robił, Meir Szulman, żyje u nas w Kraju, w Holonie. On nie był człowiekiem politycznym, był taką złotą rączką. Nie było rzeczy, której by nie potrafił zrobić: miotłę z niczego, pieniądze fałszywe, dokumenty, granaty, elegancką suknię...

Mordechaj mówił nam też o tym, że w warunkach warszawskich, jeśli była łapanka, to on żądał, żeby nasi ludzie wychodzili na ulicę, a nie ukrywali się. Z dwóch powodów – żeby móc stawić opór na poczekaniu, a najważniejsze – żeby widzieć. Jak nie widzisz tego wszystkiego, nie uwierzysz, że się zabija dzieci, nie będziesz mógł nienawidzić dość. A nie będziesz umiał walczyć dość, jeśli nie będziesz umiał nienawidzić. Nie chodzi tu o nienawiść do Niemców, ale o wywołanie w nas reakcji potrzeby i umiejętności samoobrony.

Proszę pani, ja pamiętam taką scenę: ja i Cwi Duński mieliśmy jakąś porcję cyjankali. Nie byliśmy pewni, czy to cyjankali, więc chcieliśmy wypróbować. Postanowiliśmy dać trochę kotu. I nie mogliśmy! My nie potrafiliśmy zabić kota! A jak nie potrafisz zabić kota, to jak tu mówić o samoobronie? Krążyła między nami taka makabryczna „instrukcja", że powinniśmy się ćwiczyć na zabijaniu kotów, żeby mieć tę zimną krew. Nie dawaliśmy sobie z tym rady. To był problem. Pięknoduchy takie, skauci, humaniści, socjaliści, i co jeszcze? Z filozofią lepiej sobie radziliśmy niż z nożem czy toporem w ręku.

Były u nas małe akcje samoobrony, ale one były słabe. Miałem brać udział w jednej z nich. Wysłano mnie z misją, którą wcześniej planował Mordechaj. Wysłano mnie na Węgry, ale nie dojechałem tam. Poza mną jechali przedstawiciele trzech ugrupowań: HaSzomer HaDati[12], Dror Frajhajt[13] i Gordonii[14]. Wie pani, ja zawsze byłem bardzo elokwentny, zawsze mogłem gadać bez końca, ale wtedy, w tej podróży na Węgry, miałem jakąś straszną blokadę. Jak ja im w tym wolnym świecie opowiem o tych wszystkich morderstwach? Jak ja ich przekonam, że mówię prawdę? Z Karskim[15] o tym rozmawiałem. On miał takie same myśli i właśnie takie przeżycia – nie wierzyli mu. Bardzo się bałem, że nie będą mi wierzyć. Ale myśmy nie dojechali na Węgry. Na stacji kolejowej w miasteczku Oświęcim nasz przewodnik opuścił nas, uciekł po prostu. Wtedy ja i ten człowiek z Gordonii ukryliśmy się w kanałach. Co się stało z tamtymi dwoma? Nie wiem. Następnego dnia poszliśmy w kierunku getta. A ta samoobrona? Moim zdaniem – nieudana. Było i za mało broni, i mało bojowników. Były grupy w getcie, które do ostatniej chwili wierzyły, że nie samoobrona, tylko ratowanie się jest wyjściem. No cóż, byli bojowcy z bronią, którzy zaatakowali grupę Niemców. A Niemcy ich wykatrupili, powybijali naszych chłopców. To był chyba sierpień 1943 roku.

Teraz opowiem pani o liście Mordechaja, który wyszedł do nas z getta walczącego. Oni mieli kontakt przez kanały ze stroną aryjską. I tak były przesyłane listy. Ja pamiętam jedno zdanie z tego listu: „Jestem szczęśliwy, widziałem Niemców zabitych". Co się z tym listem stało? Z tym archiwum co się stało? Nie wiem, nie wiem. Fakt, że prowadziliśmy archiwum, świadczy o tym, że myśleliśmy historycznie. Zdaje się, że doszło więcej listów niż jeden. Wtedy

OPOWIEŚĆ SZMUELA RONA

też czytałem listy Miry do Mordechaja, listy ukochanej do ukochanego – ani jednego ciepłego słowa. Tylko sprawa.

On nic nie opowiadał. Ja pamiętam, że byłem ciekawy jego życia i przyczepiła się do mnie wtedy legenda o Mordechaju. Po wojnie spotkałem ludzi, którzy znali Mordechaja lepiej niż ja i zaprzeczyli tej opowieści. Ta legenda mówiła, że dziadek Mordechaja był rybakiem na Wiśle i że ponoć po nim Mordechaj odziedziczył tę chęć walki z burzą. Wtedy było mnóstwo legend... Ja miałem w rodzinie jednego bardzo pobożnego jegomościa. On opowiadał, że gestapowiec jakiś chciał wrzucić do ognia *Sefer Torę** i Pan Bóg sparaliżował go w tej sekundzie. I ten jegomość wierzył w to, tak jak ja wierzyłem, że Mordechaj miał dziadka rybaka. Inna legenda mówiła o tym, że walczące getto wywiesiło hasło „Za naszą i waszą wolność". Te słowa toczyły się gdzieś wśród nas, mówiło się o tym. Ale że to hasło było napisane na murach walczącego getta – to nieprawda. To była legenda, w którą wtedy chcieliśmy wierzyć.

On nie był takim fajterem**, który lubił bójki, na pewno nie. Ale był z pewnością urodzonym komendantem, przywódcą. Ta postać stworzona przez Rappaporta[16] niezupełnie jest podobna do Mordechaja, nie taką on miał twarz. Ale figura jego, ten ruch w niej zawarty, przypomina komendanta. Myślę, że Mordechaj był przeciwieństwem pięknoducha, on był bardzo realistyczny.

Tosia Altman była inna. Kiedy przyjechała do nas na kilka miesięcy przed Mordechajem, a nieszczęść było już sporo wokół, ona gadała o psychologii i filozofii. Tosia Altman była pierwszą, która namawiała nas, by wychodzić na aryjską stronę – to było bardzo ważne, to był przełom w naszym myśleniu. No bo jak? Z takim nosem, z taką gębą, z takimi oczyma? Czy pani zna to pojęcie „z takim nosem"? Co innego dziewucha – włosy może na przykład przefarbować. A Tosia mnie przekonała. Na początku 1942 roku zacząłem wychodzić z getta. Z biegiem czasu nabierałem pewności i w końcu doszedłem do wniosku, że nie wygląd, ale zachowanie się liczy. Zachowanie było najważniejsze. I jeśli o to chodzi, doszedłem prawie do perfekcji. Potrafiłem jeździć w wagonach tylko dla Niemców, a jak jakiś Polak chciał wejść, to go nie puszczałem. Najbardziej bałem się Polaków, między nami mówiąc.

Po moim nieudanym wyjeździe na Węgry mieszkałem u pewnej pani, która, mówię o niej z wielkim szacunkiem, miała bardzo znany zawód, jeden z najstarszych na świecie. Poza tym, ona pędziła bimber. Ja do niej przyszedłem

---
* *Sefer Tora* (hebr.) – Księga Tory.
** Fajter – *fighter* (ang.) – typ wojowniczy, walczący.

któregoś razu po bimber, bo to nam było potrzebne do przekupstwa. Już miałem wychodzić, zbliżała się godzina policyjna. To ona mówi do mnie: – Może zostaniesz? – A mnie nie trzeba było dwa razy tego powtarzać. Zostałem. Ona położyła mnie na takiej wąskiej kanapie. W nocy przychodzi do mojego łóżka jej szesnastoletnia córeczka. Ja zacząłem się bronić rękoma i nogami, bo wtedy miałem jeszcze różne zasady. Poza tym, nie po to tam przyszedłem. Nad ranem jej matka powiedziała do mnie wprost: – Słuchaj, jak ty masz do czynienia z policją, to zostań u mnie. – Powiedziałem jej, że jestem Żydem, ale to nie miało dla niej znaczenia. Ta kobieta była bardzo szlachetna. Później jej mieszkanie było jedną z naszych najważniejszych kryjówek. Ja mieszkałem tam jako jej syn. Zofia, bo takie było jej imię, była też stróżką w domu NSDAP. A tak w ogóle to ona zrobiła interes z Panem Jezusem – jak ona uratuje mnie, pan Jezus uratuje jej syna, który był na froncie niemieckim. Ona była taka Polka-Niemka jak ci Ślązacy, pani wie. Po polsku pisać nie umiała, ale po niemiecku pisała; po wojnie dostawałem od niej listy. Zofia miała pewnego jegomościa – skurwysyn, Alojz. On chciał zgwałcić jedną z naszych dziewczyn. Ja się z nim mocowałem, a on był silny jak byk, jak buhaj rozjuszony. A przecież nie mogliśmy się bić hałasując, trzeba było bić się na cicho. On był jej przyjacielem, nie pierwszym i nie jedynym. Ona też się kiedyś biła z nim – o mnie. Bo on chciał mnie szantażować.

Tam był jeden pokoik i kuchenka. Przychodzili policjanci i takie różne typy i to odbywało się na poczekaniu, bez gadania. Ja już wprawdzie jestem dziadkiem, ale ciągle się czerwienię, kiedy przypominam to sobie. Ale Zofia była naprawdę szlachetną osobą. Ona miała... no tak, to dlatego ja jestem taki wrażliwy na pani oczy! Ona miała pani oczy. Ona absolutnie nie była podobna do Polki, ona była typową Żydówką. I nie bała się pracować dla nas jako łączniczka. Ale nie chciała brać pieniędzy. Ja ją w końcu tego nauczyłem. Te pieniądze były jej potrzebne: ona miała takie marzenie, żeby po wojnie mieć krowę i chałupkę.

Co jeszcze o Mordechaju? On zdołał w Warszawie skonsolidować prawie wszystkie ugrupowania, zdaje się poza Bejtarem[17]. Wie pani, w ciągu tych ostatnich kilku dni od pani telefonu ja cały czas prowadziłem dialog z Mordechajem. Ja nie wiem, co mogę jeszcze o nim opowiedzieć. Wiem, że w Kraju jest bardzo niewielu ludzi, którzy mają coś do powiedzenia na jego temat. Mordechaj był typowym introwertykiem i, tak jak mówiłem, żył i oddychał tylko sprawą, dniem i nocą. Bezkompromisowy. Był typem ideologa, rewolucjonisty, którego tylko rewolucja interesuje. Pamiętam, że mówił: – My jesteśmy awangardą narodu. Awangarda nie może istnieć bez narodu. My nie mamy prawa zostać przy życiu. – I myśmy jemu wierzyli. Tylko godność ratować! Pogodzić się z tą myślą, że ja nie mam prawa żyć – to coś niesamowitego.

OPOWIEŚĆ SZMUELA RONA

W 1962 czy 1963 roku zostałem wezwany do sądu jako świadek w sprawie jegomościa, który był policjantem żydowskim[18] w Będzinie. I ja potrafiłem powiedzieć tyle samo rzeczy przeciwko niemu, co w jego obronie. W końcu poprosiłem, żeby mnie zwolnili z roli świadka. W trakcie procesu miałem rozmowę z adwokatem tego człowieka. To było u niego w biurze. Pamiętam, ten adwokat, tak samo niski jak ja, zapytał mnie, dlaczego myśmy się sprzeciwiali tym, którzy nie chcieli się bronić. Stanął przede mną w rozkroku i zaczął wykrzykiwać: – Ja jestem oficerem w wojsku izraelskim! Ja wiem, co znaczy posłać żołnierzy na front, ja przeżywałem takie rozkazy! I dla mnie to nie była łatwa rzecz. A wy chcieliście, żeby babcie, ciotki, kalecy, zdrowi, młodzi i starzy, żeby oni wszyscy się bronili?! Skąd mieliście tę hucpę*? Skąd mieliście tę odwagę? – On mnie załamał, bo ja czułem, że on ma rację. Może to i było niesprawiedliwe, że myśmy wówczas ganili tych, którzy nie mieli odwagi się bronić? Później często myślałem, że chyba nie mieliśmy prawa żądać od wszystkich, by się bronili, by stawiali opór...

Pani pyta, kiedy ja wyjechałem z Polski? *Via* Auschwitz, Mauthausen? Zaraz. W marcu 1944 roku byłem aresztowany. Katowice, Mysłowice – więzienie. Potem Auschwitz i Mauthausen. I potem już nigdy tam nie byłem. Mój stosunek do Polski jest taki, jak do starej ukochanej miłości... której nie chcę więcej widzieć. Proszę, niech pani nie przyjmie tego osobiście. To nie ma nic wspólnego z ludźmi, w każdym razie nie z ludźmi pani pokolenia. Ja... Nie, nie będę mówił na ten temat!

Jerozolima, maj 1989.

---

* *Hucpa* (hebr.) – tupet, bezczelność.

Ktoś musiał tę szafę dosunąć od zewnątrz...
Rozmowa z Maszą Glajtman Putermilch

Urodziłam się w Warszawie w 1924 roku w rodzinie drobnomieszczańskiej – mój ojciec był kupcem. Mieliśmy warsztat wyrobów skórzanych. Mama moja od młodych lat należała do Bundu. Ojciec był bezpartyjny. Ja dostałam w domu wychowanie socjalistyczne. Chodziłam do szkoły Bundu, to była jedna ze szkół CISzO[1]. Językiem wykładowym był oczywiście żydowski. Każda szkoła nosiła imię jakiegoś przywódcy Bundu. Ja uczyłam się w szkole powszechnej im. Grossera przy ulicy Karmelickiej 29. Myśmy dostali takie wychowanie komuny – dzieci powinny się dzielić jeden z drugim, widzieć siebie i pomagać sobie. Tego uczona byłam od najmłodszych lat.

A później, po szkole powszechnej?
Potem zaczęłam chodzić do szkoły zawodowej ORT-u[2], też w Warszawie, przy ulicy Długiej. Ja tej szkoły nie skończyłam, bo w 1939 roku zostały przerwane lata nauki dla Żydów. Dzieci w getcie uczyły się w ukryciu, książki trzymały pod paltami. A ja wyjechałam pod koniec 1939 roku z Warszawy do Miedzeszyna. W Miedzeszynie pracowałam w Sanatorium Medema[3]. Byłam tam do zamknięcia getta.

Wspominała pani przedtem, że chodziła do tej samej szkoły, do której Marek Edelman chodził, tak?
Tak, do szkoły powszechnej chodziliśmy razem. ORT był szkołą żeńską.

A w sanatorium Medema?
Ja byłam w szwalni, szyłam. Było nas tam dwanaście dziewcząt z młodzieżowej organizacji Bundu – Cukunft Skif[4]. Jak wróciłam do Warszawy, wnet zamknęli getto.

Kobieta sprzedaje kiszone ogórki. Druciana siatka chroni jej „stragan" przed chaperami, czyli ulicznymi złodziejami

Kobieta sprzedaje kapustę, marchew i węgiel, wrzesień 1941

Dlaczego pani wróciła?
Rodzice bardzo nalegali. Twierdzili, że jak zamkną getto, zostaniemy odcięci od siebie. A oni tego nie chcieli. Moja starsza siostra była w Rosji wtedy i ja byłam jedynym dzieckiem w domu, i oni nie chcieli...
A rodzice byli już w getcie?
Tak, oczywiście, byli w getcie. Myśmy mieszkali na Nalewkach 47 i nasze mieszkanie znalazło się w obrębie getta. Tak że myśmy mieli, wtedy to się nazywało, „szczęście". Nie zostaliśmy wysiedleni z naszego mieszkania. To, co mieliśmy w mieszkaniu, mogliśmy sprzedać na chleb, a ci, którzy musieli się przeprowadzać, zostawiali prawie wszystko. Tak. A my, sprzedając nasze rzeczy[5], dotrwaliśmy jakoś do wysiedlenia. Ja, ponieważ umiałam szyć trochę, to ja kupowałam stare rzeczy po zmarłych. Ojciec pruł, farbowało się, ja szyłam, a mama sprzedawała. Później ja musiałam sama wszystkim się zajmować, bo rodzice byli bardzo słabi z głodu. Ja właściwie byłam ta ostatnia, która się trzymała, choć też byłam już spuchnięta.
Proszę opowiedzieć o wysiedleniu[6].
Wysiedlenie było...? Moją mamę zabrali pierwszą na ten Umschlagplatz[7].
Kiedy?
W lipcu, to było na początku wysiedlenia. Ja właściwie dzięki Markowi [Edelman] mogłam ratować matkę. Pamiętam, spotkałam go na ulicy z Michałem Klepfiszem i on mnie wysłał po legitymację pracy do ŻYTOS-u[8]. Jak już tam poszłam i powołałam się na Marka, to dostałam dwie legitymacje – dla mamy i dla siebie. Na Umschlagplatzu mieli zwolnić mamę, ale nie mogłam jej znaleźć. Ona była w budynku...
W którym?
To była szkoła... Na Stawkach, szkoła powszechna. Przeważnie ludzie byli na dworze, na placu. Mama była w budynku. Ale miałam szczęście, ja ją spostrzegłam z ulicy. Wyglądała przez okno i ja ją zauważyłam. Prosiłam, żeby ona została w tym samym miejscu, żebym mogła... I ja wtedy moją mamę zwolniłam z Umschlagu, ale po krótkim czasie znowu ją złapali, razem ze mną. To był, niestety, policjant żydowski, który ją wiózł na Umschlagplatz, a ja leciałam za tą furą... i prosiłam, żeby mnie też zabrał, bo wtedy już ojca nie było – tak myślałam. Dopiero później okazało się, że ojciec mój uciekł i ukrył się. On wrócił, ale ja wtedy, za tą furą, myślałam, że mojego ojca nie ma...
Więc pani chciała z własnej woli iść na Umschlag?
Ja wtedy chciałam dobrowolnie iść z moją matką, ale ten policjant w żaden sposób nie godził się mnie na ten wózek wziąć. I on cały czas mówił: – Ty jesteś młoda, ty jeszcze masz szansę, możesz się jeszcze uratować, a ja potrzebuję pięć takich łepków[9]. – I mówił: – To jest mój piąty łepek. – To była ich gwara.

A gdzie on mamę złapał? Po prostu na ulicy?
Nie. Ja z mamą wyszłam z domu. Stałyśmy w bramie. Chciałyśmy pójść zobaczyć, co jest z ojcem, bo ojca wzięli. I wtedy on, ten policjant żydowski, przejeżdżał przez nasze podwórko, przez naszą bramę na ulicy Nalewki. I matkę wyciągnął w samym wyjściu na ulicę. I jak ja za tym wózkiem leciałam, to on strasznie mnie bił pejczem po rękach, żebym wózek puściła. Ja chyba upadłam na jezdnię. Znaleźli mnie dwaj policjanci żydowscy i pytają: – Co ty? – To ja mówię: – Ja idę na Umschlag. – A oni: – Nie masz czego iść, bo tam już nikogo nie ma i ty z twoją matką nie pojedziesz. – I ja wtedy poszłam do mojego wujka. To znaczy, wujka już nie było, bo on z głodu zmarł, ale tam została jeszcze kuzynka. I ona mi powiedziała, że ojciec uciekł po drodze...
Na Umschlag?
Tak, po drodze do Umschlagu, i on wrócił do domu. Ja w domu spotkałam ojca.
A na Umschlag już pani nie doszła, mamy już pani nie widziała?
Więcej na Umschlagu nie byłam, ja byłam tam tylko ten jeden raz... Mamy już nie widziałam... Ja chciałabym coś teraz o mojej mamie opowiedzieć. Moja mama dowiedziała się od Zygmunta Frydrycha[10], dokąd jadą pociągi, ale ona już na początku lipca 1942 roku, jeszcze przed Akcją, mówiła politykę na podwórkach getta. Ostrzegała ludzi, że powinni się bronić, bo jadą na śmierć do Treblinek. Nikt jej nie wierzył. Aż któregoś razu wrócił, właściwie uciekł stamtąd, jeden człowiek z naszego domu. Nazywał się Zycher. Jak on się stamtąd wydostał? Wskoczył do pociągu z odzieżą, który odjeżdżał z Treblinki. I wtedy moja mama wszystkim nakazywała: – Żywcem nie dajcie się brać, każdy ma w domu siekierę, postawcie ją koło drzwi, a jak Niemcy przyjdą, to się brońcie! Po co jechać po śmierć aż do Treblinek? A może i Niemca uda się zabić siekierą? – Ja bym chciała to o mojej mamie dopisać. Ona na to zasłużyła. Jak sobie myślę, dlaczego ja się tak paliłam do zemsty, to myślę, że to po mojej mamie miałam.
Jeszcze w czasie Wielkiej Akcji zaczęła pani z ojcem pracować w szopie[11].
Tak. To był rymarski szop na Szczęśliwej. Oczywiście trzeba było dużo pieniędzy za to miejsce zapłacić. Dostaliśmy je od stryjka, od brata ojca, który był jeszcze dość zamożny. Ja właściwie nie pracowałam w tym szopie, pracował tylko mój ojciec. Było rozporządzenie Niemców, że mąż kryje żonę, to znaczy, że mąż, jeśli pracuje, daje żonie prawo bytu, prawo życia[12]. Dlatego ojciec podał mnie jako swoją żonę. I trochę to jest komiczne, bo kierownik tego szopu stale mnie namawiał, żebym opuściła tego męża mojego, no bo jak taka młoda może być razem z takim starym? A jeśli już wybieram takiego starego, to on jest młodszy.
Czy mieszkaliście na terenie szopu?
Tak. Każdy szop miał swoich robotników skoszarowanych. I wtedy, to było w dzień tak zwanego kotła...

Szopy Schultza (ul. Nowolipki 29) – warsztat krawiecki, przed lipcem 1942

Szopy Schultza – krawcowe, przed lipcem 1942

Szopy Schultza – krojczy, przed lipcem 1942

Szopy Schultza – szwaczki, przed lipcem 1942

Kotła na Miłej[13]?
Tak. To było we wrześniu. Jak oni skończyli segregację w tym kotle, to Einsatzkommando[14] zrobiło obławę na nasz szop. My z ojcem chcieliśmy wyjść, żeby poszukać brata ojca na Świętojerskiej, ale Niemcy nas zaskoczyli. Uciekaliśmy, chcieliśmy się schować. A w tym domu, gdzie mieszkaliśmy, na drugim piętrze była kryjówka. Tam była szafa, która została przysunięta pod drzwi pokoju. To było jednopokojowe mieszkanie. Dom był trzypiętrowy i wszystkie trzy piętra miały takie same kryjówki. I ja wtedy... Ale ktoś musiał tę szafę zasunąć... I ja wtedy mojego ojca wepchnęłam do tego pokoju i zasunęłam szafę. Sama nie miałam się gdzie ukryć. Stało tam łóżeczko dziecinne, to weszłam pod to łóżeczko. A to łóżeczko było zakryte takim pokrowcem pluszowym, to ja się zawinęłam w ten pokrowiec pod łóżkiem. I oni weszli... Ukraińcy, Łotysze – słyszałam ich rozmowy, ja ich nie widziałam. Żeby dojść do tej szafy, trzeba było trochę to łóżeczko odsunąć. I słyszałam to słowo: szafa, szafa. Zrozumiałam, że oni wiedzą, że to jest kryjówka. Ja nie wiem... Słyszałam tylko mocne bicie mojego serca. Czułam, że któryś mnie kopnął. Oni przeszli, a ja tak leżałam, nie wiem jak długo – czasu nie można określić. Wyjęli ich stamtąd wszystkich, tam było więcej Żydów. Widocznie taką samą kryjówkę znaleźli na dole. Tak było umówione, że na wszystkich trzech piętrach zasuwa się ten pokój. Jak ja się ocknęłam, to słyszałam straszne krzyki, takie krzyki bólu. Wyszłam stamtąd. Słyszałam wystrzały. Na klatce schodowej było pełno trupów.
To byli ci, których znaleziono w kryjówkach?
Tak, ci z kryjówek. Ja szukałam mojego ojca, ale ja jego nie znalazłam. Oni leżeli w kałużach krwi. Odwracałam trupy, żeby rozpoznać twarze.
Wszystkich wygarnęli z kryjówki? Nikt się nie uratował?
Nikt.
Ile osób mogło być w takim jednym pokoju za szafą?
Dwoje, troje, jakieś pięć osób. Ja z ojcem mieszkałam w kuchni, a w pokoju mieszkała jeszcze jedna rodzina, małżeństwo – razem z moim ojcem było pięcioro. Ale ja nie wiem, może ich tam więcej weszło, bo jak myśmy przybiegli, to ta kryjówka była już zamknięta. Ktoś musiał tę szafę dosunąć od zewnątrz...
Pani nie znalazła ojca. Czy wie pani, co się z nim stało?
Wiem, że go wzięli. Wtedy wszystkich brali do Treblinek.
I coś jeszcze?
Nic, nic, absolutnie nic. Wtedy, przy tej szafie, to było moje rozstanie z ojcem.
Co pani ze sobą zrobiła?
Poszłam na moją ulicę, na Nalewki. Przede wszystkim szłam szukać brata ojca, którego wtedy nie znalazłam. Znalazłam go później, u Schultza. Wymieniłam gdzieś moje nazwisko i ktoś powiedział, że jakiś Glajtman jest u Schultza.

I ja go wtedy wyszukałam. Ale to było później. A po akcji ja wróciłam na moje podwórko. Na tym podwórku, to jest na Nalewkach 47, byli skoszarowani placówkarze[15]. Oni pracowali na dworcach przy ładowaniu węgla. I oni mogli przynieść chleb. A z getta szmuglowali odzież, poszwy – różne rzeczy, tak zwane ciuchy. Jak oni do getta wracali, to już była prawie godzina policyjna i nie wolno było wychodzić na ulicę. Więc oni byli bardzo zainteresowani, żeby dla nich zakupić te ciuchy, które oni następnego dnia będą mogli sprzedać. To ja zaczęłam się zajmować kupowaniem ciuchów. Zawsze jeden polecił drugiego – tu można kupić to, a tu tamto. Najlepsze były rzeczy, które można było łatwo przeszmuglować i szybko sprzedać. Poszwy były bardzo łatwe do szmuglowania: wkładałam je w płaszcze i wszywałam pod podszewkę, pod watolinę. Ja się wprawiłam w tym bardzo. A oni potem pruli podszewkę i wyjmowali towar. Wtedy w getcie jadłam najlepiej. Placówkarze przynosili kawałek kiełbasy i kartofli parę i nawet trochę węgla, żeby móc te kartofle ugotować. A jajka wkładali do mąki, bo jak człowiek nie jest głodny, to trochę na duchu jest podniesiony.

A gdzie pani wtedy mieszkała?
Mieszkałam pod tym samym numerem na Nalewkach, ale nie w naszym mieszkaniu. Stróżem domu był Żyd. Znał mnie prawie od urodzenia i on dał mi pokój przy rodzinie żydowskiej. I ja miałam taki pokoik z własnym wejściem. Kiedyś przypadkowo spotkałam koleżankę szkolną na ulicy i ona mi powiedziała: – Masza, wiesz, teraz tworzy się taka organizacja bojowa, czy ty byś chciała? – To ja się zapaliłam od razu.

Kiedy to było? Kiedy spotkała pani tę koleżankę?
To było krótko przed akcją styczniową.

Jak nazywała się ta koleżanka?
Leja Szyfman. Myśmy razem chodziły do szkoły. Leja miała siostrę, która była bardzo aktywna w podziemiu – Miriam Szyfman. Przez Miriam Leja zwróciła się do Marka Edelmana. I ja miałam w końcu z Markiem spotkanie. On mnie dokładnie wypytywał: – Co robisz, a z kim, a dlaczego? – Marek znał moją mamę i moją siostrę. Jego mama i moja mama były koleżankami z Bundu. Po całym tym przesłuchaniu powiedział do mnie: – Słuchaj, organizujemy teraz nową grupę na Zamenhofa i chcę, żebyś ty była jedną z organizatorek. – Pytał, czy mogłabym kogoś polecić, nabrał już do mnie zaufania. I tak zaczęłam pracować w organizacji. Szukaliśmy mieszkań – z tym nie było kłopotu. Mieszkań pustych, po wysiedlonych Żydach, było dosyć. Ale to nie mogą być byle jakie mieszkania, bo jak będzie powstanie, to my musimy mieć mieszkanie frontowe, bo z okien trzeba będzie strzelać. Dla naszej grupy znaleźliśmy mieszkanie na Zamenhofa 29.

„My", to znaczy kto?
Lejwi Gruzalc, on później był naszym komendantem, moja Leja ze swoim nieoficjalnym mężem, Adkiem Jankielewiczem... Dziesiątka nas była: dwie

Od lewej: Miriam Szyfman, Mosze Kaufman, Abraham Feiner,
działacze Bundu, w getcie warszawskim, najprawdopodobniej przed lipcem 1942

dziewczyny i ośmiu chłopców. Byliśmy skoszarowani – spaliśmy razem, żyliśmy razem. Przede wszystkim rozpoczęliśmy naukę obchodzenia się z bronią. Mnie uczył Chaim Frymer. On przeżył. Zmarł tutaj, w Kraju. Był mężem Pniny Grynszpan. Jego grupa była po drugiej stronie ulicy – wejście było od Miłej 29, ale okna wychodziły na Zamenhofa. Myśmy organizowali się tak, żeby kilka grup było obok siebie, na tym samym odcinku ulicy, tak, żeby atak był silniejszy. I tak było. Atakowaliśmy z dwóch stron. Po drugiej stronie ulicy były nawet dwie grupy: jedna PPR-owska – Pawła [Bryskin], a druga – Berla Brojde. Nasze grupy były w bliskim kontakcie. Mieliśmy umówione hasło na rozpoczęcie ataku. Ktoś z drugiej grupy rzucał granat i wtedy my zaczynaliśmy atakować.

A więc zaczęła się pani uczyć strzelać...
Zaraz. Tu trzeba prawdę powiedzieć – nauka była teoretyczna, przecież nam nie wolno było wystrzelić!

Pani weszła do organizacji zaraz po 18 stycznia, tak?
Tak, ale przedtem istniały już grupy, tak zwane piątki. Do jednej z piątek mój mąż [Jakubek Putermilch] należał, on był na terenie Toebbensa & Schultza[16].

A pamięta pani 18 stycznia?
Ja pamiętam bardzo dobrze.

Proszę opowiedzieć.
18 stycznia... Ja opowiem o tym, co ja sama przeżyłam. 18 stycznia ja weszłam do skrytki, schowałam się pod strychem.

Gdzie to było?
Nalewki 47, wejście od Nalewek 49. To były dwa połączone podwórka. I one należały do tego samego gospodarza. Chciałabym opowiedzieć o tym, by inni mieli pojęcie, co znaczył pobyt w tak zwanej skrytce. Ta skrytka była pod strychem, w opuszczonym mieszkaniu. Wejście do pokoju było przez kuchenkę – otwierało się drzwiczki kuchenki i wchodziło się do niej, a dalej był otwór do tego zamaskowanego pokoju. Wtedy, 18 stycznia, jakaś kobieta z dzieckiem chciała z nami wejść. A tam stało kilka osób i w żaden sposób nie chcieli jej wpuścić, bo dziecko może zapłakać... Ja tak bardzo nie reagowałam, bo mnie już nie zależało specjalnie, ja byłam bardzo samotna na tym podwórku. Byłam na tym świecie sama, bez nikogo, miałam uczucie całkowitej obojętności. Tam byli tacy, którzy się bardzo darli do życia; i to było właściwie normalne. I ona, ta matka tego dziecka przysięgła, że jak dziecko zapłacze, to ona je udusi. Ja pamiętam, że myśmy słyszeli Niemców – szukali. Szli jak zawsze z tymi swoimi psami wyczulonymi na zapach ludzki. I wtedy wszystkie oczy... To był duży pokój, leżeliśmy na ziemi, jeden obok drugiego. To była zima, każdy wpakował sobie tam pościel, kołdrę jakąś... I ona temu dziecku dała oczywiście jakieś luminalety, żeby ono spało. Ale jednak wszyscy się bali. Później, gdy sama miałam dzieci, często ze strachem myślałam, czy

nie zapłaczą. Taki dziwny strach prześladował mnie, dopóki dzieci były małe. A tamto dziecko nie zapłakało wtedy. Następnego dnia nie chcieliśmy iść do tej kryjówki, przez tę kobietę... Nikt nie chciał tam wejść. Na rogu Miłej i Nalewek był kanał. Między nami było kilku młodych. Postanowiliśmy – my zejdziemy do kanału. Cały dzień przestaliśmy we włazie, nie weszliśmy do wody kanalizacyjnej. Odsunęliśmy się oczywiście trochę, bo właz miał takie dziurki, przez które można było zajrzeć. Potem skończyła się akcja.

Dlaczego się pani ukryła 18 stycznia? Skąd wiedziała pani o akcji?
Myśmy szybko wiedzieli. Gdy placówkarze wychodzili do pracy, wielu z nich zabrali na Umschlag. Ja znałam kilku placówkarzy, mówiłam – kupowałam dla nich towar. Pamiętam, że jeden chłopak, nazywał się Izio Frenkiel, wyskoczył z wozu jadącego na Umschlag i uciekł. I on mi opowiedział, kogo wzięli, a ja znałam prawie wszystkich tych chłopców...

Wracamy do czasu po akcji styczniowej, do zajęć w grupach bojowych.
Więc uczyliśmy się, jak z bronią się obchodzić, jak granaty otwierać. Nasza broń była bardzo biedna. Mieliśmy granaty polskie i granaty własnej produkcji, mieliśmy kilka rewolwerów i flaszki Mołotowa.

Pamięta pani jakieś liczby? Ile broni przypadało na grupę, w której pani była?
Każdy, prócz Lei, miał rewolwer, czyli dziewięć rewolwerów było w naszej grupie. Ja miałam FN-kę 7, belgijski rewolwer, i miałam granat własnego wyrobu.

Czy każdy miał granat?
Każdy.

I Lea też?
Lea miała granat – tak mi się zdaje. Ponieważ ona była z Adkiem, to oni powiedzieli, że ten dziewiąty rewolwer mnie się należy. Wtedy niewielu umiało się z bronią obchodzić. Był taki jeden – Abram Stolak, on był u szczotkarzy[17], na terenie Marka. On znał się na broni. I był Koza, ja nie znam jego prawdziwego nazwiska, on miał karabin maszynowy.

Skąd ten karabin?
Nie wiem. Może zdobyty na Niemcach w akcji styczniowej, a może kupiony od Polaków za duże pieniądze?

Czy po akcji miała pani kontakt z placówkarzami? Z czego pani żyła?
Z chwilą, kiedy weszłam do organizacji bojowej, musiałam ze wszystkim, co do tamtej pory robiłam, zerwać. Mieszkałam razem z moją grupą, ale czasami szłam na podwórko na Nalewki 47, bo tam miałam koleżankę szkolną z ORT-u. Po wojnie znalazłam ją w Kanadzie.

Jak nazywała się ta koleżanka?
Ewa Alterman. Ona żyje w Montrealu.

Też była w powstaniu?

ROZMOWA Z MASZĄ GLAJTMAN PUTERMILCH

Nie. Ona przeżyła Majdanek[18], a później Auschwitz, oswobodzona w *Tojte Marsz*[19]. Ją wyjęli z bunkra 3 maja, ale ona przeżyła. Odnalazłam ją przez koleżanki z Warszawy. Spotkałam się z nią półtora roku temu.

Proszę opowiedzieć jeszcze słów kilka o życiu w organizacji.
Nasza organizacja była bardzo zakonspirowana. Byli przecież i tacy Żydzi, do których nie mieliśmy zaufania. Nie mogliśmy wychodzić z naszego terenu bez pozwolenia. Dostawaliśmy tak zwane przepustki. Nikt nie miał własnych pieniędzy, wszyscy jedli to samo – żyliśmy bardzo a bardzo skromnie. Wszystkie pieniądze odkładaliśmy na broń. Chleb dostawaliśmy od piekarzy za darmo. Mięsa myśmy nigdy nie mieli. Co nas trzymało, to chęć odwetu. Chcieliśmy dożyć tego momentu, kiedy będziemy mogli się bronić, dożyjemy *mitat kavod**. I każdy czekał na ten dzień. My wiedzieliśmy, że będzie likwidacja getta warszawskiego. Dla wszystkich to było jasne! Żyliśmy cały czas w oczekiwaniu pierwszego dnia powstania. Każdej nocy wystawialiśmy czujki, obserwowaliśmy teren z okien, bo Niemcy zawsze rozpoczynali akcję nad ranem. Okrążali getto. Wiedzieliśmy, z której strony mogą nadejść – od Zamenhofa, od Gęsiej. I tak było.

Tak więc pierwszy dzień powstania. 19 kwietnia.
Tak jest. Więc myśmy... Widzę teraz tamto wszystko... Zeszliśmy piętro niżej, myśmy mieszkali na drugim piętrze. Zajęliśmy jakieś wolne mieszkanie. Tam było chyba pięć okien, dwójka stanęła przy każdym oknie...

Jaki był sam początek?
Widzieliśmy Niemców wkraczających do getta. Pamiętam, w nocy stałam na czujce. Widziałam, że coś się dzieje: jechały auta. A gmina żydowska wtedy była na naszej ulicy, na rogu Zamenhofa, i tam też był jakiś ruch. Ciekawe, Niemcy robili wszystkie akcje w święta żydowskie. A to był dzień Wielkanocy. Za pomocą lampek porozumiewaliśmy się z tą drugą grupą. Dzisiaj już nie pamiętam, ile razy trzeba było mrugać światłem. Są rzeczy, które ja sobie dopiero teraz przypominam. O tych lampkach nie pamiętałam, a teraz to znowu takie żywe, wszystko wraca... Nad ranem, bardzo wcześnie, oni wkroczyli ze śpiewem – pewni siebie. Myśmy zaczęli ich atakować. Ten pokój był po chwili czerwony od ognia i gruz się na nas sypał. Myśmy tak: rzucali granat i – pod okno. Polskie okna są dosyć wysokie i myśmy pod murem tych okien się chowali. A wejścia przez bramy na podwórka – zabarykadowaliśmy. Było umówione, że jak się będziemy cofać z naszych pozycji, to podpalimy te barykady. Mieliśmy rzucić flaszki z materiałem zapalającym na te drewniane rzeczy. Pamiętam, ja ciągnęłam stół... Brama była zamknięta.

Mieliście podpalić barykadę przy wycofywaniu się?
Tak. Barykada była zbudowana w bramie, od środka, a brama była zamknięta. Jeden z nas był wyznaczony – Mejlach Perelman. On miał właśnie tę misję,

---

* *Mitat kavod* (hebr.) – śmierć z honorem.

on miał podpalić barykadę. Wycofywaliśmy się na strych, a wszystkie strychy miały otwory w ścianach – żeby można było z jednego domu do drugiego przejść. A to przygotowaliśmy wcześniej. Chłopcy pracowali bardzo ciężko przy rozkuwaniu ścian – polskie mury miały metr grubości. Strychami wycofaliśmy się na Miłą.

Po ilu godzinach zaczęliście się wycofywać?
Ja nie pamiętam.

Mniej więcej. Godzina? Kilka godzin? Pod koniec dnia?
Krótko, ale nie wiem, ile. Czasu w takich momentach absolutnie nie można określić. Cofaliśmy się strychami, bo nie mieliśmy więcej amunicji. To pamiętam! Jak wystrzelaliśmy wszystkie kule z naszych pistoletów i rzuciliśmy wszystkie granaty, to się wycofaliśmy. Atak na nas był niesamowity. Nas była garstka młodzieży. Przecież my nie mieliśmy prawie w ogóle broni, a oni do nas walili z karabinów maszynowych... Było nas trzydzieści osób. Trzy grupy na tę całą kolumnę wojska. W naszej grupie i w tej drugiej nikt nie zginął. Zginął chłopak z karabinem maszynowym... On był w grupie koło Muranowskiej. Ten chłopak z tym karabinem stał na balkonie i oni jego zastrzelili, on zginął. Myśmy się wycofali. Niemcy nie mogli się do nas dostać, bo Mejlach [Perelman] podpalił wejście. Mogliby wejść tylko przez okna, ale to było za wysoko. Zdążyliśmy się wycofać.

Dokąd?
To była Miła 29, Miła 31, Miła 33... Nie pamiętam dokładnie. Pamiętam, że mieliśmy jedną trudność przy wycofywaniu – domy nie miały tej samej wysokości. Tak, że musieliśmy skakać na przykład z trzeciego na drugie piętro. Wtedy byliśmy na zewnątrz budynku, a Niemcy byli na całej długości Miłej i oni zaczęli do nas, skaczących, strzelać. Pamiętam, że jak wreszcie dotarliśmy na miejsce, to znaleźliśmy dużo flaszek Mołotowa. One były tam przyszykowane przez inną grupę. W nocy wróciliśmy na Zamenhofa. Chcieliśmy dostać się do głównej komendantury, tam gdzie był Mordechaj Anielewicz, na Miłą 29, ale oni przeszli na Muranowską 18...

Na Miłą 18.
Tak, na Miłą 18. Miła 18 to był dom przechodni na Muranowskiej, dlatego się pomyliłam. Ale wejście do tego bunkra było od Miłej. Ja wtedy poszłam do tego bunkra, ale Mordechaja nie było.

Ale kiedy to było? Czy następnego dnia? Mówiła pani przed chwilą o powrocie w nocy na Zamenhofa.
Tak. To było... Na Zamenhofa wszystko było zrujnowane. Myśmy wiedzieli, że po przeciwległej stronie Zamenhofa, na Miłej 29, znajduje się ta druga grupa. Wybrano mnie i jeszcze jednego chłopaka. I myśmy tam poszli. Pamiętam, że przejść trzeba było tylko przez jezdnię, a to było prawie niemożliwe. Niemcy patrolowali tę ulicę bez przerwy. Dwóch żołnierzy chodziło tam

ROZMOWA Z MASZĄ GLAJTMAN PUTERMILCH

i z powrotem i myśmy ich widzieli. Na ulicy były jakieś popalone kawałki, bo oni od razu podpalili ten dom na Miłej 29.

Następnego dnia przedzierała się pani na Miłą?
Nie pamiętam, czy to było drugiego, czy może trzeciego dnia.

Dlaczego panią tam wysłano?
Myśmy chcieli otrzymać dalsze wskazówki. Pamiętam, że zawinęliśmy nasze buty w szmaty, żeby nas nie było słychać. Ulice były zupełnie puste, ciche, a wtedy bardzo echo kroków się niesie. Ja nadepnęłam na jakąś blachę i to tak zadzwoniło... Zaczęła się strzelanina. Było tylko dwóch Niemców, ale strzelali strasznie. A ja leciałam... Pamiętam, że wiedziałam, gdzie tam jest wejście. Melach [Perelman] nie przeszedł. Czekał, aż się trochę uspokoi. Jak już przebiegłam, to czekałam na niego po tej drugiej stronie. Nie chciałam wejść sama, a zresztą bałam się, że Niemcy złapią mnie albo zobaczą, gdzie wchodzę. Po chwili i Melachowi udało się przebiec ulicę. To było jakieś 20 metrów, ale gdzie 20... najwyżej 8 metrów – szerokość jezdni. Jak przyszliśmy do bunkru na Miłej 29, okazało się, że Mordechaja nie ma. Zostaliśmy tam na noc.

Czy Mordechaj był wtedy na Miłej 18?
Tak, już przeszedł.

A kto był na Miłej 29?
Ci wszyscy bojowcy z obu grup, z którymi współpracowała nasza grupa. To była grupa Pawła z PPR-u i grupa z Droru Berla Brojde. Następnego dnia przyszedł Mordechaj i wtedy dostaliśmy rozkaz, żeby przejść na walki partyzanckie. To znaczy – mieliśmy zgromadzić całą naszą amunicję i tylko dwójki miały wychodzić.

Co to znaczy: „dwójki miały wychodzić"?
Nie mieliśmy dosyć kul. Myśmy myśleli, że a nuż dostaniemy jeszcze coś. To on, Mordechaj, wytłumaczył nam, że niestety nie będzie już więcej amunicji. Wtedy ja mu powiedziałam, co nam jeszcze zostało – dwie kule i kilka flaszek. To Mordechaj powiedział tak: – Teraz Niemcy palą systematycznie dom po domu, podlewają domy naftą i palą je. – Oni chcieli getto spalić do końca, wchodzili na parter i puszczali cały dom z dymem. – Dwójki ukryją się na parterze, a kiedy Niemcy wejdą, żeby podpalić, będziemy ich zabijać. – I każdego dnia taka dwójka wychodziła i w ukryciu, w takim domu, na Niemców czekała. A Niemcy nie byli przygotowani na to i tak znienacka, przez zaskoczenie, udawało nam się. I bojowcy wtedy przynosili trochę broni.

Czy pani też kiedyś wyszła na akcję w takiej dwójce?
Raz jeden mi wypadło.

Gdzie to było? Czy pani pamięta?
Tak, oczywiście. Miła 40? Po parzystej stronie to było, pamiętam. 42, 44, może 46.

Pamięta pani tę akcję?
Dokładnie, dokładnie. Niemcy wchodzili przeważnie do klatki schodowej i podpalali parter. Drzwi były drewniane i dlatego bardzo łatwo było je podpalić. Niemcy oblewali wszystkie wejściowe drzwi naftą. My leżeliśmy na parterze i nasłuchiwaliśmy.

Z kim pani była?
Ja byłam z tym Majlochem Perelmanem. Myśmy zawsze chcieli być razem. On później poszedł jeszcze raz na taką akcję i zginął. Ja nie byłam z nim, on był z chłopcem z innej grupy. No a wtedy wybraliśmy jakiś pokój na parterze, wciągnęliśmy meble tam, żeby się zasłonić. Chcieliśmy ich widzieć już w klatce schodowej, nie dać im bliżej podejść. I ten nasz pokój, w którym czekaliśmy na nich, był idealnie na wprost wejścia. Myśmy wiedzieli, do którego domu oni wejdą, bo oni szli systematycznie. Nie było żadnych niespodzianek. Oni nie mieli broni, w rękach trzymali te wszystkie materiały zapalne... Ale później, to oni się już połapali. Tak, że te nasze dwójki mogły tak działać tylko na początku. No i myśmy strzelali. Ale jedną kulę, tę ostatnią, mieliśmy zostawić dla siebie, jeśli złapią... Żeby nie wpaść żywcem w ich ręce.

Ilu ich weszło do tego domu?
Dwóch. Myśmy widzieli dwóch. Czasami wchodził tylko jeden. Ale wtedy było dwóch.

Obaj zginęli?
Tak. Ale my nie mogliśmy wyjść. Musieliśmy zaczekać do nocy i w nocy wróciliśmy.

Czy zabraliście im jakąś broń?
Tak. Dwa parabellum.

I jak to dalej wyglądało?
Ja więcej na takich wypadach nie byłam. Ale Mejlach poszedł drugi raz i jego odkryli... On przyszedł do nas ranny, przyczołgał się... Na brzuchu... Myśmy byli na Miłej 18. Jak wykryli Miłą 29, przeszliśmy na Miłą 18, tam gdzie później zginął Mordechaj [Anielewicz]. Później Marek [Edelman] zabrał nas do siebie, na Franciszkańską 30.

Kiedy przenieśliście się na Franciszkańską z Miłej 18?
Ja wiem? Już w maju, ale którego maja? Wiem, że 10 maja wyszłam z kanału do lasu.

Ale jeszcze przed dziesiątym. Te dwójki...
Ja bym chciała trochę opowiedzieć o tym chłopcu, o Majlochu [Perelman]. Kiedy przeszliśmy do bunkra na Miłej 18, znaleźliśmy Majlocha na gruzach. Ten dom na Miłej 18 został spalony w 1939 roku, a bunkier znajdował się pod tym spalonym domem, w piwnicy. To była taka polska piwnica, gdzie się węgiel trzymało. On leżał na tej Miłej w pierzu ukryty. Czekał aż do nocy. Był

ranny w brzuch. Ten drugi chłopak, który był z nim, został zabity. Majloch miał przy sobie swój rewolwer, a rewolwer tego zabitego kolegi ukrył. Powiedział nam gdzie, w którym domu go ukrył. Otworzył drzwiczki pieca i tam go schował. Prosił, żeby iść tam i ten rewolwer zabrać. On wiedział, jakie znaczenie ma dla nas rewolwer. Myśmy mówili Mordechajowi [Anielewicz], że chcemy go do bunkra znieść, ale Mordechaj powiedział, że Majloch nie wytrzyma. Te wejścia do bunkra były wąskie bardzo. Trzeba było się czołgać; tylko młodzi mogli temu podołać. Mordechaj mówił: – On utknie w tym przejściu. – A ja stałam nad Majlochem i bardzo prosiłam Mordechaja, żeby pozwolił mi, że ja będę go ciągnęła i że chłopcy z mojej grupy pomogą, i że bardzo proszę, żeby tego chłopca do bunkra zabrać. To on powiedział: – Lepiej, żeby tam umarł, tam śmierć jego będzie lepsza. – A Majloch prosił, żeby mu ten jego rewolwer zostawić, bo jak on... I myśmy też wiedzieli, że teraz jest kolej na ten dom. To była Miła 18. Druga oficyna wychodziła na Muranowską. I ta oficyna jeszcze stała, to myśmy wiedzieli, że jeśli nie dzisiaj, to jutro, ale oni dojdą, przyjdą, spalą.... To myśmy prosili Mordechaja, żeby pozwolił, bo inaczej on żywcem spłonie... Majloch też wiedział... Mówił: – Zostawcie mi tylko ten rewolwer, nie chcę się spalić. – Ja pamiętam, że trzeba go było na piętro zabrać. Dwaj chłopcy go nieśli. To tak dzisiaj prosto wygląda – zanieść na piętro. A tam były schody zburzone i nie było jak wejść i dlatego, jakby to powiedzieć, to była dobra skrytka, bo Niemcy nie mogli się tam dostać. Ale myśmy mieli rozkaz – zabrać ten rewolwer od niego, bo rewolwer ma wielkie znaczenie. W tej samej skrytce, na piętrze, byli jacyś ludzie. Oni zostali przy życiu i później opowiadali, jakie niesamowite te krzyki tam były. On się palił żywcem, on został spalony żywcem... Pamiętam, przyniosłam herbatę, bandaż, wody naszykowałam... Ale Mejlocha już nie było. Tak. Mordechaj dał takie rozporządzenie: – Nie brać go do bunkra, a rewolwer zabrać. – Ja rozumiem – on wiedział, że rewolwer, który ma parę kul, może jeszcze kilku Niemców zabić. Chciałabym tu zaznaczyć – myśmy szli do walki, ale nikt nie miał nadziei zostania przy życiu. Tylko jedno hasło łączyło wszystkich: zemsta – uratować honor żydowski, honor narodu żydowskiego. I z tym hasłem szliśmy do walki. Wiedzieliśmy, że czeka nas śmierć. Powstaliśmy przeciwko armii regularnej, przed którą trząsł się cały świat. Śmierć była dla nas zupełnie jasna.

Co jeszcze pamięta pani z czasu powstania? Była pani na Miłej 18.
Miła 18 – ten bunkier został zbudowany przez motłoch żydowski – złodziei, tragarzy, *Unterwelt* to się nazywa w żydowskim.

Półświatek. Czy ten bunkier był zbudowany na zamówienie organizacji?
Nie. Zbudowali go dla siebie. Ale oni wiedzieli o nas, słyszeli. I sami nam zaproponowali, żebyśmy tam przyszli. Oddali nam kilka komórek. Nakarmili nas. Ich komórki były piękne, kaflami wyłożone. Woda była w tym bunkrze.

Bunkry mieszkalne, 19 kwietnia - 16 maja 1943.
Autorem zdjęcia jest SS-Obersturmführer Franz Konrad

Bunkry mieszkalne, 19 kwietnia - 16 maja 1943.
Autorem zdjęcia jest SS-Obersturmführer Franz Konrad

Bunkry mieszkalne, 19 kwietnia – 16 maja 1943.
Autorem zdjęcia jest SS-Obersturmführer Franz Konrad

Oni prosili nas – nie mieli broni, ale prosili, że chcą się do nas przyłączyć i razem z nami walczyć. Mieli dla nas wiele uznania – obywatele tego bunkra.

Zostali w bunkrze do końca, tak?

Myślę, że tak. Mnie nie było tam wtedy, ale uratowała się grupa bojowców z Miłej 18. Przyszli później do bunkra śmieciarzy na Franciszkańskiej. Między nimi był chłopak imieniem Jehuda Węgrower. Jehuda był postrzelony jeszcze przed powstaniem, trafili go w płuco, ale zdążył im uciec. Postrzelili go, kiedy rozlepiał na murach nasze ulotki do mieszkańców getta. Myśmy pisali, żeby się nie dać, żeby nie iść dobrowolnie na śmierć, żeby każdy się bronił tym, co ma – siekierą czy żelazem. To było krótko przed powstaniem. Jak powstanie wybuchło, on był w bunkrze na Miłej 18. I Niemcy wrzucili tam granaty gazowe. Wie pani, że ja jestem jedyna, która była w tym bunkrze na Miłej 18. I jeszcze Marek w Polsce... Ja tam byłam... Nie pamiętam – kilka dni chyba: dwa albo trzy. Aż Marek przyszedł i zabrał całą naszą grupę, tych z Bundu.

Pamięta pani, kiedy to było?

Nie mogę powiedzieć dokładnie. Kilka dni przed wysadzeniem Miłej 18. Poszliśmy wszyscy. Tylko bez Majlocha Perelmana... dziewięć osób nas było.

A dlaczego chcieliście pójść z Markiem?

Chcieliśmy! Prawdę powiedzieć? Dzisiaj już można. Myśmy mieli urazę do Mordechaja z powodu Majlocha. Urazę o to, że on kazał zabrać mu broń i nie pozwolił go zabrać do bunkra. On miał dobre zamiary – ja dzisiaj mogę to zrozumieć, ale w tamtym czasie... Majloch był wspaniały. Dobry bojowiec, wspaniały kolega, inteligentny, miał wszystkie walory. I on zawsze brał na siebie najcięższe zadania. Później, po wojnie, spotkałam jego kolegów z klasy – musiałam im opowiadać o każdej drobnostce. Majloch codziennie pisał pamiętnik naszej grupy.

Pamiętnik się zachował?

Nie.

A co się z nim stało?

Z tym pamiętnikiem? Ja wszystkim chłopcom uszyłam takie woreczki i każdy włożył tam swoje osobiste rzeczy i nosił na sznurku na szyi. Ja w swoim woreczku miałam ten pamiętnik i wszystkie zdjęcia, które zostały mi z domu. I miałam też zdjęcia jakiegoś chłopca, który mnie o to prosił – bo jeśli on zginie, to te zdjęcia zostaną. Jak myśmy byli na Miłej 29, to tam była woda i my wszyscy się umyliśmy. I były nawet łóżka, a my po tylu nie przespanych nocach... Znalazłam tam nawet, pamiętam, piżamę. I włożyłam tę piżamę, a woreczek powiesiłam na takim stojaku obok. Przebudziłam się, gdy oni młotami do tego bunkra walili. A był z nami chłopak, Chaim Frymer, który znał bardzo dobrze ten bunkier. On powiedział: – Słuchajcie, jest podkop i możemy stąd wyjść. – I wtedy nasz komendant, oczywiście ja już nie pamiętałam o tym

ROZMOWA Z MASZĄ GLAJTMAN PUTERMILCH

woreczku, wydał rozkaz: – Nie wchodzić do podkopu! A Niemcy dynamitem wybili dziurę i myśmy widzieli już niebieskie niebo. Niemcy zaczęli wrzucać granaty. Ci, którzy stali najbliżej – komendant i kilka osób – zginęli od pierwszego granatu. Wtedy zginęła Leja [Szyfman]. Myśmy to widzieli. Chaim [Frymer] kazał się nam wycofać do podkopu.

A dlaczego komendant, Lewi Gruzalc, nie pozwolił przejść podkopem?
Bo on twierdził, że trzeba otworzyć na nich ogień.

Nie uciekać, tylko walczyć?
Nie uciekać... A myśmy nie mieli żadnych szans. Myśmy szli, w żydowskim się mówi na *kidusz haSzem**, na zgładzenie. A jak zobaczyliśmy, że nasi padają trupem, to zaczęliśmy się cofać. Niemcy mieli nas wszystkich na celu. Jednego po drugim by zabili. To nie miało sensu. Więc wycofaliśmy się. Ja pamiętam, że Chaim wchodził ostatni. Przestrzelili mu marynarkę. W tym podkopie przesiedzieliśmy cały dzień. A potem poszliśmy na Miłą 18.

Rozmawiałyśmy już trochę o bunkrze na Miłej 18. Może jeszcze coś pani pamięta?
Pamiętam, że było tam kilka komórek i wszystkie były zamieszkałe. W naszej komórce nie było podłogi, ziemia była. Stały tam takie składane łóżka i prycze. Niektórzy leżeli na ziemi, a inni na pryczach. Ja już mówiłam o „pokoju" Unterweltu, pamiętam go bardzo dobrze. Oni nas zapraszali do siebie. Oni mieli tam pięknie... Ich komórka w porównaniu z naszą była niczym salon. Myśmy chodzili do nich po wodę. Częstowali nas jedzeniem. Pamiętam, w korytarzu zbudowana była duża kuchnia i tam się gotowało w nocy. Bo noc była dniem, a dzień nocą.

Kto z bojowców był w tym bunkrze?
Prawie cała nasza grupa, siedem osób. Majloch był jeszcze z nami. On właśnie stamtąd wyszedł na akcję. Nie było już Gruzalca i nie było Lei i Dawida Hochberga. Tej trójki już nie było. Tam, na Miłej 29, zginęli też bojowcy z grupy B, tak zwanej rezerwowej. Byli też inni bojowcy z Miłej 29 i grupa z Zamenhofa.

Czy Mordechaj też tam był?
Tak. I był jeszcze Jehuda Węgrower i Mordechaj Growas, i jego koleżanka Margalit [Landau].

Jehuda Węgrower nie przeżył wojny, prawda?
Nie. Ja zaczęłam już o nim opowiadać, ale skończę jego historię, jak będziemy mówić o wyjściu kanałami. Chcę sobie przypomnieć, kto tam jeszcze był na Miłej 18.

---
* *Kidusz haSzem* (hebr.) – uświęcenie Imienia Bożego – pojęcie oznaczające gotowość do poniesienia największych poświęceń, gotowość do śmierci w imię wiary.

Mordechaj był pewnie ze swoją dziewczyną?
Ja nic nie wiem o jego dziewczynie. Tamar[20]? Nie.

Do bunkra na Miłej 18 przyszedł Marek Edelman i zabrał bundowców do bunkra na Franciszkańską 30.
Tak. Tam było niesamowicie gorąco, bo bunkier znajdował się w spalonym domu. Część bojowców wyszła stamtąd wcześniej. Gdy myśmy tam przyszli, niewielu zastaliśmy. Po dniu, czy dwóch, oni wrócili. Oczywiście Marek był z nami, kilku ludzi z jego grupy, kilku z grupy Hanocha Gutmana. Po krótkim czasie Marek wysłał naszą grupę do innego bunkra, bo Niemcy zaczęli się do nas dobijać. Nie udało im się wtedy, ale Marek uważał, że powinien bojowców rozesłać; może w innym bunkrze się uratują. Wtedy, już po powstaniu, mówiło się, że jeśli uda nam się wyjść z getta, to pójdziemy do partyzantki.

Dlaczego pani mówi „wtedy, już po powstaniu"?
Przecież myśmy już nie walczyli! Nie było broni.

Czyli Marek wysłał pani grupę do innego bunkra. Dokąd?
Na Gęsią 5, zdaje się. Niedaleko Nalewek. Na Franciszkańską 30 poszliśmy następnej nocy, bo, jak już powiedziałam, noc była dniem, a dzień był nocą. Ale tam ludzi już nie było. Bunkier został wykryty, a ludzie – zabici. Zginął Stasiek Brylensztajn, Berek Sznajdmil... Przy życiu został tylko Janek Bilak i z grupy Gutmana – Adolf? Nie. On się nazywał Szlomo Alterman. Wróciliśmy do bunkra na Franciszkańską 22. A ten bunkier był już zupełnie zburzony.

W jaki sposób dowiedziała się pani o tym, co stało się w bunkrze na Miłej 18?
9 maja, myślę, a może ósmego, przyszła do nas grupa ocalałych bojowców z tego bunkra. Między innymi przyszedł Merdek Growas, Jehuda Węgrower, Tamar, Pnina Zalcman[21]... Nikogo więcej nie mogę sobie przypomnieć. Oni opowiadali. Od nich myśmy się dowiedzieli. Im się udało. Oni znaleźli jakieś wyjście z tego bunkra. Wyszli i siedzieli w jakimś dole kloacznym; w ten sposób się uratowali.

Pamięta pani, co opowiadali?
Mówili, że Mordechaj, jak Niemcy zaczęli wrzucać granaty gazowe, dał rozkaz, żeby się zastrzelić, żeby jeden strzelił do drugiego. Ale czy tak było? Ja nie wiem. Tak opowiadał Merdek Growas. Część została zagazowana, a część się zabiła, tak mówił...

Czy wie pani, ile osób tam zginęło?
Ja nie mogę powiedzieć. Ja teraz chcę wytłumaczyć, dlaczego poszliśmy do bunkra tak zwanych śmieciarzy. Właśnie tam, gdzie przyszedł Jehuda i inni z Miłej. W tym bunkrze zrobiony był podkop, który prowadził do kanalizacji. I dlatego myśmy tam poszli, bo już wtedy była ta myśl, żeby próbować wyjść z getta kanałami. Myśmy wysłali Kazika Ratajzera. Kazik miał nawiązać kontakt z kanalizatorami.

ROZMOWA Z MASZĄ GLAJTMAN PUTERMILCH

Czyli Kazik wyszedł na stronę aryjską?
Tak. On miał dobry wygląd.

On był w powstaniu w jednej grupie ze Szlamkiem Szustrem.
Tak, teraz chcę opowiedzieć o Szlamku. Pierwszy raz widziałam go w bunkrze na Franciszkańskiej. Szlamek wyglądał w porównaniu z nami, a myśmy mieli po siedemnaście, osiemnaście lat, zupełnie jak dziecko.

Ile miał Szlamek lat?
Szesnaście, ale wyglądał dużo młodziej. Był jeszcze jeden taki mały, braciszek bojowca, Lusiek Błones, miał 12 lat. On miał specjalne zadanie – zbierać flaszki z ulicy, które myśmy napełniali materiałem zapalającym. Nazywaliśmy go „najmłodszym bojowcem". Ale Lusiek broni nie miał, a Szlamek był bojowcem z bronią, członkiem organizacji.

W jakiej grupie był Szlamek?
U Hanocha Gutmana, na terenie szczotkarzy, tam gdzie była grupa Marka [Edelman]. Tam była jeszcze jedna grupa, do której należała Pnina Grynszpan, grupa Hersza Berlińskiego. Szlamek przeszedł z nami z bunkra ŻZ[22] do śmieciarzy.

Dlaczego „śmieciarze"?
Bo w tym domu byli skoszarowani Żydzi, którzy furmankami chłopskimi śmiecie z getta wywozili. I oni tam wybudowali sobie bunkier.

Wróćmy do historii Szlamka.
10 maja, zanim zeszliśmy do kanału, kilkuosobowa grupa poszła zbadać drogę, bo Kazik nie wracał. Jak oni weszli do tych rur kanalizacyjnych, spotkali Kazika. Wrócili po nas. Właz do tego kanału był na Franciszkańskiej, niedaleko Wisły. A kanały były tak zbudowane: im bliżej Wisły, tym wyższe. Dlatego, że ściek był mocniejszy. Tam spływały odchody z całej Warszawy. Wszystko szło przecież do Wisły. Jak myśmy tam weszli, to pamiętam, powiedzieliśmy, że kanał nie jest wcale taki straszny. Ja wiedziałam, jak kanał wygląda, bo ja w styczniu siedziałam pod włazem, w czasie tamtej akcji.

Jak duża była ta grupa, z którą pani zeszła do kanału 10 maja?
Czterdzieści osób. Cywia [Lubetkin], (Icchak [Cukierman] w ogóle nie był w powstaniu), był z nami Marek, Szlamek Szuster, Tuwia Borzykowski, Pnina... Czterdziestka wyszła z kanału, ale weszło więcej. Część została na dole i oni potem zginęli... Między nami był Szlamek. Myśmy w tym kanale stali 48 godzin. A ci po aryjskiej stronie nie mieli możliwości... Szukali kogoś, żeby nas autami wywieźć. Później nam to wyjaśnili, ale wtedy nie wiedzieliśmy, co się dzieje. Doszliśmy do włazu na Prostej i tam czekaliśmy. Ale ten właz był mały, wszyscy nie mogliśmy tam stać. Zaznaczam, że właz to jedyne miejsce w kanale, gdzie nie ma wody; tam jest sucho. A jak szliśmy, to cały czas wodą. Szczury na nas skakały, kał pływał, i ten smród... Mieliśmy świece ze sobą, ale one się nie paliły, bo nie było tlenu.

71

Jak długo trwała ta wędrówka kanałami?
Bardzo długo. Bo z Franciszkańskiej do Prostej jest bardzo daleko. W tym gnoju niemożliwe było stać. Ten kanał był bardzo niski i trzeba było być tak zgiętym w pół – przez cały czas. Cywia i Marek postanowili rozesłać nas po innych włazach. Był z nami Jehuda Węgrower. Pamięta pani? Mówiłam o nim. On miał przestrzelone płuco przed powstaniem, a potem był w bunkrze na Miłej, jak Niemcy wpuścili tam gaz. On był bardzo słaby. Nie mógł iść o własnych siłach. W kanale szedł za mną i trzymał się moich bioder. Ja musiałam ciągnąć jego i siebie. Myśmy byli w kanale 48 godzin. On pił tę wodę kanałową i mdlał. Ja mu mówiłam, że to trucizna, ale on nie mógł się powstrzymać. On myślał, że tą wodą będzie się cucił, że się będzie ratował. W kanale nie można było wyprzedzić tego z przodu, minąć go. Ale co można było zrobić? Można było nogi rozszerzyć i między nogami przejść. A ja widziałam, że on kona. To postanowiliśmy, że trzeba go ratować – rozszerzyliśmy nogi i wyglądało to jak zabawa sportowa: każdy go przeciągał między nogami. On był cały oblepiony tym gównem. Ale dostał się wreszcie do włazu. Upaść tam nie można było, taki był ścisk. Cywia Lubetkin powiedziała, że trzeba nas po włazach rozrzucić. Po 48 godzinach Kazik otworzył klapę i kazał nam wychodzić. Ale to było po 48 godzinach, a przedtem część bojowców została rozesłana. Trzeba było kogoś posłać, żeby ich sprowadzić. Szlamek i jeszcze jeden bojowiec, Adolf [Hochberg], stali koło Cywii, która im powiedziała: – Słuchajcie, idźcie i sprowadźcie ich! – To oni sekundę się zastanowili... W niesamowitych warunkach byliśmy w tym kanale. Ja nie jestem w stanie tego opowiedzieć. To było... Ja pamiętam, że ja byłam bliska samobójstwa. Nie mówię już o głodzie, ale ta cała reszta! Byliśmy wymęczeni i zrezygnowani. Szlojme Alterman z grupy Gutmana podtrzymywał mnie na duchu. Mówił: – Jeszcze trochę, zobaczysz, wyjdziemy, uratujemy się. – A Jehuda miał taką silną wolę życia! On ratował się tą gnojową wodą. Więc jak Cywia zwróciła się do nich, Szlamek zastanowił się i Adolf też przez chwilę się zawahał. Wtedy Cywia powiedziała: – My czekamy na was, idźcie! – Myśmy wyszli, a Szlamek nie zdążył wrócić. Jak oni wrócili, to Niemcy już byli przy włazie na Prostej... Myśmy wychodzili bardzo szybko. Jeden za drugim, jeden za drugim. I kładliśmy się na dnie tego auta ciężarowego. Niemców nie było jeszcze. A my wyglądaliśmy jak trupy. Trupy wyszły, zagnojone trupy!
Czy byli jacyś Polacy, którzy was widzieli?
Tak, tak. Od razu się zrobiło kółko.
Która to była godzina?
To był już dzień. Piękny, majowy poranek.
Był jeden samochód, czy więcej?
Jeden. Wtedy Cywia spytała, co będzie ze Szlamkiem i Adolfem? Oni powiedzieli: – Jest jeszcze jedno auto ciężarowe. – Ale drugiego auta nie było i oni

zginęli. Szlamek, który wrócił z Adolfem i z tymi, którzy byli rozesłani po włazach... Nie wiem, jak to było dokładnie. Słyszałam tylko, że Niemcy rozstrzelali wszystkich. Nikt nie został. I nikt nie zna żadnych szczegółów. Nie było świadków. Może Kazik wie więcej?

Ile osób mogło być w tej drugiej grupie?
Nie tak dużo. Ale kto wie, czy wszyscy wyszli? Może część została w kanałach. Nas wyszło czterdzieści osób.

I czterdzieści osób weszło na ten samochód.
Jeden na drugiego.

I gdzie ten samochód pojechał?
Za Warszawę, do Łomianek.

Dlaczego do Łomianek?
W Łomiankach był zagajnik, a wokół kolonia niemiecka. Tam spotkaliśmy grupę Arona Karmiego. Oni wyszli 29 kwietnia. W tym zagajniku można było tylko siedzieć, bo na stojąco było nas widać.

Jak długo byliście w tym zagajniku?
Ja myślę, jakieś dwa tygodnie, a może półtora tygodnia.

Wszyscy, którzy wyszli z kanału 10 maja, byli w lesie?
Nie. Marek i Cywia nie poszli do lasu. Oni ukrywali się po aryjskiej stronie.

A pani chciała iść do lasu?
Tak. My potem byliśmy w partyzantce w lasach wyszkowskich. Ale po pół roku zachorowałam i wróciłam do Warszawy. A jak wybuchło polskie powstanie w 1944, to brałam udział w powstaniu.

Proszę o tym opowiedzieć.
Ja byłam w bunkrze na Żelaznej 64. Chcieliśmy wstąpić do powstania, razem z Markiem i innymi. Na Żelaznej spotkaliśmy oficera polskiego z AK, chcieliśmy walczyć jako grupa żydowska, ale oni nie zgodzili się...

Co zdecydowaliście?
Każdy poszedł walczyć na własną rękę.

Miała pani broń?
Tak, ale nie od AK, miałam swoją broń. Mój mąż, Jakubek był na barykadach, a ja miałam takie zadanie, żeby kuchni polowej doglądać. No więc, byliśmy na Żelaznej, Twardej, na Topiel i na Tamce, a potem długo na Wareckiej.

„Myśmy", to znaczy?
Mój Jakubek, ja i dwoje bojowców, którzy teraz są w Kanadzie – Bronek [Szpigel] i Halina [Bełchatowska]. I jeszcze była z nami matka z córką. Obie przeżyły wojnę. Ta córka mieszka tutaj, w Kraju.

Jakubek Putermilch, koniec lat 30.

Od prawej: Jakubek Putermilch, w środku: Celek Celemeński w partyzantce, lasy wyszkowskie, zima 1943. Autorem zdjęcia jest Kazik Ratajzer

Powstańcy z getta warszawskiego w partyzantce, lasy wyszkowskie, zima 1943

A po powstaniu znowu opuściła pani Warszawę?
Nie. Po powstaniu myśmy zeszli do piwnicy. Wpierw byliśmy na Śliskiej, później na Siennej 38 albo 39. A potem znowu do kanału uciekliśmy, bo dobijali się do naszego bunkra. Myśmy myśleli, że to Niemcy, a to byli Żydzi, którzy wiedzieli o nas i chcieli nam powiedzieć, że Warszawa jest wolna. Ale myśmy bali się, że to Niemcy, i w nocy weszliśmy do kanału. A później chodziłam po gruzach z jeszcze jedną kobietą; Falkowa – ona żyje w Kanadzie. Chciałyśmy się dowiedzieć od Polaków, nie dowierzałyśmy, że Warszawa oswobodzona.

To znaczy, że pani w bunkrze była od końca powstania do stycznia.
Do 22 stycznia 1945 roku.

A czemu nie opuściła pani Warszawy razem z warszawiakami po powstaniu?
Bo Żydzi bali się iść ze wszystkimi – niebezpieczni byli dla nas i Niemcy, i Polacy.

Ile było osób w bunkrze na Śliskiej?
Trzydzieści dwie osoby.

Wszyscy Żydzi?
Tak. Ten bunkier wykryli i bardzo niewielu pozostało przy życiu. Zabili ich na gruzach. W następnym bunkrze była nas dziesiątka. Byłam tam z Jakubkiem, moim mężem, i Pniną Grynszpan.

W którym roku wyjechała pani z Polski?
W 1945, w marcu.

Dokąd?
Do Rumunii. Wyjechaliśmy grupą: Pnina z Chaimem [Frymer], Kazik z tą dziennikarką [Irena Gelblum] i ja z mężem.

Ta dziennikarka wróciła do Polski?
Tak, w 1947. Ona nie mogła się tutaj zaaklimatyzować. Bardzo chciała się uczyć.

Kiedy przyjechała pani do Izraela?
Od marca do października byliśmy w Bukareszcie, a potem przez Konstancę do Izraela. 26 października przyjechałam.

Za mąż wyszła pani tutaj?
Nie. My jesteśmy małżeństwem jeszcze z lasu. Byliśmy razem czterdzieści jeden i pół roku. Całą gehennę razem przeszliśmy. Jak mąż pisał swoją książkę[23], ja ją na maszynie przepisywałam. Walczyłam o każdy szczegół, bo Jakubek był taki *dugry*, to znaczy szczery, prawdomówny, i on chciał pisać całą prawdę, nawet jak ta prawda nie była zbyt przyjemna. On twierdził, że nie powinien nic zmieniać – historia wszystko osądzi. A Antek [Cukierman] na przykład był przeciwny temu. On twierdził, że ci, którzy nie żyją, nie mogą się już bronić, że tak nie wolno.

Masza i Jakubek Putermilch w Izraelu, koniec lat 60.

I pani walczyła z mężem, by pewne fakty omijał, tak?
Jak mu przepisywałam, to nieraz zaokrąglałam trochę, ale on był bardzo dokładny i czytał każdą kartkę, i nie godził się na moje zmiany.

Czyli ta książka ukazała się w takiej wersji, w jakiej została napisana?
Tak, absolutnie!

Kiedy mąż ją pisał?
Kiedy byliśmy po aryjskiej stronie, przyszedł do nas Antek i każdemu – czworo nas było: Jakubek, Halina z Bronkiem i ja – przyniósł pióra i powiedział: – To jest prezent ode mnie w rocznicę wyjścia z getta. Piszcie wszystko, zacznijcie pisać od razu. Jakubek robił wtedy zapiski, a jak przyjechaliśmy do Kraju, pisał wieczorami, po ciężkiej pracy. Przez wiele lat ją pisał, a potem książka bardzo długo leżała w Lochamej Hagettaot[24]. Nie chcieli jej wydać.

Dlaczego?
Nie wiem, widocznie była jakaś przyczyna. Domyślam się, ale na pewno nie wiem.

Czy została wydana po śmierci Icchaka Cukiermana?
Nie, po śmierci Cywii [Lubetkin].

Dziękuję pani.

Tel Awiw, maj 1989 i październik 1999.

Ja opowiadam tak powierzchownie, bo ja nie pamiętam.
Rozmowa z Pniną Grynszpan-Frymer

Proszę zacząć swoją opowieść od początku. Kiedy się pani urodziła, gdzie pani mieszkała... Proszę bardzo.
Urodziłam się w 1923 roku. Było nas ośmioro dzieci. Ja byłam najmłodsza w domu. Wołali mnie „ten wyskrobek", bo kiedy się urodziłam, to rodzice moi byli już w podeszłym wieku. To była sensacja, że moja mama zaszła w ciążę – mogła już mieć czterdzieści kilka lat. Tak, że w domu traktowano mnie jak lalkę. Wszyscy mnie kochali, ubóstwiali, byłam strasznie rozpieszczona.

Czym zajmował się pani ojciec?
On miał takie jakby biuro przewozowe. Miał platformę dużą i konie, i woził różne towary do sklepów; woził wszystko, co się nadarzyło.

A mama oczywiście nie pracowała?
Mama nie pracowała, zajmowała się gospodarstwem. Jedna z sióstr jej pomagała.

Czy pani rodzina była religijna?
Niespecjalnie.

Co znaczy „niespecjalnie"?
Mama pilnowała, żeby w domu było *koszer**, bo dziadek, który nas często odwiedzał, był nabożny. Dziadek też mieszkał w Nowym Dworze, u swojej córki, siostry mojego ojca.

Czym się dziadek zajmował?
To on właściwie miał tę platformę, na której ojciec pracował. Dziadek bardzo chciał, żeby mój ojciec się kształcił, bo on był bardzo zdolny. Nasza rodzina była duża. W domu zawsze było wesoło. Wielu kolegów przychodziło do mo-

---
* *Koszer* (hebr.) – koszerne, jedzenie rytualnie czyste.

ich braci i do sióstr. To był otwarty dom. Mama moja była taka *jidisze mame*. Kiedy bracia zaczęli pracować, mama wstawała o piątej nad ranem i biegła do piekarni, żeby przynieść świeże bułeczki i przygotować dla nich śniadanie. Jeden z moich braci mieszkał i pracował w Warszawie. On przyjeżdżał do domu tylko na *Szabat**. Był urzędnikiem w dużej firmie fajansu i porcelany na Przechodniej 1. Nie wiem, czy pani wie, gdzie to jest. Tego już dzisiaj pewnie nie ma. Wszystko się zmieniło.

Gdzie pani mieszkała w Nowym Dworze?
Na Mickiewicza 1. W zeszłym roku byłam w Polsce i widziałam swój dom.

Po raz pierwszy była pani w Polsce od wyjazdu?
Po raz pierwszy od 1945 roku, kiedy wyjechałam razem z Maszą [Putermilch], z Kazikiem [Ratajzer].

Pani urodziła się w 1923 roku. Wobec tego zdążyła pani pójść do szkoły jeszcze przed wybuchem wojny.
Właśnie o to chodzi! Ja byłam jeszcze za mała, kiedy widziałam, jak inne dzieci idą do szkoły, to byłam tak zazdrosna, że postanowiłam pójść razem z nimi. Kuzynka moja zabrała mnie na rozpoczęcie roku i mnie się to bardzo spodobało. Zaczęto wyczytywać nazwiska i usłyszałam „Papier Frajda", a ja z domu jestem Papier, Papier Pinia. Papier Frajda nie przyszła, no i ja się odważyłam i powiedziałam, że jestem. I tak się wkręciłam do szkoły. Pamiętam, że wszystkie dzieci pomaszerowały tego dnia do bóżnicy i tam mówił do nas rabin Neufeld. Ja byłam bardzo szczęśliwa, a w domu wszyscy się ze mnie śmiali i dziwowali, że zdobyłam się na taką rzecz. Następnego dnia wzięłam zeszyt, ołówek i poszłam do szkoły. I ja chodziłam do tej szkoły jako Papier Frajda. Może Frajda była w innej klasie?

Jaka to była szkoła?
Szkoła powszechna, żydowska, ale uczyliśmy się wszystkiego po polsku. Kierownikiem tej szkoły był Polak.

Czy uczono tam języka żydowskiego[1]?
Nie. Raz w tygodniu mieliśmy lekcję religii żydowskiej, też w języku polskim, i raz w tygodniu jedną godzinę hebrajskiego.

Czy pani w domu mówiła po żydowsku?
Tak. Wszyscy mówiliśmy po żydowsku, ale rodzice znali też polski. Kiedyś w szkole zauważyli, że ja nie dałam metryczki. A ja metryczki swojej nie miałam w ogóle. Więc jak trzeba mi było tę metryczkę zrobić, to dodano mi jeden rok – napisano, że urodziłam się w 1922. I do dzisiejszego dnia we wszystkich papierach mam ten błąd. Gdyby to było dziesięć lat różnicy... ale to tylko rok – więc nie warto zmieniać. W 1936 albo w 1935 roku skończyłam powszechną

---

* *Szabat* (hebr.), *szabes* (jid.) – siódmy dzień tygodnia, dzień chwalenia Boga i dzień odpoczynku.

szkołę. A w domu zawsze mnie traktowano jak taką małą dziewczynkę, pilnowano mnie bardzo. Nie wolno mi było chodzić nigdzie wieczorami.

Czy po skończeniu szkoły powszechnej zaczęła pani uczyć się w innej szkole?
Nie. Właśnie o to chodzi. Ja chciałam dalej się uczyć, ale w domu traktowano mnie jak małe dziecko i kazano mi poczekać rok. Poza tym dalsza nauka związana była z kosztami – musiałabym jechać do Warszawy, bo w Nowym Dworze nie było gimnazjum. Tymczasem wojna wybuchła. Ja poczułam, że już jestem na tyle dorosła, że mogę się usamodzielnić. Powiedziałam, że chcę jechać do brata, do Warszawy. Zresztą wtedy cała rodzina postanowiła się przenieść do Warszawy.

Dlaczego?
Dlatego, że było coraz ciaśniej z Niemcami, szykanowali bardzo Żydów – nocami młodych zabierali do roboty. Zlikwidowaliśmy dom, to znaczy meble i pewne wartościowe rzeczy oddaliśmy jakiemuś Polakowi na przechowanie. (Tego Polaka nigdy później nie spotkaliśmy). I w październiku, a może w listopadzie 1939 roku pojechaliśmy do Warszawy. Zamieszkaliśmy u Dawida. Ale tam było bardzo ciasno i jeden z moich braci wynajął mieszkanie dla żony i swoich dzieci. W naszej rodzinie były już wnuki! Siostra moja też wynajęła mieszkanie i przeprowadziła się tam z mężem i synkiem. Po kilku miesiącach wydawało się nam, że w Nowym Dworze trochę się uspokoiło. Myśleliśmy, że będziemy mogli wrócić do domu i dlatego dwaj moi bracia pojechali rozejrzeć się do Nowego Dworu. Wynajęli jakieś mieszkanie i zaczęli pracować. Potem ściągnęli ojca. W Warszawie było coraz gorzej – z pracą i w ogóle z życiem – było coraz ciaśniej ze wszystkich stron. A potem to już było getto i trzeba było włożyć opaski[2]. W końcu getto zostało zamknięte. Ojciec nalegał, żebyśmy wróciły do domu. No to pożegnałyśmy mojego brata Dawida i pojechałyśmy do Nowego Dworu, do getta, które znajdowało się na tak zwanych Piaskach[3].

Mieszkanie Dawida w Warszawie, gdzie mieszkała pani z matką, znajdowało się na terenie zamkniętego już getta. Jak wobec tego wyszła pani?
To było bardzo trudne, to prawda. Ale któregoś razu przyjechali Żydzi z Nowego Dworu na szmugiel. Myśmy miały dobry aryjski wygląd. I oni nas zabrali. Ubrałyśmy się z matką tak, że wyglądałyśmy jak polskie chłopki. Pociągiem pojechałyśmy z nimi do getta nowodworskiego. Udało się.

Czyli getto w Warszawie zamieniła pani na getto w Nowym Dworze. Jaka była ta zamiana?
Byłam bardzo zadowolona, że wróciłam, bo spotkałam koleżanki i kolegów ze szkolnych lat. Ale życie tam bardzo mi się nie spodobało. To był taki mały obszar, bardzo ciasno tam było. Codziennie zabierano Żydów do pracy do Modlina. Ja oczywiście też chodziłam do pracy[4]. Sama się zgłosiłam, bo nie chciałam siedzieć w domu.

Nowy Dwór Mazowiecki, Żydzi z żółtymi łatami na piersiach i plecach, między lutym 1940 a wiosną 1941. Autorem zdjęcia jest dr Hans Joachim Gerke, żołnierz kolumny transportowej Luftwaffe

ROZMOWA Z PNINĄ GRYNSZPAN-FRYMER

Jaka to była praca?
Pracowaliśmy przy drzewie, nie pamiętam dokładnie, układaliśmy jakieś belki. Rano wychodziliśmy z getta z żółtą łatą. Jak wracaliśmy wieczorem, to przechodziliśmy przez wachę niemiecką. Ja miałam łatę tylko z przodu, a powinnam była ją mieć też na plecach. Podszedł do mnie kiedyś jakiś gestapowiec na wasze i porządnie mnie za tę łatę spoliczkował. Jak wróciłam do domu, rodzicom nic nie powiedziałam, ale postanowiłam, że więcej do pracy już nie pójdę. Kiedy rodzice dowiedzieli się o całym tym zajściu od innych ludzi, zdecydowali się mnie ukrywać, a do pracy nie posyłać.

Kiedy to było?
To mogło być w 1940 roku.

To nie mogło być w 1940 roku, skoro z Warszawy przyjechała pani do Nowego Dworu w 1941 roku.
Nie w 1940 roku. W 1942 roku to było!

W 1942?
Nie, w 1942 – nie. To mogło być na początku 1941 roku.

Czy od razu po przyjeździe do getta nowodworskiego zaczęła pani pracować w Modlinie?
Nie, nie od razu, ale po krótkim czasie. Nie pamiętam dokładnie, czy to było w 1941 roku, czy w 1942 roku. Ja myślę, że to było wiosną 1942 roku[5], kiedy chodziłam do pracy do Modlina. Ja pani powiem dokładnie. Latem 1942 roku[6] ja powiedziałam rodzicom, że już nie chcę być w getcie nowodworskim i chcę ze szmuglerami wrócić do Warszawy. Wtedy Niemcy ogłosili, że wszyscy Żydzi muszą wystawić na ulicę meble, ubrania – wszystkie rzeczy ze swoich mieszkań, i pójść nad Wisłę. A tam przejdą kwarantannę[7]. Kiedy ja się o tym dowiedziałam, powiedziałam rodzicom i braciom, że trzeba uciekać, bo oni szykują tu coś strasznego. Mówiłam im, żebyśmy przeszli do Legionowa i tam przeczekali, ale oni mnie nie posłuchali – zawsze mnie uważali za taką małą dziewczynkę. Powiedzieli, że skoro się tak bardzo boję, to oni odeślą mnie ze szmuglerami do Legionowa. – Tam przeczekasz, a potem albo wrócisz do Nowego Dworu, albo pojedziesz do Warszawy. – I co się stało? Wszystkich Żydów zabrali nad Wisłę. Kazali im wejść nago do rzeki. A potem pogonili ich do Pomiechówka[8], do obozu. Starców wykończyli od razu, dzieci i chorych też... Ja dowiedziałam się o tym wszystkim w Legionowie od szmuglerów i od razu pojechałam do najstarszego brata do Warszawy[9].

A co się stało z pani rodziną?
Tak. Oczywiście. Część mojej rodziny była w Pomiechówku, a dwóch braci, którzy przeszli selekcję, Niemcy zostawili w getcie do pracy.

Czy może pani powiedzieć dokładnie, kto z rodziny znalazł się w obozie w Pomiechówku?
Rodzice, dziadek – ojciec ojca – i moja siostra Małka z dzieckiem.

A mąż siostry?
Jego też zostawili po selekcji w getcie. W Pomiechówku był też mój brat Zysiek [Zygmunt Papier]. Tam działy się straszne rzeczy – zabijali starców, zabijali dzieci, zabijali chorych. Niemcy nie dali im pracować – oni wykańczali tych Żydów. Moja mama przeszła w obozie tyfus plamisty, ukrywała to oczywiście przed Niemcami. A Judenrat getta nowodworskiego starał się codziennie przeszmuglować trochę żywności do Pomiechówka. Mojemu szwagrowi udało się wyjąć stamtąd ojca i siostrę moją z dzieckiem.

A mama, dziadek?
Dziadka zabili. A mama została z najmłodszym bratem, Zyśkiem, w obozie. Kiedy już wykończyli prawie wszystkich Żydów w Pomiechówku, tych, którzy pozostali przy życiu, popędzili do Legionowa. Po drodze Niemcy rozpalili jakieś ogromne ogniska i kazali Żydom skakać przez ten ogień – takie tortury wymyślili. Mamie i Zyśkiowi udało się jakoś przedostać z Legionowa do Warszawy, z powrotem do getta. Może pani sobie wyobrazić, jaka radość była wielka, kiedy ich zobaczyłam.

Proszę mi powiedzieć, kiedy mama z Zyśkiem przyjechali do getta warszawskiego?
To mogło być pod koniec lata 1942[10].

Czy była pani w Warszawie w czasie Wielkiej Akcji, w lipcu-sierpniu 1942?
Tak, tak, tak. Ja pani powiem. Wkrótce po mnie do Warszawy przyjechała mama z Zyśkiem. Pracowaliśmy w szopie Landaua[11] na Gęsiej. Mój brat Mendel pracował w tym samym szopie jako stolarz już od dawna. Dzięki niemu ja i Zysiek dostaliśmy tę pracę. Ja też pracowałam przy maszynach stolarskich. Byliśmy z Zyśkiem zabezpieczeni, bo przecież pracowaliśmy dla Niemców – robiliśmy szafy dla nich. Ta firma nazywała się... Ostdeutsch[12], jakoś tak, zapomniałam, jak się nazywała...

Nie szkodzi. A jak było z mieszkaniem? Czy mieszkaliście wszyscy razem?
Z Zyśkiem i matką mieszkałam u Dawida na Nowolipiu 40.

A co mama robiła?
Mama była w domu.

A Dawid?
Dawid sprzedawał Polakom, którzy wchodzili do getta, porcelanę i fajans, a oni zabierali towar na aryjską stronę. A bratowa moja była w domu, nie pracowała.

Proszę mi powiedzieć, od kiedy pracowała pani u Landaua?
Od 1942 roku[13].

Czy jest pani w stanie przypomnieć sobie dokładniej?
W którym miesiącu ja tam weszłam? Dokładnie nie pamiętam.

Policjant żydowski, wrzesień 1941

Wiosna? Zima?
Wiosna. Zaraz. Zdaje się, że ja się pomyliłam. Ja się zaraz poprawię. Ojciec był z braćmi w Nowym Dworze i oni zaczęli organizować sobie jakąś pracę. Pamiętam, że założyli restaurację w domu, w którym mieszkali. I dobrze im to nawet szło. I wtedy oni zabrali mamę z powrotem do Nowego Dworu. Szmuglerzy ją przeprowadzili. To było już po Pomiechówku. Ojciec chciał, żebyśmy z Zyśkiem też wrócili, ale Dawid zatrzymał nas w Warszawie. No i wtedy dostaliśmy tę pracę u Landaua, a matka wróciła do Nowego Dworu.

Czyli matki nie było z panią w okresie Wielkiej Akcji?
Tak. Właśnie o to chodzi. Wtedy, kiedy było wysiedlenie, czyszczenie terenu Schultza – tak to się nazywało – matki już z nami nie było. Niemcy zamknęli ulicę i zrobili dużą obławę. Ja akurat wtedy byłam w domu, nie byłam w pracy. Zysiek i Mendel byli w szopie. Dawida też nie było w domu. Córeczka Dawida była u babki na ulicy Karmelickiej, a ja byłam z moją bratową. Ja nie wiem, dlaczego ja wówczas byłam w domu. I nagle słyszymy, że ulica zamknięta, że jest wysiedlenie. Każą nam opuścić mieszkania i wyjść na ulicę.

Pamięta pani datę?
Daty nie pamiętam dokładnie, ale to było lato. Czy to było w lipcu, czy to było w sierpniu? Nie pamiętam dokładnie. To ja mówię wtedy do mojej bratowej, że wolałabym, żebyśmy nie wychodziły z mieszkania. Słyszałyśmy krzyki Niemców. Ja mówię do niej: – Zamknijmy się, schowamy się gdzieś. – Ale bratowa nie chciała. – Nie, bo jak oni przyjdą, to nas zabiją. Trzeba wyjść. Wszyscy wychodzą. – Słyszymy, jak zbiegają po schodach. – Trzeba koniecznie zejść! – Dałam się namówić i wyszłam z bratową. Sara ona miała na imię. Zeszłyśmy na dół. Cała ulica pełna ludzi! Weszłyśmy do szeregu.

Z jakimś bagażem podręcznym?
Z żadnym bagażem. Nie miałyśmy nic. Kiedy stałyśmy w szeregu, zobaczyłam mojego kolegę, Heńka Rotszajna. On był policjantem w getcie. On przyszedł na Nowolipie, bo się bał, żeby mnie nie zabrali. On mnie znalazł w tym szeregu razem z moją bratową. Powiedział nam, że zaraz pobiegnie do fabryki Landaua po jakiegoś kierownika, żeby tamten mnie wyjął z tego szeregu. Bo przecież ja pracowałam i byłam kryta dzięki temu, że pracowałam dla Niemców! To ja wtedy mówię do mojej bratowej: – Sara, pamiętaj, jak ten kierownik przyjdzie, to powiedz mu, żeś ty jest żoną Zyśka. – Zysiek też pracował u Landaua. Sara bała się, nie chciała. A Dawid, mąż Sary, był wtedy na Karmelickiej u jej matki. Jak się dowiedział, że jest wysiedlenie na Nowolipiu, przybiegł tam i z daleka patrzył na nas. Po jakimś czasie Heniek, ten policjant, wrócił z kimś od Landaua. Oni podeszli do Niemców i ten kierownik powiedział, że on musi mnie zabrać, bo ja jestem potrzebna do pracy. Jak on podszedł do nas, to ja mu powiedziałam, że to jest żona Zyśka. Ale on mówił, że tylko mnie może wyjąć... I ja zostałam uratowana, on mnie wyjął. Kiedy

mój brat Dawid zobaczył, że jego żonę zabierają, to on sam, dobrowolnie, wszedł w szereg.

I razem poszli na Umschlagplatz?
Tak. Dawid myślał, że jak pójdzie z Sarą, to on ją uratuje. On myślał, że oni razem wyskoczą z wagonu.

Nie wyskoczyli?
Nie wyskoczyli. Nie uratowali się. Dziecko ich zostało u babki.

Czy dziecko się uratowało?
Nie. Dziecko poszło razem z babką, kiedy zrobili blokadę Karmelickiej. Ale to było trochę później i oni zostali wysłani innym transportem do Oświęcimia albo do Treblinki.

A pani wróciła wtedy do pracy w szopie?
Tak. I zostałam skoszarowana na Gęsiej. Nie wolno nam było stamtąd wychodzić. Moja siostra Adela mieszkała wtedy w małym getcie, na Prostej, ze szwagrem i matką szwagra, który pracował jako krojczy u Toebbensa. Kiedy dowiedziała się o selekcji na Nowolipiu, bała się bardzo o mnie. Rozpytywała ludzi i znalazła mnie na Gęsiej. Jakoś się jej udało przedostać do dużego getta, do mnie. Przyniosła mi trochę jedzenia, pamiętam. Po kilku dniach była blokada na Nalewkach i wtedy mój brat Mendel, który też pracował u Landaua, został z żoną i dziećmi wysłany na Umschlag. A ja zostałam z Zyśkiem u Landaua na Gęsiej 30. Wtedy, kiedy był ten kocioł, my, robotnicy Landaua, mieszkaliśmy już na Miłej.

Pamięta pani dokładny adres?
Miła 6, zdaje się. Chciałam jeszcze powiedzieć, że do pracy w tym szopie dostał się również mój kuzyn z Nowego Dworu [Józef Litman]. On też był później bojowcem getta warszawskiego. Właśnie wtedy, kiedy mieszkaliśmy na Miłej, została zorganizowana nasza piątka, piątka przyszłych bojowców. U Landaua była grupa HaSzomer HaCair. Do tej organizacji należała też córka Landaua [Margalit, Emilka, Landau]. Ona przyprowadziła całą grupę swoich kolegów z HaSzomer HaCair do pracy i w ten sposób oni wszyscy byli kryci. W tej fabryce pracował wtedy Josef Kapłan i Miriam Heinsdorf, jego przyjaciółka, Josek Farber – oni wszyscy byli później bojowcami. Jeśli pani słyszała o tym pierwszym powstaniu w getcie, w styczniu 1943 roku, to musi pani wiedzieć, że ta grupa z HaSzomer HaCair prowadziła wtedy walkę. W tym szopie ja czułam, że coś się między tymi młodymi ludźmi dzieje. Jeden z nich, Josek Farber, często rozmawiał ze mną i często mi mówił, że jest zmęczony, że nie spał przez całą noc. To ja go pytam: – Co się stało, żeś ty nie spał? – A on mi wtedy mówi: – Ja byłem w kanałach w nocy. – To ja go pytam: – A co ty tam robiłeś w tych kanałach? – Aaa, chciałem przejść z jednej ulicy na drugą – on mówi – to przeszedłem kanałami. – To ja mówię: – Co ty, zwariowałeś? Jesteś nieprzytomny? Co znaczy, ty wchodzisz w ubraniu do kanału? – To on

Posterunek kontrolny, w białej kurtce z numerem 1585 stoi Henryk Faberfeld, policjant żydowski, obok żołnierz niemiecki, w tle funkcjonariusze polskiej policji tzw. granatowej, między lutym 1940 a wiosną 1941. Autorem zdjęcia jest dr Hans Joachim Gerke, żołnierz kolumny transportowej Luftwaffe

Brama getta przy skrzyżowaniu ulic Leszno i Żelaznej, po prawej stronie nie istniejący już budynek Gimnazjum Męskiego „Collegium" Towarzystwa Szkoły Średniej przy ul. Leszno 84, między lutym 1940 a wiosną 1941. Autorem zdjęcia jest dr Hans Joachim Gerke, żołnierz kolumny transportowej Luftwaffe się śmiał. Ja wiedziałam, że tam coś się dzieje. Przez kilka dni Josek opowiadał mi takie różne historie. To ja w końcu do niego mówię: – Wiesz co, Josek, ja czuję, że tu coś się organizuje w fabryce. Ty jesteś zaprzyjaźniony z Miriam [Heinsdorf] i Joskiem Kapłanem. Ja też chciałabym być z wami. – To on się śmiał. I nie chciał mi dokładnie powiedzieć, o co chodzi. Tymczasem znowu była obława w szopie Landaua. Pamiętam – biegłam na strych, żeby się schować, a jakiś gestapowiec, a może to był Łotysz albo Ukrainiec, złapał mnie od tyłu i zaciągnął do szeregu. Pamiętam, że jak stałam na ulicy między tymi ludźmi – robotnikami, to oni zaczęli nas sortować: jedni na prawo, drudzy na lewo. Mnie kazali iść na prawo, a ja darłam się, że chcę iść na lewo. Jakiś Ukrainiec przeciągnął mnie siłą na prawą stronę. Ci, którzy byli po lewej stronie, zostali wysłani do obozu. Pamiętam, że był tam też rabin – Blumenfeld[14] się nazywał. On podszedł do Niemca i prosił, żeby go zwolnić, mówił, że jest bardzo chory. Wtedy ten Niemiec wyjął pistolet i zastrzelił rabina na miejscu. I to mnie przeraziło! Myślałam sobie – tylu tu jest robotników, a wszyscy stoją tak obojętnie i tak bardzo się boją. Tylu jest tutaj tych Żydów, przecież mogliby napaść na Niemców!

Czy po raz pierwszy widziała pani taką sytuację?
Tak, tak, tak. Przecież tych Niemców była garstka, może pięciu ich było. I chociaż my byliśmy bez broni, to przecież moglibyśmy ich chociażby zadusić. Nie wiem co, ale nie dać się... Zaczęłam się wtedy jakoś w środku buntować. My – tacy bezbronni, żadnego oporu nie ma z naszej strony. Ja potem mówiłam o tym z Joskiem Farberem. On był już w organizacji bojowej, ale ja o tym nie wiedziałam. Pytałam go: – Co z nami będzie? Jesteśmy tacy bezbronni, nie stawiamy żadnego oporu, a przecież tak i tak idziemy na śmierć. – Tę naszą rozmowę słyszał jeden z robotników. Nie wiem, czy pani natknęła się na takie nazwisko: Hirsz Berliński z organizacji Poalej Syjon Smol[15]. Berliński był w *chanchala**, nie wiem, jak to powiedzieć po polsku. I któregoś dnia Hirsz podszedł do mnie w fabryce i zaczął ze mną rozmawiać. Zapytał o moją rodzinę. Powiedziałam mu, że z całej mojej rodziny zostałam w getcie tylko ja i mój najmłodszy brat Zysiek. Jest jeszcze mój kuzyn, Litman, ze swoją matką i siostrą Chajale. Berliński powiedział, że chciałby się spotkać ze mną któregoś wieczora, w moim albo w jego mieszkaniu, i porozmawiać. Kiedy po kilku dniach spotkaliśmy się, on mi powiedział, że słyszał moją rozmowę z Joskiem Farberem. – Musisz wiedzieć, że organizujemy tu takie małe grupy pięcioosobowe. Ty jesteś ze swoim bratem i kuzynem; jeśli możesz jeszcze dobrać jakichś dwoje młodych, to stworzymy taką nową piątkę. Będziemy się uczyć posługiwać bronią. – I myśmy zorganizowali taką piątkę[16].

Kto jeszcze wszedł do piątki?

---
* *Chanchala* (hebr.) – kierownictwo, tu: dowództwo ŻOB-u.

Dziedziniec przed Komendą Służby Porządkowej przy ul. Ogrodowej 17, między jesienią 1940 a latem 1942

Grupa żydowskich policjantów przed wejściem do siedziby Judenratu przy ul. Grzybowskiej 26 (w tym budynku przed wojną mieściła się gmina żydowska), między lutym 1940 a wiosną 1941. Autorem zdjęcia jest dr Hans Joachim Gerke, żołnierz kolumny transportowej Luftwaffe

Dwóch młodych robotników, których poleciłam. Jeden nazywał się Włocławski, a drugi Blumsztajn. Obaj pracowali u Landaua. Ja nie pamiętam ich imion, ale w mojej książce to wszystko jest napisane. Ja opowiadam tak powierzchownie, bo ja nie pamiętam. Raz w tygodniu mieliśmy zebranie. Uczono nas różnych rzeczy – wszystkiego teoretycznie, bo ani broni, ani granatów jeszcze nie mieliśmy. Pamiętam, w styczniu 1943 roku, kiedy była kolejna akcja likwidacyjna, ja nie zdążyłam się schować. Zysiek się schował, a ja z Joskiem Litmanem musiałam zejść do szeregu. Pędzili nas na Umschlagplatz. I wtedy, jak szliśmy na Umschlag, to ta grupa z HaSzomer HaCair: Josek Farber, Lilka, to znaczy Margalit, córka Landaua, i inni zaczęli strzelać i rzucać granaty[17]. Joska Kapłana między nimi już nie było. Pamiętam, jakiś czas wcześniej gestapo przyszło do Landaua i zabrali go ze sobą. On przeszedł ciężkie tortury i nikogo nie wydał. W końcu Niemcy go zabili. A wtedy, w tej drodze na Umschlag, córka Landaua została zastrzelona w walce.

Pamięta pani, co się wówczas działo na Umschlagplatzu?
Tak, oczywiście. Staliśmy na placu i czekaliśmy, żeby wejść do pociągu.

Czy była selekcja?
Nie. Oni wszystkich jak bydło wpychali do tych wagonów. Wreszcie wagony się napełniły, a myśmy zostali – nie było już dla nas miejsca. Powiedzieli nam, że pojedziemy następnym transportem. Postanowiliśmy z kuzynem moim, że spróbujemy uciec. Wydostaliśmy się z szeregu i pobiegliśmy do piwnicy takiego dużego domu przy Niskiej. W tej piwnicy było okropnie – pełno trupów i ludzi na wykończeniu, którzy jęczeli i błagali o wodę.

Czy to byli ludzie, którzy uciekli z Umschlagplatzu?
Widocznie tak. Uciekli i tam się chowali. Nie mogli wyjść na ulicę, bo cały teren był obstawiony. Jak się ściemniło, postanowiliśmy wydostać się z tej piwnicy; baliśmy się, że się tam wykończymy. Na ulicy spotkaliśmy Joska Farbera i innych z HaSzomer HaCair. Wtedy Josek powiedział: – Trzymajcie się mnie! Jesteśmy grupą. Musimy dostać się na ostatnie piętro tego budynku, wtedy pomyślimy, co dalej robić. – To był taki narożny dom. Wyjęliśmy drzwi i położyliśmy je na oknie sąsiedniego domu. W ten sposób chcieliśmy przejść, tak jak po drabinie. Ryzyko było bardzo duże – mogliśmy albo zginąć zauważeni przez Niemców, albo po prostu spaść. Ale udało nam się, przedostaliśmy się. Trafiliśmy do mieszkania, w którym były piękne meble gromadzone przez Werteerfassung[18]. Ukryliśmy się w szafach. Pamiętam, że było tak strasznie zimno, że baliśmy się, że zamarzniemy. Musieliśmy jednak wytrzymać do rana. Rano wyszliśmy stamtąd. Na ulicy podszedł do nas werkszuc[19], Żyd. Prosiliśmy, żeby nam pomógł wydostać się. Pamiętam, że daliśmy mu pieniądze i on nas wyprowadził. Dostaliśmy się z Joskiem Litmanem z powrotem na Miłą. Jak Farber wyszedł – nie wiem. Na Miłej spotkałam mojego brata Zyśka, który ukrywał się też w jakiejś piwnicy przez te dwa dni akcji

styczniowej. Po krótkim czasie znowu spotkałam się z Berlińskim. Nie było już wtedy fabryki Landaua, została zlikwidowana. – Teraz zostaniemy skoszarowani jako grupa bojowa – powiedział mi Hirsz Berliński. Którejś nocy przez dachy i strychy przeszliśmy na teren szczotkarzy na Świętojerską 34. Marek Edelman był komendantem tego terenu.
Od kiedy była pani na terenie szczotkarzy?
To musiało być na przełomie stycznia i lutego 1943. Byłam w grupie razem z Zyśkiem i Joskiem Litmanem. Dowódcą grupy był Berliński. Żyliśmy tam jak rodzina, ale nie wolno nam było opuszczać terenu[20]. Z całej naszej grupy tylko Awram Diamand był legalnie zatrudniony, pracował w kuchni szopu. Czasami dostawałam przepustkę. Kiedyś, gdy byłam na takiej przepustce, spotkałam w getcie ludzi, którzy uciekli z getta nowodworskiego w grudniu[21]. Od nich dowiedziałam się, że cała moja rodzina została wywieziona. Mój brat Mates mógł się uratować. Jego kierownik chciał go wyciągnąć z transportu, ale Mates nie zgodził się zostawić rodziny: – Jeśli możesz wyjąć moich rodziców, moją siostrę ze szwagrem i dzieckiem, to dobrze. Ale jeżeli nie możesz ich uratować, to ja jadę razem z nimi. – I wszyscy pojechali.
Proszę mi powiedzieć, kiedy pani poznała Marka Edelmana?
Wtedy, kiedy zostałam skoszarowana w grupie u szczotkarzy.
Jak pani pamięta to spotkanie?
Pamiętam, że wysłano mnie do grupy Marka – Marek był komendantem terenu, a komendantem grupy był Jurek Błones – żeby przynieść bomby zapalające, granaty. Pamiętam również, że Marek robił u nas takie alarmy nocne, sprawdzał naszą gotowość. Z zegarkiem w ręku patrzył, w jakim czasie jesteśmy gotowi do ataku. Poznałam Marka bliżej. Często chodziłam do nich, byłam zaprzyjaźniona z tą grupą. Marek był bardzo zimny i bardzo odważny. On był odpowiedzialnym człowiekiem i dlatego czułam się przy nim bezpiecznie. Pamiętam, że już w czasie powstania kwietniowego, po likwidacji terenu szczotkarzy, przeszliśmy do getta centralnego, do bunkra przy Franciszkańskiej 22. Marek był organizatorem tego przejścia. Przeprowadził trzy grupy – moją, czyli grupę Hirsza Berlińskiego, grupę Droru Henocha Gutmana i swoją – bundowską. Kiedy wreszcie tam dotarliśmy, podeszłam do Marka, byłam bardzo przybita. On mi wtedy powiedział: – Pnina, żebyś wiedziała, ja będę się o ciebie troszczył, ty będziesz pod moją opieką, nie bój się. – To ja pamiętam. Marek był tu u nas w Kraju już kilka razy i ja mu zawsze to przypominałam. Czułam się silna, kiedy byłam obok niego. Niedawno byłam w Polsce i rozmawiałam z nim telefonicznie. Nie spotkaliśmy się, bo ja go szukałam w Łodzi, a on tymczasem był w Warszawie. Ja pojechałam do Polski tylko po to, aby objechać wszystkie obozy, i żeby zobaczyć Nowy Dwór. Nie byłam tam po wyzwoleniu. Chaim [Frymer], mój mąż, nie pozwolił mi wtedy pojechać. Bał się o mnie, bo był taki wypadek, że jakiś nowodworzanin wrócił

do swego domu i Polacy go zabili. Ja nie wiem, czy gdybym wówczas – w 1945 roku, pojechała do Nowego Dworu, pojechałabym tam teraz, w 1988 roku. Ja nie chciałam jechać do Polski, ale cały czas męczyło mnie to, że nie pożegnałam domu, w którym się urodziłam.

Czy znalazła pani swój dom w Nowym Dworze?
Nie. Stoi tam jakiś nowy budynek. Myśmy mieszkali na głównej ulicy Nowego Dworu, koło kościoła i parku – piękna okolica. Pamiętam, że jako dziecko bardzo lubiłam chodzić do tego kościoła. Miałam koleżanki i kolegów Polaków i z nimi chodziłam na procesję – to mi się bardzo podobało. Do Nowego Dworu pojechałam z Tadkiem[22] [Rajszczak], Polakiem. On nie chciał, żebym sama jechała. W jakimś domu, w pobliżu miejsca gdzie mieszkałam, zauważyłam w oknie na drugim piętrze kobietę. Zapytałam, kim ona jest, i ona mi powiedziała, że nazywa się Andzia. Wtedy ja się przedstawiłam. I ona mnie pamiętała... Ja jej nie poznałam. I co się okazało?! Ta kobieta pracowała u nas w domu jako służąca! Ale wie pani, nie mogłam się pogodzić z tym, że ona mnie nie zaprosiła nawet na chwilę do swojego domu, że nie zechciała nawet na sekundę zejść do mnie na dół. Ale rozmawiała ze mną – wyliczyła mi wszystkich lokatorów, którzy mieszkali w naszym domu.

Tak przez okno z panią rozmawiała?
Tak. Ja stałam na dole. Bardzo to ciężkie było dla mnie.

Wróćmy, proszę, do przerwanego wątku pracy w piątkach. Mówiła pani, że mieliście swego instruktora. Kto uczył was, jak posługiwać się bronią?
To był Hirsz Berliński. A potem, już u szczotkarzy, mieliśmy w naszej grupie chłopaka, który był żołnierzem w polskim wojsku.

Jak on się nazywał?
Abram Stolak.

Czy pamięta pani jeszcze jakieś akcje przed powstaniem?
Organizowaliśmy pieniądze dla grupy.

W jaki sposób?
Trzeba było szukać bogatych Żydów, którzy trzymali pieniądze, bo myśleli, że się w ten sposób uratują. Prosiliśmy ich po dobroci, ale czasami to nie skutkowało i wtedy zabieraliśmy im pieniądze siłą.

Jak wyglądało to zabieranie siłą?
No, to było bardzo nieprzyjemne. Rewidowaliśmy ich, czasami aresztowaliśmy, czasami groziliśmy, że ich zabijemy. Tłumaczyliśmy, że i tak idą na wykończenie, to dlaczego nie mają zostawić nam swoich pieniędzy? A oni uważali, że przez nas wszyscy Żydzi zginą[23].

Czy pani miała broń?
Ja broni nie miałam. Broń mieli tylko chłopcy, a dziewczęta dostały granaty i flaszki Mołotowa. Ja pistolet dostałam dopiero pod koniec powstania, kiedy mój brat został ranny – to był jego pistolet.

Czy mogłybyśmy teraz pomówić o powstaniu? Czy pamięta pani pierwszy dzień?
Powstanie rozpoczęło się w getcie centralnym 18 kwietnia. Na nasz teren oni przyszli dopiero 19 kwietnia. Ale myśmy mieli informacje, że Niemcy weszli do getta. Pamiętam, że byliśmy w mieszkaniach, staliśmy przy oknach i obserwowaliśmy teren. Pamiętam, że brama domu, który stał przy wejściu na teren szczotkarzy, była zaminowana. Tą miną opiekowała się grupa Hanocha Gutmana. I kiedy Niemcy weszli na teren, Kazik [Ratajzer] ją odbezpieczył i ona wybuchła[24]. Trochę ich zginęło i sporo było rannych. Oni się w ogóle czegoś takiego nie spodziewali! Musieli się wtedy wycofać. A my, mimo że wiedzieliśmy, że to niewielka porażka Niemców, cieszyliśmy się bardzo. Następnego dnia, kiedy wkroczyli, byli już lepiej zorganizowani – mieli tanki. Wtedy myśmy zaczęli ich ostrzeliwać z okien, obrzucać granatami i butelkami zapalnymi.

Ile miała pani butelek?
Jedną i jeden granat. W jednej ręce – butelkę, a w drugiej – granat. Trochę butelek i granatów mieliśmy w zapasie... Zdaje się, po dwóch dniach musieliśmy opuścić teren szczotkarzy. Nie byliśmy w stanie utrzymać się tam dłużej, bo wszystko się paliło. Niemcy ostrzeliwali nas z artylerii. Musieliśmy się wycofać do centralnego bunkra, który był wcześniej przygotowany.

Gdzie był ten bunkier?
Też na Świętojerskiej[25].

Czy ktoś z pani grupy zginął w tych pierwszych dniach walki?
Z mojej – nie. Ale jak cofaliśmy się strychami do bunkra przy Świętojerskiej, tośmy znaleźli Michała Klepfisza zabitego. Potem wycofywaliśmy się do getta centralnego[26]. Było bardzo trudno, bo domy stały w ogniu. Pamiętam, że okropnie dusiliśmy się od dymu i włosy się nam paliły.

Jak duża była grupa, w której się pani wycofywała?
Może trzydziestu ludzi.

Kto tę grupę prowadził?
Każdy komendant prowadził swoich. Moją grupę prowadził Hirsz [Berliński]. Grupy dziesięcioosobowe spotykały się po drodze, bo każda szła z innego punktu, to znaczy z innego domu. Nogi mieliśmy owiązane szmatami, żeby się cicho poruszać, żeby nie usłyszała nas warta niemiecka. Szliśmy oczywiście nocą. Musieliśmy przejść przez mur, żeby się dostać do getta centralnego.

Czy w trakcie przekradania się do bunkra na Franciszkańskiej 30 ktoś zginął?
Tak. Jeden z bojowców został zabity.

Kto to był, czy pamięta pani?
Pamiętam, że nazywał się Cwi. On był z grupy Praszkera [Jakub].

Dotarliście wreszcie do bunkra przy Franciszkańskiej 30.
Tak. Tam czekaliśmy na kontakt z Cywią [Celina Lubetkin]. Chcieliśmy wiedzieć, co mamy robić dalej. Pamiętam, że ten dom też się już palił. W tym bunkrze-piwnicy było dość ciasno. Pamiętam, że była woda i znaleźliśmy trochę prowiantu. Zjedliśmy i położyliśmy się spać – wszyscy byliśmy zupełnie wykończeni. Po jakimś czasie obudziłam się i poczułam, że kręci mi się w głowie i jest mi słabo. Zaczęłam wymiotować. Ja byłam po prostu zaczadzona dymem tego palącego się domu. Zdążyłam tylko obudzić Joska Litmana i zemdlałam. W bunkrze zrobił się popłoch, bo wszyscy byli już na wpół zaczadzeni. To było tuż nad ranem, a więc w getcie zaczynało być niebezpiecznie. Trzeba było znowu przejść przez mury. Ale ja nie miałam siły. Josek i Zysiek mnie nieśli, a potem przerzucili na drugą stronę, jak worek kartofli.

Gdzie znajdował się bunkier, do którego chcieliście się przenieść?
To było u miodziarzy.

Co to znaczy?
Nie wiem. Może oni handlowali miodem? Na jakiej to ulicy było? Chyba na Gęsiej 6. Byliśmy tam noc, może dwie, a potem wróciliśmy na Franciszkańską 30.

Czy mieliście w końcu kontakt z Cywią?
Tak. Jeszcze na Franciszkańską 30 ktoś przyszedł od Cywii z poleceniem, żeby grupy się rozdzieliły, bo nie możemy być wszyscy razem w jednym bunkrze. I wtedy ja wyszłam stamtąd w grupie na Gęsią. Z każdej grupy poszły dwie osoby. Byłam z Maszą [Glajtman] i Joskiem Litmanem, i Berkiem [Sznajdmil], i Szlojmele. Kiedy przyszliśmy na Gęsią, nie chcieli nas wpuścić. Bali się.

Czy byli tam jacyś bojowcy?
Bojowców nie było. A my powiedzieliśmy ludziom w tym bunkrze, że jeżeli nie pozwolą nam wejść, to włamiemy się siłą. Wtedy nas wpuścili i nawet byli dla nas mili. Jak już mówiłam, po nocy czy dwóch, wróciliśmy na Franciszkańską – nie chcieliśmy być tak rozdzieleni z innymi. Na Franciszkańskiej okazało się, że Niemcy odkryli ten bunkier i doszło do otwartej walki, to znaczy bojowcy wyszli na ulicę.

Kto był w bunkrze przy Franciszkańskiej w czasie ataku Niemców?
Marek [Edelman] tam był ze swoją grupą, mój brat z grupą Berlińskiego, moja grupa. Wszyscy, którzy nie poszli na Gęsią.

Czy w tej walce ktoś zginął?
Henoch Gutman i mój brat byli ciężko ranni. Z PPR-u Jurek Grinsztajn [Grynszpan], zdaje się, też był ranny. Zginął Stasiek [Brylantensztajn] z grupy Marka, nazwiska nie pamiętam, zginął Berek [Sznajdmil], też bundowiec, i Josek [Abram Ejger] z grupy Gutmana. Zanim Joska zastrzelili, on przemawiał do Niemców, krzyczał do nich z okna, że my i tak się zemścimy[27]. W tym

Płonący dom przy ul. Muranowskiej nr 3, 5 lub 7, 19 kwietnia – 16 maja 1943.
Zdjęcie wykonane przez Aleksandra Połtorzyckiego zamieszkałego wówczas po drugiej stronie muru, przy ul. Muranowskiej 6

Kobieta skacze z balkonu pierwszego piętra domu przy ul. Niskiej prawdopodobnie uciekając przed ogniem, 19 kwietnia - 16 maja 1943 bunkrze sytuacja była straszna: cierpiący ranni, no i Niemcy w pobliżu. Oni chcieli nas dynamitem wysadzić. Postanowiliśmy tunelem przejść do innego bunkra. Przede wszystkim chcieliśmy wyprowadzić tych rannych. W obstawie rannych poszło kilku naszych chłopców. Między nimi był Szaanan Lent z mojej grupy, młody, piękny, bardzo odważny chłopak, urodzony tu – w Kraju. Był tam też chłopak z Bundu, imienia nie pamiętam. Kiedy wepchnęliśmy pierwszych rannych do tunelu, usłyszeliśmy, że Niemcy zaczynają strzelać. Zginęli wszyscy ranni[28].

W tunelu?
Tak. W tym podkopie. Niemcy rzucili bomby gazowe i nasi bojowcy udusili się.

A co się stało z resztą?
My zaczęliśmy zapychać, zatykać czym się dało, wejście do tego tunelu – żeby się nie podusić w bunkrze. Przesiedzieliśmy tam aż do wieczora. Niemcy próbowali nas wysadzić w powietrze, ale nie udało im się. W nocy przeszliśmy do bunkra śmieciarzy. Takie resztki – ci, którzy przeżyli. Przyszła tam do nas Cywia z Miłej 18. Przyszła z Chaimem Frymerem, moim przyszłym mężem – ja go wtedy właśnie poznałam. Pamiętam, stałam na warcie, kiedy Chaim podszedł do bunkra. Ja go zapytałam o hasło, a on mi nie chciał odpowiedzieć, tylko się śmiał. A ja miałam już wtedy pistolet mojego brata i chciałam go zastrzelić. Ja myślałam, że to jest taki Żyd, który chce nas wydać Niemcom. W końcu kogoś zawołałam i potem wszyscy już się ze mnie śmiali – powiedzieli, że to bojowiec. No więc jak Cywia przyszła, to oni mieli naradę – wszyscy komendanci: Marek, Berliński i Cywia. Zastanawiali się, co mamy dalej robić. Oni postanowili, że trzeba wysłać kilku ludzi kanałami na aryjską stronę i skontaktować się z Icchakiem Cukiermanem.

Kto wtedy wyszedł?
Wyszedł Josek Litman, Janek Bilak z Bundu, Jurek Błones i jeszcze ktoś. Ale oni wrócili bardzo szybko, bo włazy były obstawione przez Niemców. Nad ranem Cywia chciała wrócić na Miłą 18. Wtedy Chaim powiedział do Cywii: – Ty jesteś mój komendant, ale tym razem ja twojego rozkazu nie wykonam! – Cywia zgodziła się; za dnia było zbyt niebezpiecznie chodzić po getcie, i oni zostali z nami w bunkrze. Właśnie tego dnia bunkier przy Miłej został wykryty. Można powiedzieć, że Chaim ocalił Cywii życie. Przecież gdyby oni wrócili na Miłą, to zginęliby razem z Mordechajem i innymi. Cywia zawsze pamiętała, że dzięki Chaimowi uniknęła wtedy śmierci.

Kiedy dowiedziała się pani o ataku na bunkier przy Miłej 18?
Dowiedziałam się o tym, kiedy mieliśmy iść do kanału.

Czy pamięta pani, kto z ocalałych z Miłej był z wami w kanale?
Tosia Altman i Juda Węgrower – oni byli ranni.

Co opowiadali o tym, co wydarzyło się na Miłej?
Mówili, że Niemcy wykryli bunkier. Oni wiedzieli, że nie mają wyjścia. I kiedy zaczęli czuć w bunkrze gaz, brali cyjanek – ci, którzy go mieli. Tosia i Juda zostali ranni w czasie ataku. Pamiętam ją, jak siedzi z opuszczoną głową i trzyma się za czoło. Tosia była z nami tylko w Łomiankach, a potem pojechała do Warszawy, nie poszła do partyzantki. A Juda zmarł w Łomiankach i tam został pochowany. To pewnie dlatego, że on pił tę wodę w kanale – nie mógł się powstrzymać.

Wróćmy do getta. Co działo się dalej?
Komendanci zdecydowali, że trzeba wysłać dziesięć osób kanałami na aryjską stronę. Z każdej grupy wybrano po kilka osób. Z mojej grupy wybrano Abrama Stolaka i mnie, z Bundu Marek wysłał Jurka Błonesa, jego siostrę [Guta Błones], jego koleżankę, Fajgele [Władka Peltel], i młodszego braciszka Jurka – Luśka, no i Abraszę Bluma. Ta grupa miała urządzić się po aryjskiej stronie i czekać na następne grupy. A potem mieliśmy razem pójść do partyzantki. Kiedy dowiedziałam się, że mam wejść do kanału, skoczyć do tej brudnej wody – ja byłam bardzo nieszczęśliwa. Koleżanka z mojej grupy, Bronka Manulak, powiedziała: – Pnina, powinnaś się ubrać lepiej, żebyś wyglądała porządnie, jak wyjdziesz. – Ona podeszła do Maszy [Glajtman] i mówi: – Masza, ty nosisz taką ładną spódnicę, daj ją Pninie, żeby ona nie była taka obdarta. – To Masza mówi: – I tak ona wchodzi do wody, to co jej zależy, w jakiej spódnicy ona będzie?!... – Bardzo się bałam. Wreszcie weszliśmy do kanału.

Kto był przewodnikiem?
Jurek Błones. Jur znał adres, pod który mieliśmy się udać. To ja mówię do niego: – Powiedz mi, jaki to adres? Ja nie wiem, może trzeba będzie uciekać po aryjskiej stronie i my się pogubimy? Dokąd ja pójdę? – Ale jemu nie wolno było tego adresu powiedzieć. Bardzo się bałam. W kanale każdy trzymał swoją broń. Chodziliśmy po tej wodzie ze świecą w ręku. Było nas dziesięcioro. Chodzimy, chodzimy i nagle słyszymy jakieś szmery. Byliśmy przekonani, że natknęliśmy się na Niemców, bośmy wiedzieli, że włazy są obstawione. A więc kto to może być? Tylko Niemcy! Ale po chwili usłyszeliśmy rozmowy po polsku i nasze hasło: „Jan". Okazało się, że to grupa Kazika [Ratajzer]. Przedtem Kazik był w getcie i szukał nas w bunkrach. Był na Franciszkańskiej, ale nikogo tam nie znalazł. Kazik był już tak zrezygnowany, że nawet myślał popełnić samobójstwo.

Z kim Kazik był wtedy w kanale?
Z instalatorami, Polakami[29], bo on nie znał za dobrze tej drogi. Był z nim też Rysiek [Maselman], zdaje się, że takie miał imię. Czy on był Żydem, czy Polakiem? Nie wiem. Czterech ich razem było. Ponieważ Kazik nie mógł nas znaleźć, to ci instalatorzy chcieli go zostawić, chcieli odejść. I wtedy Kazik po prostu bronią ich wziął. Powiedział, że ich zabije, jeżeli nie będą z nim chodzili.

Powstanie w getcie warszawskim. Jednostki Waffen SS, policji bezpieczeństwa i Wehrmahtu. To zdjęcie zamyka sprawozdanie fotograficzne z „Gross Aktion". Autorem jest SS Obersturmführer Franz Konrad

Instalatorzy nie mieli broni?
Nie. Oni to robili za pieniądze. Ale wreszcie spotkaliśmy się. Można sobie to spotkanie wyobrazić! Kazik powiedział nam, że trzeba zawiadomić wszystkie grupy w getcie, żeby przyszły do kanału, i że on przygotowuje samochody ciężarowe, które nas wywiozą do lasu. Z naszej dziesiątki dwóch wróciło do getta po pozostałych bojowców. Jednym z nich był Szlamek Szuster. My czekaliśmy w kanale na hasło Kazika. On miał zorganizować auta, ale to było bardzo trudne. Krzaczek[30] mu pomagał po aryjskiej stronie. Czekaliśmy całe 48 godzin. Z getta doszło około pięćdziesięciu osób, między innymi Josek Litman i ocaleńcy z Miłej. Nie z każdą grupą w getcie mieliśmy kontakt, tak, że nie wszystkich udało się zawiadomić. Więc w tym kanale siedzieliśmy 48 godzin! Byliśmy zupełnie wycieńczeni: bez jedzenia, bez wody, bez powietrza, i ci ranni... Strasznie było w kanale. Niektórzy chcieli popełnić samobójstwo. 48 godzin czekania! Marek i Cywia postanowili rozdzielić ludzi na grupy i kazać im czekać pod różnymi włazami. Bo gdyby Niemcy nas odkryli – wykończyliby nas wszystkich od razu. Dlatego się podzieliliśmy. Potem usłyszeliśmy uderzenia w klapę. Kazik otworzył właz i powiedział: – Wychodzić! A auta ciężarowe stały na ulicy.

Ile było aut?
Dwa. Zaczęliśmy wywlekać się na ulicę. Jak myśmy wyszli? To był cud. Ostatkiem sił weszliśmy na tę drabinkę we włazie. Wyciągali nas jak szmaty. Ja byłam cała obsypana wrzodami. W tym aucie jeden drugiego nie mógł poznać – tak strasznie wyglądaliśmy. Niemcy byli niedaleko. Trzeba było zamknąć klapę i szybko uciekać. Wielu nie zdążyło już wyjść. Wyszło nas ponad trzydzieści osób. Reszta została. Oni próbowali następnego dnia, ale Niemcy pilnowali tego włazu. Oni wszyscy zebrali się przy tym jednym włazie i postanowili wyjść na ryzyko. Wejść z powrotem do getta nie mieli już po co. Gdy wychodzili, była strzelanina. Oni też strzelali! Zostali wybici, wszyscy. Nikt się nie uratował... A my zostaliśmy wyprowadzeni do Łomianek.

Czy pamięta pani ulicę w momencie wychodzenia z kanału?
To było na Niskiej.

A nie na Prostej?
Chyba ma pani rację – na Prostej, bardzo przepraszam.

Czy pamięta pani ludzi na ulicy?
Tak. Stali tam Polacy i tak oglądali nas, i podziwiali.

Podziwiali?
No, nie jako bojowców, bo oni chyba tego nie wiedzieli, ale podziwiali, w jakim stanie my wychodzimy.

Mieliście przy sobie broń?
Tak, ale nie wychodziliśmy tak otwarcie z bronią. Dopiero w aucie Kazik powiedział, że każdy, kto ma broń, ma ją trzymać przy sobie, w pogotowiu.

Pnina Grynszpan-Frymer i Chaim Frymer w Izraelu, lata 50.

Mieliśmy przejechać przez wartę niemiecką na moście na Wiśle. No i udało się!
Czy auto było przykryte jakąś plandeką?
Nie, było odkryte.
Jak przejechaliście przez tę wartę?
Jeden z bojowców, o ile się nie mylę, był przebrany w mundur niemiecki. On im zasalutował i oni nas przepuścili.
No i dojechaliście szczęśliwie do Łomianek?
Tak...
Czy ktoś wrócił do Warszawy, żeby sprawdzić, co się stało z pozostałymi w kanale bojowcami?
Nie pamiętam, ale to jest możliwe. W Łomiankach byliśmy krótko, może dziesięć dni. Potem wyjechaliśmy do lasów wyszkowskich, do partyzantki.
Do kiedy pani była w partyzantce?
Do lipca 1944 roku.
I wróciła pani do Warszawy?
Tak, do powstania polskiego.
Jak wyglądał ten powrót?
Do lasów wyszkowskich przyjechała łączniczka Lodzia ze Stachem, Polakiem. Oni mieli zabrać mnie i Chaima do Warszawy. Ale Dow Szniper, komendant naszej grupy, uparł się, że on chce jechać. Chaim miał go zastąpić w lesie. A ja nie chciałam jechać, nie chciałam być przechowywana po aryjskiej stronie; ja nie miałam zaufania. Protestowałam, ale nic to nie pomogło. W końcu Chaim ustąpił i pojechałam do Warszawy z Dowem. Tam trafiliśmy do mieszkania przy Rakowieckiej 24, w którym ukrywało się już dwóch bojowców – Chana Fryszdorf i Janek Bilak, bundowcy. Kiedy wybuchło powstanie polskie, przyszła do nas właścicielka mieszkania i powiedziała, że musimy je opuścić. Było nas czworo bojowców, mieliśmy broń. No więc dokąd my teraz pójdziemy? Ja nie chciałam wychodzić. Jeśli nawet Niemcy tam przyjdą, to przecież jest podkop i możemy się schować. Nie powinniśmy iść na ulicę – przecież jesteśmy Żydami. Oni jednak postanowili, że wychodzimy. Na ulicy przyłączyliśmy się do dużej grupy Polaków, którzy szli dokądś z tłumokami. To Hanka [Fryszdorf], warszawianka, zdecydowała, że pójdziemy razem z nimi. Wkrótce okazało się, że Niemcy prowadzą tych ludzi w aleję Szucha, na Gestapo.
Kiedy przyłączaliście się do tej grupy Polaków, czy nie widzieliście, że Niemcy ich prowadzą?
Widzieliśmy, ale my specjalnie wmieszaliśmy się między nich, żeby się ukryć. Nie dość, że Żydzi, to jeszcze z bronią. Janek powiedział, że on swoją broń rzuca, bo się boi. On był taki stuprocentowy Żyd z wyglądu. To ja mówię do

niego: – Jak ty chcesz swoją broń rzucić, to daj ją mnie. Ja swego visa nie wyrzucę! – Hanka nie miała broni. Ona była w ósmym miesiącu wtedy, jej mąż zginął w lesie. Jak doszliśmy do Szucha, zorientowaliśmy się, że jesteśmy w pułapce. I wtedy Dow strzelił – zabili go od razu. No więc prowadzą nas na Gestapo, a ja mam przy sobie dwa pistolety. Nie wiem, co zrobić. Pomyślałam, że zrobię to samo, co Dow – nie chcę, żeby mnie męczyli, torturowali i żebym w końcu wydała, kim jestem. Kazali nam wejść na podwórze. Ja oba pistolety zawinęłam w nocną koszulę i zostawiłam ten pakunek przed budynkiem Gestapo – Niemcy wszystkim kazali zostawić tłumoki na ulicy. Po jakimś czasie znowu wypędzili nas na ulicę i kazali czekać. Mówili, że będą sprawdzać kenkarty, a ja kenkarty nie miałam. Ale za to miałam doniczkę z grochem, w której ukryłam zdjęcia całej mojej rodziny i zegarek ze złotym łańcuszkiem, który dostałam od matki. Podszedł do mnie gestapowiec, a ja mu mówię: – Ja kenkarty nie mam, ja byłam tak roztargniona, kiedy wybiegłam z domu, że chwyciłam tylko tę doniczkę z grochem, żebym miała co jeść. – On się na to roześmiał i odszedł. Jakiś inny gestapowiec wyszedł z gmachu i powiedział, że potrzebuje czterech kobiet i dwóch mężczyzn, którzy pójdą z noszami na barykady po zabitych Niemcach. Mnie też wybrali! Wzięli mnie do tego gmachu, dali mi biały fartuch i białą chustkę z czerwonym krzyżem. Kiedy mnie ten Niemiec tak ubierał, to kazał mi schować pod chustkę włosy. Jak ja musiałam wyglądać wtedy! Niemcy ostrzegli nas, że jeżeli będziemy próbować ucieczki, to zostaniemy zabici przez żołnierzy niemieckich, którzy są w okopach. To ja sobie pomyślałam – na to tylko czekam! Bo wrócić z powrotem na Gestapo? To ja wolę, żeby mnie na ulicy zastrzelili! Doniczkę ze zdjęciami wyrzuciłam, a ten zegarek złoty schowałam sobie za stanik. Na barykadach żadnych zabitych Niemców nie widzieliśmy. Polscy powstańcy chcieli do nas strzelać, ale ja krzyknęłam, że my też jesteśmy Polakami i że chcemy przejść do nich, na drugą stronę, do powstania. Pomogli nam! Pamiętam, jaka ja byłam wtedy szczęśliwa.

Czy Hanka [Fryszdorf] była razem z panią?
Nie. Ona została wtedy na Gestapo. Niemcy zabili wszystkich mężczyzn, a kobiety zwolnili i one poszły do przytułku po stronie powstańców. A mnie powstańcy zabrali do swojej komendantury. Pytali mnie, kim jestem. No a ja, byłam przecież u Polaków, powiedziałam, że jestem Żydówką. Powiedziałam im, że tydzień przed powstaniem przyjechałam z lasu, że jestem bojowcem z powstania w getcie. Nie uwierzyli mi, a ja nie miałam żadnych dokumentów. Posądzili mnie, że jestem szpiegiem, że współpracuję z Gestapo. I postanowili mnie wykończyć. Zabrali mnie do więzienia, do jakiejś piwnicy – w życiu nie spotkałam takiego okropnego elementu jak tam. Przesłuchiwali mnie codziennie i każdego dnia musiałam rozpoczynać swoją opowieść od życiorysu. Mówiłam im, że w lesie mieliśmy kontakt z akowcami, ale oni mi w ogóle nie wierzyli. Zrobiłam błąd, że powiedziałam im, że jestem Żydówką

Janek Bilak, zdjęcie przedwojenne

– ale ja myślałam, że skoro udało mi się wyjść z Gestapo, to jestem już uratowana, bezpieczna.
I jak skończyło się to śledztwo?
Na jedno z przesłuchań przyszedł jakiś oficer, który służył w Modlinie. A ja znowu opowiadałam swój życiorys. Mówiłam, że jestem nowodworzanką, powiedziałam, jak się nazywam i że mój brat był telefonistą w Modlinie. I ten oficer znał moje nazwisko. To był cud! On mnie uratował! Wtedy akowcy zwolnili mnie, ale kazali zamieszkać u rodziny żydowskiej, którą znali, i powiedzieli, że będą codziennie mnie kontrolować. Kiedy ja tam przyszłam, ta rodzina strasznie się mnie bała. Okazało się, że jeden z synów właścicielki mieszkania został aresztowany przez akowców pod zarzutem współpracy z Niemcami. I dlatego ta rodzina myślała, że skoro zostałam przysłana przez AK, to pewnie jestem ich szpiegiem.
Czy długo pani tam była?
Prawie do końca powstania. U tych ludzi spotkałam swego komendanta z lasu, Stacha. Dzięki niemu dostałam mundur i byłam łączniczką w grupie AL-u.
A po powstaniu?
Ja nie wyszłam z Warszawy po powstaniu. Nie miałam dokąd pójść. Z tym wyglądem! Bałam się. Schowaliśmy się w jakimś bunkrze z Maszą [Glajtman] i Jakubkiem [Putermilch][31] i siedzieliśmy tak do stycznia[32].
Kiedy pani wyjechała z Polski?
W marcu 1945 roku.
W jaki sposób?
Naszą grupę wysłał Icchak Cukierman. Wyjechaliśmy nielegalnie. W Lublinie dostaliśmy dokumenty, że jesteśmy Jugosławianami i wracamy z obozów koncentracyjnych do swego kraju. Najpierw przez Czechosłowację i Węgry pojechaliśmy do Rumunii. Tam byliśmy pół roku, aż wreszcie dotarliśmy do Kraju.
Czy pojedzie pani kiedyś do Polski?
Nie.
Dziękuję.

Tel Awiw, maj 1989.

Bo my byliśmy tacy żołnierze szeregowi
Rozmowa z Aronem Karmi

Czy moglibyśmy rozpocząć naszą rozmowę od pana opowieści na temat jego domu, rodziny?
Ja jestem z małego miasteczka, z Opoczna, w kieleckim województwie do 1939 roku. Później, podczas wojny, to miasteczko przyłączono do województwa łódzkiego. Mieszkaliśmy w domu nad piekarnią, która należała do ojca. Było nas siedmioro dzieci, no i rodzice. Nazywaliśmy się Chmielniccy: Eliezer Chmielnicki – ojciec, Ester – matka, czterech synów i trzy córki. Najstarszy brat przyjechał tutaj, do Izraela, w 1935 roku, Zeew – Chmielnicki Wolf. Przyjechał z Makabiadą[1] jako sportowiec i został tutaj.

Czy Zeew żyje?
Żyje, żyje. Drugi brat, Moszek, był razem ze mną w Zagładzie, byliśmy razem w pociągu do Treblinki, ale on nie został przy życiu. On mnie uczył, jak skoczyć z pociągu, a sam, jak wyskakiwał, uderzył głową o słup telegraficzny. On żył jeszcze przez dwa tygodnie.

Wyskakiwał przed panem czy po panu?
Po mnie, bo ja byłem młodszy.

Wróćmy do czasów przedwojennych. Czy pana rodzice byli religijni?
Tak, to była rodzina religijna, ale nie zabobonna. To znaczy – myśmy na przykład należeli do Gordonii, chodziliśmy do klubów gimnastycznych.

I ojcu to nie przeszkadzało?
Nie przeszkadzało. Ale w Sobotę szliśmy z ojcem do synagogi. Raz w tygodniu, nie codziennie – bo religijni chodzą codziennie.

Czy pańscy rodzice też pochodzili z Opoczna?
Nie, oni urodzili się w Końskich, niedaleko Opoczna.

A dziadków swoich pamięta pan?
Dziadków nie, ale babkę jedną pamiętam, mamę mamy. Ona umarła u nas w domu, przed wojną jeszcze. A ja noszę imię Aron po dziadku ze strony ojca.

Czy w domu mówiło się po żydowsku?
W domu? Z rodzicami mówiliśmy po żydowsku i po polsku. Po polsku mówiliśmy, bo mieliśmy *chanut** z wypiekami. Cała klientela była polska. Ze wsi przyjeżdżali do miasta na rynek. Z braćmi mówiłem po hebrajsku.

Ilu Żydów mieszkało w Opocznie przed wojną?
Trzy tysiące i coś.

Czy piekarnia pana ojca była w dzielnicy żydowskiej?
Na granicy. Od naszego domu zaczynała się dzielnica żydowska. Ulica Berka Joselewicza była główną ulicą żydowską w Opocznie.

Do jakiej szkoły pan chodził?
Chodziłem do kilku szkół. Najpierw do chederu** przez dwa albo trzy lata, potem do polskiej szkoły, a potem do szkoły państwowej, do której tylko Żydzi chodzili. Ale wszystkie przedmioty były po polsku. To była mała szkoła, w Domu Esterki się mieściła. Z tamtej szkoły przeszedłem do Tarbut*** i uczyłem się po hebrajsku kilku przedmiotów. Zacząłem szkołę zawodową, gdy wybuchła wojna.

A kiedy pan wstąpił do Gordonii?
Byłem skautem wtedy, miałem osiem lat. Bracia mnie wciągnęli. Myśmy tam bawili się, grali i mieliśmy różne spotkania – tak jak w harcerstwie. A potem uczyliśmy się hebrajskiego i śpiewaliśmy piosenki o Palestynie.

A tymczasem zbliżała się wojna.
W 1938 roku przyjechali do nas uciekinierzy z Niemiec. U nas w domu zamieszkała jedna rodzina i oni opowiadali nam, kim są Niemcy. Więc jak Niemcy weszli do Opoczna, strach był wielki. Już w pierwszym dniu zaczęły się napady na Żydów na ulicy. Łapano ich do roboty w mieście. Były dni, że ludzie przychodzili z takiej pracy pobici strasznie. Potem, na początku 1940 roku, zaczęła się opaska. Getta jeszcze nie było, ale był już Judenrat i dzielnica żydowska.

Czy to były te same ulice, gdzie Żydzi mieszkali przed wojną?
Tak, ale ci, którzy mieszkali poza tym terenem, musieli się przenieść. A potem otoczyli nas drutami kolczastymi i powiesili napis: „Dzielnica żydowska – wstęp wzbroniony". I to było już getto. To było chyba 8 maja 1940 roku. A Judenrat powstał w miesiąc po wejściu Niemców. Pamiętam, że oni od razu

---
*   *Chanut* (hebr.) – sklep.
** *Cheder* (hebr.) – żydowska religijna szkoła podstawowa.
*** Tarbut (hebr.) – nazwa sieci żydowskich szkół ponadpodstawowych.

wzięli trzech zakładników i powiedzieli, że trzeba zapłacić 20 tysięcy złotych kontrybucji na wojnę, bo to Żydzi są winni, że jest wojna.
Kim byli ci trzej zakładnicy?
Mój ojciec – Eliezer Chmielnicki, Mosze Kacenelebogen, a trzeci to był Icchak Chmielnicki, ale on nie był z naszej rodziny.
Dlaczego Niemcy wybrali właśnie tych ludzi?
Oni wybrali takich ważniejszych obywateli w mieście. Kacenelebogen handlował ze wsią – kupował ziarno od chłopów i sprzedawał je do młyna, Icchak Chmielnicki miał wulkan (tak się kiedyś mówiło na hutę szkła) i kopalnię wapna.
Co stało się z zakładnikami?
Zgłosił się taki macher, taki, co to wszystko umie załatwić, i on poszedł do komendanta niemieckiej żandarmerii i powiedział: – Dajcie mi tych trzech Żydów, a ja wam przyniosę forsę. Oni już swój strach przeżyli i teraz oni pójdą do mieszkańców i zbiorą te pieniądze – tak ich przekonywał. I temu żandarmowi spodobał się pomysł machera.
Zna pan jego nazwisko?
Mordechaj Rozental. On mówił perfekt po niemiecku, bo żył kiedyś w Niemczech, a w Opocznie handlował. On zebrał z tymi trzema Żydami te pieniądze w osiem godzin. I wtedy ten z żandarmerii powiedział do Rozentala: – Ty mi daj listę dwudziestu Żydów najbogatszych, najważniejszych Żydów z Opoczna. – I to był Judenrat. Niemcy nie mogli sami wybrać ludzi, bo oni ich nie znali.
Czy pana ojciec też wszedł do Judenratu?
Tak. Był tam doktor i religijni, i działacze polityczni. Prezesem był Fredlewski.
Jak zachowywał się Judenrat w Opocznie?
Dobrze, no, nie na sto procent, ale w porównaniu z innymi miastami do 1942 roku zachowywali się dobrze. Potem było inaczej.
Co znaczy „inaczej"?
Jak Niemcy zaczęli egzekucje, rozstrzelania... To była już zupełnie inna rzecz. Wcześniej można się było wykupywać, za pieniądze posłać drugiego do roboty, a potem było trudniej. Judenrat zaczął bardziej współpracować z Niemcami, musiał.
Czy pana ojciec był do końca w Judenracie?
Nie. On zachorował na serce potem. W Judenracie pracował do 1942 roku.
Czy pan pracował w getcie?
Tak, u ojca w piekarni. Każdy Żyd miał kartkę i dostawał 70 gram takiego czarnego chleba dziennie. A ja ten chleb piekłem. Inni Żydzi z Opoczna chodzili do pracy na torfowiska. Było kilka placówek, gdzie się pracowało dla Niemców. Ci na torfowiskach pracowali boso i dostawali tyfusu, no i była

epidemia. Wtedy getto już było. Jak przesiedlili tych Żydów spoza dzielnicy, to każda rodzina przyjmowała jedną rodzinę do siebie. I byli jeszcze uciekinierzy z Wielunia, z Łodzi, z Płocka. Wtedy było około 4 i pół tysiąca Żydów w getcie. A żywności nie było, bo zamknęli nas. Stan sanitarny był straszny, no i tyfus. A na tych torfowiskach pobili kiedyś Żydów folksdojcze. Był tam taki jeden, który chodził z dużym psem, i on bardzo lubił bić; połamał ręce i nogi wielu Żydom. To ci robotnicy żydowscy nie chcieli chodzić do pracy. A wtedy już nie można się było wykupić, więc oni uciekli.

Pamięta pan, kiedy to było?
W czerwcu w 1942 roku. Żandarmeria wtedy przyjechała i kazała policji żydowskiej aresztować tych wszystkich, którzy uciekli. I policja poszła do miasta i zaaresztowała ich. Około dwudziestu osób. Zaprowadzono ich do bóżnicy. Tam był areszt. Aresztowano ich około szóstej, siódmej wieczorem. W mieście rozgłoszono, że ci ludzie będą rozstrzelani. Więc ich rodziny poszły pod bóżnicę i powiedziały im o tym. To oni wyłamali deski i uciekli. Następnego dnia przyszła żandarmeria, żeby ich zabrać, a tu – nie ma nikogo. Wszyscy uciekli. Żandarmeria opoczyńska wezwała Gestapo z Tomaszowa i rozstrzelali w mieście około dwustu osób.

Brali przypadkowych ludzi, tak?
Tak, z ulicy, z domu brali. Dwieście osób!

Pamięta pan ten dzień? Czy ukrył się pan wtedy?
Tak. Cała rodzina się schowała. A ci z SS przyjechali z Tomaszowa i oni wzięli tego machera, Mordechaja Rozentala. Oni chcieli, żeby Rozental znalazł tych dwadzieścia, ale Rozental odmówił. Powiedział: – Ja tego nie zrobię, bo ja wiem, co wy chcecie z nimi zrobić. – I wtedy oni polowali na te dwieście osób, a Rozental jakoś im uciekł. Po trzech dniach wrócił do getta. Akurat tego dnia był w mieście Moritz, zbrodniarz z żandarmerii. I Moritz spotkał w Gminie Rozentala i kazał mu iść ze sobą. Schodzili po schodach i na ostatnim stopniu Moritz strzelił Rozentalowi w serce. Tak... Zanim nas wysiedlili, zmniejszyli getto. Było coraz mniej żywności i coraz niebezpieczniej. A my, młodzi, wiedzieliśmy, co ma się z nami stać. Na wiosnę 1942 roku dostaliśmy gazety podziemne z Warszawy.

Jakie gazety?
„Słowo Młodych". To było pismo Gordonii, Eliezer Geller je robił.

Pański późniejszy dowódca w powstaniu?
Tak. Geller opowiadał w tej gazecie o Ponarach[2] i nawoływał do protestu, namawiał do walki. Mój kolega, syn nauczycielki hebrajskiego, schował te pisma w skrytce w domu. A matka jego robiła mydło na sprzedaż i ona to mydło w tej samej skrytce schowała. Oni mieszkali na Grobelnej. A jak Niemcy zmniejszali getto, to oni musieli się szybko przenieść do innego mieszkania i zapomnieli o skrytce. Niemcy zrobili tam rewizję, no i znaleźli – i mydło,

i gazety. Gazety zabrali do Radomia na Gestapo i zaczęli szukać przestępców. Gmina chciała im dać pieniądze, przekupić ich, ale Gestapo żądało tego, który tę gazetkę pisał. I wtedy ojciec tego chłopca zgłosił się do nich. Zaaresztowali go. Zbadali jego pismo i okazało się, że to nie on. A myśmy tego chłopaka, Aba Lebendiger się nazywał, wywieźli z miasta. Zawieźliśmy go do Skały do jakiegoś Polaka, a potem do Częstochowy. Wtedy jego siostra zgłosiła się na Gestapo. I chociaż okazało się, że ona tego nie pisała, Niemcy wzięli ojca Aby, siostrę i młodszego brata i rozstrzelali ich. Całą trójkę. Dwa albo trzy tygodnie później, 27 kwietnia 1942 roku, zaaresztowali w nocy trzydzieści osób, głównie działaczy syjonistycznych i komunistycznych znanych w miasteczku. Komendant policji polskiej[3], Zawadzki, chodził po domach w nocy z listą i aresztował tych ludzi. Zabrali ich do Gminy, trzech – co dziesiątego wybrali – zawieźli do aresztu do Tomaszowa, a potem do Auschwitz. A te dwadzieścia siedem osób rozstrzelali, niedaleko, nad rzeką. Jeden z tych dwudziestu siedmiu, członek Gordonii, był tylko ranny. On doczołgał się do szpitala; szpital mógł być 100 albo 200 metrów od rzeki. Nie wiadomo jak i skąd, ale dowiedział się o tym Moritz. Przyszedł do szpitala i wykończył tego rannego na łóżku. No a potem to już wysiedlenie[4]. Z tych tajnych gazet wiedzieliśmy, że Einsatzgruppen chodzą od miasteczka do miasteczka i robią wysiedlenie. Wiedzieliśmy, że się do nas zbliżają. Ludzie zaczęli robić schrony, niektórzy szli do Polaków na wieś. Chcieli się ratować. My mieszkaliśmy w domu przy granicy getta, jak mówiłem. Drut kolczasty przechodził przez nasze podwórko. Sąsiedni dom był już po drugiej stronie. Ten dom to było kino, przed wojną była tam straż pożarna. Ja znałem wszystkie wejścia i wyjścia z tego kina i myśmy zrobili taki plan: jeżeli coś się stanie, to wejdziemy do kina i zostaniemy tam tak długo, jak będzie trzeba. A w piekarni mieliśmy bunkier. I tam weszła cała moja rodzina. Tylko ojciec się nie krył, bo on miał tę kartkę, że jest potrzebny do pracy. Tak, że matka i rodzeństwo weszli do schronu w piekarni, a my, to znaczy ja, brat Moszek i kuzyn z Łodzi, nakryliśmy schron w piekarni drzewem i poszliśmy do kina.

Kiedy była ta akcja?
22 września 1942 roku weszliśmy do kina, bo wiedzieliśmy, że następnego dnia przyjedzie ta karna ekspedycja. I tak było. Nad ranem okrążyli miasteczko.

Skąd dokładnie było w miasteczku wiadomo, że Einsatzgruppen przyjadą 23 września?
Bo dnia poprzedniego byli w Tomaszowie, a poza tym policja żydowska wiedziała. A 23 września chodzili po getcie i krzyczeli, że wszyscy mają wyjść na Kilińskiego. Na placu Kilińskiego handlowało się końmi przed wojną. I wszyscy wyszli na ten plac Kilińskiego, prawie całe miasteczko. – Kto się będzie chować – zostanie zabity – oni krzyczeli. I my słyszeliśmy te krzyki i te karabiny. Siedzieliśmy w kinie już od poprzedniej nocy, siedzieliśmy pod *bama*, pod

sceną. I minęła noc, i minął dzień, i strach było zobaczyć, co się dzieje tam, w getcie. Drugiej nocy skończyła się nam woda, a bardzo chciało się pić. Głodować można, ale bez wody trudno. Więc wyszedłem tej drugiej nocy po cichu przez okno. Poszedłem do domu, do piekarni. Wszystko było pootwierane, rzeczy porozrzucane. Widać było, że byli Niemcy, że szukali. Te drewna, które bunkier zakrywały, były porozrzucane; nikogo tam nie było... Postanowiliśmy siedzieć w kinie jeszcze jeden dzień. Poprzedniego dnia Niemcy świętowali zakończenie akcji – Opoczno *Judenrein. Od nekuda ahat Judenrein**. Szef ich przemawiał do oficerów i żołnierzy, i do tych Ukraińców. A my, w kinie, słyszeliśmy wszystko. Nie, nie można tego opowiedzieć... W tym kinie myśmy nie mogli siedzieć; tam było nisko i szczury chodziły po nas. A my nie wiedzieliśmy, czy to dzień, czy noc – cały czas było ciemno. Orientowaliśmy się tylko po gwarze na ulicy.

Byliście tam dwie noce i trzy dni?
Tak. A w getcie została tylko Gmina i Policja – dwa bloki. Dwieście osób – pracownicy Judenratu i *chijunim*, czyli niezbędni. Wyszliśmy trzeciego dnia nad ranem. Poszliśmy przez Berka Joselewicza w kierunku Gminy. Przed Gminą stał policjant żydowski i on dał nam znak ręką, żebyśmy nie podchodzili. Schowaliśmy się. Zobaczyliśmy patrol żandarmerii. Oni ciągle szukali ukrytych ludzi, a jak kogoś złapali – zabijali. Potem w Gminie spotkaliśmy mojego ojca, matkę i rodzeństwo. To ojciec otworzył bunkier w piekarni drugiego dnia. Bo w Judenracie robili listę tych wszystkich „potrzebnych", oni mogli zostać w getcie razem z rodzinami. Ale ani mnie, ani brata na tej liście nie było. Więc jak ja przyszedłem do ojca, ojciec wybuchnął płaczem i mówi: – *Oj leaba szeroe et habanim chozrim we lo jahol laazor lachem***. Co ja teraz zrobię? – Musieliśmy od razu uciekać. Mój ojciec, brat i kuzyn schowali się w getcie, a ja poszedłem do Polaka. On pracował u nas w piekarni od dwudziestu lat. Po żydowsku z nami mówił. Często powtarzał: – Jeśli będziecie w potrzebie, zwróćcie się do mnie, ja wam pomogę. I on chciał mi pomóc, ale był tak przestraszony, jak mnie zobaczył... Niemcy zabijali Polaków, jak znaleźli u nich Żydów; były u nas takie wypadki. Ale ten Polak mieszkał niedaleko cmentarza, a tam był taki dom, gdzie się zmarłych myje. Więc ja tam poszedłem. Na strychu siedziałem i czekałem. Nie wiem, na co czekałem, ale czekałem. Chyba czekałem na jakiś dobry dzień. Stasiek, ten pracownik ojca, przynosił mi ciepłe jedzenie i mleko, ale bardzo się bał. A ja siedziałem w nocy z tymi martwymi. Następnego dnia Stasiek mi mówi, że w getcie strzelają – nie mogę wracać. I tak minęło kilka dni. Któregoś dnia, razem z pogrzebem, przyszedł mój ojciec. Przyniósł dla mnie szpadel i ja z nimi wszedłem z powrotem do getta. Tego właśnie dnia żandarmeria ogłosiła, że ci, którzy się pochowali,

---
*   *Od nekuda...* (hebr.) – Jeszcze jedno miejsce wolne od Żydów.
** *Oj leaba...* (hebr.) – Biada ojcu, który widzi powracających synów i nie może im pomóc.

mogą wyjść i wejdą na listę. I rzeczywiście tak było. Okazało się, że dużo ludzi było pochowanych, niektórzy ze wsi wrócili. Byliśmy jeszcze cztery miesiące w getcie. Do 5 stycznia, do kolejnego wysiedlenia. Dwa tygodnie przed 5 stycznia 1943 roku żandarmi przyszli do Gminy i powiedzieli: – No, przeżyliście wojnę. Udało się wam. Każdy, kto ma rodzinę w Palestynie, będzie mógł wyjechać. Będzie wymiana: za każdego Niemca damy dziesięciu Żydów – tak mówili. Nawet takie dowcipy były, że jeszcze z Polaków zrobią Żydów, bo tak nas mało zostało. I ten ich chwyt zadziałał. Bardzo wielu ludzi, którzy żyli na wsi, na aryjskich papierach, zapisywało się na tę wymianę. Po tych wszystkich morderstwach, po tych wszystkich wysiedleniach? To byłoby nielogiczne – nie wierzyć im. Bo co znaczy te dwieście osób? Co znaczy taka liczba? Czy oni specjalnie dla dwustu osób robiliby takie cuda? No i chciało się im wierzyć... Wszyscy wpisaliśmy się na listę. My mieliśmy tu, w Palestynie, rodzinę, mieliśmy brata. Byli i tacy, którzy dopisywali się do innych rodzin. 5 stycznia powiedzieli nam, że tylko 5 kilogramów możemy zabrać, bo w wagonach nie ma dużo miejsca. To co można wziąć w 5 kilogramach?! I z tym bagażem poszliśmy do furmanek.

Czy furmanki odjeżdżały z terenu getta?
Tak. Furmanki zawiozły nas do Ujazdu. To taka wieś między Opocznem a Koluszkami, niedaleko Tomaszowa. Było z nami tylko dwóch esesmanów i polska policja, nie było ani Ukraińców, ani niemieckich żołnierzy. Jeszcze wtedy wierzyliśmy... W Ujeździe był centralny punkt, do którego przywieziono Żydów z innych miejscowości – oni też jechali do Palestyny, na wymianę!

Ilu ludzi było w Ujeździe?
Dwa wagony z Opoczna – jakieś czterysta pięćdziesiąt do pięciuset osób: dwieście rodzin. Nie wiem, ilu mogło być wszystkich razem. Pod wieczór przyjechaliśmy do Ujazdu. To była duża wieś. Weszliśmy przez bramę, którą oni za nami zamknęli. Wtedy zobaczyliśmy pełno Niemców i Ukraińców. Zaczęliśmy podejrzewać, że to jest pułapka, że to nie Palestyna. Ale chciało się wierzyć, chciało się żyć. Więc czekaliśmy. Powiedzieli nam, że tu przenocujemy, a rano przyjedzie pociąg. Pociąg przyjedzie, my pojedziemy na zachód, do Niemiec, z Niemiec do Szwajcarii i tam będzie wymiana – tak nam powiedzieli. Tę noc w Ujeździe przesiedzieliśmy, bo nie było się gdzie położyć.

W jakich byliście pomieszczeniach?
To były opuszczone domy polskich chłopów, specjalnie „przygotowane" dla Żydów. Do każdego domu wpakowali po dwadzieścia osób.

Czy można było stamtąd uciec? Czy ktoś próbował?
Nie, nie można było. Cały teren był otoczony przez Ukraińców, oni się grzali przy ogniskach. Jeden z nas próbował uciec i zabili go. A rano to już było – prędko, prędko, i baty, i nahajki, i kolby karabinów, *schnell, schnell*, piątkami ustawić się. I zaczął się ten marsz... Marsz do kolei, trzy kilometry marszu

w śniegu. A śnieg był taki suchy. Jak się szło, to skrzypiało. My musieliśmy iść równo. Pierwszą ofiarą był rabin z naszego miasteczka. Zaczęliśmy tak biec piątkami, a Niemcy zaczęli strzelać. Rabin nie równał do linii, więc podszedł do niego Niemiec i mówi: – Ty robisz tutaj bałagan. – Odepchnął go i schmeiserem dał mu równą serię. Wtedy widziałem krew na śniegu... To czerwone i białe... I wtedy znowu ta myśl do głowy mi przyszła – czy to jest wymiana? To na pewno pułapka. Słyszałem strzały za sobą. Każdy myślał, że to do niego strzelają. I myśmy się tak skurczyli, i myśmy się tak zmniejszyli, i biegliśmy – tak jak psy, jak koty, jak przestraszone zwierzęta. Jak to określić? Trzy kilometry tak biegliśmy. Po drodze było kilka ofiar. Na stacji kolejowej kazali się nam ustawić w szeregu. Pociągu jeszcze nie było. Kazali nam paczki postawić na ziemi i wystąpić dziesięć kroków do przodu. Byli między nami tacy, którzy mieli w tych tobołkach trochę pieniędzy czy jakąś biżuterię, fotografie rodzinne. Więc jak oni się do tych tobołków odwracali, to Niemcy ich zabijali. To był kolejny znak dla nas. Niby już w Ujeździe było jasne, że to nie jest Palestyna, ale myśmy ciągle nie mogli zrozumieć – po co oni to robią? Po co nas wożą? Przecież mogli nas zwyczajnie zastrzelić! Jak na dworcu zabili tych kilku ludzi, to już chyba wszyscy przestali wierzyć, prawie wszyscy. Niektórzy mówili: – Trzeba przetrzymać. – Oni wierzyli i reszcie dodawali trochę otuchy. – Zobaczymy, skąd pociąg przyjedzie. Jeśli przyjedzie ze wschodu, a my pojedziemy na zachód, to możemy mieć nadzieję. A jeśli z zachodu i pojedziemy na wschód, to będzie to nasza ostatnia droga. – I tak czekaliśmy. A każda chwila jak godzina, a każda godzina jak dzień. Zimno było, nic nie jedliśmy, poprzedniej nocy nie spaliśmy. No i pociąg przychodzi. Nie pamiętam, czy z zachodu czy ze wschodu. W getcie, jak nas zapisywali na listę, to powiedzieli, że pojedziemy osobowym. A tu podjeżdża pociąg towarowy. Z pociągu wyskoczyli ukraińscy wartownicy. Wszystko już było dla nas jasne. No, ale teraz za późno, nie można nic zrobić, trzeba czekać. I rozkaz: – *Die ganze Scheisse heraus!** Ukraińcy zrobili szpaler, drzwi do pociągu otwarte, popychają nas. Ci, którzy weszli, wciągali resztę. I tak wciągali, wciągali, aż się wagon wypełnił. Jak się wagon wypełnił, przyszedł esesman ze schmeiserem i robił nim takie kółko, nie strzelał. Każdy się cofał. I wtedy on wołał do Ukraińca: – Dawaj tu więcej ludzi! – I tak stu dwudziestu-stu trzydziestu ludzi było w jednym wagonie. Zamknęli nas. Wtedy tam, w środku zaczęła się cała tragedia – spazmy, krzyki, płacze, lamentowania... Ale ja o tym już opowiadałem...

Proszę mówić.
Mówić?... Wagon stał wiele godzin. Ile? Nie można powiedzieć. Nie to, że nikt nie miał zegarka, tylko czas był nienormalny. Nie można tego wytłumaczyć. Staliśmy tam bardzo długo, a może niedługo... Podjeżdżały kolejne, załadowane wagony, aż wreszcie cały pociąg był gotów do odjazdu. Jak ruszył, znów

---

* *Die ganze...* (niem.) – Załadować całe to gówno!

zaczęły się pytania. Dokąd jedziemy? A myśmy jechali na Koluszki, na zachód. I znowu mała nadzieja. A może jednak będzie ta wymiana?... W wagonie była tragedia. Matka dusi swoje dziecko, niemowlę. Ci, którzy stoją obok niej, chcą jej to dziecko wydrapać. Ale ona nie pozwala i mówi: – Niech ono umrze tu, a nie w gazie. – My już wiemy, gdzie jedziemy: do Treblinki. Ale przecież my jedziemy na zachód. Może to jednak nie będzie Treblinka? Ludzie krzyczą: – Nie dajcie jej tego zrobić, nie dajcie udusić dziecka. – Różne rzeczy ludzie krzyczą: – Ja mam ze sobą pieniądze, co ja zrobię z pieniądzem? Jedziemy na śmierć! Co ja zrobiłem w całym swoim życiu? Robiłem pieniądze, co ja mogę zrobić teraz z pieniądzem?... – Potem pociąg staje i bierze węgiel, potem bierze wodę. Za każdym razem, kiedy staje, Ukraińcy otwierają drzwi, wchodzą do środka i rabują. Krzyczą: – Dajcie pieniądze, dajcie pieniądze. – Jak nie, zastrzelą! I każdy daje, co ma... Czyli jedziemy do Treblinki, teraz już wiemy. – Ale w Koluszkach – mówimy – dowiemy się na pewno. Jeżeli pojedziemy do Łodzi, to jest jakaś nadzieja. W Koluszkach stoimy. Czujemy, że oni robią z nami jakieś manewry; odczepiają lokomotywę i pchają ją na drugą stronę. Ci ludzie, którzy stoją przy okienkach, mówią, że lokomotywa musi nabrać wody. Ale to nie o wodę chodziło – lokomotywa została doczepiona z drugiej strony. I wtedy zaczynamy jechać z Koluszek na Warszawę, Małkinię, do Treblinki. Jedziemy na wschód. I od tej chwili nikt nie ma już wątpliwości. Wszyscy już wiedzą, niczego nie można już oczekiwać... Jedziemy do Treblinki. Wszyscy stoją z rodzinami. Ja też stałem z moją rodziną.

Kto z pana rodziny był w wagonie?
Ojciec, matka, starszy brat. Jeden brat był w Rosji, drugi tu, w Palestynie, a to był ten trzeci brat – Mosze. Mosze był już po wojsku, był starszym plutonowym. I trzy moje siostry – jedna starsza ode mnie i dwie młodsze.

Ile lat miała najmłodsza siostra?
Dziewięć. Ta druga – trzynaście. A Bracha, najstarsza, była w ciąży. Jej mąż stał obok niej. Wszyscy staliśmy razem, cała rodzina. Moszek zastanawiał się, co robić. Mówił tak na głos: – Teraz nie ma już co ukrywać, trzeba mówić otwarcie, jedziemy do Treblinki. – I wtedy ojciec mówi do nas, do mnie i do Moszego: – Ja już mam pięćdziesiąt jeden lat. Są tacy, co w tym wieku umierają. I mnie jest dużo łatwiej pogodzić się z tym niż wam. Wy, młodzi, powinniście spróbować. Spróbujcie wyskoczyć z pociągu. Jeśli wam uda się uciec, to ja pójdę do raju. Bo kto ratuje jedną duszę z Izraela, ten ratuje cały świat*. – On nam dodał trochę otuchy. Mosze mówi: – To jest ostatnia okazja, bo wieczorem dojedziemy do Warszawy, a od Warszawy do Małkini stoją już wachy. Tu jeszcze można wyskoczyć. – On nas tak uczył, bo on był żołnierzem

---

* Bo kto ratuje jedną duszę z Izraela... – *Kol hamekajem nefesz ahad keilu kijem olam male* (hebr.) [w:] *Miszna Sanhedryn* 4:5.

i on wiedział. To było straszne. Ja nie umiem o tym opowiadać. Tak trudno mi jest z językiem polskim i niełatwo mi to wszystko nazwać. Co znaczy uciekać? Co znaczy spróbować? Co znaczy? Najpierw trzeba się rozstać z rodziną. Jak ja ich zostawię? Dokąd oni jadą? Na te wszystkie pytania nie było odpowiedzi. I wreszcie postanowiliśmy. I zaczęliśmy się żegnać z rodzicami. Jak miałem się żegnać z Brachą, z tą starszą siostrą, to ona wybuchnęła płaczem: – Ale to dziecko, które się jeszcze nie narodziło, ono na pewno nie grzeszyło, dlaczego ono? – I wtedy ja się załamałem zupełnie i powiedziałem: – Ja zostaję! – A pociąg jedzie i coraz mniej czasu, tego czasu, który jest przed nami. Ojciec upiera się, byśmy wyskoczyli. Z nami był kuzyn z Łodzi, była nas trójka. Ojciec mówi do nas: – Jak wyskoczycie, to może będzie jakaś zemsta za naszą krew?! – To, że ja żyję, to tylko dzięki ojcu. My sami w ogóle nie mieliśmy żadnej inicjatywy, gdyby nie ojciec... Jak ojciec nas tak namawiał, namawiał, to matka zapytała: – Gdzie ty ich posyłasz? A co z ich małymi siostrami? – To była matka, rozumiesz? – Pojedziemy wszyscy razem! – I wtedy ojciec znowu zaczął swoje, i matka zrozumiała, i wyciągnęła pieniądze z zakrytek, i zaczęła się żegnać z nami. Wzięła też pieniądze od małych sióstr. Dała całej trójce. I pobłogosławiła nas na drogę... I już postanowiliśmy skoczyć. No ale jak to zrobić? Tam, gdzie były okienka, były pręty z żelaza. A przy tych okienkach stali ci, którzy mieli silne łokcie. Słabi, którzy nie mogli oddychać i prosili o trochę powietrza, nie mogli dojść do okna. Ogłosiliśmy, że będziemy skakać. Powiedzieliśmy, że inni mogą skakać z nami. Mówiliśmy, że trzeba się spieszyć, że nie wolno tracić czasu. Teraz to jest jeszcze możliwe. I wtedy ci, którzy przez cały czas nie dawali nikomu dojść do okienka, zaczęli nam pomagać. Moszek powiedział do nas: – Wy idźcie za mną. – On wsparł się na ramionach ludzi i przeszedł nad ich głowami. On płynął tak jak po wodzie. Ludzie unosili go, pomagali mu. I tak doszliśmy do tego okienka.

Ilu zdecydowało się na ucieczkę?
Ja mogę powiedzieć na pewno, ilu wyskoczyło przede mną, a ilu za mną – tego nie wiem. Ja byłem drugi, a Mosze trzeci. Ale zanim skoczyliśmy, to trzeba było wyrwać te kraty. Wszyscy się z nimi mocowali. Jestem pewien, że już przed nami inni tych krat próbowali. I nam się udało. Nie mieliśmy dużo sił, ale udało się. Postawiliśmy te kraty na ziemi. I to była taka nasza mała drabinka, żeby łatwiej się było wspiąć do okienka. I wtedy Mosze jeszcze raz nas pouczył: – Słuchajcie dobrze, wyskakiwać z pociągu trzeba nogami. Musicie złapać się za ten pręt żelazny nad okienkiem, wykręcić całe ciało i leżeć brzuchem na okienku. I wtedy zsunąć się i odepchnąć od wagonu całą swoją siłą, żeby nogi nie poszły pod koła pociągu. – Każdy, kto skakał tak, jak Mosze uczył, zrobił dobrze. Tym, którzy nie mieli takiej instrukcji, nie zawsze się udawało. Jedna kobieta z naszego miasteczka, Jofka Kacenelebogen, skoczyła i dwie nogi pociąg jej odciął. Zmarła tam, przy pociągu, następnego dnia. Polacy ją znaleźli. Ja skoczyłem drugi, a ten przede mną próbował dwa razy,

bo on był w kapocie i kapota mu się zaplątała. I on dopiero za drugim razem skoczył, ten Edelsztam. I jeszcze jednej rzeczy nauczył nas Moszek. Myśmy słyszeli przez cały czas strzelaninę. Co trzeci wagon miał taką budkę z wartownikami. I oni strzelali wzdłuż okien. To Moszek nam mówił: – Słyszycie serię? I jeszcze serię? I jeszcze serię? A teraz jest przerwa. Bo ten wartownik musi po trzech seriach załadować magazynek. Po trzech seriach trzeba skakać. I myśmy czekali, a potem po każdej trzeciej serii jeden skakał. Ja najpierw palto wyrzuciłem, a potem wyskoczyłem. Przedtem umówiłem się z Moszkiem, że ja zostanę w tym samym miejscu, a on przyjdzie do mnie. Mieliśmy też swoje hasło: „Jak dobrze nam zdobywać góry" – tę melodię. Moszek miał to gwizdać. To była już noc. Ja skoczyłem do rowu – pełno śniegu – tak jak kot. Ten śnieg od razu trochę mnie orzeźwił. I stałem tam, i czekałem, i czekałem... Po jakimś czasie pomyślałem, że może niedobrze tak stać i czekać, bo to była dosyć jasna noc. Tam była taka brzezinka, las młody. I czekałem w tym lesie na tę melodię. Ale Moszek nie przyszedł. Po wojnie dowiedziałem się, że Moszek uderzył się o słup telegraficzny i z raną w głowie poszedł do Opoczna. Każdej nocy szedł kilka kilometrów, w dzień chował się w lesie i wreszcie doszedł. W Opocznie poszedł do Bolka Kosowskiego, kolegi szkolnego. Ale Bolek nie mógł go ukryć w domu, więc Mosze ukrył się w lesie, a Bolek nosił mu jedzenie codziennie. W pobliżu mieszkała rodzina Jakubków i oni chodzili za Bolkiem, śledzili go. Zobaczyli, że tam, w lesie, jest trzech Żydów: jeden był z Łodzi, drugi – Mosze i nasz kuzyn, Lutek Lerer. Tu, w Izraelu, jest Franka Kacenelebogen. Ona była ukryta w stodole u Adamka i ona widziała z tej stodoły, jak przyszli żandarmi i tych trzech zabili. Po wojnie mówili, że to Jakubek wydał. Ja nie wiem, czy on zazdrościł, że Adamek dostaje pieniądze, czy o co innego chodziło. Tego nie można wiedzieć. Ale tak Polacy po wojnie mówili.

Nie doczekał się pan brata. Co postanowił pan zrobić?
Nie doczekałem brata. Ja miałem tylko jeden adres w Warszawie.

Adres Eliezera Gellera?
Tak. Ja nie wiedziałem, jak dojechać do Warszawy. Poszedłem do pierwszego lepszego chłopa – trzeba było coś jeść, coś pić i powiedziałem: – Dajcie mi coś jeść, ja wam zapłacę. – On dał nam jedzenie.

„Nam", to znaczy, że nie był pan sam?
Ja byłem z jeszcze jednym, z Rozencwajgiem z mojego wagonu. I ten chłop przyniósł nam kiełbasę i chleb, i wódkę, i herbatę. Myśmy jemu zapłacili i usnęliśmy. Jak myśmy spali, to on wyjął nam wszystkie pieniądze, zabrał nam wszystko. Więc jak się obudziliśmy, to nie wiedzieliśmy, co zrobić. Powiedzieliśmy do tego chłopa: – Ty popatrz, myśmy wyskoczyli z pociągu do Treblinki. – Nie mogliśmy powiedzieć mu: ty nas obrabowałeś. To by nic nie pomogło. – Daj nam jakąś informację, gdzie możemy pobyć dzień, dwa albo powiedz nam,

jak dojechać do Warszawy. Wtedy on nas wysłał do drugiego chłopa. Ta wieś nazywała się Wilchelmów, to było niedaleko Podkowy Leśnej.
Jak daleko było stamtąd do Warszawy?
20 kilometrów? Tamten drugi chłop przechowywał Żydów, mieszkał w Podkowie Leśnej. Myśmy poszli do niego w nocy. To był dobry chłop. Nakarmił nas, a potem pokazał, jak dojść na stację. Ja dostałem od niego jakąś chustkę i kawałek waty, że niby do dentysty jadę. Żeby ludzie nie widzieli mojej twarzy. A ten drugi wyglądał na Polaka, on nie był podobny. No i pojechaliśmy tą kolejką do Warszawy. W Warszawie... Opowiadać tę całą historię?
Proszę jeszcze dzisiaj opowiedzieć, jak udało się panu wejść do getta.
W Warszawie trudno było wejść do getta. Najłatwiej było z placówką. Ale do tego trzeba było mieć dokumenty. A najpierw trzeba było je zrobić. Więc zrobiłem dokumenty. Ale to jest cała długa historia, którą ja tu pominę. W każdym razie któregoś dnia zamknęli mnie na Szucha.
Złapało pana gestapo? Jak to się stało?
Ja wtedy pierwszy raz w życiu byłem w Warszawie. Potrzebowałem kryjówki i posłano mnie na Długą 9. Od tego Polaka, który mi robił papiery, dostałem ten adres. Na Długiej była taka stara kobieta i ona przyjmowała na nocleg. Spytała mnie, jak długo chcę tam być. Ja mówię: – Nie wiem, może dzień, może dwa. – Więc ona powiedziała, że ja się muszę zameldować, to dostanę kartę żywnościową. Powiedziałem, że jestem zmęczony i żeby ona mnie zameldowała.
Czy ona wiedziała, że pan jest Żydem?
Tak, ale myśmy o tym nie rozmawiali. Ona mnie sama u stróża zameldowała. A ja codziennie rano chodziłem wkoło getta, chciałem się dowiedzieć, jak można tam wejść. Trzeciego dnia, jak wychodziłem z bramy, to mnie jeden taki złapał za kark i mówi: – Stój kocie! Skąd ty jesteś? – Próbowałem wyrwać się jemu, ale nie mogłem. Zaraz była policja. I ta polska policja mnie zaaresztowała. Zaprowadzili mnie na posterunek. Ja miałem te swoje fałszywe papiery, że niby jestem z Płocka. Wiedziałem, że tam bombardowali i że oni nie będą mogli sprawdzić mnie w magistracie.
Co to był za dokument?
Arbeitskarta. No i na tym posterunku przenocowałem, a rano zabrali mnie na aleję Szucha, na Gestapo. Tam byłem sześć dni i codziennie, każdego dnia przez sześć dni, bili mnie. Krew mi szła z uszu, z nosa, z ran. Po przesłuchaniu ledwo mogłem dowlec się do celi. Musiałem zejść trzy piętra, do piwnicy – tam była cela dla Żydów. Jak złapali Żydka z fałszywymi papierami po aryjskiej stronie, to wsadzali go do tej celi. A z tej celi każdej niedzieli zabierali na Żelazną 103[5], do getta, na rozstrzelanie. Ja nie wiedziałem, co to Żelazna 103, ja nic nie wiedziałem, ja pierwszy raz w życiu byłem w Warszawie. Jak mnie pierwszego dnia przyprowadzili do tej celi, to było tam chyba z siedem

Ausweis – legitymacja z 1941

osób. Każdego dnia przybywało dwóch, trzech. Wszyscy byliśmy codziennie przesłuchiwani. Ci, co prowadzili przesłuchania, mieli takie deski i walili nimi po głowie. – Powiedz, skąd masz te dokumenty? – A ja: – Nie wiem. – Kim jesteś? – To ja mówię, że jestem Cholawski, bo takie miałem papiery. Jak mnie dobrze pobili, to ja wiedziałem, że nie ma rady, że muszę się poddać. To ja im powiem, że jestem *Mischling* – mieszaniec, pół-Żyd. Ci, co siedzieli ze mną, tak mi poradzili. Jak im powiedziałem, że jestem mieszańcem, przestali bić. To już było dobrze – przestali bić. Jeść dawali nam raz dziennie. Ersatz-kawę i łupiny od kartofli; Polacy dostawali kartofle. I tak przez sześć dni. Ogolili nas, zabrali nam ubrania i dali pasiaki więzienne. I wreszcie przyszła niedziela. Pamiętam, że śpiewaliśmy w celi „Ta ostatnia niedziela". Następnego dnia zabrali nas wszystkich samochodem SS, taką odkrytą półciężarówką, do getta. W tym samochodzie siedzieliśmy w środku, a po obu stronach Niemcy z karabinami. Wszyscy byliśmy słabi, nikt z nas nie myślał o ucieczce; myśmy nawet rękoma ruszać nie mogli.

Ile osób było w samochodzie?
Dwadzieścia trzy. Między nami byli Polacy, którzy mieli sklepy w Warszawie. Ja słyszałem rozmowy między nimi. Oni byli Polacy, dziadek był Żydem. Do trzeciego pokolenia brali. Nikt się między nami nie przyznawał, że jest Żydem, więc ja myślałem, że jestem jedyny, taki oryginalny Żyd. Przyjechaliśmy na Żelazną. *Schnell, schnell!* Kazali nam stanąć przy murze, a pod murem było kilka trupów. Jeszcze nie zdążyli ich sprzątnąć. Ale nam nie kazali stać twarzą do ściany, staliśmy twarzą do nich. Jeden z nich, starszy, trzymał nasze papiery. I była też grupa uzbrojonych policjantów przed nami. A my tak stoimy. I nie możemy stać, bo jest zimno, bo jesteśmy głodni, bo jesteśmy słabi. Wszyscy się trzęsą. I znowu każda minuta jak godzina. Ja pamiętam, że zamknąłem oczy. Musiałem stać, ale nie chciałem patrzeć. Nie chciałem widzieć, jak oni repetują te karabiny. I ten starszy czyta wyrok, i robi mi się gorąco – taka masa ciepła spływa mi z głowy. I słyszę, jak on mówi: – Melduję posłusznie, panie Brandt[6], *das ist dreiundzwanzig Mischlinge*. – A Brandt mówi: – *Aaa, Mischlinge!* – I wtedy podchodzi do szeregu i pyta każdego z nas: – *Name!* Jeden mówi: – Pacholski – drugi: – Krzyżanowski – trzeci mówi: – Krakowski – inny mówi: – Leszczyński... – A Brandt na to: – *Alle sind „ski"!* Wy jeszcze nie byliście Żydami, wy dopiero musicie zobaczyć, co to znaczy być Żydem. – I on nas uratował, ten Brandt.

Poprzednią rozmowę skończyliśmy opowieścią o tym, jak to Brandt uratował życie dwudziestu trzem Żydom. Wróćmy jeszcze do czasu, kiedy ukrywał się pan w Warszawie. Zanim polska policja zaprowadziła pana na Szucha.
Ja jeździłem tu i tam, i w Opocznie byłem.

A właśnie. Proszę opowiedzieć o tej podróży.
Jeszcze jak byliśmy w getcie w Opocznie, ojciec wezwał swoich wszystkich synów i powiedział: – Widzicie, tu, w piwnicy, zakopane są pieniądze. – One

ROZMOWA Z ARONEM KARMI

były w słoikach szklanych w trzech miejscach. – Jeżeli ktoś z was zostanie przy życiu, to będzie mógł się ratować. – A ratować się można było tylko pieniędzmi. Więc pojechałem. Ja nie wiem, skąd tę siłę miałem – pojechać wtedy do Opoczna? Przecież tam już nikogo nie było! Znowu jechałem tak jak do dentysty, w chustce. Przyjechałem pociągiem pod wieczór. Poszedłem do tego Staśka, który pracował u nas w piekarni. On mieszkał niedaleko cmentarza żydowskiego, ja o nim opowiadałem. Chciałem, żeby mi pomógł. On mi powiedział, że getto jest strzeżone przez policję. W nocy chodzą tam patrole, a w dzień robotnicy wywożą rzeczy, które zostały po Żydach. A jeśli kogoś znajdują, to strzelają. Siostra tego Staśka miała chłopaka, Romka. On był taki znany chojrak w mieście. Poszliśmy z Romkiem do getta w nocy. Przez pięć godzin kopaliśmy zamarzniętą ziemię. Wyjęliśmy jeden słoik. Resztę zostawiłem – może jeszcze ktoś żyje, a może ja sam będę później w potrzebie? Romkowi dałem część pieniędzy i powiedziałem: – Może to nie jest dosyć dla ciebie, ale mnie ta forsa jest bardzo potrzebna, bez niej ja dokumentów nie mogę zrobić. – Bałem się, że on mnie może tam zastrzelić, więc pokazałem mu miejsce, gdzie był zakopany drugi słoik, i powiedziałem, że to jest dla niego. I on się zgodził, uwierzył mi.

To znaczy, że Romek później wykopał swoją część?
Ja nie wiem, ja tak myślę. Ja go później nie widziałem.

Czy pan wie, co się stało z trzecią częścią?
Nie wiem i nie chcę wiedzieć. W każdym razie, kiedy się pożegnałem z Romkiem, to bardzo się bałem, że ja nie wyjdę z tego żywy. Powiedziałem mu, że jeszcze tej samej nocy jadę do Warszawy, ale nie pojechałem. Możliwe, że on nie chciał mi nic złego zrobić, ale ja wolałem nie ryzykować. Tę noc i następny dzień spędziłem u takiego człowieka, który mieszkał w domku nad rzeką. On przed wojną reperował rowery. On bardzo wiele dla mnie zrobił. Tamten dzień był dla mnie bardzo ważny.

I potem wrócił pan do Warszawy pociągiem?
Tak. I wtedy trafiłem do takiej kobiety, ona nazywała się Chłopikowa. Nie wiem, czy to było jej nazwisko, czy przezwisko. Mieszkała przy Rynku 15. Ona robiła w domu dokumenty. Miała wszystkie stempelki. Trzeba było jej dać tylko zdjęcie.

Ilana Zuckerman[*] opowiadała mi, że w Warszawie był pan w jakimś mieszkaniu, do którego weszło gestapo.
To było właśnie u Chłopikowej. Później dopiero byłem na Długiej 9.

Czy może pan o tym opowiedzieć?
Tak, pewnie! To zdarzyło się, zanim pojechałem do Opoczna. Ta Chłopikowa robiła mi dokumenty. Jej mąż handlował z gettem – kiełbasą, wódką.

---
[*] Ilana Zuckerman – izraelska dziennikarka radiowa.

Przez dziurę w murze oni to szmuglowali. I któregoś dnia, właśnie wtedy, kiedy ja tam u nich byłem, Niemcy go złapali. Ktoś przyszedł i powiedział o tym. A oni mieli dwa mieszkania. Sami mieszkali na pierwszym piętrze, a na drugim mieli puste mieszkanie, zamknięte na kłódkę. Więc co zrobić z tym Adamem? To znaczy ze mną.

Ona wiedziała, że pan jest Żydem?
No pewno! – Chodź ze mną! – mówi do mnie. I zamknęła mnie na tym drugim piętrze. Ja wiedziałem, że Niemcy przyjdą na rewizję. A w tym mieszkaniu nic nie było – tylko stół i kilka krzeseł, a na stole taki wojskowy koc leżał, i była jeszcze szafa.

Nie było się gdzie schować?
Tak. A to był wieczór. Okna muszą być zasłonięte, ale oni nie mieszkali tam na górze i okna były gołe. Przez okno zobaczyłem męża Chłopikowej i Niemców. Więc gdzie ja się mogę schować, co ja mogę zrobić? Została ta szafa. Otworzyłem ją. A w środku – kiełbasa, chustki jakieś... Więc pomyślałem, że jeżeli oni przyjdą robić rewizję, to przede wszystkim zajrzą do szafy. Znowu popatrzyłem na ten zielony koc. Pomyślałem – jest rozkaz zaciemnienia. To wszedłem na okno i ten koc rozpostarłem, trzymałem go za rogi a od dołu przydepnąłem. I stałem tak na parapecie. I wtedy słyszę, że oni idą już do tego mieszkania. On otwiera kłódkę i wchodzą do środka. Zaczynają rozmawiać z tymi Niemcami. I ten Jeruminiak, o! przypomniałem sobie teraz jego nazwisko, zaczyna mówić do nich: – Ja wam dam kiełbasę i wódkę... – I położył pieniądze na stół, chciał ich przekupić. I udało się.

Jak długo pan stał w tym oknie?
Jak długo? Miesiąc! Ja nie mogę powiedzieć, jak to długo trwało – może 15, może 20 minut. Po chwili ci Polacy wrócili do tego mieszkania i zaczęli mnie całować. – Jak ty na to wpadłeś?! Myśmy byli już pewni, że z nami koniec. Jak to przeżyłeś, to i wojnę przeżyjesz! – Następnego dnia pojechałem do Opoczna.

Tak. Tę historię już znam. Więc wróćmy do tamtej niedzieli na Żelaznej 103.
Dobrze... Brandt kazał nas odwieźć na Werteerfassung. Tam mieliśmy pracować dla Niemców. Przywieźli nas na Niską. To był olbrzymi dom, a w środku było duże podwórko. Każdy z nas dostał taką blaszkę z numerem. Jak myśmy tam przyszli, to ja zacząłem z tymi Żydami rozmawiać. I oni mi mówią, że ja powinienem być szczęśliwy, że dostałem ten numer, bo taki numer teraz kosztuje 2 tysiące złotych.

No tak, bo ten numer na blaszce znaczył, że jest pan zatrudniony, „legalny" a nie „dziki" w getcie.
Tak. Zatrudniony, i to dobrze zatrudniony. Żydzi tam mieli dużo pracy. Ale przecież mój plan to nie była żadna dobra placówka, ja chciałem dostać się do Eliezera Gellera. Zapytałem, kiedy my idziemy do pracy. Oni mówią, że rano.

Gdzie was zakwaterowano?
W tym samym bloku. Wszyscy robotnicy z Werteerfassung tam mieszkali. Od razu poszliśmy do kuchni, to była taka kuchnia dla tego bloku. W kuchni, pomyślałem sobie, mogą być jacyś ludzie z organizacji. To, ot tak sobie, zapytałem, czy może ktoś zna Eliezera. – Bo to mój kuzyn – powiedziałem – a nie wiem, gdzie go znaleźć. Miałem nadzieję, że w ten sposób dojdzie do niego informacja, że go szukam. Rano miałem iść do pracy. Ale kiedy byłem w toalecie, zobaczyłem wyłamaną deskę. Pomyślałem, że ktoś już musiał tamtędy uciec. Oderwałem jeszcze kawałek tej deski i wyszedłem stamtąd. Znalazłem się na Niskiej, poza blokiem Werteerfassung. Na ulicy było sporo ludzi. O świcie szli do pracy. Potem, w dzień, getto było puste. Zobaczyłem, że jakaś kobieta idzie z chlebem. Podszedłem i pytam, skąd ona ma ten chleb, gdzie tu jest piekarnia? Ona mi powiedziała, że piekarnia jest na Niskiej 5. Poszedłem tam i mówię do tego chłopaka: – Ja właśnie zostałem zwolniony z Alei Szucha, ty widzisz, w jakim ja jestem stanie (głowę miałem ogoloną i wyglądałem jak szkielet). Ja chcę u ciebie zostać dzień albo dwa, dopóki nie znajdę mego kuzyna – mówię do niego.

A dlaczego pan poszedł właśnie do piekarni?
Bo ja jestem piekarz z domu. I ja mu mówię: – Za to, że ty mnie przetrzymasz przez dwa dni, ja będę u ciebie pracował. – To on zaczął się śmiać – ja nie wyglądałem na pracownika. W czasie tej naszej rozmowy przyszedł ojciec tego chłopaka, właściciel piekarni; on nazywał się Gefen[7]. On miał przy uchu taką trąbkę, bo nie słyszał dobrze. Więc syn jego, Paweł, krzyczy, że ja wyszedłem z Szucha i chcę pracować u nich. To ten ojciec też się śmieje. I mówi do Pawła: – Weź go na górę, daj mu jakieś ubranie i daj mu jeść. – I jak się tam umyłem i ubrałem, to byłem innym człowiekiem.

Dlaczego pan uciekł z Werteerfassung? Przecież stamtąd też mógł pan szukać kontaktu z Eliezerem?
Ja nie wierzyłem Niemcom. A w tej piekarni znowu zacząłem mówić o moim kuzynie. W dwa dni później Paweł powiedział mi, że jeśli chcę się odwdzięczyć, to mogę pomóc budować schron pod piekarnią. Oni pracowali każdej nocy po kilka godzin.

Jak ten schron wyglądał?
Oni mieli piwnicę pod piekarnią. Wejście do piwnicy zamurowali, a pod piecem w piekarni zrobili zamaskowane wejście. Trzeba było ziemię wynosić, to była duża praca. Zacząłem im pomagać, ale to nie trwało długo, bo na trzeci dzień przyszło dwóch bojowców z ŻOB-u i pytali o Chmielnickiego Arona. Piekarz nie wiedział, co się dzieje, bał się, że to może jacyś szpicle. Ale oni powiedzieli jemu, że będę w dobrych rękach, że kuzyn Chmielnickiego przysłał ich po mnie. A mnie powiedzieli: – Dostaliśmy rozkaz od Eliezera Gellera, żeby cię zabrać do niego. – Ci chłopcy mieli nawet ze sobą list, który

Wozy zakładu pogrzebowego Mordechaja Pinkierta miały często podwójne ściany, w których szmuglowano żywność do getta, wrzesień 1941 napisałem kiedyś do Eliezera z Opoczna. Pożegnałem się z rodziną piekarza i poszedłem z nimi.

I gdzie oni pana zaprowadzili?
Oni mnie wzięli na teren szczotkarzy. Geller był komendantem grupy Gordonii na Świętojerskiej 32.

Ile osób było w tej grupie?
Jakieś dziesięć-dwanaście. Niedaleko była inna grupa, taka zorganizowana komuna. To była grupa rezerwowa. Oni czekali na broń.

Czy grupa Gellera miała już wtedy broń?
No pewnie! Każdy miał broń. Ale żebyś mógł dostać się do takiej grupy, to musiała być ta broń dla ciebie. Jak ja przyszedłem do Gellera, on mnie od razu wziął do grupy z bronią. To był wielki dzień dla mnie!

To był luty 1943, prawda? Proszę opowiedzieć o spotkaniu z Gellerem.
Tak, to był luty. A tamto spotkanie? Pierwszej nocy Eliezer wziął mnie do siebie do łóżka. Mówiliśmy całą noc. On chciał wiedzieć o ojcu, o matce, o siostrach, o całym miasteczku... Ja byłem pierwszą osobą, która mogła mu dokładnie opowiedzieć o tym wszystkim, z najdrobniejszymi szczegółami. W ten sposób on mógł tę całą tragedię przeżyć ze swoją rodziną. Jak chciałem skrócić moje opowiadanie, to on protestował: – Nie, nie, opowiadaj, ja chcę wiedzieć wszystko. – I ja mu wszystko opowiadałem. Jak skończyłem, on powiedział do mnie tak: – Słuchaj, my tu jesteśmy zorganizowani od niedawna, dotychczas nie mieliśmy broni. I teraz nie mamy jeszcze jej dosyć dla wszystkich. Są tu chłopcy i dziewczęta, którzy chcą się do nas przyłączyć, ale nie ma dla nich na razie miejsca. Bo każdy, kto wchodzi od organizacji, musi mieć broń. Ty jesteś wyjątkiem. – I wyciągnął parabellum 38, i mówi: – Dostajesz broń w pierwszym dniu po przyjściu, bo wiem, że straciłeś całą rodzinę, że nie masz nikogo. Ja czuję to samo, co ty. A to jest ostatnia chwila, kiedy możemy się zemścić, kiedy możemy umrzeć tak, jak my chcemy, a nie tak, jak oni chcą. – Te słowa pamiętam dokładnie.

Ile Geller miał lat?
Dwadzieścia pięć? On był żołnierzem. Był dwa lata w wojsku przed wojną, a takich nie było wielu wśród bojowców, może czterech, a może pięciu? A Geller wojował też w kampanii wrześniowej, był pod Kutnem.

Jak długo był pan u szczotkarzy?
Ja myślę, dwa tygodnie.

Porozmawiajmy teraz o życiu w grupie bojowców: od momentu pana spotkania z Gellerem do wybuchu powstania.
Myśmy żyli w komunie. Było nas dwanaście osób. Mieszkaliśmy na strychu i uczyliśmy się posługiwać bronią. Gromadziliśmy żywność. Czasami ludzie dawali nam żywność z własnej woli, a czasami musieliśmy brać siłą.

Jak to się odbywało?
Wychodziła grupa trzech-czterech chłopców, szli do piekarni i mówili: – Ty musisz dostarczać dla organizacji dwadzieścia bochenków chleba dziennie. A jeżeli nie dostarczysz, to my przyjdziemy i weźmiemy sami. Ale jak przyjdziemy sami, to weźmiemy więcej niż dwadzieścia. Z reguły to się kończyło polubownie, ale byli tacy, co nie chcieli dać.

I co wtedy?
No to trzeba było takiego wziąć do więzienia. U nas, na naszym terenie, to znaczy na terenie szopu Toebbensa & Schultza, ja pamiętam dwa więzienia: Leszno 56 i Leszno 76.

Jak takie więzienie wyglądało?
Żołnierze ŻOB-u stali tam dzień i noc na warcie, a w środku był zamknięty Żyd, który na przykład miał dać pół miliona złotych, bo tak Komenda postanowiła, a on nie chciał. Te pieniądze potrzebne nam były na broń, a ten Żyd zrobił je współpracując z Niemcami. Jak on nie chciał dać tych pieniędzy, to go aresztowali i on siedział tak długo, aż je w końcu dał.

A jeśli mimo więzienia był uparty?
Zdarzyło się tak, pamiętam. Jeden taki siedział, aż wybuchło powstanie. I 19 kwietnia, w pierwszym dniu powstania, dostaliśmy rozkaz z Komendy, żeby go zwolnić.

Jak ten człowiek się nazywał, pamięta pan?
Nazywał się Opolion[8]. Ja byłem na warcie, ja go pilnowałem. W drugim więzieniu siedział taki, co współpracował z gestapo: nasyłał Niemców na nasze adresy. Myśmy go złapali z dokumentami z gestapo, z przepustkami na jego nazwisko. On też siedział do 19 kwietnia, ale jego nie zwolniliśmy.

A co się z nim stało?
Został zastrzelony.

Jak się nazywał?
Misza Wald. On siedział na Lesznie pod pięćdziesiątym szóstym. Lilit [Regina Fuden], nasza *kaszarit**, przyniosła rozkaz, żeby jednego wypuścić, a drugiego zastrzelić. Pod pięćdziesiątym szóstym na Lesznie siedział jeszcze jeden Żyd. Pamiętam, że mówiło się na niego Pilotka. On też współpracował z Niemcami i też został zastrzelony. Ale to było wcześniej, w marcu. Ja pamiętam tę egzekucję. Grupa bojowców obstawiła więzienie, przeczytali mu wyrok i zastrzelili go. Zastrzelił go Szymon Heller z HaSzomer HaCair, oni mieszkali na Nowolipiu 67. To było w nocy. Pilotka został zastrzelony w piwnicy, a potem nalepili mu kartkę: „Tak się stanie z każdym, kto będzie współpracował z Niemcami". I wyrzucili go na ulicę, i tak go zostawili.

---
* *Kaszarit* (hebr.) – łączniczka.

ROZMOWA Z ARONEM KARMI

Czy Pilotka był policjantem?
Nie, on był szpiclem – szukał naszych kryjówek.

Czy pamięta pan innych więźniów?
Pamiętam takiego pobożnego Żyda, który nazywał się chyba Fingerhod. W więzieniu on chciał, żebyśmy mu dali *tallit* i *tfilim**, żeby mógł się modlić. Daliśmy mu to wszystko i on siedział chyba dwa tygodnie i nie chciał dać pieniędzy. Ale w końcu dał! Wspominałem już o sprawie Opoliona. Powiem teraz, jak myśmy tę akcję z Opolionem przeprowadzili. Guta [Błones], jedna z naszych dziewczyn, przebrała się za damę – założyła taki piękny kapelusz i poszła do niego. Ale przedtem jeszcze myśmy go śledzili, żeby znać jego plan dnia. On był kierownikiem żydowskim w szopie Toebbensa. Współpracował z Niemcami i robił duże pieniądze, bo każdy Żyd chciał pracować, a żeby się dostać do pracy do szopu, to trzeba było dać łapówkę.

A więc Guta przebrała się za damę i poszła do niego...
Tak. Myśmy się dowiedzieli, że Opolion ma rodzinę w Palestynie, i Guta poszła przekazać mu ukłony od nich. Jego mieszkanie było zawsze pilnowane przez jakiegoś werkszuca. Guta dostała fotografię Opoliona, miała go poznać na ulicy. Po pracy zawsze werkszuc albo Niemiec z bronią odprowadzali go do domu. Było umówione, że Guta, kiedy go pozna, to zrobi znak kapeluszem i my wtedy będziemy wiedzieli, że to jest Opolion. I tak się stało. Kiedy Guta zaczęła z nim rozmawiać, nasi chłopcy podeszli do niego; był między nimi Michałek [Kleinwajs]. On go zapytał: – Ty jesteś ten a ten? – A tamten mówi: – Nie, ja nazywam się Opolion. – To Michałek odpowiada: – Ach, tak, to właśnie ciebie my chcemy.

Czy Opolion był tego dnia sam?
Nie, z werkszucem. Ale myśmy go odcięli. Wzięliśmy Opoliona do bramy, z bramy na strych i strychami przeszliśmy z nim do naszego więzienia na Leszno 76. On siedział do 19 kwietnia i został zwolniony, tak jak mówiłem.

Ale pieniędzy nie dał?
Nie, on był uparty.

Wróćmy jeszcze do rozmowy o życiu w komunie, przed powstaniem. W jaki sposób radziliście sobie na przykład z ogrzewaniem?
Jak chodziliśmy po strychach, to znajdowaliśmy różne meble, które ludzie wyrzucili z mieszkań. Braliśmy je na opał, bo w mieszkaniu naszym był kaflowy piec. Zanim przynieśliśmy te meble do mieszkania, to rozbieraliśmy je na kawałki. A potem urządzaliśmy sobie taką zgaduj-zgadulę. Pytaliśmy: co to jest? Stół? Szafa? Krzesło? Kto odgadł, ten wygrywał.

---

* *Tallit* i *tfilim* (hebr.) – tałes, czyli szal modlitewny, i filakterie, czyli dwa czarne pudełeczka zawierające fragmenty z Pięcioksięgu, zakładane na czas modlitwy.

Wygrywał, co?
Nic. Tylko wygrywał.
Co jeszcze robiliście na Świętojerskiej?
Powiedzieli nam, że mamy kopać tunel ze Świętojerskiej aż pod bramę, przez którą Niemcy mogą znowu przyjść, by wyjąć Żydów. Myśmy mieszkali na strychach. Schodziliśmy do piwnicy i tam kopaliśmy ten tunel. Piasek nosiliśmy w workach na plecach dwa-trzy bloki dalej, żeby nie zauważyli, że my kopiemy. Kiedy dokopaliśmy się do tej bramy, nasza grupa włożyła tam minę. To była jedyna mina, która wybuchła, jak Niemcy weszli! W innych miejscach też były miny, ale one nie wybuchły.
Robiliście też przejścia strychami.
Tak. Wybijaliśmy dziury w murach. Zrobili dla nas taki plan, gdzie kuć, i myśmy kuli, bo my byliśmy tacy żołnierze szeregowi. Przez wszystkie domy na tej ulicy było przejście strychami. A od piwnicy ostatniego domu wykopaliśmy tunel pod ulicą. Tak, że można było wyjść na nieparzystą stronę ulicy tym tunelem. Był plan, żeby takie przejścia zrobić w całym getcie. Każda grupa robiła je na swoim terenie. Myśmy zaczęli na Świętojerskiej, a potem, jak przeszliśmy do Toebbensa, to zaczęliśmy tam kopać. Gdybyśmy mieli więcej czasu, to całe getto byłoby tak zrobione, że moglibyśmy się poruszać tylko strychami i tunelami.
Taki labirynt strychowo-tunelowy?
Tak. To, co zdążyliśmy zrobić, bardzo nam pomogło potem, w powstaniu. Niemcy chodzili ulicami, a my strychami i tunelami, z jednego budynku do drugiego.
Ile zdążyliście zrobić na terenie Toebbensa, bo Świętojerskiej nie skończyliście?
Nie. Świętojerską skończyli ci, którzy przyszli tam po nas, a u Toebbensa zdążyliśmy zrobić całe Leszno.
Dlaczego po dwóch tygodniach przenieśliście się na teren Toebbensa?
Dwóch naszych chłopców – Szymon Lewental i Jehuda Koński – poszło pod mur, bo mieli dostać paczkę z bronią z aryjskiej strony. Ale jakiś szpicel ich zobaczył i wydał Niemcom. Jak ich zabrali, to nasza Komenda zarządziła stan pogotowia. Wszystkie grupy zmieniły swoje adresy. Bo człowiek jest tylko człowiekiem i jak go przycisną mocniej, to może wydać.
Co się stało z tymi chłopcami? Czy zginęli?
Tak, zginęli. Na gestapo zmiażdżyli im w takiej prasie palce u rąk i nóg. Oni byli zupełnie sini z bólu, ale nikogo nie wydali, nie wydali nic!
Czy ci chłopcy byli z pana grupy, z Gordonii?
Tak. Opowiadał nam o nich policjant żydowski, który był przy przesłuchaniach. Opowiadali też pinkiertowcy[9], jak chłopcy wyglądali. Ale myśmy wte-

dy nie wiedzieli, że oni nie wydali, tak że przez cały tydzień byliśmy w stanie pogotowia. Zmieniliśmy miejsca i każda grupa poszła do innego schronu.
Czy chciałby pan jeszcze opowiedzieć o jakichś akcjach przed powstaniem?
Pamiętam, że jak przyszliśmy do Toebbensa, to nie od razu zajęliśmy nasze pozycje. Przez tydzień byliśmy w piwnicy i czekaliśmy na odwołanie stanu pogotowia z Komendy. Tam było strasznie, w tej piwnicy. Było nas bardzo dużo, bojowcy z kilku grup. Byliśmy z bronią, ale zamknięci dzień i noc. I to czekanie...
Mieliście dosyć jedzenia w tej piwnicy?
Jedzenie nie było problemem. Przynosili nam. Ale czterdzieści osób tam było. Duszno, gorąco, i to czekanie... przez tydzień. Jak wreszcie przyszła informacja, że możemy stamtąd wyjść, to zajęliśmy nasze pozycje – poszliśmy na Leszno 76. Tam było miejsce grupy Gordonii, mieliśmy też swoje rezerwowe miejsce. W razie czego mieliśmy być z grupą Dawida Nowodworskiego na Nowolipiu 67, przy Smoczej. Oni byli naszymi sąsiadami – z Leszna mogliśmy przejść do nich strychami.
Czy na Leszno 76 były mieszkania pracowników szopu?
Tak. Szopy były co kilka bloków. Był szop na Lesznie 74 i na Lesznie 80. Robotnicy szopów mieszkali na niższych piętrach, a my na ostatnim. Wejście do mieszkania zamurowaliśmy, ale mieliśmy wyjście przez strych; do mieszkania wchodziliśmy po drabinie.
Ile osób tam mieszkało?
Dziesięć-dwanaście osób, nasza grupa.
Czy mógłby pan wymienić nazwiska bojowców ze swojej grupy?
Na pewno! Jacek Fajgenblat, Jakubek Putermilch – mąż Maszy, Michałek Kleinwajs, Kuba Wajs, Genek Fingerhut, Leja Korn, Guta Kawenoki – ona była z Łodzi, Adek Himelfarb, Marek Blank i ja – Aron Chmielnicki.
Czy znał ich pan dobrze?
Poznałem ich dobrze wtedy – przed i w czasie powstania. Byliśmy przecież cały czas razem. Pamiętam, jak kładliśmy się spać, to była kolejka...
...kolejka do czego?
Aron przestał, Michałek zaczyna, Michałek przestał, Kuba zaczyna...
...ale co?
Opowiadać swoją historię: skąd jesteś, jak się dostałeś do grupy, co stało się z rodziną... Chcieliśmy poznać jeden drugiego. W ten sposób zbliżyliśmy się tak, jakbyśmy byli jedną rodziną. I żyliśmy tak, jak jedna rodzina. Zabieraliśmy ludziom pieniądze, czasami braliśmy pół miliona, ale myśmy pieniędzy nie mieli. Myśmy żyli na czarnej ersatz-kawie i na chlebie z marmoladą, mięsa ja wtedy nie widziałem – na obiad była zupa, czasami był jakiś kawałek kiełbasy. Pieniądze były święte, były na broń.

Były między wami pary?
Leja Korn była z Jehudą Końskim. Ale jak on zginął, ona była bardzo nieszczęśliwa i nie chciała się z nikim wiązać.

Czy Leja przeżyła?
Nie, ja później o niej opowiem. A Guta [Błones] była sama.

Kogo lubił pan najbardziej w swojej grupie?
Ja lubiłem najbardziej Michałka, on był taki oryginalny.

Czy Michałek przeżył?
Nikt nie przeżył z mojej grupy oprócz Jakubka i mnie.

Czy możemy pomówić teraz o powstaniu w getcie?
Ja nic nie opowiem o pierwszym powstaniu, o powstaniu styczniowym – mnie wtedy nie było jeszcze w getcie.

Tak, ja wiem. Pytam o powstanie kwietniowe, o drugie powstanie w getcie warszawskim.
W marcu Eliezer Geller został wyznaczony przez Komendę na dowódcę ośmiu grup. On był komendantem terenu szopów Toebbensa, tak jak Marek Edelman był komendantem terenu szczotkarzy, i miał cztery grupy.

Kto był dowódcą pana grupy?
Jacek Fajgenblat. Jacek przeżył powstanie, ale zginął później w Warszawie. On był w schronie razem z Gutą i było tam jeszcze kilku ludzi. Ale była wsypa i oni zginęli. Przedtem jeszcze Jacek był w lesie razem z nami, a potem wrócił do Warszawy, na aryjską stronę, i zginął.

...Powstanie kwietniowe.
18 kwietnia w nocy myśmy coś czuli. Następnego dnia był *Erew Pesach**. Ale muszę jeszcze coś przedtem opowiedzieć, żeby pokazać, kim byli Niemcy. Cały czas oni bawili się z nami w ten sposób, że jednych skazywali na zagładę, a innym dawali jakieś numerki, blaszki, no i bawcie się dziewczynki, bawcie się chłopcy... Jeszcze jeden miesiąc, jeszcze jeden tydzień... W getcie zawsze chodziło o to, jak być produktywnym, jak wykonać te wszystkie ich rozkazy. A to wszystko to była jedna wielka lipa i jedno wielkie oszukanie. Tydzień przed 19 kwietnia Niemcy ogłosili, że można piec macę na *Pesach*. W poprzednich latach tego nie było. No, jak można piec macę na *Pesach*, to znaczy, że *Pesach* będzie spokojny. W getcie nie było mąki jasnej, tylko ciemna, to ludzie chodzili do rabina pytać, czy można z mąki ciemnej zrobić macę. Rabin odpowiedział, że w takich czasach można. I widać było ludzi na ulicach, idących po pracy, z takimi białymi poszwami na pościel, i oni z piekarni brali macę na *Pesach*. Wszyscy przygotowywali się do sederu**. A 18 kwietnia

---
* *Erew Pesach* (hebr.) – Wigilia Paschy.
** *Seder* (hebr.) – uroczysta kolacja w Wigilię Paschy.

w nocy Niemcy okrążyli getto. Ale ja tego nie widziałem, bo było ciemno; słyszeliśmy tylko ruch samochodów, pracę silników. Dopiero o świcie zobaczyliśmy to wszystko. Codziennie rano pracownicy szopów szli do pracy – jedni do szopów w getcie, a inni na aryjską stronę, na placówki. Tego dnia ci, którzy pracowali w szopach w getcie, poszli do pracy normalnie, a tych, którzy szli na placówki – zatrzymano. Powiedzieli im: – *Zurück, zurück!* Dzisiaj nikt nie wychodzi. – I to był dla nas znak, że coś się będzie dziać. Myśmy już od nocy się szykowali. Dostaliśmy informacje z getta centralnego i z terenu szczotkarzy, że ich też okrążają. Okrążyli wszystkie trzy getta, ale weszli tylko do getta *merkazi*, do getta centralnego, i tam zaczęli. Nasi chłopcy przyjęli ich granatami, a my, u Toebbensa, słyszeliśmy tę strzelaninę z rana i już wiedzieliśmy, że akcja się zaczęła. Po strzałach odróżnialiśmy, czy to nasi, czy Niemcy – nasi to pistolety i granaty, a Niemcy to ciężkie karabiny. Wtedy jeszcze nie wiedzieliśmy, jak skończyło się to pierwsze natarcie. Byliśmy przez cały czas w pogotowiu, Eliezer kazał wszystkim grupom zająć pozycje. Zeszliśmy na drugie piętro pod siedemdziesiątym szóstym. Okna tego domu wychodziły na mur, bo Leszno było przedzielone – po drugiej stronie mieszkali Polacy. Obserwowaliśmy mur i czekaliśmy na Niemców. Oni zawsze szli do getta wzdłuż muru po stronie aryjskiej i wchodzili przy Karmelickiej. Ale myśmy nic nie widzieli. Oni weszli tylko do getta centralnego. Mówiłem, słyszeliśmy strzały. Nie wiedzieliśmy, co robić, czekaliśmy w zdenerwowaniu. Jeszcze tego dnia postanowiliśmy robić barykady na klatkach schodowych. Przez bramy wchodziliśmy na podwórko, a każde podwórko to taki kwadrat – z czterech stron były klatki schodowe. I te klatki barykadowaliśmy. Ściągaliśmy wszystko, co wpadło nam w ręce – meble, sienniki, garnki i rzucaliśmy to na schody tak, by oni nie mogli wejść na górę. A myśmy byli na drugim piętrze. Przez cały dzień barykadowaliśmy te klatki. Tam, w getcie centralnym, strzelanina, a my przygotowujemy się do walki. Przed wieczorem dostaliśmy rozkaz, by część naszej grupy przeszła do Dawida Nowodworskiego, tam gdzie była ta mina, która potem nie wybuchła. Poszliśmy, żeby pomóc im obstawić ten dom. Bo Niemcy mieli przejść przez Befehlstelle, niedaleko Nowolipek. Stamtąd, z Befehlstelle, oni wyszli rano do getta centralnego i mieli wrócić. A myśmy tam przecież założyli minę. Trzech naszych chłopaków poszło do piwnicy i próbowało ją uruchomić. No i – zostali z językiem na dupie, jak to się mówi. Ja sobie tu żartuję, a to była tragedia. Ci chłopcy przyszli i płakali. Jak Niemcy przechodzili tamtędy i ta mina nie wybuchła, to my, z tego całego zdenerwowania i złości, rzuciliśmy za nimi kilka granatów, ale nie trafiliśmy żadnego. Ale rzuciliśmy! Żeby im pokazać! Potem wróciliśmy na nasz teren. To był 19 kwietnia. 20 kwietnia Toebbens, właściciel szopu, wezwał swoich kierowników żydowskich i zaczął na nich krzyczeć. On im powiedział, że nie chce tej bandy, to znaczy nas, u siebie. – To, co się dzieje w getcie centralnym, nas nie dotyczy. My mamy jeden obowiązek – pracować. A kto będzie pracował, temu się nic nie stanie. I mamy jeszcze drugi obowiązek – musimy wynieść stąd wszystkie maszyny, bo fabryka będzie ewakuowana do Trawnik i tam będziemy dalej pracować – tak on mówił, ten Toebbens. Myśmy wiedzieli, co to znaczy: praca, dopóki jesteś potrzebny, a potem do komory gazowej[10]. Jednak było lżej nie wierzyć w to, pani rozumie? Nie to, że nie wierzyliśmy. Wierzyliśmy, że to prawda, ale lżej było... Może jednak, może jednak? Każdy chciał się sam oszukać, pani rozumie to? Eliezer przyszedł do nas i powiedział, że musimy się przygotować na dwudziestego rano. Mieliśmy zaatakować Niemców, jak będą szli wzdłuż murów do getta centralnego. To nasze natarcie miało być znakiem solidarności z gettem centralnym. My nie będziemy czekać, aż Niemiec przyjdzie do nas, aż wyniszczy jedno getto i wejdzie do drugiego. Eliezer powiedział, że on rzuci pierwsze dwa granaty, a potem wszyscy będą strzelać. I stoimy tak pod oknami i czekamy. Słyszymy ich – idą ze śpiewem do getta centralnego. Oni śpiewają tę piosenkę *Wir horten die Juden...* Z tą piosenką oni weszli do getta. My widzimy ich – idą piątkami w szeregach. To jest masa uzbrojonych żołnierzy – z karabinami ciężkimi, z granatami; tak jak się idzie na front. I oni przechodzą wzdłuż muru, a my ich widzimy z drugiego piętra. I wtedy Eliezer wyjął dwa granaty i rzucił jeden po drugim. Dla nas to był znak, że zaczyna się walka. Padło kilka trupów, a reszta zaczęła się przesuwać pod murem. I wtedy ten ich oficer zaczął krzyczeć na nich, więc odsunęli się od muru trochę i zaczęli strzelać do okien. Nas było tylko dwunastu ludzi, a oni walili jak do pułku. Hałas był okropny. W czasie tej strzelaniny Toebbens, on był pod siedemdziesiątym czwartym, doszedł do okna i krzyczy: – *Nicht schiessen**, ja tu mieszkam, ja jestem Toebbens. – On został ranny wtedy. My wszyscy byliśmy pewni, że po takiej strzelaninie Niemcy wejdą do getta, a oni nie weszli. Poszli do centralnego.

Ilu Niemców mogło wtedy zginąć?
Mówią, że czterdziestu, ale ja nie wiem. Myśmy ich wtedy nie liczyli. Ambulanse ich zabierały. Pod siedemdziesiątym czwartym była też grupa, komunistyczna, dowodził nimi Hesiek Kawa. Niemcy byli potem zaatakowani pod numerem trzydziestym szóstym przez grupę Beniamina Walda. I w ten sposób, atakowani co kawałek, Niemcy szli tego dnia do getta centralnego. To był 20 kwietnia. Myśmy się dowiedzieli później, że Niemcy chcieli zrobić Führerowi podarunek – *Ghetto Warschau Judenrein***. Bo 20 kwietnia były urodziny Hitlera.

Czy w pierwszym natarciu zginął ktoś z pana grupy?
Dwa dni później zginęła pierwsza dziewczyna, nazywała się Korngold [Lea]. Z naszej grupy wtedy jeszcze nikt nie zginął.

---

* *Nicht schiessen* (niem.) – Nie strzelać.
** *Ghetto Warschau...* (niem.) – Getto warszawskie wolne od Żydów.

Najprawdopodobniej są to mieszkańcy getta, którzy wydali ukrywających się w bunkrach (zdjęcie oryginalne podpisano: „Zdrajcy żydowscy"), 19 kwietnia – 16 maja 1943. Autorem jest SS-Obersturmführer Franz Konrad.

Grupa schwytanych religijnych Żydów, 19 kwietnia – 16 maja 1943.
Autorem zdjęcia jest SS-Obersturmführer Franz Konrad

Proszę mówić dalej.
To był 20 kwietnia. Toebbens znowu wezwał kierowników i znowu zaczął krzyczeć na nich, groził im. Powiedział, że robotnicy mają w ciągu jednego dnia stawić się na Leszno 80[11], tam był taki punkt zborny, a stamtąd pójdą na Umschlagplatz. Ale nie było takich, którzy by tam poszli z własnej woli, nikt już nie wierzył. Kilka miesięcy wcześniej poszliby. Ale teraz każdy już miał jakiś schron, jakąś piwnicę, jakiś strych, wszyscy się pochowali.
Czy rzeczywiście nikt nie poszedł na Leszno 80?
Tak... Jakieś grupy tam poszły. Oni uwierzyli, że pojadą do Trawnik. Ja myślę, że wtedy z całego terenu wywieźli jakieś 5 tysięcy osób.
A ilu było ludzi na tym terenie wówczas?
20 tysięcy? W całym getcie było 45 tysięcy. Ale ja o czym innym chciałem opowiedzieć. Przy tej okazji „wysiedlenia do Trawnik" myśmy dostali rozkaz, żeby wysłać Chańcię Płotnicką, naszą *kaszarit*, do Będzina. Ona miała opowiedzieć tam, co się u nas stało. Dostała instrukcje od Eliezera Gellera. Ja byłem przy tym, kiedy on dawał jej różne listy. Eliezer powiedział jej, że następnego dnia ona zostanie jakoś wyprowadzona z getta. I to było właśnie tego następnego dnia, kiedy robotnicy szli na Umschlag. Ja, Michałek [Kleinwajs] i jeszcze dwie osoby mieliśmy odprowadzić Chańcię na Leszno 80, a tam jeden werkszuc miał czekać na nią. On był w naszej organizacji, Meir Szwarc się nazywał, był bundowcem i, tak jak Lilit [Regina Fuden], był łącznikiem Eliezera. Jak szliśmy ulicą razem z Chańcią, z jakiejś bramy wyszedł patrol niemiecki i zatrzymał nas. – Tu nie ma przejścia – oni mówią. – Michałek, on był bardzo sprytny, mówi do tego Niemca: – Tu, w tym następnym domu jest moja rodzina i ja chcę, żeby oni poszli razem z nami na Leszno 80. – Niemiec się zgodził i powiedział, że podprowadzi ich tam. Niemiec bierze Michałka i Chańcię, a my stoimy z drugiej strony bramy; oni byli na ulicy. I Niemiec wchodzi z nimi do bramy, a Michałek podnosi z ziemi jakieś paczki (w każdej bramie były pozostawione paczki) i mówi: – W następnym domu też mam rodzinę i ich też chcę zabrać. A w tej drugiej bramie był Meir Szwarc, Michałek wiedział o tym. I gdy tylko Michałek przeszedł przez bramę, dał znak Chańci i Meirowi, żeby uciekali. A sam zaczął strzelać. Jednego zabił na miejscu, a drugiego zranił. Jacyś inni Niemcy usłyszeli pistolety, wbiegli do bramy i zaczęli strzelać do nich. Trafili Szwarca, dostał serię w ramię, ale zdołał uciec. Przyszedł do nas na Leszno 76 do piwnicy. Tam był schron Stefana Grajka[12]. On mieszkał w tym domu.
Co to znaczy „schron Stefana Grajka"? Czy on go budował?
To był schron partyjny. Tam ukrywali się ludzie z Poalej Syjon Smol: Lejzer Lewin[13], Jochanan Morgenstern[14], żona Stefana i inni. Do schronu wchodziło się na hasło. Trzeba było powiedzieć „Jan". Tam był nasz punkt kontaktowy. Jak się pogubiliśmy, to tam się zbieraliśmy i stamtąd szliśmy na kolejną robotę. Meir przyszedł do schronu znacząc całą drogę swoją krwią. Ale na

Kierownicy szopów zbrojeniowych Bauera, 19 kwietnia – 16 maja 1943.
Autorem zdjęcia jest SS-Obersturmführer Franz Konrad

szczęście Niemcy nie poszli jego śladem, a ludzie nasi szybko tę krew zmyli. Chańcia nie wróciła.

Co się z nią stało?
Złapali ją i wysłali do Treblinki...

Proszę mówić dalej.
Zaczęła się trudna sprawa teraz. Trzeba strzelać, a granatów i nowych kul nie przybywa. Nasz zapas amunicji szybko się skończył, chyba dwudziestego trzeciego. A dwudziestego trzeciego Niemcy zaczynają wchodzić do bram. My jesteśmy na warcie na górze i obserwujemy, do których bram wchodzą. Między nami był Szymon Heller. On jeden miał karabin, my mieliśmy pistolety, granaty i flaszki Mołotowa. Jak widzieliśmy Niemców, to dawaliśmy mu znaki, i wtedy on strzelał z karabinu. Po każdym takim ataku przechodziliśmy do następnego budynku, no i Niemcy myśleli, że jest nas wielu i że mamy dużo karabinów. A nas była mała grupka i tak chodziliśmy ze strychu na strych, z domu do domu. I choć strzelaliśmy, to wszystko było takie biedne w porównaniu z ich siłą. Zastanawialiśmy się, co będzie, kiedy nam się skończą kule. Zdecydowaliśmy, że każdy ostatnią swoją kulę zachowuje dla siebie, żeby tylko nie wpaść w ich ręce żywcem. Bo każda śmierć jest łatwiejsza i lżejsza niż Treblinka. A my wiedzieliśmy, co to Treblinka. Jak ja dzisiaj myślę o tamtym – wtedy nie pytałem się, nie wiedziałem nic, ale dzisiaj, kiedy o tym myślę, to nie przypominam sobie, byśmy kiedykolwiek mówili o wycofaniu się z getta. O tym nikt nie mówił. Mówiliśmy tylko, że nie damy się łatwo zabić. No więc, co będzie, kiedy broń się skończy? Każdy z nas wiedział, co ma z ostatnią kulą zrobić. Niemcy zaczynają wchodzić do domów. Oni codziennie mieli inną taktykę, czasami co parę godzin ją zmieniali. A my nie mieliśmy dobrze operującego sztabu, nawet komunikacja między grupami była słaba. Eliezer przyszedł do nas znowu, w trzecim czy czwartym dniu, i opowiedział nam, co się stało w szczotkarni. Powiedział, że nasza mina wybuchła. Oj, jak myśmy się ucieszyli – jednak coś się nam udało. Eliezer opowiedział nam też o getcie centralnym – nasi chłopcy spalili tam dwa czołgi i nie mieli specjalnie dużych strat. To też dodało nam otuchy. Ale my jesteśmy głodni. Po kilku dniach bez jedzenia, jesteśmy głodni. Co robić?

Nie było zapasu żywności?
Nie było. Skąd?! Jedliśmy tylko to, co przez przypadek znaleźliśmy w jakimś mieszkaniu – trochę ryżu, trochę kartofli. Piekarnie nie piekły chleba. Jeżeli gdzieś były jakieś zapasy, to ludzie zabrali je do schronów. W pierwszych dniach w schronach było co jeść. Ale później? Więc byliśmy głodni. A pod siedemdziesiątym szóstym na parterze była piekarnia. Poszliśmy tam. Widziałem, że jest mąka, widziałem, że jest piec – wszystko jest, tylko nie ma drożdży. To zrobiłem chleb bez drożdży. W czasie wojny można piec chleb bez drożdży. Upiekłem trzysta placków. To było siódmej albo ósmej nocy. Ten

chleb rozdzieliliśmy między wszystkie grupy na naszym terenie. Każda grupa dostała kilka takich placków. No dobrze, ale jak piekłem ten chleb, to dym szedł z komina. A Befehlstelle jest obok. Oni musieli widzieć ten dym, ale nie weszli do getta. Niemcy nie wchodzili w nocy do getta. Weszli rano i wysadzili ten piec w powietrze!

Mówił pan, że Niemcy często zmieniali taktykę.
Tak. Po kilku dniach zaczęli wykorzystywać policję żydowską do wyszukiwania ludzi. Kazali im wchodzić do domów – do piwnic i mieszkań i krzyczeć, że wszyscy muszą opuścić budynek, bo będą podpalać. Ludzie bardzo się tego bali, nie wiedzieli, co robić. Niektórzy zaczęli wychodzić. Szli na Leszno 80, codziennie trochę, codziennie *kcat**. Ci, którzy mieli dobry schron – zostawali. My też postanowiliśmy naszą taktykę zmienić. Opuściliśmy strychy, częściej byliśmy na podwórkach. Niemcy zaczęli po cichu wchodzić do mieszkań i robić ambusze**. Informowali swoją artylerię po stronie aryjskiej, z którego domu, z którego strychu strzelamy, i wtedy artyleria strzelała do nas. Jak artyleria zaczynała ostrzeliwać strychy, to my schodziliśmy niżej. Jak Niemcy widzieli, że i artyleria nie pomaga, zaczęli podpalać domy. Podpalili dom po domu i tak rósł wielki pożar. Znaliśmy już ten pożar z getta centralnego. A potem widzieliśmy taki sam pożar od Świętojerskiej. I te trzy pożary były coraz większe i większe. A my nie mamy się gdzie wycofać. Wszystkie nasze przejścia były bardzo przydatne w pierwszych dniach, ale nie później, kiedy domy zaczęły się palić. Niemcy okrążyli dom, z którego Szymon Heller do nich strzelał. Cała nasza grupa była w tym domu. Oni wdarli się do naszego mieszkania i wtedy Eliezer [Geller] dał rozkaz, by skakać z okien na podwórko. Skakaliśmy z drugiego piętra. Części się udało, oni przedarli się do Dawida Nowodworskiego.

Jak można bezpiecznie skoczyć z drugiego piętra?
Tam była taka góra śmieci i myśmy skakali na te śmieci.

Czy komuś coś się stało w czasie skakania?
Eliezer spuszczał się z okna po prześcieradle, a potem skoczył i skręcił sobie rękę – bardzo go to bolało. Szymon Heller skakał jako ostatni i jego zastrzelili. Strzelali do niego z okna i on umarł na tej górze śmieci. Po jakimś czasie wróciliśmy do niego, ale jego karabinu już nie było.

Co zrobiliście z jego ciałem?
Zabraliśmy je. Ale gdzie je zabraliśmy? Na klatkę schodową. Nie mieliśmy co z nim zrobić. On już nie żył. Cały czas trwała strzelanina... Domy się paliły, a my chodziliśmy po tych strychach. Stropy drewniane paliły się i zawalały przed nami. Wtedy nie mogliśmy już przejść. Musieliśmy wyjść z takiego do-

---
* *Kcat* (hebr.) – trochę.
** Ambusze – *ambush* (ang.) – zasadzka, pułapka.

Zdjęcie oryginalne podpisano: „Wyciągnięci przed chwilą z bunkra", 19 kwietnia – 16 maja 1943.
Autorem jest SS-Obersturmführer Franz Konrad

mu schodami. Nie było gdzie iść. Nie mogliśmy już nic zrobić. Nie mieliśmy czym, nie było amunicji. To było najstraszniejsze.

Czy pamięta pan, kiedy Szymon Heller został zastrzelony?
Myśmy wyszli z getta 28 kwietnia[15], po dziesięciu dniach walki. Szymon zginął chyba ósmego dnia. Dziewiątego dnia byliśmy już zupełnie wykończeni. Co znaczy wykończeni? Chodziliśmy od schronu do schronu, od szpitala do szpitala – mieliśmy kilku rannych. Szpitale były w schronach. Jeden był pod siedemdziesiątym szóstym. Był tam nawet prawdziwy doktor. Nie wiem, jak się nazywa, ale wiem, że żyje w Ameryce. Stefan Grajek powiedział mi, że ten lekarz żyje, tylko ten lekarz... Mieliśmy sześciu rannych w tym szpitalu. 28 kwietnia dostaliśmy wiadomość – wszyscy bojowcy mają się stawić na Leszno 56, do schronu. Będziemy próbować wyjść z getta.

Czy wszyscy bojowcy z terenu Toebbensa mieli się tam spotkać?
Ci, którzy dostaną wiadomość. Do każdej grupy posłano kogoś z taką informacją. A po getcie chodziła policja żydowska i krzyczała: – Jutro podpalamy, jutro podpalamy! Wychodzić! – Te słowa – „jutro podpalamy" – jak powódź zalewały getto. Nie mieliśmy już gdzie iść... Pamiętam, że tego dnia, zanim poszliśmy na Leszno 56, dostaliśmy jeszcze rozkaz podpalenia fabryk. Broni już nie mieliśmy, ale podpalać mogliśmy! Oni podpalali domy, a my fabryki. Benzynę i podpalać! Pożar większy i większy... Tej nocy na Lesznie 56 dowiedzieliśmy się od Eliezera, że jest jakaś możliwość wyjścia z getta kanałami. A stamtąd zabiorą nas do lasu i będziemy partyzantami, i dalej będziemy wojować z Niemcami.

Czy wie pan, kto organizował wyjście kanałami?
Wiem tylko, że Eliezer posłał poprzedniego dnia kanałami na stronę aryjską Stefana Grajka. On miał po drugiej stronie, na Ogrodowej 27, schron. Tam już była jakaś grupa, która wyszła z getta wcześniej. Dozorcą w tym domu na Ogrodowej był PPR-owiec i on współpracował z bojowcami. Ta droga przez kanały była jakoś znana, bo myśmy dostawali broń i informacje kanałami. Od kanałów byli specjaliści – ci, którzy handlowali bronią, między innymi.

To znaczy, że już żadnej więcej akcji w getcie nie podejmowaliście?
Nie. Eliezer jeszcze raz wysłał dziesięciu bojowców do podpalania fabryk. Ja byłem między nimi. Poszliśmy na Leszno 76. A jak wykonaliśmy nasze zadanie, poszliśmy do schronu – był w tym samym domu, gdzie fabryka. Tam było może osiem, może dziewięć osób – między nimi kilku partyjnych, ale cywile, bez broni. Eliezer chciał ich wyprowadzić z getta razem z nami. Zabraliśmy ich wszystkich ze sobą.

Kim byli ci ludzie, których zabraliście?
Z Poalej Syjon – Lewin, Morgenstern, przywódcy tej organizacji. Z nimi poszliśmy najpierw do szpitala. Mówiłem, mieliśmy rannych w szpitalu. Pamię-

Askarysi biorący udział w walce z powstańcami getta warszawskiego, 19 kwietnia – 16 maja 1943. Autorem zdjęcia jest SS-Obersturmführer Franz Konrad tam, że do tego szpitala wchodziło się przez kaflowy piec... To spotkanie z rannymi było bardzo trudne. My już wiedzieliśmy, że wychodzimy do lasu, a im nic nie możemy powiedzieć. Oni nie mogą przecież wyjść z nami. Pani to sobie wyobraża? Eliezer podszedł do Meira Szwarca – on miał ranne ramię, a nie nogi, i on mógł chodzić – i pyta go: – Powiedz mi, ty możesz pokonać tę całą drogę z nami? – Meir odpowiada, że tak. – To ja cię wezmę! – Potem Eliezer zwrócił się do Guty [Kawenoki]: – Guta, ty zostajesz tu. Nie można samych rannych zostawić bez pomocy.

Guta nie była ranna?
Nie, ona nie była ranna. Ja nieraz o tym myślałem. Guta zaczęła wtedy płakać bardzo. Mówi: – Dlatego, że ja jestem kobietą, to ja nie jestem zdatna do partyzantki? – A to wszystko działo się w pokoju przed tym piecem, a tam z drugiej strony leżą ci ranni.

Ale oni tego nie słyszeli?
Nie, oni nie słyszą. Guta bardzo prosiła Eliezera, żeby pozwolił jej pójść z nami, że ona chce walczyć. I wtedy Leja Korn[16], mówiłem, że jeszcze będę o niej mówić, szepcze do Eliezera: – Eliezer, ja zostaję. – I ona nie czekała na odpowiedź. Od razu weszła przez ten piec do środka. Tej chwili nie zapomnę. Leja została tam. A zostać, znaczyło czekać, aż dom podpalą. Szwarc poszedł z nami. Tej samej nocy weszliśmy pierwszy raz do kanału. To było w nocy 28 kwietnia. Ktoś z nas wyczuł gaz. Pomyśleliśmy, że to Niemcy, i zaczęliśmy się wycofywać. A jak wchodziliśmy do kanału, to też jest całe opowiadanie. Najpierw powiększyliśmy ten otwór, przez który szmuglerzy towar kiedyś przerzucali – wyciągnęliśmy kilka cegieł. Ci, którzy wchodzili do kanału jako pierwsi, nie mieli doświadczenia, nie bardzo wiedzieli, jak to robić. Jeśli wchodzili głową, to nie mogli dalej zejść, bo kanał był głęboki. Więc wychodzili i wchodzili znowu – tym razem nogami. A potem to już jeden uczył drugiego, już było łatwiej.

Ile osób weszło do kanału 28 kwietnia?
Ja myślę, że było nas jakieś trzydzieści kilka osób. Więc, jak ta pierwsza grupa wycofała się z powodu tego gazu, to postanowiliśmy zaczekać na Eliezera i innych. A Michałek [Kleinwajs] mówi: – Jeślibym miał jakieś deski, to można by je włożyć do kanału i na nich czekać. – Niedaleko była piekarnia, ja ją znałem. A ja przecież wiem, że w piekarni są takie deski, na których chleb się piecze. Zabraliśmy wszystkie te deski z piekarni. Każdy dostał jedną i był za nią odpowiedzialny. Potem te deski bardzo nam pomogły, jak musieliśmy tak długo iść i po drodze stawać i czekać, i znowu iść. Do kanału weszliśmy drugi raz tej samej nocy. Nie mogliśmy już dłużej zwlekać. Pożar był coraz bliżej. Zanim ruszyliśmy, czekaliśmy na ludzi w kanale. Może jeszcze ktoś przyjdzie, może jeszcze ktoś? Było nas około czterdziestu osób – z różnych grup, ale wszyscy z terenu Toebbensa & Schultza.

Kto był przewodnikiem tej grupy?
Eliezer, komendant. Ale on też był pierwszy raz w kanale. Stefan Grajek, który znał drogę, był już po aryjskiej stronie. On miał zorganizować ciężarówkę i zabrać nas, jak wyjdziemy.

Zorganizował ją?
Nie, nie zdążył. On kontaktował się z Icchakiem Cukiermanem, ale nie udało mu się.

Czy w kanale był ktoś, kto znał drogę?
Nie. Nikt z nas nigdy przedtem nie był w kanale. Najważniejszy był Geller. On dawał rozkazy. No i zaczęliśmy chodzić. My wiedzieliśmy, że musimy iść po skośnej linii i dotrzeć na Ogrodową 27. I szliśmy tak, po tej skośnej linii. Niektóre kanały były takie niskie, że trzeba było iść skulonym. Były też szerokie, głębokie i wysokie kanały, ale w nich z kolei było dużo wody. W tych niskich było mało wody, a w tych wysokich sięgała aż do piersi.

Nie tylko woda?
Tak, nie tylko woda. To bardzo śmierdziało. Broń wtedy trzymaliśmy nad głowami, żeby się nie zamoczyła. I zmęczeni byliśmy, i głodni, i wszystko razem. Dzieliliśmy się na grupy. Część szła tymi kanałami, część innymi. W tych niskich kanałach czekaliśmy, odpoczywaliśmy na deskach.

Trzeba było czekać, czy trzeba było odpoczywać?
Trzeba było czekać, bo nie wiedzieliśmy, jak dalej iść.

Czyli ktoś wychodził do przodu, sprawdzał drogę i wracał po grupę, tak?
Tak. Sprawdzał ten kanał, tamten kanał i wtedy szliśmy. Często musieliśmy wracać, zmieniać trasę. Przecież to wszystko nie było zorganizowane, nie było żadnego planu.

Jak długo trwała ta „podróż"?
Ta „podróż" trwała do trzeciej w nocy. Myśleliśmy, że będzie czekała na nas ciężarówka... Wreszcie doszliśmy do włazu. Myśleliśmy – to powinno być to wyjście. Ale nie mogliśmy tam stać wszyscy, bo ktoś mógłby nas usłyszeć. I tylko Eliezer i Nowodworski tam stali i czekali...

Na Grajka?
Na Grajka. A tam, na górze, żandarmi chodzą. W końcu Grajek przyszedł, zastukał w ten właz i krzyknął: – „Jan" – to było nasze hasło. No to będziemy wychodzić! Z tym stróżem Grajek ustalił, że my wejdziemy na Ogrodową 27, pójdziemy na strych i tam przeczekamy do następnego dnia. A następnego dnia będzie ciężarówka. Na Ogrodowej 27, to było niedaleko wyjścia z kanału, mieszkali Polacy. Ale oni mieszkali na niskich piętrach, pozostałe piętra – do szóstego – były puste. Po cichu, tak jak koty, wyszliśmy z tego kanału.

Te czterdzieści osób?
Te czterdzieści osób! Każdy biegł do bramy, potem na klatkę schodową i schodami na samą górę, na strych. Wchodzimy na ten strych i nie rozumiemy,

147

dlaczego nas tam przyprowadzili. I wtedy oni mówią nam, że ciężarówka przyjedzie następnego dnia rano.

Czy wszystkim udało się bezpiecznie przejść?

Tak. Te czterdzieści osób przemknęło w zupełnej ciszy. No i jesteśmy na tym strychu. Trudno mówić o spaniu, bo wszyscy jesteśmy mokrzy. Czekamy do rana. Ale rano ciężarówki też nie ma. Przyszedł Stefan z Eliezerem. Przyniósł nam... bułeczki! Taki kosz ze świeżymi bułeczkami. Pani się śmieje?

Tak, bo mogę sobie wyobrazić tych umęczonych ludzi w śmierdzących ubraniach z bułeczką w ręku.

No, właśnie. Każdy dostał taką jedną bułeczkę, a potrzebowałby ze dwa bochny chleba. Widocznie Stefan więcej nie mógł dostać.

To było dwudziestego dziewiątego?

Tak. O godzinie, może to była dziewiąta trzydzieści, przyszedł znowu Eliezer – bez butów i bez swojej kurtki skórzanej. Co się stało? Złapali go szantażyści. Zabrali mu pieniądze, buty, zabrali wszystko i tak go zostawili. Nie Niemcy, Polacy, szmalcownicy. A on był z bronią! Ale on po cichu chciał to wszystko skończyć, bo bał się, że mogą i nas wykryć. Złapali go w pobliżu Ogrodowej. Daliśmy mu coś do ubrania. Eliezer powiedział nam, że nie ma jeszcze ciężarówki i że musimy czekać do rana, bo przecież w dzień i tak nie można jechać.

A jak wy poradziliście sobie z mokrymi ubraniami?

Każdy miał swój osobisty piec. Ciepło naszego ciała wysuszyło nam ubrania. Najpierw wykręciliśmy rzeczy, a potem one na nas schły.

A wody nie było?

Nic a nic.

Tylko te bułeczki?

No, nie tylko. Potem była też ersatz-kawa.

Kto kawę przyniósł?

Franka, łączniczka, ale nie z naszego terenu. No i był obiad – dostaliśmy chleb i kiełbasę, i picie. Najważniejsze było to, żebyśmy byli cicho, żeby nikt nas nie usłyszał. To było bardzo trudne. My, po tym wszystkim co przeszliśmy, nie mogliśmy tak cicho siedzieć godzinami na strychu. W jakiejś chwili z dołu, z podwórka, usłyszeliśmy krzyki: – Żyd, policjant... – Byliśmy pewni, że nas nakryli. Pani rozumie? Szykujemy broń i jesteśmy w pogotowiu. Mówimy: – No, to już jest koniec, koniec getta warszawskiego. Każdy ma kulę dla siebie. I tak czekamy.... A to okazuje się, dzieciaki bawiły się w „Żyda i policjanta". Potem znowu przyszedł Eliezer. Przyniósł informację, że ciężarówka przyjedzie nad ranem. Próbowaliśmy trochę spać, odpocząć. O czwartej nad ranem przyjechała. Po cichu zeszliśmy ze strychu i na ciężarówkę! Tylko ci starzy z Poalej Syjon zostali. Chyba ośmiu ich było. Stefan zabrał ich do schronu w tym domu przy Ogrodowej. Oni nie nadawali się do lasu. W samochodzie siedział Polak z PPR-u, Krzaczek [Władysław Gaik].

Ten sam, który wywoził 10 maja drugą grupę bojowców, tak?
Tak. I był jeszcze Tadek [Tuwia Szejngut] z HaSzomer HaCair. On przy tym drugim wyjściu z kanału został zastrzelony. Na ciężarówce było nas trzydzieści albo trzydzieści dwie osoby. Położyliśmy się jeden przy drugim, broń schowaliśmy. Umowa była taka, że jeżeli będą jakieś kłopoty, to my rzucamy granaty, a Krzaczek jedzie dalej. To był ranek. Ludzie zaczynają chodzić po ulicy – jeden z mlekiem, drugi zamiata przed domem. I ci ludzie nas widzą – o Boże mój! I uciekają do bramy. Wyjeżdżamy z Warszawy. Wiemy, że na granicy miasta jest rogatka i tam jest wacha. Krzaczek jeszcze raz przypomina nam o granatach. Podjeżdża do wachy. Niemcy sprawdzają tak mniej więcej co piątego. Jak Krzaczek dojechał do nich, właśnie kogoś sprawdzali. To on zrobił taki łuk i... jedzie dalej. Nie strzelali. Przejechaliśmy. Udało się! A mogło się nie udać.

Mogło... Jak długo byliście w Łomiankach?
Trzy tygodnie chyba siedzieliśmy w tym lasku.

Czy ktoś przywoził wam jedzenie?
Nikt nic nie przywoził. Nie tylko jedzenia nie było, ale i wody. Stefan został w Warszawie, Eliezer też. Z nami był Dawid Nowodworski. On został komendantem. Myśmy tam czekali, aż nas partyzanci wezmą do lasu.

No to jak radziliście sobie z jedzeniem?
Dawid Nowodworski miał rozkaz nie wypuszczać nas z tego lasku – nikt nie mógł nas zobaczyć. Ale nam brakowało wody. Więc łamaliśmy rozkaz i w nocy podkradaliśmy się do studni. Jeść też nie mieliśmy co. Coś trzeba było wymyślić. Postanowiliśmy zorganizować żywność bez wiedzy Nowodworskiego. Do tej akcji poszedłem ja z Michałkiem. Rano wyszliśmy z lasu – ja jestem podobny do Żyda, on jest podobny do Polaka. Idziemy do drogi młodym zagajnikiem. Stajemy przy tej drodze i czekamy. Ja stoję po jednej stronie, on po drugiej. Widzimy – jedzie jakiś chłop[17] na furmance. Michałek wychodzi na drogę, a ja stoję z drugiej strony, za plecami tego chłopa. Michałek pyta go, czy on ma coś do jedzenia. I wtedy ten chłop się ogląda i widzi mnie. Szybko się domyślił i pyta: – A ty, skąd? – Ja uciekłem z pociągu do Treblinki – od razu tak mu mówię. – Jestem Żydem. Może mi pan coś pomóc? Ja panu zapłacę. – Jak ja mogę pomóc? – Pan może mi kupić bochenek chleba i przynieść trochę wody. – A jak ja wam to przyniosę? Gdzie wy będziecie? – My będziemy w tym samym miejscu, tutaj. I ja widzę, że to jest porządny chłop, takie rzeczy od razu się czuje. A jednak trzeba się jakoś zabezpieczyć. Tośmy się umówili z Michałkiem, że pójdziemy jeszcze jeden kilometr w kierunku wsi i tam go spotkamy. Jeśli on będzie jechał z policją, zobaczymy ich wcześniej. Ale on przyjechał sam. I przywiózł bochenek chleba. Nie miał wody, miał dla nas mleko. Zapłaciliśmy mu i prosiliśmy, żeby następnego dnia przyjechał o tej samej godzinie w to samo miejsce i przywiózł jeszcze bochenek.

Aron Karmi

Aron Karmi z córką Rachel, Tel Awiw 1966

ROZMOWA Z ARONEM KARMI

Przyjechał?
Tak. A ten pierwszy bochenek podzieliliśmy między najgłodniejszych. Po drodze do lasu nie mogliśmy się powstrzymać i wypiliśmy trochę mleka. Następnego dnia znowu daliśmy mu pieniądze na chleb. Powiedzieliśmy, że jesteśmy z jedną rodziną, która też z pociągu wyskoczyła. Potem ten chłop powiedział nam, że on jest partyjny. Ale on nie był z PPR-u, on był z jakiejś narodowej partii. Nazywał się Kajszczak. On później przyjechał z całą furmanką chleba do nas. Z nami był w Łomiankach Juda Węgrower z getta centralnego. On był na Miłej 18 i dlatego w lesie był bardzo chory – zatruty gazem. Jemu się bardzo chciało pić w kanale i pił tę śmierdzącą wodę. Zmarł w Łomiankach po kilku dniach. I wtedy Kajszczak z tą furmanką chleba... Jak zobaczył nieżywego Judę, to stanął na baczność, zasalutował i powiedział: – Dla bojowców getta warszawskiego ja wszystko zrobię!

Kiedy wyjechaliście z Łomianek do partyzantki?
Z tą drugą grupą, która przyszła 10 maja, byliśmy jeszcze kilka dni. Potem przyjechały dwie ciężarówki i zabrały nas do lasu. Tam każda nasza grupa dostała dwóch albo trzech Rosjan, którzy uciekli z niewoli, i oni byli naszymi przewodnikami.

Kiedy wyjechał pan z Polski?
W maju 1945 roku.

Ale nie wyjechał pan z tą samą grupą, z którą Masza Putermilch wyjechała?
Nie, my wyjechaliśmy zaraz po nich.

Przez Rumunię?
– Tak. W Bukareszcie dostaliśmy certyfikaty i 28 października przyjechaliśmy do Palestyny.

Był pan w Polsce od tamtego czasu?
Nie.

Pojedzie pan?
Może. Chcę. Przyjadę na pięćdziesiątą rocznicę powstania. Tak przyrzekłem.

Bardzo się cieszę. Dziękuję za rozmowę.

Tel Awiw, maj 1989 i październik 1999.

No przecież jestem!
Rozmowa z Lubą Gawisar

Powiedz, w którym roku się urodziłaś?
W 1924 roku, w Warszawie, a jeszcze dokładniej – w szpitalu Świętego Ducha.

Jakie jest twoje panieńskie nazwisko?
Zylberg. Słuchaj, ja ci opowiem.

Proszę.
Najpierw mieszkaliśmy na Wrzesińskiej, na Pradze, a potem na Saskiej Kępie. Ojciec miał hurtownię papierosów, a mama była w domu. Nie miałam rodzeństwa – byłam taką rozpieszczoną jedynaczką. Rodzina była zasymilowana, a moje otoczenie wyłącznie polskie.

Czy rodzice nigdy nie mówili ze sobą po żydowsku?
Czasami. A ja tego bardzo nie lubiłam.

Dlaczego?
Nie wiem, nie lubiłam tego języka. Pamiętam, że Cywia [Celina Lubetkin] z Antkiem [Icchak Cukierman] też mówili po żydowsku, kiedy chcieli, żebyśmy ich nie rozumieli.

Czyli żyłaś w polskim świecie?
Tak, absolutnie. Chodziłam do polskich szkół, miałam polskie koleżanki. Tylko jedna z moich koleżanek była Żydówką. Bardzo inteligentna... Spotkałam ją później w getcie. Była w bardzo złym stanie – źle wyglądała i była taka dziwna. Chyba nie miała co jeść i wstydziła się powiedzieć. Nie wiem, co się z nią stało... No tak, a ja przed wojną byłam komunistką. Kiedy miałam jedenaście lat, opiekunka siostry tej mojej żydowskiej koleżanki zwerbowała nas do organizacji młodzieżowej „Pionier". Organizacja była, rzecz jasna, nielegalna. Więc dla mnie, jedynaczki z dobrego domu, to wszystko było bardzo podniecające. Ja byłam taka salonowa komunistka, wiesz?

Kobieta z opaską na ramieniu pozująca do fotografii niemieckiemu żołnierzowi, Willemu Georgowi, lato 1941

Zatłoczona ulica (w głębi budynek przy ul. Dzikiej 19, w którym po likwidacji małego getta mieścił się Judenrat), lato 1941. Autorem zdjęcia jest niemiecki żołnierz, Willy Georg, wysłany na jeden dzień do getta warszawskiego

A potem nastały zupełnie niesalonowe czasy.
Tak. Pamiętam ten straszny chaos w duszy wypieszczonej jedynaczki. I od razu przecież zaczęła się historia z Żydami. Ja w ogóle nie rozumiałam, na jakim świecie jestem. I zaraz te opaski... Wszystko się zmieniło. Moje koleżanki, koledzy, a po drugiej stronie – ja. No, i musieliśmy się przenieść do getta. Zamieszkaliśmy w takim dużym pokoju na Gęsiej, blisko Okopowej. W tym samym mieszkaniu byli jacyś ludzie, którzy przyjechali spod Warszawy. Niewiele mogliśmy zabrać ze sobą do getta, ale ja miałam wszystkie swoje książki i mój pamiętnik.
Czy później w getcie też pisałaś?
Tak.
I co się z pamiętnikiem stało?
Ja wiem, co się z nim stało?! To co ze wszystkim! Spłonął pewnie.
Powiedz, jak wyglądało życie twojej rodziny na początku w getcie?
Ja niewiele pamiętam. Ojciec, zdaje się, nie pracował. Sprzedawał różne rzeczy – mamy futro, pierścionki.
Pamiętasz głód w getcie?
No pewnie! Przecież ludzie umierali z głodu.
Ale ja pytam o twoją rodzinę.
Ja nie byłam głodna w getcie.
Ty pracowałaś, prawda?
Tak. Ja pracowałam w urzędzie pocztowym[1]. Na Grzybowskiej, myślę, był ten urząd. Ta praca była dla mnie bardzo ważna – spotkałam tam niezwykłych ludzi. Był między nami pierwszy skrzypek Filharmonii Warszawskiej i Erna, żona dyrektora banku. Ernę bardzo kochałam! I był też Leon Machtyngier*, dziennikarz. Jego też bardzo lubiłam, on był taki intelektualny. Potem, kiedy małe getto zlikwidowali, pocztę przeniesiono na Gęsią chyba. I tam kazali nam mieszkać. Byłam z Ireną [Gelblum], z Jurkiem [Grasberg] i z innymi. Tam próbowałam ugotować swoją pierwszą zupę w życiu. Nie udała mi się.
Rodziców widywałaś?
Tak. Czasami do nich chodziłam, czasami oni przychodzili do mnie. Oni głodu nie cierpieli, tylko wtedy [lato 1942] ciągle były akcje. Pamiętam, że stale się chowaliśmy. Jedną selekcję przeszłam w Gminie.
Dostałaś numerek?
Nie, mnie wzięli na lewo, Ernę też wzięli, bardzo wielu ludzi...
Na lewo, czyli do transportu?
Tak. Pamiętam tego gestapowca, był przystojny. Uratował mnie znajomy ojca, który podszedł do Niemca i coś mu powiedział. Bo ja miałam w kieszeni

---
* Leon Machtyngier – typograf „Naszego Przeglądu".

Żebrząca na ulicy Nowolipie, wrzesień 1941

jakiś dokument, który wtedy był dobry. A potem znowu się ukrywałam. Mieliśmy taką kryjówkę pod dachem. Pamiętam, że zawsze w czasie akcji dostawaliśmy bólów brzucha i biegunkę.

Czy rodzice mieli jakieś papiery, które chroniły ich przed wysiedleniem?
Mama pracowała w Werteerfassung. Ojciec był w domu, ukrywał się.

Jak wydostałaś się na drugą stronę?
To muszę ci opowiedzieć o Jurku Grasbergu. Byliśmy małżeństwem. Przed wyjściem z getta jakiś rabin dał nam ślub. Jurek był harcmistrzem i miał starszego od siebie przyjaciela, profesora Kamińskiego.

Tego samego Kamińskiego, który wyciągnął Marka Edelmana z piwnicy?
Ja nic o tym nie wiem. Myślisz, że to ten sam? Taki mały świat! Kamiński odegrał bardzo ważną rolę w moim życiu po aryjskiej stronie. Bardzo mi pomógł. No więc, Jurek chciał zorganizować grupę skautów, która współdziałałaby z ŻOB-em. Wiem, że Anielewicz się na to nie zgodził. Powiedział, że skauci mogą indywidualnie wejść do organizacji, ale nie jako grupa. Pewnego dnia Jurek oznajmił mi, że wychodzę na aryjską stronę. Wygląd miałam bardzo dobry, polski też – bez śladu akcentu: nie znałam przecież żydowskiego. Plan był taki, żeby wynająć mieszkanie, które będzie punktem kontaktowym z gettem. ŻOB też miał korzystać z tego mieszkania. No i wyszłam...

Kiedy, pamiętasz?
Ty mnie nie pytaj o daty, ja nigdy dat nie pamiętam. To było między jedną a drugą akcją. Wiesz, ja w ogóle nie mam poczucia czasu, jeśli chodzi o przeszłość.

Jak wyszłaś?
Przez przekupioną wachę. Wyprowadzał mnie jakiś policjant żydowski. Jurek to wszystko załatwił. Dał mi adres jakiejś kobiety na Woli, ja gdzieś na ciele zapisałam telefon łącznika Kamińskiego i wyszłam... Za murem zdjęłam opaskę i od razu miałam szmalcowników[2] koło siebie. Dwóch młodych Polaków. Powiedziałam im, żeby się odczepili, że jestem Polką i byłam na szabrze. – Jesteś Żydówa, idziemy na policję! – Nie pamiętam, czy dałam im jakieś pieniądze, czy nie...

Ale odczepili się?
No, przecież jestem! Ale to był dopiero początek.

Zdążyłaś się pożegnać z rodzicami?
Co za pytanie?! Ja ich jeszcze potem widziałam dwa albo i trzy razy. Chodziłam między gettem a aryjską stroną... Słuchaj, ja nie wiem, jak to się dzieje, że ja tak tu spokojnie siedzę i po prostu ci opowiadam. No, dobrze. Przyszłam do tej kobiety na Woli i zadzwoniłam do łącznika Kamińskiego. Chyba kilka dni tam byłam, czekałam na dokumenty. Kontakt wtedy miałam tylko z moją

Kenkarta Luby Gawisar, 1943

koleżanką, Polką. Jej ojciec był stolarzem, a Alina była piękna, tylko strasznie czarna. Zawsze bardzo się bałam, kiedy szłam z nią ulicą. Któregoś ranka, bardzo wcześnie, dwóch gestapowców weszło do mojego pokoju w tym mieszkaniu na Woli. – Dokumenty! – Nie mam. – Nie masz, bo jesteś Żydówka! – Ja nie wiem, co ta kobieta mogła mieć z tym wspólnego.

Więc co się stało?
Nic specjalnego. Przecież jestem. Jeden z nich był Polakiem-folksdojczem, a drugi – Niemiec. Miał taką szczurzą twarz, której nigdy nie zapomnę. – Ubieraj się! – mówi do mnie. – Jesteś, nie jesteś, idziemy na gestapo. – No dobrze. – Ubrałam się. Wtedy ten folksdojcz zabrał mnie do innego pomieszczenia i mówi: – Słuchaj, ty znasz Żydów po aryjskiej stronie. – Pewnie, że znam – powiedziałam.

A ty nie powiedziałaś kim jesteś?
Nie, ale to było zupełnie jasne. Nie miałam dokumentów, nic nie miałam, no i ja byłam jeszcze taka dziewczynka. A on mówił, że mam dobry wygląd, i że da mi mieszkanie na Nowym Świecie i dobre dokumenty, i pieniądze. A ja już w getcie wiedziałam, że są Żydzi, którzy z Niemcami współpracują. Miałam mu tylko mówić, gdzie Żydzi mieszkają, a oni po pewnym czasie wyślą mnie za granicę – tak mi powiedział. Nadzwyczajne warunki pracy, co? I choć nigdy nie byłam w podobnej sytuacji, to chyba instynkt życia podpowiedział mi, jak mam zareagować. Wiesz, jak ja to dzisiaj opowiadam, to myślę, że to jakaś bajka.

Nierzeczywiste to wszystko.
Nierzeczywiste, jakieś inne wcielenie, inne, jak nie moje życie. No i oni mi uwierzyli. Pozwolili mi tam zostać i umówili się ze mną następnego dnia koło Filharmonii. Oni wyszli, mnie po pół godziny już tam nie było.

I gdzie poszłaś?
Do Aliny. Ale krótko potem przyjechał Kamiński. I on mi bardzo pomógł. W małym getcie nie było już Żydów. I te wszystkie domy należały teraz do magistratu. I tam można było wynająć mieszkanie. Więc Kazimierz, taki był pseudonim Kamińskiego, poszedł tam ze mną jako mój wuj. (On już wtedy był redaktorem „Biuletynu Informacyjnego"). Pomógł mi wynająć mieszkanie na Pańskiej 5. Tam były dwa pokoje i kuchnia na poddaszu. Ojciec Aliny postawił pod dachem wysoką półkę na książki, a na dole zrobił taką szufladę, którą się wysuwało. Więc jak będą u mnie Żydzi, będzie kryjówka. Przecież Jurek miał przyjść, i moi rodzice, i może ktoś z ŻOB-u! No i broń trzeba będzie gdzieś schować.

Czy bałaś się tego, co miało się dziać na Pańskiej?
Chyba nie. Ale tak naprawdę, nie umiem sobie przypomnieć, w jakim stanie byłam wtedy.

W jakimś sensie życie po tzw. aryjskiej stronie było bardziej niebezpieczne niż to w getcie.
Nie, zdecydowanie nie. Po aryjskiej stronie było mi dużo lepiej. Tylko nie tam, tylko nie w getcie! Co będzie, to będzie. I tak się to skończy. Ja byłam bardzo zajęta i niespecjalnie zastanawiałam się nad tym wszystkim. Tylko bardzo tęskniłam do rodziców. I poszłam ich kiedyś zobaczyć. Weszłam z tymi Polakami, którzy szli na szaber. I z nimi wychodziłam. Już za murem złapali nas szaulisi[3]. I tak nas prowadzili.

Dokąd?
Oni zawsze prowadzili na gestapo. Ale ja nie doszłam, bo przecież jestem. W jednej chwili pomyślałam sobie: nie mam nic do stracenia. I uciekłam do bramy, schodami na jakiś strych. A oni latali, wrzeszczeli. Ale jestem. A drugi raz, kiedy poszłam do getta, była akurat akcja styczniowa.

Co pamiętasz?
Matka i ojciec mieszkali wtedy na Stawkach. Pamiętam, że staliśmy na jakimś placu, a potem udało nam się ukryć. Następnego rana przeszłam przez wachę. Nie było tam żadnego Niemca, tylko policjant polski i żydowski – dałam im pieniądze. Ojciec mnie odprowadził. Wtedy widziałam ich po raz ostatni. Tamtej nocy w getcie spałam z mamą w łóżku. Dała mi ten pierścionek.

Wróciłaś na Pańską.
Tak. I ojciec Aliny kupił mi nawet meble na rynku. A potem przyszła Irka i przyszedł Jurek. Rodziców nie mógł sprowadzić. Nie wiem dlaczego. Mama miała bardzo zły wygląd – niebieskie oczy, ale za czarne włosy. Oni byli w getcie do końca.

Czy znasz jakieś szczegóły?
Nie. Oni zginęli. Jak wszyscy. Bardzo się cieszyli, że ja jestem po drugiej stronie.

Opowiedz trochę o życiu na Pańskiej.
Czasami przychodził do nas Tadek [Tuwia Szejngut]. Ktoś przynosił broń albo ja szłam gdzieś i przynosiłam broń do domu. A Tadek ją zabierał do getta.

Czy to były pistolety i granaty?
Tylko pistolety.

Pamiętasz, ile za nie płaciliście?
Nie. Jurek płacił. Ja nic nie wiedziałam o sprawach finansowych. Przed powstaniem przyszedł Antek [Cukierman]. Zamiast Jurka [Arie Wilner]. Jego zadaniem było utrzymywać kontakt z polskim podziemiem, no i, oczywiście, zdobywać broń dla getta. A w czasie powstania zjawił się Kazik [Ratajzer].

Ale Antek jeszcze wtedy nie zamieszkał z wami?
Nie. Później byliśmy razem. Ja nie pamiętam, jaką on miał melinę na początku. No a potem wybuchło powstanie. A my siedzieliśmy wieczorem pod

Róg Franciszkańskiej i Bonifraterskiej, ruiny getta podpalone miotaczami ognia, widziane z drugiej strony muru, 23 czerwca 1943 oknem i Antek był z nami. Okno było otwarte. A my na podłodze, bo jednak ktoś mógł nas zobaczyć. Mój sąsiad był szklarzem – Pani Kowalska, niech pani pozamyka okna, bo jakiś Żyd się do pani wkradnie... – krzyczał do mnie. A getto się paliło. Ja byłam parę razy pod gettem. Gdzie była karuzela[4]?

Na Placu Krasińskich.

Tak, właśnie! Ja tam byłam kilka razy. Ale to było niebezpieczne, bo mogli zobaczyć, co się dzieje na mojej twarzy. A potem Kazik przyszedł z tym listem Anielewicza[5] na Pańską. Kazik sobie tego nie przypomina. A ja pamiętam, jak on stał z Antkiem w trzecim pokoju i Antek był biały i czerwony, a Kazik miał takie spodnie za kolana. I oni ten list czytali. Wiesz, Anielewicz pisał o tym, że nasz sen, nasze marzenie się ziściło, że jest powstanie. Było bardzo ciężko, jak Kazik przyszedł. Musisz zrozumieć, że ja nie bardzo wiedziałam, co oni robią. Ja pilnowałam mieszkania. Ono się później okazało bardzo ważne, przecież tam przyszli Cywia [Celina Lubetkin] i Tuwia [Borzykowski].

Kto jeszcze przyszedł?

Marek [Edelman], a po paru miesiącach Krysia [Sara Biederman]. Oni wszyscy przyszli na Pańską, jak to mieszkanie na Komitetowej się spaliło. A potem urządziliśmy im jeszcze jedno mieszkanie – na Lesznie[6]. A ja byłam prawie cały czas na Pańskiej. Wpadł nasz łącznik, Edek, też skaut. On znał bardzo dużo adresów, więc wyprowadziliśmy się na miesiąc, bo nie wiedzieliśmy, czy nie będzie sypał. Wiele lat później, już w kibucu, Antek powiedział mi, że Edek nie wydał nikogo. Słyszałam, że on wyskoczył przez okno z gestapo, ale Kazik twierdzi, że zastrzelili go na ulicy. A wtedy my z Ireną mieszkałyśmy na Żoliborzu, a Antek z Kazikiem kręcili się po ulicach całymi dniami. Strasznie się poniewierali. Więc mimo że baliśmy się bardzo, wróciliśmy na Pańską. Chcę ci opowiedzieć o tym wieczorze na Pańskiej, kiedy wreszcie wszyscy tam wróciliśmy. Któregoś razu Antek mówi do mnie: – Daj mi klucze, ja wracam na Pańską, nie mam już siły tak się kręcić. – W porządku – powiedziałam. – Nie dam ci kluczy, przyjdź wieczorem do domu. – Kupiłam jakieś jedzenie, napaliłam w piecu i oni powoli wracali: Antek, Irka... Pamiętam ten wieczór jak dziś. Najpierw było pukanie, takie charakterystyczne nasze pukanie. Wszedł Antek, kapelusz nasunięty na oczy... Do późnej nocy siedzieliśmy pod piecem, a Antek opowiadał. Opowiadał bez końca. On jak nikt potrafił opowiadać historie – prawdziwe i wymyślone. To była bajeczna noc. Zapominałam chwilami, gdzie jesteśmy. Niedługo potem oni przeszli na Leszno 18, a ja zostałam z Jurkiem.

Czy Jurek też miał fałszywe papiery?

Nie, on był podobny do stu Żydów. A ja chodziłam po mieście, spotykałam się z Żydami, którym dawaliśmy pieniądze. Miałam takich swoich podopiecznych. Ale przede wszystkim zajmowałam się domem, starałam się o jedzenie. Pamiętam, miałam taką ogromną torbę... Wiesz, ja myślę, że w mieszkaniu naprzeciwko naszego ukrywali się Żydzi.

Ulica Bonifraterska – tyły domów walczącego getta. Na pierwszym planie – działko armatnie. I słynna karuzela. Kwiecień lub maj 1943

Polacy niczego nie podejrzewali?
Chyba nie. Wszystko było w porządku, tylko oni nie mogli zrozumieć, dlaczego Irena i ja nie schodzimy do schronu, kiedy jest bombardowanie. Tłumaczyłam im, że my się panicznie boimy schronu. A tak naprawdę, to my wszyscy siedzieliśmy na górze i byliśmy szczęśliwi, że oni bombardują. I nikt z nas nie myślał, że taka bomba może do nas wpaść. Wiesz, ja teraz przypominam sobie tamto uczucie, które mi stale towarzyszyło. To było coś takiego, co ciągle cię dusi, ale tak po cichu. Takie stałe napięcie, niepokój, który jest nie do wytrzymania. To taka cicha depresja, która cię nie opuszcza nawet na chwilę, jest z tobą zawsze, jak cień. Na szczęście stale się coś działo. Antek mnie ciągle gdzieś posyłał. Kilka razy byłam u Guzika[7]. On był przedstawicielem Jointu[8]. Od niego dostawałam dolary dla podopiecznych.

A potem było powstanie warszawskie.
Dzień przed powstaniem przyszedł Kazik na Pańską i powiedział: – Jedź do Krupnika do Grodziska i przywieź go.

Kto to był Krupnik?
Krupnik i Domb, dwóch Żydów. Uciekli z Pawiaka kilka miesięcy wcześniej. Ukrywali się u jakichś Polaków w Grodzisku. Antek jakoś dowiedział się o nich i co miesiąc wysyłał mnie tam z pieniędzmi. Więc Kazik przyszedł i mówi: – Za dzień lub dwa ma być powstanie, jedź po Krupnika, on się może nam przydać. – Krupnik był kanalizatorem. Niemcy ich wpuścili do kanału, żeby coś reperowali i oni uciekli kanałami z Pawiaka. Kazik powiedział, że jest plan, żeby uratować Żydów greckich z Pawiaka. I dlatego był mu Krupnik potrzebny. Bardzo było późno, ale Kazik powiedział: – Jedź! – Więc pojechałam. W Grodzisku nocowałam, a rano wzięłam tego Krupnika, wyglądał jak stu Żydów, ale coś mu obwiązałam – rękę, kawałek głowy, i pojechaliśmy. W tym samym pociągu, ale osobno. Nie wolno mi było siedzieć koło niego. Zawiozłam go pod adres, który dał mi Kazik. Ale co? Jak byłam wtedy w Grodzisku, to Domb i jego żona zaczęli bardzo płakać: – Przywieź nam Irenkę. Nasza jedyna córeczka, Irenka, jest u pewnej rodziny na Saskiej Kępie, przywieź nam Irenkę. Co miałam zrobić? A wiesz, co to była za rodzina?

Pani Strzelecka?
Tak, Jadwiga Strzelecka. Ona mnie jakoś znalazła tu, w Izraelu, po wielu latach. Ale co się wtedy stało? Pojechałam na Saską Kępę, wybuchło powstanie i już. Utknęłam. Żadnej możliwości powrotu na Pańską, a tam Jurek sam. Po dwóch czy trzech dniach poszłam nad Wisłę, zeszłam koło Mostu Poniatowskiego i tak myślałam: może ktoś będzie jechał do Warszawy. I widzę jakąś łódkę, dwóch młodych Niemców. Zaczęłam im opowiadać, że ja mam na drugim brzegu mamę. I oni powiedzieli, że ja się nigdzie nie przedostanę, że do centrum nie dotrę. Ale oni byli bardzo w porządku, bo powiedzieli mi, że mogą mnie zabrać i że wracają po południu, więc jeśli nie będę mogła

przejść, to mnie zabiorą z powrotem na Kępę. I rzeczywiście nie udało mi się dotrzeć do miasta. Wróciłam z powrotem do pani Strzeleckiej.

Na jak długo tam utknęłaś?
Byłam tam do końca powstania. Jadwiga mi mówi, że po powstaniu ona pojechała ze mną pociągiem do Grodziska, ale ja tego nie pamiętałam. Zawiozłyśmy Irenkę rodzicom. Przed trzema laty ktoś do mnie dzwoni i mówi po polsku: – Tu Irena. – Jaka Irena? – pytam – No, Irenka, z domu Domb. – Dziew-czynka?? – pytam. A ona mówi: – Stara baba! – Jest psychologiem, mieszka w Argentynie, ma już wnuczkę. I to cała historia.

Kiedy ty byłaś na Kępie – na Pańskiej, zdaje się w pierwszym dniu powstania, zginął Jurek Grasberg. Czy wiesz coś więcej o jego śmierci?
Kazimierz [Aleksander Kamiński] wiedział, jak to się stało. Jeszcze jak żyłam w kibucu, Kazimierz napisał do mnie list, w którym powiedział dokładnie, że on wie, że to akowcy zabili Jurka. Napisał, że Jurek ich błagał, żeby się z Kamińskim porozumieli, że on zaświadczy... Ale oni się chyba spieszyli.

Nie wiesz, czy zabito go w mieszkaniu, czy na podwórku?
Na pewno nie w mieszkaniu. Wiem, że on wyszedł z mieszkania z bronią, idiota! Chciał walczyć, szedł do powstania[9].

A potem?
A potem byliśmy wszyscy w Grodzisku. Na ulicy spotkałam Alę Margolis[10] i Inkę [Adina Blady Szwajgier]. I była też z nami Lodzia [Lea Silverstein] i Cywia [Lubetkin], Marek [Edelman], Tuwia [Borzykowski]... Przedtem oni byli na Promyka, na Żoliborzu. Zostali tam po powstaniu i trzeba ich było jakoś z Warszawy wyciągnąć. Więc ja pojechałam po Kazika do Krakowa – on był przecież specem od kanałów. Ale oni wyszli jakoś z patrolem sanitarnym. Jak wróciliśmy do Grodziska, ci z Promyka byli już w naszym mieszkaniu. Następnego dnia, pamiętam, robiliśmy wielkie odwszawianie. W Grodzisku siedzieliśmy do końca wojny. Ja bardzo dużo jeździłam, bo nie było już nikogo, kto by mógł. Byłam w Częstochowie i do Kielc woziłam pieniądze Stefanowi Grajkowi.

A co on tam robił?
Ukrywał się. On się zawsze ukrywał. A ty wiesz, że w tym domu, w Grodzisku, na dole była żandarmeria? To było bardzo dobre miejsce. Dotrwaliśmy tam jakoś do końca. Jak usłyszeliśmy, że wojsko wchodzi do miasta, wszyscy wyszliśmy na ulicę. I jak zobaczyłam te czołgi, ja nie wiem, co się ze mną stało. Dostałam jakiejś okropnej histerii i uciekłam do domu. Płakałam, płakałam, i nie mogłam się uspokoić. Było tak pusto i beznadziejnie. Wtedy tak naprawdę poczułam, jak bardzo jestem samotna. W ogóle po wojnie było ciężko. Pod pewnymi względami było trudniej niż w czasie wojny, kiedy było to stałe podniecenie. A po wojnie nie było nic. Nic nie zostało...

ROZMOWA Z LUBĄ GAWISAR

Niedawno byłaś w Polsce po raz pierwszy od 1945 roku, od wyjazdu.
Tak. Było mi bardzo trudno. Ale wzruszyłam się Warszawą, która kiedyś była moim miastem.

Dziękuję, Luba.

Tel Awiw, maj 1989 i październik 1999.

Tak naprawdę – w 1942 roku wyszłam z domu i nigdy do niego nie powróciłam.
Rozmowa z Adiną Blady Szwajgier

To zdjęcia, które robiłam w kibucu Lochamej Hagettaot.
Tak. Widziałam tam Antka [Icchak Cukierman] i Celinę [Cywia Lubetkin]. Ją przedtem spotkałam w Polsce. O, to są zdjęcia z naszych wspólnych lat. Takich ich pamiętam. Antek też był w Polsce. Przed 1968 rokiem. Potem wyglądał strasznie. Widziałam go w „Shoah"[1].

A to jest grób Tuwii Borzykowskiego.
Cóż, gdyby im wtedy powiedziano, że umrą w Izraelu, normalnie, na łóżku – uważaliby, że to będzie cud. Zazdrościło się wszystkim ludziom, którzy umierali. Na pytanie: „co z twoimi rodzicami?" nieliczni mogli odpowiedzieć: „Na szczęście umarli".

Mówiło się to z jakąś gorzką ironią?
Nie, zupełnie poważnie. „Na szczęście umarli".

Widziała pani powstańców, gdy wychodzili z kanału.
Tak, tak. Tyle, że ja byłam daleko od tego włazu, byłam za rogiem.

To było 10 maja?
Tak. Niewiele pamiętam. Brudnych, zarośniętych, skulonych, i oni włażą na ciężarówkę. Jacyś ludzie tam byli i patrzyli.

Jak długo to trwało?
7 minut, 5 minut? Dla mnie to trwało rok. Prędzej, prędzej, prędzej, i strach – tyle pamiętam.

Pojechała pani do nich do Łomianek?
Nie, nigdy tam nie byłam. Po kilku dniach widziałam się z Markiem [Edelman] na Śnieżnej[2]. A o Marku opowiem pani taką krótką historyjkę. Był

piękny, lipcowy dzień. To było jeszcze przed zamknięciem getta. Ja przyszłam do pracy do szpitala w takiej bardzo ładnej, przedwojennej garsonce z krepy. To ważne, że z krepy, bo tego materiału nie należy moczyć. Podeszłam do okna, a tam, przed budynkiem, Marek podlewał trawnik. Jak mnie zobaczył w oknie, spokojnie skierował sikawkę w moją stronę. Wyskoczyłam przez okno, to był parter, i zaczęliśmy się bić na trawniku.

To było dawno, prawda?
Tak, ale wie pani, stary człowiek, mimo że fizycznie zmęczony bardzo i niewiele może, od środka jest taki sam. Może tylko trochę więcej rozumie niż dawniej. Tak zwana tolerancja jest chyba funkcją wieku. Wszystko pozostałe jest takie samo – marzenia, uczucia, pragnienie czynu: człowiek jest ciągle taki sam. Tylko świadomość własnej niemożności każe zmienić patrzenie na świat. I pewnie dlatego świetnie się na starość pamięta przeszłość i coraz częściej się ku niej wraca.

Kiedy była pani po raz pierwszy w Izraelu?
To był rok 1970. Dokładnie wtedy, kiedy to wszystko działo się w Polsce; to był grudzień[3]. Ja byłam wtedy w Paryżu i pojechałam tam z pielgrzymką na Boże Narodzenie. Tak było najtaniej, no i tylko tak mogłam do Izraela wtedy pojechać. Byłam w Izraelu zaledwie trzy dni. Do ojca swego pojechałam – nie widziałam go czterdzieści lat.

Adina Blady Szwajger czy Szwajgier? Inka Świdowska. Wiele imion.
Aa, historii pierwszego członu mojego panieńskiego nazwiska – „Blady" dowiedziałam się dopiero, gdy zdałam maturę. Czy pani słyszała, kim byli kantoniści? Za czasów Mikołajów brano chłopców do wojska. Żydowskie dzieci brali na czterdzieści lat. Nie brali jedynego syna. W związku z tym Żydzi oddawali dzieci chłopom ukraińskim w adopcję. I mój pradziadek ze strony ojca był dzieckiem oddanym w adopcję – stąd nazwisko ukraińskie „Blady". A pradziadek nazywał się Szwajgier. Po wojnie zgubili mi to „i" w nazwisku. Inka to to samo, co Adina, a nazwisko Świdowska jest po drugim mężu.

Czyli nazwiska pierwszego męża, Szpigielman, pani nie przyjęła?
Myśmy nie zdążyli wziąć cywilnego ślubu.

A ślub, który pani wspomina w książce[4]?
To był ślub religijny. Przed wojną trzeba było mieć ślub religijny, by wziąć ślub cywilny. My braliśmy ślub u rabina Posnera, to był taki wojskowy rabin.

Jakie pani miała nazwisko okupacyjne?
Meremińska. To zresztą nie było przypadkowe nazwisko. Najzabawniejsze, że to było żydowskie nazwisko, to było nazwisko naszych przyjaciół, którzy już wtedy nie żyli. A ważne było mieć nazwisko, którego się w razie czego nie zapomni. Zdarzały się takie przypadki. A ja tego nazwiska nie mogłam zapomnieć, bo to byli najbliżsi przyjaciele moich rodziców.

ROZMOWA Z ADINĄ BLADY SZWAJGIER

Wiem, że urodziła się pani 21 marca 1917 roku w Warszawie, w tym samym domu, w którym urodziła się pani mama, przy Świętojerskiej 30. Mieszkanie było trzypokojowe w amfiladzie, bo takie były warszawskie przedwojenne mieszkania, jak mi pani powiedziała. Mieszkała pani z mamą i babcią, a ojca nie było. Spotkała go pani dopiero po wielu latach w Izraelu. Czy zechciałaby pani opowiedzieć historię swego ojca?
Proszę pani, mój ojciec był nansenowcem, bezpaństwowcem. On był chyba eserem, bolszewików nie lubił. Jako student został zesłany na *posielenie**. Stamtąd uciekł w czasie I wojny do Polski. Studiował biologię. Był rosyjskim Żydem z bardzo nabożnej rodziny. Uciekł z domu, bo chciał się uczyć. A pochodził z Czarnobyla, to znaczy z Radomyśla – tak to się nazywało. I tu, w Polsce, chyba w 1920 roku, uznano nansenowców za potencjalnych przyjaciół bolszewików. Cofnięto mu więc prawo pobytu i musiał wyjechać. Spotykałyśmy się z nim na kongresach syjonistycznych w Europie. Potem przyjechał jeszcze raz do Polski w 1926 roku. A jak wyjechał w 1927, tośmy się nie widzieli do 1970. Mama nie chciała jechać do Palestyny. Przede wszystkim nigdy nie była syjonistką, nie znała języka, a poza tym – wtedy żyła jeszcze moja babka, której nie można było zostawić.

A z jakiej rodziny mama była? Z takiej bardziej zasymilowanej?
Jak najbardziej. Moja babka pochodziła jeszcze z rodziny religijnej. Jej ojciec był *gabe, gabaj*. To coś takiego w rodzaju zakrystiana, to nie *szames***. *Gabe* to taki „podrabinek".

To pani pradziadek? Ojciec babci ze strony mamy?
Tak. Ale wszystkie jego dzieci były już zasymilowane. Moja babka, nie wiem zupełnie, jak to się stało, wychowała się w polskiej rodzinie szlacheckiej w Izabelinie, w majątku Niezabitowskich na wschodniej granicy. Ale, proszę pani, moja babka chodziła raz na rok do synagogi.

W *Jom Kipur****?
Oczywiście. No i modliła się w domu w święta. Miała taki piękny modlitewnik, oprawny w skórę, z klamrą z kości słoniowej. Oczywiście, nie było u nas mowy o żadnej koszernej kuchni, o niczym takim. I była taka zabawna historia z babką. Otóż, w Wielkanoc ona nie jadła chleba. W tym potwornie niekoszernym domu, w którym na stole stał chleb i maca – moja babka jadła tylko macę. Tylko, że... ona jadła tę macę z masłem i szynką!

A ojciec mamy?
Ja jego nie znałam. On zginął tragicznie, chyba w 1914 roku. Był kupcem, miał malutką fabryczkę cholewek, prowadził jakieś interesy z Rosją. On po-

---
* *posielenie* (ros.) – przymusowe osiedlenie.
** *Szames* (jid.) – pomocnik rabina opiekujący się synagogą.
***Jom Kipur (hebr.) – Dzień Pojednania, Sądny Dzień – post i najświętszy dzień żydowskiego roku kończący Dziesięć Dni Pokuty.

jechał w interesach do Rosji i nie wrócił. Zabił go woźnica i obrabował. Wiem, że ten woźnica zabrał mu portfel weksli, a to był cały majątek. I w związku z tym mama musiała przerwać studia medyczne na Sorbonie, wróciła do babki do Warszawy i zaczęła pracować. Później skończyła biologię. A co do tej asymilacji, proszę pani, to wszystko to są błędne pojęcia.
Pomówmy chwilkę o tym.
Proszę pani. W tej chwili przez pojęcie asymilacji rozumie się odejście tych ludzi od żydostwa. Otóż nie, to jest nieprawda. Tu można mówić o asymilacji zewnętrznej, to znaczy o asymilacji ubioru, języka – mówiło się po polsku przecież. Ale to nie zmieniało faktu, że to byli Żydzi.
I mieli tę świadomość, że są Żydami.
Ale absolutnie, proszę pani, absolutnie! Cała ogromna warstwa inteligencji żydowskiej nie straciła ani na chwilę poczucia, że są inteligencją żydowską. Byli wśród nich syjoniści, byli tacy, którzy poza kwestią języka zgadzali się z bundowcami: tu, na miejscu, jesteśmy równoprawnymi obywatelami tego kraju.
Czy mogłaby pani dokładniej określić, na czym świadomość żydostwa poza świadomością odrębności polegała?
To nie była świadomość odrębności! Czy pani uważa, że jeżeli ktoś się uważa za Polaka, to jest to świadomość odrębności? Nie! To jest moja własna kultura istniejąca obok kultury polskiej, która jest również moją własną. Modlę się gdzie indziej, nie zgadzam się z interpretacją, że Chrystus był Bogiem. W pojęciu Żydów Chrystus był jeszcze jednym prorokiem. Gdyby był Mesjaszem, to świat zostałby zbawiony. A nie został! Ktoś może być ewangelikiem, ktoś może być grekokatolikiem.
Czyli jest to przede wszystkim różnica wiary?
Nie tylko. To jest różnica tradycji, kultury.
Ale tradycja, kultura, wynikają – szczególnie w żydostwie – z religii, wiary.
Czy ja wiem? Chyba nie. Ja mówię o tych, którzy się z religii wyzwolili całkowicie. A Żydzi bardziej niż inne narody wyzwolili się z religii. Stało się tak z konieczności. Pozostawanie w religii równało się pozostaniu w getcie kulturowym. Ale to nie znaczy, że ci ludzie stawali się niewierzący. To zabawne, ale większość tych tak zwanych zasymilowanych raz na rok chodziła do synagogi.
Do jakiej szkoły chodziła pani w Warszawie?
Chodziłam do żydowskiej szkoły, język wykładowy był polski, ale uczyliśmy się hebrajskiego. Przed wojną nie chodziło się do podstawowej szkoły. Było osiem lub dziewięć klas gimnazjum. To było raczej syjonistyczne, świeckie gimnazjum; nie było zajęć z religii.
To była Jehudyja, żeńskie gimnazjum, w którym pani mama była dyrektorką?
Tak. 8 godzin tygodniowo po hebrajsku: 4 godziny literatury i języka i 4 godziny historii Żydów, w tym historia religii. Czyli jak najbardziej byłam wychowana w kręgu kultury żydowskiej.

ROZMOWA Z ADINĄ BLADY SZWAJGIER

Czy dużo było szkół żydowskich w Warszawie?
Proszę pani, dużo, bardzo dużo. Zaraz, co ja pamiętam? Kalecka, Posnerowa, Pryłucka, Jehudyja, Hawaceles... No i męskie – Zgromadzenie Kupców, Hinuch, Laor... Żydowskich szkół było chyba dziesięć.

Czy te szkoły były utrzymywane przez państwo?
W Warszawie dwie szkoły żeńskie i chyba dwie szkoły męskie były utrzymywane przez państwo. Pozostałe były prywatne. W Jehudyi dochody z czesnego szły na utrzymanie szkoły.

Jak długo pani mama była dyrektorką tej szkoły?
Dwadzieścia pięć lat. Najpierw to była czteroklasowa szkoła na Dzielnej, potem dostała prawa gimnazjum państwowego.

Po maturze w 1934 roku rozpoczęła pani studia medyczne na Uniwersytecie Warszawskim. Jak się studiowało w Warszawie między 1934 a 1939 rokiem?
Proszę pani, na pewno był jakiś szok. Musi pani zrozumieć, ja mówiłam o tym: myśmy siedzieli, mimo wszystko, w środowisku żydowskim – całkowicie. Pomimo głębokich związków z kulturą polską: z teatrem, literaturą. Myśmy się nie zetknęli z antysemityzmem na co dzień – do studiów.

No, tak. Trudno było o to zetknięcie, skoro żyła pani w środowisku żydowskim.
A jeśli mieliśmy kontakty z Polakami, to z tymi, którzy te kontakty chcieli z nami mieć.

Czy pani mama miała jakichś znajomych Polaków, którzy odwiedzali pani dom?
Nie. Ale do nas w ogóle niewielu ludzi przychodziło. Moja mama cały czas pracowała – w dzień w szkole, a wieczorem na żydowskich kursach dla analfabetów.

Wobec tego jakie pojęcie o antysemityzmie miała pani będąc siedemnastoletnią dziewczyną i wstępując na uniwersytet?
Cała ta sprawa wydawała mi się bajką o żelaznym wilku. To było dla mnie tak dalekie, jak opowiadanie o pogromach na Ukrainie. Proszę pani, ja mieszkałam na granicy dzielnicy żydowskiej, na rogu Świętojerskiej, przy placu Krasińskich, a najbliższymi moimi kolegami były dzieci dozorcy, zresztą jedynego katolika w kamienicy.

Mówiłyśmy o asymilacji. Co pani sądzi o takiej postawie, jak postawa Hirszfelda[5]?
Aa, Hirszfeld to jest zupełnie inna historia. Hirszfeld pochodził z rodziny bardzo religijnej, tak jak i jego żona, ale i też z rodziny bardzo bogatej. Hirszfeldowie byli właścicielami restauracji warszawskich. Jedną z nich była restauracja „Picadilly" na Bielańskiej, w dzielnicy żydowskiej. Znana była z czulen-

Chłopiec próbuje sprzedać stare niemieckie gazety, wrzesień 1941 tu*, na który w każdą sobotę przyjeżdżał cały rząd. Rodzina Hirszfeldów miała wiele restauracji, miała też pasztecіarnię na Nowym Świecie. A sam Hirszfeld wychrzcił się tylko i wyłącznie dla kariery. Po prostu. Był to uczony światowej sławy i chciał zostać dyrektorem Zakładu Higieny. Powiedziano mu wyraźnie, że dyrektorem Zakładu Higieny może być tylko rzymski katolik. I on się dzisiaj wychrzcił, a jutro dostał nominację. Przed wojną nie można było być Żydem, żeby zostać dyrektorem. I dlatego Hirszfeldowie nie byli lubiani na ulicy żydowskiej, a później w getcie. Widzi pani, Żydzi w ogóle nie lubią wychrztów. Ale zrozumiała może być sytuacja, kiedy ktoś zmienia religię z przekonania. Trudno mieć pretensje na przykład do kardynała Lustigera[6], który zresztą nigdy nie zaprzeczył, że jest Żydem. Opowiem pani inną historię. Była w Polsce taka pani doktor Szymańska[7]. Otóż ta pani, niesłychanie inteligentna zresztą, błyskotliwa, też zmieniła wyznanie – w czasie wojny. W lutym 1945 roku pracowałam w Centralnym Komitecie Żydów w Polsce[8]. Pewnego dnia zjawiła się tam pani doktor Szymańska, która była dość bliską znajomą mojej matki. Ona wróciła z jakiegoś klasztoru, w którym się ukrywała. Wyglądała wtedy strasznie, ona w ogóle była bardzo brzydką kobietą – zdarzają się czasami takie. Ponieważ ją znałam, zabrałam ją do siebie do domu. Mieszkałam wtedy z mężem i teściową na Grochowie. Trochę się obawiałam, bo moja teściowa była taką katolicką mieszczką. Ale ku mojemu zdumieniu okazało się, że obie panie z dziubków sobie jadły. Któregoś dnia szłyśmy z panią Rozenblum, czyli panią doktor Szymańską, w kierunku dzisiejszego ronda Wiatraczna. Wtedy stała tam figura Matki Boskiej. W pewnej chwili, koło tej figury, a szłam po prawej stronie pani Szymańskiej, omal nie dostałam w mordę – ona się z takim rozmachem przeżegnała, że ja odskoczyłam. Próbowałam udawać, że się nic nie stało, ale mi to nie wyszło. I ona mi wtedy opowiedziała taką historię. Przed wojną pracowała w kasie chorych. Była tam handlarka śledzi chyba, pani Chana Ogórek, pacjentka, ona miała sześcioro dzieci. A wtedy wizyta domowa kosztowała. Pewnego dnia pani doktor Rozenblum przyszła do ubezpieczalni i dowiedziała się, że pani Ogórek wykupiła kartki na wizytę domową dla wszystkich sześciorga dzieci. Wszystkie zachorowały, w piątek zresztą. Przeraziła się pani doktor, bo to mógł być dyfteryt. Pobiegła tam. Wchodzi do pokoju – biało nakryty stół, na stole chała, pani Chana Ogórek w świątecznej peruce, w świątecznym ubraniu. – Pani Ogórek, co się stało? Gdzie są dzieci? – Moje dzieci są na spacerze. – To co się stało? – Pani doktor, a jak ja bym poprosiła, żeby pani doktor przyszła do biednej Żydówki na rybę, to pani by przyszła? Nie! Ale ja wykupiłam sześć kartek po pół godziny, pani ma trzy godziny dla nas. Pani usiądzie, pani zje z nami piątkową kolację. – Więc w czasie tego spaceru pani

---

* Czulent – gorąca potrawa (mięso z kością, fasola, cebula, ziemniaki często podawane z nadziewaną kiszką) przechowywana od piątku w piecyku, podawana na szabesowy obiad.

Krochmalna – zatłoczona ulica w getcie, wrzesień 1941

Ulica Chłodna, wrzesień 1941

doktor Szymańska powiedziała mi tak: – Widzi pani, przeszłam różne możliwe systemy filozoficzne, ale jak to wszystko się stało – po to, żeby żyć dalej, musiałam uwierzyć, że moja siostra, moi bliscy i pani Chana Ogórek z sześciorgiem swoich dzieci gdzieś są, gdzieś żyją, i że ja będę ich mogła spotkać. I to znalazłam w chrześcijaństwie. Ja nie przestałam być Żydówką, ale ja wierzę w to, że ja się z nimi wszystkimi spotkam. – Czy można mieć do niej żal o to, że ona zmieniła religię? Takich przypadków wiele nie było. Z reguły Żydzi zmieniali wiarę dla kariery, dla ułatwienia sobie, czy dzieciom, życia. I dlatego Żydzi nie lubią wychrztów – można być niewierzącym, ale zmienić wyznanie dla kariery, to po prostu paskudne oszustwo. I z tego powodu Hirszfeldowie nie byli w getcie lubiani. Oni byli ostentacyjnie katoliccy – i to było naprawdę okropne.

Czy po wojnie spotkała się pani z Hirszfeldem?
Tak, we Wrocławiu.

Czy był to sympatyczny człowiek?
Proszę pani, nie jestem obiektywna. Od czasu kiedy Hirszfeld wydał swoją książkę[9], myśmy go nienawidzili.

Dlaczego?
Dlatego, że nie do przyjęcia jest jego tłumaczenie, że wyszedł z getta, bo on chciał ratować godność! Ratowało się godność, kiedy się zostawało w getcie. A on po prostu wyszedł, bo miał możność. I każdy miał prawo ratować swoje życie. Poza tym to, co w getcie robił przede wszystkim Zweibaum[10], to on przypisuje sobie. Zresztą Zweibaum odpowiedział Hirszfeldowi w jakimś artykule[11].

A Makower[12]?
To był zupełnie przyzwoity człowiek, choć nie najmądrzejszy – napisał przecież wyjątkowo głupią książkę[13]. Jak lekarz może napisać książkę, nie pisząc w ogóle o szpitalu?! Ale on był naprawdę przyzwoity. A to, że był lekarzem policyjnym[14], niczego złego nie dowodzi. Poza tym, to był niezły lekarz. A ja osobiście mam powody, żeby być mu wdzięczną: wtedy, kiedy zabrali moją matkę na Umschlag, on był jedynym człowiekiem, który odważył się tam pójść. Poszedł o piątej rano. Tylko, że było już za późno. Ci ludzie od razu poszli do wagonów.

To było 30 lipca?
Zabrali ją 29, a 30 rano Makower tam poszedł.

Z domu ją zabrali?
Z domu, z domu. Ja byłam w szpitalu wtedy.

I nigdy później już nic pani o matce nie słyszała?
Nie. Wiem tylko, że ten transport poszedł prosto do wagonów. Ja całą noc szukałam kogoś, kto tam pójdzie, kto zadzwoni, kto coś zrobi, kto może...

Mieszkańcy getta prowadzeni przez policjantów żydowskich na Umschlagplatz, lipiec 1942

Mieszkańcy getta z bochenkami chleba (zgłaszający się dobrowolnie na Umschlagplatz otrzymywali po 3 kg chleba i 1 kg marmolady). Wokół policjanci żydowscy.
Między lipcem a wrześniem 1942

Sama pani nie mogła...
A co ja mogłam?!
Nie znalazła pani nikogo wcześniej?
Nie. Ludzie bali się ... Prosiłam jednego człowieka, który był dosyć znany, ale on się bał. Biegałam całe popołudnie, całą noc... Zresztą i tak to by nic nie dało – oni poszli prosto do wagonów.
A jak się pani dowiedziała...
Po prostu, przyszłam do domu i już nikogo nie było.
To była blokada ulicy?
Ulicy, ulicy! I została kartka – „....Miód zapłacony, bony[15] wycięte. Nie popełniaj żadnych głupstw. Całuję Was". Miód zapłacony, bony wycięte... Mam tę kartkę.
Wróćmy jeszcze do czasów studiów. Do tego realnego zetknięcia z antysemityzmem.
Proszę pani, przecież ja studiowałam w czasie getta ławkowego[16]. Wystarczy?!
Pomówmy o tym. Ilu było Żydów na pani roku?
No, był *numerus clausus*[17]. 10 procent można było przyjąć. Więc na dwieście trzydzieści czy czterdzieści osób było dwudziestu Żydów. Pamiętam wybór starosty roku. Co prawda, nie wszyscy byli endekami, ale było ich wystarczająco dużo, żeby starostą został endek. Akurat ten człowiek bardzo się później zmienił. To był syn profesora Lotha, Felek Loth. Ale wtedy to był pałkarz, kastetowiec. W zasadzie my nie mieliśmy żadnych kontaktów z Polakami.
To znaczy – polska strona była niechętna jakimkolwiek stosunkom?
Absolutnie, absolutnie.
Czy doświadczała pani również jakiejś agresji?
Agresja była później. A wtedy były tylko różnice. Na przykład w pracowni profesora Lotha, w prosektorium, Żydzi dostawali preparat na trzech, a nie--Żydzi na dwóch: bo Żydzi nie dostarczają dosyć trupów. Nie mówię już o jakichś drobnych złośliwościach: „O, Chajka idzie", czy poszturchiwaniach. Ale już na pierwszym roku na wiosnę zaczęło się bicie Żydów. Zawsze zaczynały się te hece na wiosnę. Bóg raczy wiedzieć dlaczego. Zdaje się, że jakiś polski student zginął we Lwowie w czasie zamieszek. I zaczynało się od rocznicy jego śmierci.
Jak to bicie wyglądało?
Odbywało się nawet w sali wykładowej. A najczęściej bojówki ustawiały się na dziedzińcu uniwersyteckim i wyczekiwały żydowskiego studenta idącego na zajęcia.
Czy studenci żydowscy bronili się?
Owszem. Ja bicia nie doświadczyłam, ale moja najbliższa koleżanka dostała w łeb. No i co roku, na wiosnę, zamykali Uniwersytet. Na ogół nie chodzi-

Indeks studentki historii Uniwersytetu Warszawskiego, lata 30.

ROZMOWA Z ADINĄ BLADY SZWAJGIER

liśmy na zajęcia przez połowę trzeciego trymestru. Tak się studiowało. Potem, byłam chyba na trzecim roku, zaczęło się getto ławkowe. Pewnego dnia zebrano nam indeksy, a kiedy dostaliśmy je z powrotem – w indeksie była fioletowa pieczątka: „Miejsce w ławkach nieparzystych". No więc nie siadaliśmy do końca studiów. Były tylko dwie sale, gdzie siedzieliśmy: na psychiatrii u prof. Mazurkiewicza, który nie pozwolił ponumerować ławek, i u profesora Michałowicza, który powiedział: – Ja jestem senatorem Rzeczypospolitej i mnie żaden audytor rozkazywać nie będzie! Oczywiście wybili mu szyby w klinice. No i paru wykładowców pochodzenia żydowskiego stało razem z nami. Była taka pani doktor Rychter. Przyszła kiedyś na wykład i zobaczyła, że połowa studentów stoi, więc mówi: – Proszę usiąść! Podszedł któryś z kolegów i pokazał jej indeks. I ona też wstała. – Mnie to również dotyczy – powiedziała.

I nie było polskich studentów, którzy stanęliby w waszej obronie?
Jeśli było ich trzydziestu na moim roku, to dobrze. Wie pani, kim oni byli? Przede wszystkim – komuniści. Była grupa studentów relegowana z Poznania, wśród nich była Helena Wolf. Oni twardo stali z nami. Było też trochę, choć niewielu, demokratów.

Czy były jakiekolwiek kontakty prywatne z Polakami?
Właściwie nie, jedynie na uczelni. Oni mieli swoje, a my swoje stowarzyszenie medyków. Oni mieli „Bratniaka", a my – Stowarzyszenie Studentów Medyków Żydów. Była taka wspólna organizacja „Życie", ja tam należałam i tam się z Polakami-lewicowcami spotykałam.

A na ulicy?
Ja się nigdy z tym nie zetknęłam. Pewnie dlatego, że mnie nie rozpoznawano, ja nie wyglądałam na Żydówkę.

Ale klimat ulicy? Jak ulica przyjmowała prawicę endecką? Jaki był jej faktyczny wpływ?
Powiedziałabym, że była tolerowana. Wśród młodzieży mieli oni duże wpływy, to na pewno. Było to chyba przemieszanie postępującej faszyzacji z niezadowoleniem ekonomicznym – wcale nie było tak pięknie w międzywojniu, jak to się teraz przedstawia. No i sporo było w tym szczeniackich wygłupów. Mówiło się: „Kto jest winien? Żydzi i cykliści!"

Czy polski antysemityzm jest inny niż francuski, na przykład?
Nie, to jest to samo zjawisko. Może tylko zasięg różny. Tutaj dlatego antysemityzm bardziej widać niż gdzie indziej, bo ta polska ulica jest bardzo mało wykształcona. A antysemityzm to nic innego jak forma ciemnoty. Poza tym, nie do przecenienia jest przedwojenna rola kleru – fatalna. A ten kraj był zawsze bardzo katolicki i słuchał Kościoła. Z pewnością antysemityzm jest funkcją ciemnoty, tak jak każdy rasizm jest funkcją ciemnoty. A nie zapominajmy, że człowiek wykształcony nie znaczy – oświecony. Wie pani, ten polski antysemityzm jest po prostu zwykłym rasizmem, a że ostrzejszym w wyrazie

niż antyarabskość na przykład? Nic dziwnego. Można nie lubić Arabów czy Czechów i tylko tyle. Zupełnie inaczej wygląda sprawa, kiedy nie lubię kogoś, z kim muszę mieszkać. No i druga sprawa: jak pani myśli, dlaczego był 1968 rok? Wydaje mi się, że to właśnie inteligencka młodzież żydowska najszybciej zorientowała się, z czym mamy do czynienia, i zaczęła ferment. I mogło komunistom chodzić o to, by pozbyć się tego elementu.

Czy jest różnica między przedwojennym a dzisiejszym polskim antysemityzmem?
Proszę nie zapominać, jaka była rola Żydów w Polsce w okresie powojennym. Kiedy dziś rozlicza się zbrodnie stalinizmu... A nie mogę powiedzieć, żeby tam Żydów nie było. Niech pani nie myśli, że nie było w tym odwetu. Żydzi nie są aniołami.

Ludzie nie są aniołami.
Ludzie nie są, ale Żydzi też nie są.

Mimo wszystko nie sądzę, by to była podstawa współczesnego antysemityzmu.
Z pewnością w części jest to podstawa. Niech pani pamięta, że większość tych Żydów, którzy wrócili po wojnie z Rosji, zajęła natychmiast najlepsze stanowiska, których nie mogliby zająć przed wojną. Łatwiej było Żydowi o to stanowisko niż Polakowi. Bardzo to mądra polityka Stalina.

Wynikało to przede wszystkim z...
...z antysemityzmu Stalina i z tego, że Żydom bardziej wierzono niż Polakom. Widzi pani, Polacy nie przeżyli Holokaustu, a zagrożenie powojenne było dla nich częściej większe niż to zagrożenie wojenne. Ja myślę, że Polacy po wojnie, wielu z nich, przeżyło potworny koszmar. I, niestety, utożsamiane to jest z Żydami.

Wobec tego stereotypowe pytanie o współczesny polski antysemityzm bez Żydów w Polsce.
Ulica nie wierzy, że Żydów w Polsce nie ma. Bo niby jest „ile nas raz", ale jesteśmy widoczni. Niech pani zobaczy, że tych kilku Żydów to znani intelektualiści, czasem artyści. I wszyscy ciągle się pytają: – A ten to Żyd? – Polski antysemityzm dlatego się tak podnosi, bo tu, w Polsce, to wszystko się stało. A ludzie, często Żydzi za granicą, którzy nie przeżyli w Polsce wojny, nie zdają sobie sprawy z tego, co się tutaj działo. Mnie pytano w Paryżu, dlaczego Polacy nie rozbili Oświęcimia. Co miałam odpowiedzieć na taką głupotę? Trudno z czymś takim dyskutować.

Mam wrażenie, że w jakiś sposób usprawiedliwia pani polski antysemityzm.
Ja nie usprawiedliwiam polskiego antysemityzmu. Ale też nie uważam, by był tak powszechny, jak się przyjmuje w świecie. Ja nie usprawiedliwiam niczym takich ludzi, jak szmalcownicy, którzy wydawali Żydów. Ale muszę pani powiedzieć, że elita społeczeństwa polskiego, nawet ci przedwojenni endecy,

zachowała się bez zarzutu. Natomiast motłoch... Motłoch, który był antysemicki...

Zresztą nie tylko z powodu antysemityzmu ci ludzie wydawali Żydów, często robili to po prostu dla pieniędzy.
Tak. No i ich bardziej było widać. Ja pani wspomniałam o tym, że starostą naszego roku został pałkarz. Proszę pani, był rok 1939, wrzesień, tuż po kapitulacji. Poszliśmy dowiedzieć się, co z nami będzie. Uniwersytet był częściowo zbombardowany. Nasz dziekanat znajdował się w Collegium Anatomicum na Chałubińskiego, tam gdzie dzisiaj. Dziekanem komisarycznym był pan profesor Lauber, pół-Niemiec, pół-Polak. I on nam spokojnie powiedział: — Nie zapominajcie, że dla was okupant, a dla mnie ojczyzna. Lekarzy Żydów nie potrzebujemy, zresztą Polaków też nie. — Wyszliśmy stamtąd. Przy Jerozolimskich weszłam do sklepu, w którym były papierosy po cenie monopolowej. Wtedy to był rarytas — fabryki papierosów nie działały przecież.

Pani paliła wtedy?
Oczywiście. Widziała pani kiedyś studentkę medycyny, która by nie paliła? Poza wszystkim innym zaczynało się palić w prosektorium, bo się nazywało, że dym zabija zapach formaliny. Nieprawda. Ale wszyscy zaczynali palić w prosektorium. Więc weszłam do tego sklepu, położyłam 5 złotych na takiej półeczce drewnianej i powiedziałam: — Proszę paczkę „Płaskich". — I wtedy za tą półeczką zobaczyłam Felusia Lotha, endeka, starostę mojego roku, z którym nigdy nie zamieniłam ani słowa. W pierwszej chwili chciałam się wycofać, ale w końcu — co mnie to obchodzi? Przecież to sprzedawca. — Koleżanko, czy pani mnie nie poznaje? — Nie przypominam sobie, żebyśmy kiedykolwiek kolegowali ze sobą. — Na to on mówi: — Wie pani, te sześć tygodni wystarczyło. Może mi pani ze spokojem podać rękę. Bardzo się wstydzę. — Później Felek Loth zapisał się piękną kartą. Prawie całą wojnę siedział na Pawiaku. A my doskonale wiedzieliśmy, jak on się zachowywał. Nie wszyscy nasi ludzie, którzy wpadli w łapankach, zginęli na Gęsiówce[18]. I to była zasługa Felka. Niemcy robili złapanym Żydom *Schwanzparade*[19], a Felek, więzień-lekarz, nigdy Żyda nie rozpoznał. Spotkałam go potem w powstaniu. Ojciec jego, profesor Loth, był zwierzęcym antysemitą przed wojną, rasistą — w jednej ze swoich prac naukowych, na podstawie długości jelita, czy czegoś tam, dowodził niższości rasy czarnej. I ci ludzie, rodzice Felka, ukrywali Żydów w swoim domu. Tak, że rozmaicie to bywało. A kiedy się skończyło powstanie, to Felek mi powiedział: — Niech pani nie idzie ze szpitalem, bo tu są różni ludzie, którzy mówią, że z panią są Żydzi. — Felek już nie żyje. Zmarł po prostu. Nie wolno zapominać, że duża część społeczeństwa polskiego zachowała się bardzo pięknie. Elita, oczywiście, a ona jest zawsze mniej widoczna niż motłoch.

Dlaczego pani nie wyjechała z Polski — po wojnie, w 56. czy 57. albo wreszcie w 68.[20]?
W 57. w ogóle nie przyszło mi to do głowy. A po wojnie ani przez chwilę nie myślałam o wyjeździe.

Ale wyjeżdżała większość pani przyjaciół.
Nie, większość moich przyjaciół wyjechała po 68. Z tymi, którzy wyjechali w 46., 47. nie identyfikowałam się absolutnie!

Icchak [Antek Cukierman], Cywia [Celina Lubetkin], Kazik [Ratajzer]... nie?
Nie. Oni byli syjonistami, oni mieli swoją sprawę. Oni wyjechaliby, gdyby nie było wojny, prędzej czy później. Oni po prostu wrócili do domu. Ja byłam w Polsce u siebie, a oni nie. Nieważne teraz, kto z nas miał rację, i nigdy pewnie tego nie rozstrzygniemy. Ja tu byłam u siebie. To, że tu było źle, nie dowodziło tego, że to nie mój kraj. Ta ojczyzna była niedobra nie tylko dla Żydów, prawda? Zresztą po wojnie była najmniej niedobra dla Żydów. Wielu ludzi wyjechało dlatego, że uważali, że nie mogą żyć na cmentarzu. A mnie się wydawało, że cmentarza nie można zostawiać. A po 1956 roku jeszcze mniej było powodów do wyjazdu niż przedtem. To prawda, że były wtedy antysemickie zagrania, na przykład w wojsku, ale większość ludzi skorzystała po prostu z możliwości wyjazdu, której przez lata nie mieli. Źle dla Żydów stało się dopiero w 1968 roku.

A pogrom kielecki?
Przede wszystkim nie wierzyłam, że to się działo spontanicznie. Ktoś musiał mieć w tym swój interes. A poza tym, do tych zachowań motłochu byłam już przyzwyczajona.

Czyli potrafiła pani nie obarczać winą za to zdarzenie całego społeczeństwa?
Tak, tak. Ja powiedziałam pani – to jest mój kraj.

A w 68.?
Proszę pani, w 68. było parę spraw. Z jednej strony wydawało mi się, że trzeba się przeciwstawiać złu, tu na miejscu. Ale były też bardzo prozaiczne przyczyny. Żeby wyjechać, trzeba było mieć albo oparcie, albo pieniądze – a ja nie miałam ani jednego, ani drugiego.

Nie sądzi pani, że znalazłaby oparcie w Izraelu?
Może tam? Ale Izrael był ostatnim miejscem, o którym myślałam.

Dlaczego?
Za dużo Żydów. „Same Żydy, same Żydy, krzyczę, ryczę, wołam..." A tak na serio, to polityka Izraela[21], podobnie jak polityka Polski, nie budziła wtedy we mnie zachwytu. I dziś też nie budzi, mimo że mam o wiele więcej ciepłych uczuć dla tego kraju, niż miałam. Bo Izrael to przecież kraj teokratyczny. Nie dla mnie – mogę pojechać do Iranu. Chwilami bardzo się boję, że i u nas rodzi się teokracja. Ale wracając do pytania. Ja miałam wtedy dwoje dzieci, to nie było łatwe, nie miałam sił na wyjazd.

Czy pani była już wtedy sama?
Raczej tak. Mąż by ze mną nie wyjechał. Zresztą ostatecznie rozdzielił nas właśnie 1968 rok. On uwierzył w końcu w różnicę między antysyjonizmem

i antysemityzmem. Poza tym, broniłam się przed emigracją, bo zawsze uważałam, że emigrant to półczłowiek.

A czy Żyd w diasporze to nie wieczny emigrant?
Nie, wcale nie. Polska jest moim krajem. Ja mówię po polsku, czuję po polsku, myślę po polsku, niezależnie od tego, że ja nie jestem zasymilowaną Żydówką, tylko jestem Żydówką polską. Jest takie pojęcie „polski Żyd".

Co znaczą dla pani te dwa słowa?
To trudne do zrozumienia. Tego nie można wytłumaczyć, to trzeba przeżywać. Splątanie dwóch narodowości, dwóch kultur tworzy całość i ma jedno imię – polski Żyd.

Czy może pani o sobie powiedzieć, że czasami czuje się Polką, a czasami Żydówką?
Chyba tak. Kiedy jestem we Francji, między Francuzami, to ja reprezentuję Polskę, jestem Polką.

Czy określenie „niemiecki Żyd" i „Żyd polski" to określenia równoległe?
Niemieccy Żydzi czuli się chyba bardziej Niemcami. Oni przejęli od Niemców to przekonanie o niemieckiej wyższości. Ja pamiętam tych Żydów, którzy przyjechali do nas przez Zbąszyń. To było w 1938 roku, kiedy Niemcy wysiedlili tych niby polskich Żydów. Część z nich przyjechała do Warszawy i u nas w domu też przez jakiś czas mieszkała taka rodzina. Rodziny żydowskie przyjmowały tych wygnańców do siebie. Inteligenckie domy w Polsce nigdy nie były luksusowe, to nie ulega żadnej wątpliwości. No więc, do tego mojego inteligenckiego, czyli niezamożnego domu przyszła rodzina krawca berlińskiego. Jak oni się bali, że będzie brudno! Bo myśmy byli tylko Polakami... Oni się czuli lepsi od polskich Żydów, tak jak polscy Żydzi byli lepsi od Litwaków.

Czy możemy wrócić jeszcze na chwilę do 1968 roku?
Działy się wtedy straszne rzeczy. Podobnie jak to, co po wojnie działo się z „zaplutym karłem reakcji". Czy wtedy wszyscy prześladowani Polacy wyjechali? Nie!

Tyle tylko, że wówczas Polacy nie bardzo mogli wyjeżdżać, a Żydzi w 68. mogli.
To prawda. Ale mimo wszystko. Przecież to było to samo zło.

Czy miała pani wówczas jakieś kłopoty w pracy?
W 1968 roku – nie. To się trochę przesunęło w czasie. W 1970 roku straciłam swoją placówkę w Szczecinie. Ale nikt mnie nie zmuszał do wyjazdu.

Ja myślę, że niejeden Żyd z Izraela czy Ameryki nie umiałby zrozumieć, jak – po tym wszystkim, co tu się stało – pani może się czuć u siebie. I zapewne posługiwałby się znanymi stereotypami: „naród antysemicki", „ziemia-cmentarz", no i: „tak naprawdę, nigdy nas tu nie chciano".

187

Po pierwsze, to nieprawda, że nigdy nas tu nie chciano: różnie bywało. A że cmentarz? Mówiłam – niektórym trudno jest odejść od cmentarza. I na tym cmentarzu chcę leżeć! Nie na innym. Na cmentarzu, na którym połowa grobów jest symboliczna. A poza wszystkim, dlaczego nikt się nie dziwi, że Hanna Krall nie wyjechała, na przykład?

A może różnica jest taka, że ona była wtedy dzieckiem?
A czy pani wie, jakie dojrzałe, dorosłe były te dzieci?! Czy pani sobie w ogóle może wyobrazić te dzieci? Te dzieci, które mówiły o nas: – Oni są jak dzieci, oni nic nie rozumieją, bo oni jeszcze nigdy nie umierali z głodu – o nas to mówiły! – A może oni się boją i chcą być razem z nami? – Niech pani pomyśli: myśmy się z tymi dziećmi chcieli bawić! One były starsze od nas o sto lat, niech mi pani wierzy. W książce swojej pisałam o takiej sześcioletniej Jasi. Ona wszystko świetnie pamięta. Dziś to jest pięćdziesięcioletnia pani. Kiedy szłam z tą małą Jasią do jej nowej opiekunki, pytałam ją po drodze: – Jasiu, pamiętasz, jak się nazywasz? – Tak, nazywam się Jasia Ostaszewska. – Opiekunka Jasi miała na Lesznie sklepik z bułkami, rozpuściła małą okropnie. Przychodziłam tam raz-dwa razy w tygodniu. Kiedyś szłam z Jasią Lesznem, a ona mówi do mnie: – Tu Żydy mieszkały. – Bałam się jej cokolwiek odpowiedzieć, już lepiej niech myśli tak... A po powstaniu, kiedy Janina, opiekunka, zdecydowała się powiedzieć małej Jasi, że nie jest jej ciocią, dziewczynka zdumiona zapytała: – To ciocia wiedziała, że ja się nazywam Janka Jelenkiewicz? – Zdaje sobie pani sprawę z tego?! Sześcioletnie dziecko przez dwa lata przy najbliższych ludziach nie puściło pary z ust! Grała przed nami wszystkimi, że ona nic nie wie, nic nie pamięta! I pani mówi, że to były dzieci?! Dzieci, które siedziały za szafą i wiedziały, że nie wolno im się odezwać?! To byli dorośli ludzie!

Czy pani spotkała kiedyś w getcie dzieci, które były dziecięce?
Na początku, w szpitalu, przed wysiedleniem. Potem wszystkie były absolutnie dorosłe.

...Więc nie wyjechała pani?
Nie wyjechałam, bo byłam tu u siebie. A teraz? Czy jestem tu u siebie? Można powiedzieć tak, jak pan Warszawski[22]...

...„trochę mniej w domu"[23].
Czy ja wiem? Czasem bywam „trochę mniej w domu". Czasem...

Do Łodzi pojechała pani wkrótce po wojnie, bo, jak pani wspominała, był tam Marek Edelman i Ala Margolisówna. W którym roku wyjechała pani z Łodzi?
W 1960.

Dlaczego?
To była sprawa czysto zawodowa. W Polsce brakowało specjalistów ftyzjopediatrów. W Łodzi było ich sporo, były Łagiewniki – szkoła profesor Margolisowej. A w Szczecinie był jeden specjalista na całe województwo.

ROZMOWA Z ADINĄ BLADY SZWAJGIER

Pomówmy przez chwilę o powstaniu warszawskim. To również istotna część pani życia.
Wszystko zaczęło się na Miodowej 24 – tam wtedy mieszkałam z Alą i Zosią[24] [Renia Frydman]. Tego dnia o piątej byłam sama w domu. Kiedy usłyszałam pierwsze strzały, wybiegłam na schody i zobaczyłam polskiego oficera w mundurze brygady karpackiej!
W książce pisze pani, że się rozpłakała, gdy go zobaczyła.
No, jasne! A jak pani myśli? Zbiegłam na dół. Okazało się, że szpital lokuje się w suterynie tego domu. Więc poszłam do komendanta i ujawniłam się, że tak powiem. Od razu zostałam w szpitalu. Dziewczyny dotarły na Miodową po trzech dniach i byłyśmy w tym szpitalu do końca, do 29 sierpnia chyba. Wszyscy tam zginęli – zginął komendant „Pobóg" i obaj chirurdzy, Żydzi zresztą. Jeden z nich, Koenigstein, syn znanego warszawskiego laryngologa, został zastrzelony nie wiadomo przez kogo na podwórku szpitalnym; chyba nie przez Niemców. Zostałyśmy z Alą we dwie – tam było czterdziestu rannych. A nasza cała grupa była z AL-em na Świętojerskiej. Przyszli nas zabrać na Żoliborz, kiedy się wycofywali po tym, jak cała ich komenda zginęła na Freta. Ale myśmy nie mogły iść, bo było tych 40 rannych. Potem był problem z ewakuacją tego szpitala. Starostą Warszawy-Północ był mój późniejszy mąż. I on nas wysłał kanałami do Śródmieścia, żeby załatwić miejsce dla rannych. Miałyśmy wrócić następnego dnia, ale tymczasem nastąpiła ewakuacja Starówki i już w tamtą stronę nie puszczali – w kanale trudno chodzić w dwie strony. Część tych rannych przeszła, zostali ci, którzy nie mogli chodzić. Po wojnie, myśmy wrócili do Warszawy 23 czy 24 stycznia, poszłam na Miodową i znalazłam zwęglone zwłoki na łóżkach – Niemcy ich spalili. No więc potem byłyśmy w takim punkcie opatrunkowym na Moniuszki, a stamtąd poszłyśmy do szpitala na Mokotowską i tam byłyśmy już do końca powstania. Z Warszawy wyszłyśmy dopiero 11 października.
Ale nie ze szpitalem?
Nie. Udało mi się jakimś cudem zdobyć konwojencką przepustkę dla siebie, dla pielęgniarki i dla dwunastu rannych. Pytali mnie, dokąd ich prowadzę. Do Milanówka, do szpitala Czerwonego Krzyża.
Kogo pani „konwojowała"?
Pielęgniarką była Ala, rannymi dwie żony tych żydowskich lekarzy, którzy zginęli – jedna z dzieckiem – i powstańcy.
I gdzie poszliście?
Do Milanówka, rzeczywiście. Tam przenocowaliśmy, a potem wszyscy się rozeszli. Myśmy poszły do takiej wsi koło Milanówka, do chłopa, do stodoły, i tam miałyśmy przyjemność się zawszyć. Całe powstanie przeżyłyśmy bez wszy!
W jednej z naszych poprzednich rozmów mówiła pani o tym, że Felek Loth, kolega ze studiów, ostrzegł panią, by nie wychodziła z Warszawy ze szpitalem, bo „są tu tacy, którzy mówią, że wokół pani są Żydzi".

Tak. To była Ala, no i te dwie babki, które też wyglądały „całkiem nie". A ten szpital na Mokotowskiej to był szpital cywilno-wojskowy. I w związku z tym mieliśmy wybór – albo iść z cywilami do Pruszkowa, albo iść z wojskiem do niewoli. Więc poszłyśmy do Milanówka.

W poprzedniej naszej rozmowie porównywała pani umieranie, śmierć w getcie, ze śmiercią w powstaniu warszawskim.
Umieranie jest zawsze takie samo. Proszę pani, ja jestem lekarzem... To jest tak, jak Marek powiedział w rozmowie z Hanną Krall: – To ludzie się umówili, że się inaczej umiera, ludzie się umówili. Umiera się tak samo...

Czy to znaczy, że nie ma różnicy, czy umiera się z bronią, czy w komorze gazowej?
Z bronią jest pewnie łatwiej, ale nie ma różnicy. Żadna śmierć nie jest mniej warta i mniej bohaterska. Tyle tylko, że jak się umiera z bronią w ręku, to często się nie wie, że się umiera. To przedtem jest lepiej, przedtem, zanim się umiera, bo się nie myśli w ogóle o umieraniu, tylko myśli się o walce. Żołnierz nie myśli o umieraniu, żołnierz myśli raczej o zabijaniu, o zwycięstwie. Ludzie się tylko umówili, że śmierć z bronią w ręku jest lepsza, piękniejsza. To jest ta sama śmierć. To tylko to „przedtem" się liczy. A poza tym, jak człowiek jest uzbrojony, to nie ma w nim strachu.

No, a te zastrzyki dla dzieci? To po to, żeby tym dzieciom oszczędzić strachu?
Czy pani sobie wyobraża, jaka była śmierć tych ludzi, którzy szli do gazu? Czy jest pani w stanie to sobie wyobrazić? A te dzieci?... Kossak-Szczucka w jakiejś swojej książce pisze, że ludzie, którzy mieli głęboką wiarę, mieli więcej szans na przeżycie. To jest dla mnie bzdura. Ale jest tam jedno zdanie... Kiedy ona pisze o tym, jak te niechodzące jeszcze dzieci jechały do gazu i takie malutkie dziecko zrobiło rączką „pa, pa"... A inne, które idzie do gazu, pyta: – Mamusiu, dlaczego tu jest ciemno? Przecież ja byłem grzeczny. – I dorosły się też boi... A na pani pytanie o strach, odpowiem przedwojennym dowcipem. Mostem Poniatowskiego idzie zbankrutowany kupiec i spotyka znajomego. – Co się stało? – Jestem skończony, idę się utopić. – Uważaj, samochód jedzie! – Oj!!... Powiedzieć pani, co to jest strach przed śmiercią? Jeśli matki mogą porzucać dzieci?

Czy pani sądzi, że w tamtym czasie nie było ludzi, którzy by się śmierci nie bali?
Jeżeli ludzie popełniali samobójstwa, a popełniali je, jak pani wie – to popełniali je też ze strachu, ze strachu przed tą drogą do śmierci. Jeśli muszę umrzeć, to przynajmniej niech ta śmierć będzie momentalna. Niech nie idę na śmierć.

Czy to był strach przed dalszym życiem, takim życiem, i czekaniem na śmierć? Czy był to strach przed taką właśnie śmiercią?
Przed taką śmiercią. Przed komorą gazową.

A ortodoksyjni Żydzi, którzy szli na śmierć i mówili: *Szma Israel**?
A to jest co innego. Jest takie pojęcie *kidusz haSzem*. Oni umierali jako ofiara całopalna. Zresztą to nie znaczy, że się nie bali. Ale Bóg był z nimi. Nie wiem, może łatwiej jest umierać z Bogiem?

I kolejny stereotyp. O tych brodatych starcach, którzy szli do transportu, a potem do komory ze słowami *Szma Israel*, mówi się okrutnie: „Szli jak barany na rzeź".
Proszę pani, jak barany to szli wszyscy. Warszawianie wychodzili po powstaniu jak barany. Było trzech żandarmów i sto tysięcy ludzi i nikt się nie rzucił na żandarma. Bo ci żandarmi byli uzbrojeni, a oni bezbronni. I to wystarczyło, żeby szli jak barany. Nie można było rzucić się na żandarmów i rozbiec się?! Cała Warszawa tak szła... A ci, którzy mówili *Szma Israel*, nie szli jak barany. Oni się oddawali Bogu, który postanowił raz jeszcze doświadczyć naród wybrany.

Mówimy o strachu przed śmiercią. Czy uważa pani za niemożliwe, by taki bezbronny wobec śmierci człowiek umiał ją zrozumieć i pogodzić się z nią na tyle, by nie czuć strachu?
Istnieje coś, co nazywa się instynktem życia, i jest to niezwykle silny instynkt! I ten zbankrutowany kupiec na moście Poniatowskiego, zdecydowany na śmierć, instynktownie cofnął się przed samochodem, który mógł go zabić. A ludzie w komorach gazowych drapali się w górę... Jedni po drugich... Zdawało im się, że na dole jest najgorzej...

W książce swojej pisze pani, że strach jest związany z bezbronnością.
Tak, oczywiście.

Czy nie jest tak, że wobec śmierci zawsze jesteśmy bezbronni?
Nie, nie. Nikt z nas nie myśli o śmierci ze strachem, mimo że wie, że ma umrzeć. Poza tym, człowiek chyba bardziej niż samej śmierci boi się długiego umierania. Boi się tortur: bał się tej drogi, która wiodła do śmierci. A jeżeli jest się uzbrojonym, to znaczy, że zginie się natychmiast. Wtedy, kiedy prowadziłam Marka [Edelman] ulicą, spytałam go, czy ma broń. Bo to było jasne, że jeżeli nas złapią, to Marek wyciągnie broń, zabije kogoś, i oni zabiją nas. I koniec! I nie grozi nam Szucha, bicie, tortury, to długie umieranie. Dlaczego chorzy na raka błagają, by im skrócić niepotrzebną mękę umierania?

Pisze pani, że poznała strach przed śmiercią dopiero po jakimś czasie. Kiedy gestapowiec przystawił pani pistolet do skroni, nie odczuwała pani strachu.
Tak, w takich ostatecznych momentach nie ma już strachu. To było tak, jakby to już się stało. Jakbym już była po drugiej stronie. A bałam się bardzo, kiedy niosłam pod bluzką pieniądze dla naszych podopiecznych i mijałam patrol. Jak wreszcie doszłam do domu, to te pieniądze były zupełnie mokre.

---

*   *Szma Israel* (hebr.) – Słuchaj Izraelu – pierwsze słowa modlitwy hebrajskiej, którą odmawia się rano i wieczorem.

Ale wtedy bała się pani, by jej nie aresztowano. To nie był strach przed śmiercią.
Proszę pani, to bardzo trudno odróżnić. Wolałam mieć przy sobie cyjanek, by móc nie dojść na Szucha. To dzisiaj, tu, przy herbacie, możemy sobie spokojnie analizować. A to był po prostu strach, bałam się. Na pewno był to bardziej strach przed sposobem umierania, przed tym wszystkim, co może być przedtem, niż przed samą śmiercią. Człowiek zagrożony śmiercią nie myśli precyzyjnie, czego się boi – są w nim dwie myśli: strach i chęć ratowania życia, często wsparta instynktem. Ci, którzy skakali z pociągu jadącego do Treblinki – po prostu ratowali swoje życie.

Czy pani sądzi, że wiara może „zabezpieczyć" człowieka przed strachem? Czy pani wierzy w Boga?
Nie umiem pani jednoznacznie odpowiedzieć na to pytanie. Wtedy Boga tu nie było. To bardzo trudne pytanie. Czy Go nie ma? Nie wiem. Wtedy na pewno zakrył twarz, jeżeli nawet był... Stchórzył.

Bóg może stchórzyć?
W tych moich wspomnieniach występuje taka kobieta o imieniu Janina. Ona miała trzech synów. W tym czasie jeden był w Anglii, w RAF-ie, drugi był w Oświęcimiu, a trzeci, siedemnastoletni, był z nią. On był w konspiracji, bardzo zaangażowany. Zresztą był to, zdaje się, ONR-owiec. No i wpadł w jakiejś łapance, znalazł się na Kripo. Dzięki naszym kontaktom udało się go wyciągnąć. Niedługo potem zginął – na ulicy, z bronią w ręku, w akcji. Pani Janina Plewczyńska była osobą niesłychanie religijną. Dom był pełen świętych obrazów. To, co dla nas robiła, a robiła bardzo dużo, wynikało z jej pojęcia etyki chrześcijańskiej. Poszłyśmy do niej z Marysią [Bronisława Warman], kiedy dowiedziałyśmy się o śmierci jej syna. Zobaczyłyśmy ją przed obrazem Czarnej Madonny. Ona jej wymyślała: – To jest wszystko kłamstwo, Ty nie jesteś Matką! Nie pozwoliłabyś, gdybyś była Matką! – Ale Janina nie przestała być wierzącą.

Takie wymyślanie to bardzo ludzka rozmowa z Bogiem.
Myślę, że jest wielu Żydów nie mających nic wspólnego z obrządkiem, ale nie można powiedzieć, by byli niewierzący.

Ludzie często przypominają sobie, jak bardzo są ludzcy; mówią o byciu Człowiekiem w nieludzkich warunkach. Mówiłyśmy o wierze, która tak bardzo potrafi człowieka godnym czynić. Czy mogłybyśmy pomówić o odwrotności tego, co nazywamy godnym życiem, byciem Człowiekiem, o granicy człowieczeństwa? Czy człowiek w swoim zachowaniu może przestać być ludzki? Czy pani godzi się na takie zdanie, że człowiek może przestać być Człowiekiem, zaczyna być zwierzęcy czy wręcz staje się zwierzęciem?
Kiedy myślę o muzułmaninie, to sądzę, że muzułmanin nie przestaje być człowiekiem, on po prostu przestaje istnieć. A Niemcy? Są dla mnie zagadką.

Z tym swoim najgłębiej zakodowanym pojęciem rozkazu, karności oni byli w stanie zrobić wszystko. Czy oni byli ludźmi? Może to ich okrucieństwo to też ludzka cecha? Przecież nasze doświadczenia, historia, dowodzą, że takie zachowania istnieją w ludzkim wymiarze. Widocznie w człowieku istnieje takie zło, Szatan. Już w *Starym Testamencie* czytamy o okrucieństwie najokrutniejszym.

Powtórzę zatem raz jeszcze swoje pytanie – czy człowiek może przestać być Człowiekiem?
Ja widziałam matki, które ze strachu porzucały dzieci. Bo myślały, że bez dzieci przejdą. Może pani to sobie wyobrazić? To jest dno, ostatnie dno człowieczeństwa. Do tego doprowadzał strach.

Czyli – nie?
Czyli – nie. Ale okrucieństwo człowiecze jest gorsze niż zwierzęce. Zwierzę nie zabija dla przyjemności.

Czy pani, jako lekarz, uznaje prawo do eutanazji?
Tylko w jednym wypadku. Kiedy człowiek cierpi potwornie i nie ma już dla niego żadnej nadziei.

Czy człowiek, lekarz, jest w stanie zadecydować, „że nie ma już żadnej nadziei"?
Ja uważam, że nie należy mechanicznie przedłużać życia, którego już nie ma, życia człowieka, który już umarł praktycznie.

Umarł „duchowo", tak? Mówi pani o sytuacji, kiedy człowiek jedynie biologicznie istnieje?
Tak, a do tego odczuwa straszliwe cierpienie. Ale z drugiej strony, uważam, że nie można zgodzić się na prawo do eutanazji, bo mogą być nadużycia. Natomiast człowiek ma prawo wyrokować o swoim życiu.

Czy rzeczywiście?
Jeżeli wie, że nie ma żadnej nadziei, a cierpi nieludzko...

Skąd można wiedzieć, że nie ma żadnej nadziei?
Proszę pani, odwołujemy się do tego, co wiedza medyczna mówi nam na ten temat.

Czy człowiek ma prawo do samobójstwa, wobec tego?
Oczywiście! To prawo każdego człowieka.

Ale przecież zawsze jest jakaś szansa. Przypomina mi się to, co Marek powiedział o samobójstwie na Miłej. Przecież kilku się z tego bunkra uratowało.
Nie zawsze jest szansa. Czasem jej już nie ma... A kwestia bunkra? Im się wydawało, że już nie ma żadnego wyjścia.

Czy Korczak był bohaterem?
Jeśli tak, to nie tylko on. Korczak nie był jedynym, który tak postąpił. Była Stefa Wilczyńska[25], Esterka Winogron[26] – moja szkolna koleżanka, tam były

dzieci, które szły ze swoimi rodzicami, i rodzice, którzy szli z dziećmi. A jeśli chodzi o samego Korczaka? On nie miał innego wyjścia.

Mógł wyjść na aryjską stronę, mógł się ratować.
Już wtedy nie, nie mógł tych dzieci zostawić. On miał propozycję na Umschlagu – ale tego zrobić nie mógł!

Czy znała pani Korczaka?
Oczywiście. Jeszcze jako dziecko chodziłam do niego z matką. No i w getcie. Chodziłam do sierocińca. Dzieci Korczaka leżały u nas w szpitalu. Zresztą były konflikty między nim a Naczelną[27] [Anna Braude-Hellerowa].

Dlaczego?
Proszę pani, Korczak był bardzo trudnym człowiekiem, bardzo trudnym. Był niesłychanie nieufny, porywczy, podejrzliwy. O ile pamiętam, on zarzucił jakąś nieuczciwość szpitalowi, absolutnie bezpodstawnie. To nie był łatwy człowiek, to nie był anioł. On był strasznym dziwakiem – sam zresztą pisał o tym.

Pani widziała Korczaka idącego z dziećmi do transportu.
Tak, widziałam ten pochód. Przechodzili pod naszymi oknami.

Stała pani wtedy w oknie?
Tak, tak... Widzieliśmy, jak szedł Korczak. I było w tym coś bardzo dużego. Oni po prostu szli z dziećmi.

Może pani dokładnie odtworzyć tamtą chwilę?
Myśmy stali przy oknie na pierwszym piętrze. Staliśmy bokiem przy prawej framudze. Patrzyliśmy, jak idą, środkiem ulicy. Nie ruszaliśmy się – Niemcy zaczęliby strzelać.

Szli środkiem ulicy równoległej do okna?
Tak. Myśmy widzieli, jak nadchodzą.

Z kim stała pani przy oknie?
Dużo nas stało. Dobrze pamiętam, że stała ze mną Zosia Skrzeszewska [Renia Frydman] – ona zobaczyła swoich rodziców i siostrę wtedy...

Jak dzieci szły?
Czwórkami – na pewno: tak Niemcy ustawiali. A może szóstkami? Korczak szedł z przodu, chyba wśród dzieci. Potem kilka czwórek i szła Stefa Wilczyńska. I szły jeszcze te dziewczyny – Esterka Winogron i Natka[28]. Małe dzieci szły na przodzie, potem starsze, Esterka szła na końcu chyba. Tak, że dzieci nie były zostawione z tyłu.

To znaczy, że było co najmniej czterech opiekunów.
Tak. Co najmniej. Ja pamiętam te osoby, które znałam: Esterka – moja szkolna koleżanka, Stefa, Natka...

Natka była młoda?
Młoda? Nie, w moim wieku była – dwadzieścia parę lat miała.
No więc była młoda!
Nie, młoda wtedy była szesnastoletnia dziewczyna.
Ile dzieci szło z Korczakiem?
Czterdzieści? Pięćdziesiąt?
Taka duża klasa?
Taka duża klasa... Nie wiem, nie wiem...
Widziała pani tylko ten moment, kiedy Korczak z dziećmi przechodził pod oknami?
Tak. Widzi pani, to było tak. Szpital był na rogu Leszna [obecnie aleja „Solidarności"] i Żelaznej. Okno, przy którym staliśmy, wychodziło na Żelazną. Dzieci szły Żelazną w stronę Nowolipek. Tak, że widzieliśmy je na tym małym odcinku. I koniec. Myśmy nie mogli się nawet ruszyć przy tym oknie. A oni po prostu defilowali pod nami. A za dziećmi szli inni... Dzieci nie były opuszczone, nie były przerażone, zagubione, rozumie pani? To ważne. Korczak wypełnił swój obowiązek do końca, do samego końca. I jeśli wypełnienie obowiązku jest bohaterstwem... Wie pani, mnie w tym wszystkim zawsze boli jedna rzecz. Dlaczego mówi się tylko o Korczaku?
Pewnie dlatego, że ludzie potrzebują symboli.
A te dziewczyny, młode? To jeszcze więcej niż Korczak. On nie miał wyboru właściwie. Tamten pochód był konsekwencją jego życia. Ale te młode dziewczyny? One mogły się prawdopodobnie ratować.
No tak, ale to była ta sama postawa.
Właśnie o to chodzi! Ta ich postawa znaczyła jeszcze więcej – one miały po dwadzieścia lat! Iść do walki, ryzykować życiem – to zupełnie co innego niż iść świadomie na śmierć. Kiedy się ma dwadzieścia lat, bardzo chce się żyć... Na żadnym pomniku nie ma tych dziewczyn. Dlaczego? Dlatego, że Korczak był sławny, a one nie? Tak, Korczak był wielkim pisarzem, a ich śmierć została bezimienna.
Tak jest chyba zbudowany świat – poprzez tych wielkich wyrażamy swoje szczęścia i nieszczęścia.
Może. Nie wiem. Nie lubię tego... Opowiem pani dowcipną historię o Korczaku. To było na początku wojny. Korczak wszedł do tramwaju. On stał, a obok niego siedział jakiś facet. I ten facet mówi: – Niech kupiec siada! – Korczak stoi. – No, mówiłem, niech kupiec siada! Co, kupiec czeka, żebym go posadził?! – Kiedy kupiec był pułkownikiem w polskim wojsku, to takich jak ty, gnoju, sadzał... w pudle, a nie na ławce!
Jak wyglądało pani wejście do ŻOB-u?
Ja o tym bardzo dokładnie piszę.

Mieszkańcy getta czekają na deportację z Umschlagplatzu przy ul. Stawki (po prawej stronie szpital zakaźny), między lipcem a wrześniem 1942

Czy dokładnie? Pisze pani o tym, że Marek kazał pani wyjść na aryjską stronę. I już!
I już? I to było to?
Tak, dali mi adres, kazali pójść tu i tu, i spokój! A sztab ŻOB-u spotykał się u nas w domu, w getcie, na Gęsiej. Był Marek, był Welwł Rozowski, przychodził Abrasza Blum.
Od kiedy pani mieszkała na Gęsiej?
Zaraz – moja matka zginęła 29 lipca, ja byłam jeszcze wtedy na Świętojerskiej. Po dwóch czy trzech dniach wyrzucili nas stamtąd.
Czy to z powodu zmniejszania getta?
Nie tylko. Tam przyszli szczotkarze.
Szopy tam powstały, tak?
Tak. Wtedy przez kilka dni nocowałam w szpitalu. A w takim pokoiku, naprzeciwko szpitala na Lesznie, złożyliśmy swoje rzeczy.
„Złożyliśmy", to znaczy kto?
Mój mąż, który wtedy zamieszkał u swoich rodziców, ja i jeszcze kilka osób. To wszystko zginęło potem. Pamiętam, przeniosłam tam taki wielki kufer z bielizną pościelową, z porcelaną i płytami.
I potem mieszkała pani na Gęsiej?
Potem był ten dzień, kiedy zabrali dzieci do szpitala na Umschlagu.
Kiedy?
Dziewiątego, a może 11 sierpnia. Nie wiem! Chyba dziewiątego. Potem było mieszkanie na Pawiej. Skoszarowano nas.
Personel szpitala?
Tak. Mieszkaliśmy wtedy razem – Marek, Stasia[29] [Ryfka Rozensztajn], Margolisowa, Kielsonowie[30]. Na Pawiej byliśmy do kotła. I wszystko się skończyło 4 września.
Nie rozumiem. Kocioł na Miłej trwał od 5 do 12 września.
Bzdura! Wszystko się skończyło 4 września! Myśmy byli dwa czy trzy dni w kotle i z kotła wyprowadzili nas na Gęsią. Już nie wróciliśmy na Pawią. Na Gęsiej 6 był szpital – jedną oficynę zajmował personel szpitala. I tam mieszkał z nami Welwł i taki piętnastoletni braciszek mojej koleżanki, którego rodzice już zginęli, Alik Zarchi.
Czy wtedy w getcie byliście odważni?
Mogę powiedzieć pani, że przedtem, zanim cokolwiek się zdarzyło, niektórzy z nas byli dziecinnie odważni. Ja na przykład wykorzystywałam swój wygląd i chodziłam na aryjską stronę po gówno, przepraszam. Po nic. Żeby kupić kawałek kiełbasy czy lepszą wódkę. To nie była odwaga. To była głupota raczej, fanfaronada. No tak, ale ja wtedy miałam dwadzieścia lat. I myśmy sobie nie wyobrażali, że nas zamkną, i że to tak będzie.

Kiedy po raz pierwszy usłyszała pani o Treblince?
Zaraz po pierwszej akcji. Wrócił do getta człowiek, który uciekł z transportu. Nie pamiętam, jak się nazywał.

Czy wtedy właśnie wszystko się zmieniło, wtedy dokonał się przełom w rozumieniu sytuacji?
Proszę pani, to była ostateczna pewność... Że to nie jest przesiedlenie. Bo podejrzewało się już wcześniej. Przecież to, co działo się w getcie przez ten cały czas... Tylko że ludzie, jak Marek mówi, rzeczywiście nie wierzyli, że można zmarnować tyle chleba.

Jak długo była pani w szpitalu na Stawkach?
Kilka dni krócej niż wszyscy. Nie było mnie już z nimi, kiedy personel został przeniesiony na Pawią, i oni dochodzili do szpitala na Stawki. To Marek wyniósł mnie ze szpitala i zostawił w jakimś mieszkaniu na Nowolipkach. O tym zresztą dowiedziałam się dopiero ze *Zdążyć przed Panem Bogiem*. Szpitale wyrzucili chyba 11 sierpnia, a ja doszłam do nich czternastego czy piętnastego. I potem już do końca, do 4 września byliśmy razem. Czyli na Stawkach byłam od połowy sierpnia do końca, do kotła na Miłej. Trzy tygodnie. A do kotła przyszliśmy 4 września. I dwa dni byliśmy w kotle.

4 czy 6 września?
Najpierw były blokady ulic, a potem kocioł. Później były pojedyncze łapanki. Żandarmi brali po pięciu Żydów. I akcja zakończyła się ósmego.

Czyli kocioł trwał...
Od czwartego do ósmego. Z tym, że Marek pisze, od szóstego, bo myśmy tam doszli prawdopodobnie szóstego. Od czwartego na pewno!

Czy myśli pani, że gdyby Marek się pomylił, to Bartoszewski[31] cytowałby go?
A gdzie Bartoszewski mógł to sprawdzić? Kto to wie? Ja wiem na pewno, że był to ten dzień, kiedy zwieziono wszystkich chorych do naszego szpitala. A czy to był czwarty, czy szósty? Chyba to był czwarty...

Do kotła na Miłej poszliście już z numerkami. Jak zostały rozdane?
W szpitalu... Myśmy wyszli ze szpitala z numerkami. Ja o tym piszę – kiedy kazano nam pójść do kotła, my poszliśmy do szpitala. I tam okazało się, że szpital dostał ileś numerków i Naczelna musi je rozdzielić po prostu... Wtedy wszystkie szpitale były już na Umschlagu, wszystkich chorych tam przywieźli, personel był razem z chorymi... I myśmy wyszli z tego szpitala do kotła już z numerkami. Ci, którzy mieli numerki – wyszli, a reszta pojechała...

Ile osób pojechało?
Kazali zostawić pięćdziesięciu lekarzy. Inni poszli prosto do kotła, nie wiem ilu...

Tych pięćdziesięciu to lekarze ze wszystkich szpitali, bez numerków?
Tak, na Umschlag...

Dr Anna Braude-Hellerowa, zdjęcie przedwojenne

A. K. OSCHMANN
F-ma W. LESZCZYŃSKI
Warschau, Nalewki 14

№ 033

Szapiro, Kaufman

Meldekarte-Nr.: 46495

Numerek życia

Czy wszyscy lekarze, pielęgniarki, którzy poszli do kotła, mieli numerki?
Nie. Większość miała, ale byli też między nami „dzicy". A w ogóle z kotła wychodziło się albo nie, niezależnie od numerków. Oni po prostu odliczali i w pewnym momencie powiedzieli – koniec... I dużo ludzi z numerkami pojechało.

A jak wyglądało dzielenie numerków?
Strasznie... Powiedzieliśmy Naczelnej, że musi to zrobić. Ona nie chciała. Gdyby tego nie zrobiła, wszystkie numerki zabrałby ten drugi szpital i od nas nikt by się nie uratował... Ordynatorzy oddziałów dostali automatycznie, a reszta – to już zależało...

Jak wyglądały numerki?
Jak? Kawałek papieru, jakaś pieczątka na świstku papieru.

Numerek życia...
Tak, numerek życia.

Gdzie poszliście po kotle?
Na Gęsią. Na Pawią już nie wróciliśmy.

Czy jest pani bardzo zmęczona?
Nie, nie. Możemy rozmawiać.

Czy mogłaby pani opowiedzieć o tych dniach w kotle?
Powiem pani coś zabawnego. Cała rzecz jakoś mi się zaciera – te cztery dni to tak, jakby to był jeden dzień. Nic się nie dzieje jedno po drugim, rozumie pani? Siedzimy gdzieś...

W budynku czy na ulicy?
Chyba w jakimś budynku, siedzimy na podłodze... To bardzo zabawne, ale gdy wychodziłam ze szpitala, to w jakiś sposób zabrałam pół litra spirytusu. Jak to zrobiłam? Wiem, że piliśmy ten spirytus. Czy coś w ogóle jedliśmy? Zupełnie nie pamiętam, chyba nie. Wiem, że jak wreszcie wyszliśmy z tego, to byliśmy strasznie głodni i w tym mieszkaniu na Gęsiej szukaliśmy po kątach jakiegoś jedzenia.

A z kotła pamięta pani tylko to siedzenie na podłodze i spirytus?
Gdzieś spaliśmy tam, też na tej podłodze. Wiem, że jakieś krzyki były. I potem spędzili nas na jakąś ulicę i tam staliśmy strasznie długo. Wie pani, to było coś takiego jak te opisywane apele obozowe. To wszystko się dzieje latem, więc to nie jest takie straszne. Staliśmy tam w czwórkach. Zaraz. Jak żeśmy wychodzili z tego budynku, to staraliśmy się trzymać razem. Wiem, że Hela Kielson miała wtedy chorą nogę, więc cały czas trzymałam ją za rękę. I Stasię trzymałam za rękę. I staliśmy. Niemcy krzyczeli. Gdzieś tam ktoś strzelał, oczywiście. Zawsze były jakieś krzyki i strzały. Tam nie było bramy, to było coś takiego jak szlaban. I tam stali Niemcy. W pewnym momencie myśmy ruszyli, a oni liczyli... te czwórki. I zaraz po nas był krzyk: *Halt!* Marek był za nami – on chyba był w ostatniej czy przedostatniej czwórce.

I trzeba było pokazywać numerki?
Nie.
A „dzicy" byli między wami.
Byli. Na przykład Stasia, żona Welwła. Cały czas trzymałam ją za rękę. I już. Tyle pamiętam z tego. Właściwie nic się nie działo. W jakiejś piwnicy siedzieliśmy i czekaliśmy – głodni, brudni, trochę zimno było, bo noc. I to wszystko.
A strach?
Nie, nie wiem. Chyba trochę się baliśmy, gdy przechodziliśmy koło Niemców. Bo „dzicy" byli między nami. A oni po prostu liczyli. I nagle zorientowaliśmy się, że zostali ludzie z numerkami.
Czy ktoś ze szpitala z numerkiem został?
O, tak. Dużo ludzi zostało. Wie pani, potem różnie było. Niektórzy w jakiś sposób się stamtąd wydostawali. Myśmy potem swoje numerki sanitarką wysyłali do szpitala.
Do którego szpitala?
Na Umschlag, bo szpital wywieźli dopiero po kilku dniach. Myśmy wyszli, a szpital wywieźli później... Parę osób jeszcze się uratowało.
Ilu ludzi pracowało w szpitalu na Stawkach?
Około dwustu osób.
Czy pani pamięta dokładnie Umschlagplatz?
Dziś tak się tam pozmieniało, że to jest bardzo trudne. Po dłuższej chwili udaje mi się przywołać tamten obraz. Aha, tu są drzwi, tu jest wejście do szpitala, tutaj jest piwnica, tutaj są te okna. W ten sposób. A wszystko co jest poza tym, jest zupełnie inne. Tam nie ma rampy....
Czy umiałaby pani tamto miejsce narysować?
Z wyjątkiem jednej rzeczy. Wiem, którędy wychodziłam ze szpitala na Umschalg. Wiem, jak te dwie części tego budynku wyglądały. Jedno skrzydło to był szpital i ambulatorium, a drugie skrzydło to była ta poczekalnia, że tak powiem – tam zbierali ludzi, którzy czekali na transport. Potem w jakiś sposób widzę siebie po odjeździe wagonów, zbierającą dzieci porzucone... Ale gdzieś zgubiłam tę drogę, którą się dochodziło do wagonów. Widzę dwa oddzielne obrazy – wagony i Umschlagplatz. Ten kawałek „między" gdzieś mi się zgubił.
Dlaczego pani napisała swoje wspomnienia?
Bo w pewnym momencie uprzytomniłam sobie, że to powinno zostać. Choć miałam wielkie opory przeciw pisaniu.
Dlaczego?
Wydawało mi się, że i tak nikt nic z tego nie rozumie, a poza tym – ludzie chcą o tym zapomnieć, nic ich to nie obchodzi. A dla tych, którzy to przeżyli, nie ma po co o tym pisać. Ale mimo wszystko – to nie powinno zginąć. I jeszcze jedno. Utworzył się stereotyp myślenia o getcie – fatalny stereotyp. Nie

wiem, Markowi się nie udało i mnie się też nie udało odkłamać tego, wyjaśnić, że ci ludzie zamknięci to nie było stado bydła. Mówiąc o getcie mówi się tylko o śmierci, o tym, jak nędznie się tam umierało. Nie mówi się o życiu i o bohaterstwie tych zwykłych ludzi. O ich walce, by pozostać ludźmi, by przetrwać po ludzku.

Czy ten stereotyp można zilustrować takim obrazkiem: „eleganckie towarzystwo w kawiarni i szkielety na chodniku"?
No, właśnie! Kawiarnie dla bogatych! I to nieprawda. Głodnych było 90 procent, a większość umierała z głodu. Tych, którzy pławili się w rozkoszach, było „ile was raz" – 5 procent, 10 procent. A koncerty, tajne nauczanie! Przecież to było ratowanie naszego człowieczeństwa! A praca nad chorobą głodową[32]?! W tych warunkach! Zdaje pani sobie sprawę z tego? Lekarze, którzy sami umierają z głodu, zajmują się takimi badaniami! A te nieprawdopodobne wysiłki lekarzy, żeby ratować życie ludzkie? W tych warunkach?! To było bohaterstwo – codzienne życie! A stereotyp jest taki: bierne czekanie na śmierć. Nikt nie mówi o tym, że to było jedno z najbardziej bohaterskich miejsc w tej całej wojnie. I o tym próbowałam napisać, ale uważam, że nie udało mi się.

Czy nie udało się pani, bo nie mogło się udać?
Nie wiem, to wszystko chyba za trudne do opowiedzenia. Tak jak Markowi nie udało się powiedzieć, że tamta śmierć w getcie to to samo, co śmierć w powstaniu. A jemu o to właśnie szło – że równorzędne są te dwie śmierci, i że to tylko ludzie sobie wymyślili, że ładniej się umiera z bronią w ręku. Więc oni postanowili też tak umrzeć. I mnie się nie udało powiedzieć: słuchajcie, to nie jest ważne, że to był Holokaust, że wtedy ginęli ludzie. To był etos bohaterski, jak ci ludzie tam żyli!

Dlaczego się tego nie da powiedzieć? Dlatego, że to przerasta naszą umiejętność wyobrażania?
Tak, a może też trochę dlatego, że się mówi: „Mosiek, idź na wojnę! Jojne, idź na wojnę!" Kiedy Polacy przychodzili do getta, to rzeczywiście widzieli kłębiący się na ulicy tłum nędzarzy. Bo skoro na przestrzeni tych kilku ulic było 400 tysięcy ludzi, a przeciętna liczba na izbę mieszkalną to dziesięć osób? Więc nic poza nędzą nie można było zobaczyć!

Gdyby ŻOB nie wysłał pani na drugą stronę, czy sama chciałaby pani wyjść?
Nie. Kłóciłam się z Markiem o to. I dopiero Abrasza [Blum] przeciął nasz spór. Ja nie chciałam wyjść, bo po prostu nie chciałam być sama, chciałam być z nimi do końca. Żadne bohaterstwo!

Rozmawiałyśmy już o Korczaku – jednym z symboli getta. Pomówmy o innej postawie, o Czerniakowie.
Wtedy, w getcie, stawialiśmy sobie pytanie, czy taki człowiek jak Czerniaków miał prawo popełnić samobójstwo. Myśmy uważali, że śmierć powinna cze-

muś służyć. To znaczy, że on powinien był (to jest bzdura w gruncie rzeczy, tak mi się w tej chwili wydaje, kiedy już jestem stara) zamiast popełnić samobójstwo, rzucić to wszystko i stanąć na czele oporu. Tak wtedy my, młodzi, myśleliśmy. A dzisiaj wiem, że Czerniaków był po prostu porządnym człowiekiem. Nie wierzył w to, co się stanie. Tak jak 90 procent ludzi... nie 90 procent – 100 procent!

Do pewnego momentu.
Tak – do pewnego momentu. Czerniaków, jak wszyscy, wierzył, że jest to kwestia przetrwania. No i sądził, że wykonując polecenia Niemców, pomaga przetrwać... A kiedy to jego złudzenie się skończyło... Nie, nie – to był przyzwoity człowiek.

A wasz, młodych, stosunek do Judenratu?
Ja znałam parę osób z Judenratu i wiedziałam, że są to przyzwoici ludzie, którzy ciężko pracują i robią, co mogą. Zygmunt Warman[33] na przykład – to był najporządniejszy człowiek, jakiego znałam; uważaliśmy go za sumienie całej naszej grupy. Mimo że byli tam złodzieje i szubrawcy, pamiętałam, że nie wszyscy nimi są – tak jak zawsze i wszędzie.

A więc pewnie nie zgadza się pani z tym, co Ringelblum[34] pisze o Czerniakowie i Judenracie.
Ringelblum pisze mnóstwo głupstw. Marek też nie uważa go za najmądrzejszego, delikatnie mówiąc. Ja go dobrze znałam, nawet bardzo dobrze. Ringelblum był moim nauczycielem historii w Jehudyi przez cztery lata. Niezły historyk, ale głupi człowiek – to był taki pan od końskich dowcipów.

Przyciężkawych, tak?
Ciężkie, głupie, ordynarne dowcipy – to była jego specjalność. Jak żartował z dziewczyny, to było to, delikatnie mówiąc, niesmaczne. Wychowywał nas w duchu materializmu historycznego. Prawdę powiedziawszy – trochę nam to imponowało. On był bardzo lewicowy, tak jak cała PPS-Lewica, która była bardziej komunistyczna niż komuniści. Daj mu Boże zdrowie za to! Ale była inna rzecz, za którą ja jego nie znosiłam. Widzi pani, ja byłam córką dyrektorki. I on był jedynym nauczycielem, który się z tym liczył – faworyzował mnie w zupełnie idiotyczny sposób. Kiedyś poprawił mi jakiś referat, w którym użyłam zdecydowanie zbyt wielu znaków przestankowych, i on napisał taką uwagę: „szwajgierowskie znaki przestankowe". Potem się pewnie sam siebie przestraszył i zaiksował to słowo „szwajgierowskie" w taki sposób, że prawie mi podarł zeszyt. Jak on mógł?! Przecież nie tylko ja nosiłam to nazwisko, ale i moja matka – jego dyrektorka! Niezbyt to dobrze o nim świadczy, prawda?

Zaczęłyśmy mówić o Ringelblumie w związku z jego stosunkiem do Czerniakowa i Judenratu.

Tak, więc on pisze o Judenracie ze swojego ultralewicowego punktu widzenia: sami burżuje, złodzieje i bandyci. Nieprawda! Bzdura! Byli złodzieje, ale było też sporo przyzwoitych ludzi.

Pamięta pani wasze reakcje na samobójstwo Czerniakowa?
To była chyba przede wszystkim sprawa uświadomienia sobie, co się naprawdę z nami dzieje. Mówiłam pani, że część ludzi uważała, że nie powinien był się zabić, bo opór. Zrozumiałe było dla wszystkich, że jego śmierć była odmową, że nie chciał brać udziału w tym najgorszym. Dziś myślę, że śmierć Czerniakowa była taką samą śmiercią jak śmierć Zygielbojma[35].

Rzeczywiście tak pani myśli?
Nie zgadza się pani, bo tamten był w Londynie? Przecież Czerniaków swoją śmiercią protestował tak jak Zygielbojm.

Tyle tylko, że Zygielbojm mógł żyć.
No tak, ale Czerniaków też mógł liczyć na to, że przeżyje. A Szeryński[36]? A te wszystkie łajdaki? Przecież oni wierzyli, że przeżyją.

Ale Czerniaków nie był łajdakiem!
Tak... Może Czerniaków był słaby? Ale był przyzwoitym człowiekiem, na pewno!

Jak pani pisała swoją książkę? Wiem, że leżała pani wtedy w szpitalu w Łodzi, na oddziale Marka Edelmana, i że był to rok 1986.
Napisałam tę książkę w sześć tygodni. Tam zdałam sobie sprawę z tego, że czas mija, człowiek wieczny nie jest, a ja mam jeszcze jeden nie spełniony obowiązek. Marek mówi, że „wykrzyczało ze mnie".

Czy powiedziała pani Markowi o tym, że pisze książkę?
Nie. Dałam mu te papiery, nie mówiąc co to jest – liczyłam na jego lenistwo. No i przeliczyłam się – on te papiery przeczytał. Przyszedł i powiedział mi: – Już to dałem na maszynę.

W książce napisała pani: „Nie umiałam żyć jak inni, jak ci, którzy wyjechali w daleki świat i rozpoczęli wszystko od nowa". Po wyjściu z getta czuła pani, że nie jest stąd: „Byłam zawsze tam, za murem". A jak jest dzisiaj? W jakim świecie dzisiaj pani żyje?
Wtedy było inaczej i dziś jest inaczej. Wtedy, przez te wszystkie miesiące zamknięcia, bardzo tęskniło się do Warszawy. Getto, z tym właśnie kłębiącym się tłumem, to nie była Warszawa. Bardzo tęskniło się do kawałka zieleni. Mury szły tak, że nawet nie widzieliśmy Ogrodu Krasińskich. Pamiętam, kiedyś byłam chora i ktoś, kto był po aryjskiej stronie, przyniósł mi kwitnącą, czerwoną fasolę...

A dzisiaj? Wielu wyjechało, zaczęli wszystko od nowa, a jak jest z panią?
Wtedy, po wojnie, nie umiałam znaleźć się w Warszawie, ale to minęło, dość szybko. A jak jest teraz? Chyba nie tak bardzo się potrafię cieszyć jak inni. Dziś

może już nawet bardziej... Wie pani, to jest tak: teraz nie mam powodów, żeby narzekać na biedę. Zarobiłam trochę pieniędzy na tej książce.
Mówi to pani z autoironią?
Nie, nawet nie. I te pieniądze nie są mi na nic potrzebne! Mogę jedynie dzieciom trochę ułatwić życie. A ja? Ja naprawdę niewiele poza książką potrzebuję.
Więc gdzie pani jest – bardziej tu, czy bardziej tam?
Nie, teraz to już jestem na tym świecie. Może po części dlatego nie pozwalam sobie już na wewnętrzną emigrację, bo sprawy polskie są zbyt ważne dla mnie. Może, gdybym mieszkała we Francji, byłoby inaczej? To prawda, że nie posiadam takiej umiejętności korzystania z życia. Może to właśnie pozostało... Ale jestem tu, w środku wszystkich polskich spraw.
Mówiąc o pani byciu tutaj, nie sposób zapomnieć, że tamten świat był w tym samym miejscu. W książce mówi pani: „W wielkim, nowoczesnym mieście nie ma śladu po tym, co się stało, ale kiedy zamykam oczy..."
Ale kiedy zamykam oczy, to jestem na tamtej ulicy z tamtymi ludźmi... Jeżeli ja mówię: Nalewki, to nie ma to nic wspólnego z dzisiejszą Nowotki [gen. Andersa]. I ja to mogę zobaczyć, kiedy zamykam oczy. Jest tam straż pożarna, jest brama ogrodu i parkan, i ludzie, a na rogu jest sklep z wędliną, tylko ja nie mogę odczytać tego szyldu... Rozumie pani, widzę go, ale jest za daleko, żebym mogła go przeczytać. Przechodzę przez ulicę. Przede mną przejściowa brama, a w głębi trzy podwórka, to jest taki pasaż – mnóstwo sklepów, sklepików i tłum ludzi. A tutaj jest Klinika Lalek, na pierwszym piętrze, w tej bramie. To wszystko jest tak wyraźne... A przed sklepem stoi człowiek w kapeluszu zsuniętym na tył głowy, obok siedzi kobieta i sprzedaje bajgiełki, kawałek dalej wózek z pomarańczami...
I tamta ulica jest rzeczywista?
Bardzo, bardzo... Tak naprawdę – w 1942 roku wyszłam z domu i nigdy do niego nie powróciłam. A dzisiaj? Mieszkam, żyję w tej nowej Warszawie. I kiedy wracam, na przykład z Ministerstwa Zdrowia, idę przez Ogród Krasińskich. Kiedy wychodzę na Nowotki – zastanawiam się, gdzie ja jestem. No tak, przecież to są Nalewki. Z Ogrodu Krasińskich zawsze wychodzę na Nalewki, nigdy na Nowotki.
A gdy zbliża się pani do Umschlagplatzu?
Proszę pani, ja na Umschlagplatz chodzę dwa razy do roku – na Wszystkich Świętych i 19 kwietnia.
Omija pani to miejsce?
Poza wszystkim innym, nie mam tam żadnych interesów, bo na Stawkach człowiek nie ma żadnych interesów.

Stefania Szwajgier,
zdjęcie przedwojenne

Adina Blady Szwajgier i Władysław
Świdowski, 22 sierpnia 1944

Adina Blady Szwajgier z córką Alą,
koniec lat 50.

I kiedy idzie pani tam te dwa razy w roku, to „film się odkręca", tak?
Oczywiście, oczywiście.

A czy ten film czasami odkręca się tu, w mieszkaniu na Ochocie?
... Widzi pani... tak, czasami tak – kiedy coś przeczytam, zobaczę, kiedy ktoś mnie o coś zapyta – wtedy się odkręca...

Czy czasami dzieje się to zupełnie nieoczekiwanie?
Nie, nie. Czasem w nocy powtarzają się te same sny... Śni mi się Śnieżna i wyścig z tym motocyklem niemieckim. Idę ulicą, spieszę się, ale nie mogę iść – to bardzo często zdarza się we śnie. A ja muszę zdążyć przed Niemcami, muszę zabrać Marka z tego mieszkania.

A na jawie?
Nie, nie. Myślę, że człowiek takie rzeczy świadomie i podświadomie tłumi. Przecież inaczej nie można! Ale cały czas dobrze wiem, z jakiej konkretnie przeszłości ja wyszłam.

Czyli tamten świat jest dla pani przeszłością, która nie miesza się z teraźniejszością?
To jest przeszłość, która zmieniła wszystko... Ja pani powiedziałam – ja wyszłam z domu w lipcu 1942 roku i nie wróciłam... I nigdy, nigdzie nie będę we własnym domu! Czasem tylko śni mi się dom... Wszyscy chyba jesteśmy bezdomni.

Wszyscy, którzy przez to przeszli?
Tak. Myślę, że tak. Tu, gdzie teraz jesteśmy, tu, gdzie mieszkamy – to wszystko są tylko mieszkania... Rozumie pani – mieszkania! Wie pani, to jest zabawne! Człowiek ma wrażenie, że to wszystko tu dokoła jest jakieś nierzeczywiste.

Tamto jest rzeczywiste.
Tak. I nie to, co było w czasie wojny. **Tamto** – to znaczy to, co było przed wojną. Tamten dom, tamto życie było rzeczywiste. **Tamto** było prawdziwe. Wie pani, to śmieszne – kiedy przez długie lata miałam dość trudną sytuację materialną – to też wydawało mi się to nierzeczywiste!

To czas przedwojenny. A czas wojny, getto, Umschlag? Czy to rzeczywistość? Inaczej zapytam panią. Czy tamten świat mieści się w tym dzisiejszym świecie? Czy są to dwa osobne światy oddzielone od siebie wyraźną linią?
Nie, wszystko jest dalszym ciągiem tamtego. Tamten świat mieści się w tym świecie. Bo widzi pani, gdyby był możliwy powrót... Wtedy mógłby to być zamknięty rozdział! Ale powrót jest niemożliwy. To, co się stało, jest nieodwracalne. Nigdy nie będzie można wrócić do punktu wyjścia. Czyli że wszystko, co się dzieje teraz, jest dalszym ciągiem tamtego. To, co teraz i tu – jest w jakiś sposób nierzeczywiste, a nierzeczywistym stało się z powodu tamtego. Wszystko, wszystko jest inne. I to wszystko jest prawdopodobnie surogatem tego, co powinno być. Po prostu, nie ma powrotu do prawdziwego życia.

Ja myślę, że prawie każdy człowiek ma jakieś swoje miejsca albo sytuacje, w których czuje się dobrze, u siebie, w domu. A pani?
Nie, nie. Czasem, kiedy dzieci były małe, czasem z wnukiem, ale to są bardzo krótkie chwile. I wie pani, ja nie chcę powiedzieć, że nasze życie **tam** się skończyło – nie! Ono po prostu **tam** zupełnie się zmieniło i nie ma powrotu do tego, co było i co powinno być... A teraz trzeba się znajdować w tym obcym świecie.
Czyli nieprawdą jest to, co pani mówi w swojej własnej książce, że „wszystko odeszło w mrok historii" – to nie jest tak! Tamto żyje w teraźniejszości, a nie w historii...
Może i tak. To jest we mnie.
W pani i w kilku jeszcze osobach. A skoro tak – to jest to rzeczywiste, to mieści się to w tym świecie. Ja zaczęłam chodzić na Umschlagplatz wiele lat potem, kiedy pani tam była, i dla mnie nie jest to miejsce, gdzie stoi stacja CPN-u. Ja widzę zupełnie inne miejsce, i właśnie obraz przypominany jest prawdziwy.
To jest cezura. Nic w Polsce nie jest już takie samo, wszystko się zmieniło.
Pani mówi o zmianach wokół, a ja myślę, że o wiele ważniejsze są te zmiany w nas, w naszym o świecie myśleniu.
I wokół nas, i w nas samych. Tu był mieszany, bogaty las. Pewnego dnia przyszedł drwal i wyciął wszystkie brzozy. I las nie jest już mieszany. A poza wszystkim innym, las mieszany ma o wiele większe szanse przeżycia niż las jednorodny. To zupełnie inna Polska, niech mi pani wierzy.
Czy czytała pani dyskusję w prasie, którą wywołał swoim artykułem w „Tygodniku Powszechnym" Jan Błoński[37]?
Mam wrażenie, że znam większość tych tekstów. Pamiętam dobrze paskudny głos Siły-Nowickiego. Bardzo mnie ten tekst zaskoczył – wtedy przecież uważało się go jeszcze za przyzwoitego człowieka.
Dyskusja ta dotyczyła nie, jak to się często nazywało – stosunków polsko-żydowskich, a odpowiedzialności, jaką za Holokaust ponoszą Polacy, ich winy. Odpowiedzialności, a nie winy.
No tak, jeśli mówimy o winie, to określamy tę odpowiedzialność. Ważnym głosem w tej dyskusji jest tekst Zygmunta Baumana opublikowany w „Aneksie". Bauman mówi, że rozsądek był siłą najbardziej zgubną, posłuszeństwem, a logika rozsądku wymagała zgody na przestępstwo. Logika występowała przeciwko emocjom, zabijała wartości. Wobec tego Bauman twierdzi, że istniało wówczas zjawisko niemoralnego rozumu i nielogicznej moralności.
Słusznie.
Dalej Bauman mówi, że nieludzki świat odczłowieczył swoje ofiary, popychając je do użycia logiki, popędu samozachowawczego.
Słusznie. Ale wie pani, pojęcie winy Polaków, tak jak się je rozumie na Zachodzie, jest bez sensu. Tam ludzie nie mają pojęcia, jak to naprawdę wyglą-

Adina Blady Szwajgier i Anka Grupińska, Warszawa luty 1990

dało. Można pewnie mówić o jednej winie – za mało ludzi zostało uratowanych. Jeżeli chodzi o samą sprawę, o Zagładę – Polacy nie mogli nic a nic zrobić. Poza ratowaniem jednostek...

Dziękuję.

Warszawa, zima 1990.

Adina Blady Szwajgier, Inka, zmarła w Warszawie 19 lutego 1993.

I to jest cała moja biografia.
Rozmowa z Haliną (Chajką) Bełchatowską i Bronkiem Szpiglem

Halina: Nazywałam się Halina Bełchatowska. Chodziłam do szkoły powszechnej. Moja matka była introligatorką. Ona należała do Bundu. Ja nie miałam ojca, gdzieś zginął, nie wiem, co się z nim stało. Mieszkałyśmy z babką i mamą na Smoczej, w żydowskiej dzielnicy. W getcie mieszkałam najpierw na Smoczej, a potem co kilka miesięcy byłam w innym miejscu. Ja należałam do Cukunftu. Przed wojną jeździłam do Sanatorium Medema, kiedy miałam czas. Myśmy reperowali bieliznę, ubrania. Urodziłam się, ja nie pamiętam kiedy, chyba w 1919 roku. W getcie pracowałam w kuchni na Nowolipiu, to była bundowska kuchnia. Gotowałam tam, zmywałam naczynia. To była kuchnia dla biednych ludzi. I to jest cała moja biografia.

Chajka, opowiadałaś kiedyś Zbyszkowi Bujakowi, jak wyście skakali z pociągu do Treblinki.
Bronek: On się pytał, czy brzuchem, czy tyłkiem.
Brzuchem, czy tyłem do wagonu?
Halina: Brzuchem.
Bronek: Ja uważam, że tyłem.

Halina: Ja wyskoczyłam z tego pociągu do Treblinki. To było w sierpniu 1942. Zabrano mnie z ulicy. Ja mieszkałam na Smoczej, a mnie złapali na Smoczej... na Nowolipiu. I zabrali mnie na Umschlagplatz. Ja uciekłam z tego pociągu. Na Umschlagplatzu byłam tylko parę dni.
Bronek: Wzięli cię z szopu, całą grupę, Halina. Nie z domu.
Halina: Ja nie pamiętam.
Bronek: To było 11 listopada w 1942. Obstawili całe getto. A ta grupa Welwła Rozowskiego schowała się razem.

Bronek Szpigiel, Montreal grudzień 1999

Halina (Chajka) Bełchatowska, Montreal grudzień 1999

Jaki to był szop? Roericha?
Bronek: Tak. Plandeki dla wojska się tam naprawiało, ale tam byli ludzie, którzy nie potrafili szyć. Ja pracowałem w szopie impregnacji. To było gdzie indziej. To był oddział Roericha na Nowolipkach i Smoczej.

Więc, jak ci się udało uciec z pociągu?
Halina: Przez okno.
Jak? Czy okno było otwarte?
Halina: Nie, myśmy otworzyli to okno.
Jak można je było otworzyć? Okno było zakratowane.
Halina: Nas było siedmioro. I każdy się starał okno otworzyć.
Czy to była bundowska grupa?
Halina: Tak.
Bronek: Oni wszyscy trzymali się za ręce.
Kto tam był?
Bronek: Lusiek, Guta i Jurek Błonesowie, Mojszele Kojfman, Brucha Einstein, Welwł Rozowski, Lola Wiernik z Łodzi, Bruch Zalcman, Minia Wajsgruz. Ona taka piękna, czysta dziewczynka była, chyba szesnaście lat miała. To Rozowski otworzył to okienko. A pierwszy wyskoczył z pociągu Kojfman, bo on powiedział, że ma papiery i on ma większą szansę po aryjskiej stronie.
Czy wszyscy w tej grupie byli z Bundu?
Bronek: Oprócz tej jednej z Łodzi. Ona była z Poalej Syjon Lewica.
Halina: Lola Wiernik.
Bronek: *That's right.* Widzisz, ona pamięta! Jej ojciec był bundysta. I jej szwagier był znany w Bundzie. Pat się nazywał. Mam rację Halina?
Halina: Nie. Ona była Wiernik.
Bronek: Jest znane to nazwisko – Wiernik. Był stolarz, co budował Treblinkę. Też był Wiernik[1].

Bronek: Ten Welwł Rozowski, on był nadzwyczajny. A Kojfman był wcześniej po aryjskiej stronie. Ale jemu się pieniądze skończyły i on wrócił do getta, i pracował z nami w szopie. I on skoczył pierwszy, bo on miał papiery ze strony aryjskiej i powiedział: – Ja sobie dam tam radę, ja mam większe możliwości niż wy.
A jak oni wyrwali te kraty?
Bronek: To Welwł Rozowski. On miał, jak się to mówi...
Halina: ... piłę.
Bronek: Piłę. On należał już do organizacji. Każdy z organizacji miał piłę.
Halina: W butach schowaliśmy.
I ty, Chajka, też miałaś piłę?
Halina: Nie pamiętam.

ROZMOWA Z HALINĄ BEŁCHATOWSKĄ I BRONKIEM SZPIGLEM

Bronek: A ta Lola – ona była zamożna. I Rozowski powiedział w wagonie: – Kto ma dolary? To ona wyjęła drobne monety i każdemu dała. Ileś ty dostała? Pięć dolarów?
Halina: Nie pamiętam. Może dziesięć.
Bronek: Każdy dostał dolary. A Chajka miała chleb, to się podzieliła chlebem. Chajka zawsze chodziła z pełnym chlebakiem, bo jak się ją złapie... I oni wyskoczyli. A Guta Błones zwichnęła sobie nogę. Oni wyskoczyli, jak pociąg jeszcze nie jechał, tylko manewrował między szynami.
Czyli wyskoczyli zaraz za Warszawą, tak?
Bronek: Tak, pociąg jeszcze nie jechał. To było za Umschlagplatzem[2]. Welwł wypychał wszystkich przez to okienko. Ukraińcy siedzieli już na pociągu.
Halina: I strzelali.
A Welwł skoczył ostatni?
Bronek: Tak.
I co się stało z tymi, którzy wyskoczyli?
Bronek: Oni wołali się na hasło. A polscy chłopcy zauważyli, że tam są Żydzi i że można coś u nich zarobić. I oni, ci nasi, powiedzieli: – Prowadźcie nas do getta, a my wam zapłacimy. – Tak było?
Halina: Chyba tak.
Bronek: To ta grupa czekała aż placówkarze będą wracać z pracy i z nimi oni weszli do getta.
A ty, Bronku, byłeś wtedy w szopie?
Bronek: Tak, ja byłem u Roericha, mnie wtedy nie złapali.

Gdzie mieszkaliście w tym czasie?
Bronek: Na Nowolipiu. Jaki to numer tej ulicy był?
Halina: Sześćdziesiąt parę[3].
Bronek: Oo! Sześćdziesiąt parę!
Z kim mieszkaliście?
Bronek: Mojsze Kojfman. Welwł Rozowski. On nie był z nami siedem dni w tygodniu, bo on wtedy miał tę żonę – Ryfkę Rozensztajn.
A ona mieszkała na Dzielnej?
Bronek: Niee. Ona już była ze szpitalem. Na Dzielnej mieszkała na samym początku.

Bronku, jak wszedłeś do ŻOB-u?
Bronek: Ja pamiętam dokładnie. Zorganizowały się piątki. Broni jeszcze nie było.
Kiedy zorganizowały się piątki?
Bronek: W październiku to było. W 1942. Hersz Lent był naszym technicznym kierownikiem. On nas uczył, on miał rewolwer. Bo Welwł był naszym dowódcą na *curesy*. Wiesz, co to znaczy?

Bronek Szpigiel w Warszawie, koniec lat 30.

Chajka Bełchatowska w Sztokholmie, 1946

Tak – na kłopoty. Czy Hersz też pracował u Roericha?
Bronek: On był tam coś jak więcej niż dozorca. To była taka niby posada. Hersz był przed wojną tramwajarzem. Wtedy to była ważna, partyjna posada. Jak nam się udało dostać te posady z PPS-u, to było coś nadzwyczajnego. I Hersz Lent był jednym tramwajarzem, a drugim był Abram Feiner.
Lent był bundowcem?
Bronek: On był z Poalej Syjon Lewicy. I dlatego, jak się pisze o tym wszystkim, to on jest wypuszczony.
To znaczy – o nim się nie pisze, tak?
Bronek: Bo on nie był z Bundu.
Jak zginął Hersz Lent?
Bronek: To jest bardzo tragiczna historia. Przyszło po niego do getta dwóch polskich tramwajarzy. Oni chcieli Hersza i jego rodzinę przechować. I Hersz poszedł do Berlińskiego, bo w jego grupie był syn.
Syn Hersza, Szaanan, tak?
Bronek: Tak. Ale syn nie chciał wyjść z getta. No i ojciec nie poszedł.
Szaanan urodził się w Palestynie, prawda?
Bronek: Tak. On był piękny chłopak, piękny.
A jak zginął Szaanan?
Bronek: W walce, na Świętojerskiej, u szczotkarzy, w grupie Berlińskiego.
A ojciec?
Bronek: Jego wzięli z szopu Roericha na Umschlag.

Kto był w grupie Rozowskiego?
Bronek: Szlojme Szwarc, Igła...
Zygmunt Igła?
Bronek: Zygmunt, Gabryś Fryszdorf, Hanka Fryszdorf, Chajka Bełchatowska. I jeszcze jeden. On zginął z grupą Merdka Growasa. Pamiętam jego twarz. I ja byłem w tej grupie, i Tobcia Dawidowicz. Dziewięć osób.
Dziękuję, Chajko i Bronku.

Montreal, grudzień 1999.

Wiem, co wiem i pamiętam, co pamiętam.
Rozmowa z Kazikiem Ratajzerem

Wiesz, kilka lat temu byłem w Warszawie z grupą naszej młodzieży[1]. Szliśmy drogą do Umschlagplatzu i ta ich przewodniczka mówi, że to jest Szlak Bohaterów. – Jakich bohaterów?! – krzyknąłem. – Jakie bohaterstwo? O czym ty mówisz? Co, myśmy zwyciężyli? Czy ja mogłem obronić swoich rodziców w getcie? Czy ja mogłem w ogóle kogoś obronić? Jeszcze jedno takie bohaterstwo i żaden Żyd nie zostanie przy życiu...

Ale przecież uratowałeś ludzi. Ty bardziej niż ktokolwiek inny. Dosłownie – wyprowadziłeś z getta kilkadziesiąt osób.

Wiesz, a może gdyby się o tym, a nie o powstaniu myślało, może mógłbym wyprowadzić setki? Może to było możliwe?! Dla honoru, dla historii... Dla honoru i dla historii to trzeba mieć ojczyznę, czołgi i może nawet bombę atomową!

Więc nie było w getcie bohaterów?

Słuchaj, ja bym tak łatwo bohaterstwem tego wszystkiego nie nazywał. Ja myślę, że można mówić o ludzkich postawach i zachowaniach, o obowiązku wobec ludzi ci bliskich. Możesz ich nazywać towarzyszami broni, jak chcesz; ja tego określenia nie lubię. Mogłem coś dla nich zrobić, to byłem gotów zrobić wszystko. Ja nie wiedziałem, że ja dojdę na drugą stronę, że będę mógł wrócić do getta. To było jedno wielkie szaleństwo – wyjść i wrócić z własnej woli.

I to nie jest bohaterskie zachowanie?

Jak chcesz, tak to nazywaj. Ja byłem świadom, że ludzie na mnie czekają, że mają do mnie zaufanie i że liczą na mnie. Jak ja mogę ich zawieść?

Więc jak nazywasz swoją postawę? Przyjaźń? Lojalność? Poczucie odpowiedzialności?
Wszystko razem. A dopiero na końcu nazwałbym to bohaterstwem. Ale chyba nie ma tak wielu skorych do nazywania nas bohaterami. Przynajmniej tutaj. Państwo Izrael do dzisiejszego dnia nie odznaczyło żadnego bojowca z powstania w getcie, czy z partyzantki.
Co to znaczy?
To znaczy, że oni się też do nas nie odnoszą jak do bohaterów.
Ale to jest już inna historia.
Tak. To jest inna historia.

W mojej rozmowie zanotowanej przed laty Marek Edelman opowiedział historię o tym, jak go AK w powstaniu złapało i do piwnicy zamknęło. Marek wyrzucił kartkę przez piwniczne okienko, ulicą akurat przechodził Kamiński i jakimś sposobem go stamtąd wyciągnął. Po latach okazuje się, że historia jest prawdziwa, tylko inni jej bohaterowie. W tej piwnicy na Starym Mieście siedział Julek Fiszgrund, a kartkę znalazł Kazik.
Słuchaj, to bardzo ładnie brzmi, ale ja żadnej kartki nie znalazłem. Fiszgrunda rzeczywiście zaaresztowało AK, a potem żaden cud przypadku się nie zdarzył. O ile ja pamiętam, ktoś przyszedł do nas i opowiedział o tym. Możliwe, że to była Zosia [Renia Frydman], przyjaciółka Fiszgrunda. Naturalnie, że Julek był w dużym niebezpieczeństwie, więc się wiele nie namyślałem, nikogo nie pytałem. Poszedłem do tych chłopaków z AK. W końcu czułem się akowcem pierwszej klasy po tej walce w obronie Sądów[2]. – Co wy chcecie od niego, ja go dobrze znam, to przyzwoity Polak! – i tak dalej...
Konsekwentnie grałeś rolę akowca Polaka?
No, tak. Wiesz, ja tupet miałem, nie jąkałem się po polsku tak jak dzisiaj – to go wyciągnąłem. I to wszystko.
Jak długo byłeś w tej grupie przy Sądach?
Kilka dni, nie pamiętam dokładnie. Sądzę, że to było pięć dni, a może sześć? Pamiętam, że w piwnicach Sądów był szpital powstańczy i ja byłem tam dopóki nie dano rozkazu ewakuacji tego szpitala.
A jak to było, jak się do nich przyłączyłeś? Podszedłeś do grupy i powiedziałeś, że chcesz razem z nimi walczyć?
Słuchaj, ta sytuacja mnie zaskoczyła. Szedłem ulicą, a tu nagle powstanie. Miałem przy sobie rewolwer i pomyślałem, że mogę się nadać.
Kiedy spotkałeś Antka [Icchak Cukierman] i resztę?
Chyba nazajutrz. Poszedłem z Sądów na Leszno[3]. Niepokoiłem się o nich i wiedziałem, że oni niepokoją się o mnie. Ale wszyscy tam byli: Antek, Marek [Edelman], Celina [Cywia Lubetkin]... I mówię im: – Słuchajcie, trzeba

ROZMOWA Z KAZIKIEM RATAJZEREM

się przyłączyć. Albo tu, albo tam. Ja jestem w AK, bo mnie powstanie na ulicy zaskoczyło i akurat obok, przy Sądach, był jakiś oddział AK.

Ale postanowiliście, że wchodzicie do AL-u, bo tak będzie bezpieczniej?
Tak. Już wiedzieliśmy, że AK źle się odnosi do Żydów.

Już wiedzieliście o zamordowaniu Jurka Grasberga?
Tak. Ja jeszcze wróciłem do mojego oddziału przy Sądach. Opowiem ci coś zabawnego. Ci chłopcy z oddziału to była taka grupa, która wcześniej się znała, oni mieli jakieś stopnie wojskowe nawet. Ja byłem tam jedynym obcym szeregowym. Jak się do nich przyłączyłem, to dostałem mundur policjanta i oni nazywali mnie „Glina".

Dlaczego dostałeś mundur policjanta?
Bo innego nie mieli.

A to było ważne, żeby być w jakimś mundurze, żeby tak bardziej militarnie wyglądać?
No, tak. Takie rzeczy też dodawały pewności siebie. I słuchaj. Jednej nocy ci chłopcy z AK siedzieli i gadali. Ja spałem, ale w jakimś momencie się obudziłem i słyszę, że oni chcą się ulotnić, bo powstanie nie ma szans i trzeba uciekać. Przysiadłem się do nich i słucham, jak mówią, że wczesnym rankiem trzeba opuścić Warszawę, bo wszystkich wybiją, i tak dalej, i tak dalej. I wtedy ja im, rozumiesz, mówię: – Powinniście się wstydzić, trzeba wziąć przykład od Żydów w getcie... – Ci chłopcy byli zaszokowani. I, słuchaj, oni postanowili, że zostają!

Czy ty, powołując się na przykład getta, przyznałeś się do tego, że jesteś Żydem?
Nieee, coś ty? Oszalałaś? Co to, to nie! W żadnym wypadku. Nie dlatego, że byłem taki mądry. To intuicja. Dobra intuicja. Bo czym był gorszy Jurek ode mnie?!

To jak było z tym przystąpieniem do AL-u? Jak się zapisaliście do AL-u?
Słuchaj, Antek miał bezpośredni kontakt z AL-em cały czas. Tam był jakiś facet, Witold[4] się chyba nazywał. Poszedłem do sztabu z Antkiem, załatwiliśmy wszystko, i już. Postanowiliśmy, że przyłączamy się jako grupa ŻOB-u.

Kto był w tej grupie?
Łatwo policzyć: był Antek, Marek, byłem ja, Cywia, [Stefan] Grajek, Marysia Sawicka, Marysia [Bronka] Warman i Zygmunt Warman, Stasia [Ryfka Rozensztajn], [Józef] Sak[5] był tam też. Nie byliśmy wszyscy razem. Przecież nie wiedzieliśmy, kiedy powstanie wybuchnie i każdy z nas miał jakieś różne sprawy w mieście. Inki [Adina Blady Szwajgier] na przykład nie było z nami wtedy. Nie byliśmy w komplecie.

Marysia Sawicka była z wami, w grupie ŻOB-u?
Tak, oczywiście. Ona przecież była ze mną potem na Lesznie, do samego końca.

225

Ale Marysia nie była członkiem ŻOB-u?
No nie, ale była jedną z nas.

A co pamiętasz z tych dni w AL-u na Starówce?
Jednym z moich zadań było znalezienie drogi kanałami na Żoliborz.

Kto ci dał takie zadanie?
Sztab AL-u. Antek widocznie opowiedział im o moim doświadczeniu. Dali mi kilkuosobową grupę. Każdy z tych chłopaków miał jakieś wojskowe doświadczenie, a ja, szczeniak, nie miałem pojęcia, jak im komendy wydawać. Podszedłem do takiego jednego i mówię: – Słuchaj, ja będę się zwracał do ciebie, a ty ustawiaj ich i rób, co chcesz. Ja was poprowadzę kanałami i to wszystko. – Chłop był zadowolony, nagle stał się komendantem. A ja też byłem zadowolony.

I poszliście?
Tak, doszliśmy do Żoliborza, upewniliśmy się, że jesteśmy na miejscu i wróciliśmy na Starówkę. I po kilku dniach Antek (myślę, że Marek i Cywia też tę decyzję podejmowali) kazał mi przedrzeć się z powrotem na Leszno, do naszej bazy. Ja w żaden sposób nie chciałem iść, uważałem, że to jest szaleństwo. Udawać się w teren, który za chwilę będzie niemiecki? Przecież tam się wszystko paliło. Ale Antek był zdecydowany – iść i już. To poszliśmy. Nastek [por. Anastazy Matywiecki] nas odprowadził. Przeprowadził nas przez pozycje AL-u i potem dalej, prawie na samo miejsce. Po drodze, jak widział, co się dzieje – to naprawdę było szaleństwo: wszystko się paliło i tłumy waliły na Starówkę, a my uparcie w odwrotnym kierunku – Nastek chciał mnie przekonać, żeby zawrócić. Ale ja się już zaparłem. Pamiętam słowa, które mu powiedziałem: – Koza idzie z powrotem. Ja przedtem nie chciałem, ale teraz idę i już. – I powiedziałem moim ludziom: – Kto chce wrócić, niech wraca, ja idę. – Nikt nie wrócił, poszliśmy razem. Nazajutrz nad ranem przyszli Niemcy i podpalili dom. Jakoś nam się udało. Potem siedzieliśmy w tych piwnicach na Lesznie przez kilka tygodni.

Znaleźliście to, po co was Antek wysłał? Wyście poszli po archiwum ŻOB-u, prawda?
Słuchaj, ja niczego nie szukałem. To całe archiwum mnie obchodziło jak zeszłoroczny śnieg. Ja teraz nie rozumiem, po co tam poszedłem i wtedy też nie rozumiałem!

No, dobrze, ale co Antek powiedział, kiedy dał ci rozkaz dotarcia na Leszno 18?
Że mamy tam iść, bo tam musi być.... baza!

W swojej książce[6] mówisz, że szedłeś po archiwum.
Możliwe, że wtedy tak mi powiedział, a potem tłumaczył, że tam miała być baza. Patrz, Antek w swojej książce[7] pisze mniej więcej tak: posłaliśmy Kazika,

ROZMOWA Z KAZIKIEM RATAJZEREM

bo wiedzieliśmy, że można na nim polegać[8]. Ale ponieważ Antka nie ma, to ja nie mogę zapytać.

A po wojnie nigdy nie zapytałeś go, po co cię wysłał na Leszno?
Nie, nie zapytałem.

Dlaczego?
Słuchaj, ja w ogóle nie chciałem do tych tematów wracać. Nie dotykałem tej całej epoki. Ani z Cywią, ani z Antkiem.

Niiigdy o tym nie rozmawialiście?!
Nie. Czasem coś wspominaliśmy, ale ja nigdy niczego nie dociekałem, a oni nie tłumaczyli. Kiedy Antek tak nalegał, żebym spisał naszą historię, zawsze mówił: – Słuchaj, są rzeczy, które tylko ty i ja wiemy. Musisz to napisać. – Ja nie miałem potrzeby ani pisać, ani opowiadać. Dla mnie to wszystko było już skończone. Chciałem, żeby mi wszyscy dali święty spokój. I kiedyś powiedziałem: – O.K., dobrze, zgadzam się. Ale powiedz mi, co z tobą? Ty piszesz, nie piszesz? Też powinieneś napisać. – I on nie powiedział mi ani pół słowa. Dopiero po jego śmierci dowiedziałem się, że wtedy, kiedy tak rozmawialiśmy, jego historia była już opowiedziana.

Masz do niego o to żal?
Słuchaj, ja nie mam żalu do nikogo. Ja tylko chcę zrozumieć, dlaczego ludzie się zachowali tak, a nie inaczej.

I tej sytuacji nie rozumiesz?
Nie, nie rozumiem. Jak mogę to zrozumieć, że Antek nie powiedział mi, że on już swoją opowieść spisał?!

Czy uważałeś, że jesteście zaprzyjaźnieni?
Słuchaj, ja sądzę, że tak. Wiesz co, możliwe, że trzeba byłoby zdefiniować, co to jest przyjaźń. A poza tym mówienie prawdy, całkowita prawdomówność – to są chyba trudne rzeczy. Patrz, być w przyjaźni z kimś – to znaczy być gotowym pomóc. I ja jestem pewien, że Antek pomocy nigdy by mi nie odmówił. Czasem myślę, że te wszystkie różnice i nieporozumienia między nami polegały na tym, że ja nigdy, przenigdy nie byłem człowiekiem partyjnym. Ja nie znam tego myślenia, że partia jest ważniejsza niż cokolwiek innego. Tak było z Antkiem i tak samo jest z Markiem. W tym względzie jeden nie różnił się od drugiego. Popatrz, Marek napisał tę małą książeczkę o getcie[9]. Ale on pisał tylko o Bundzie.

No, tak, ale takie było jego zamierzenie. Ten tekst był raportem dla kół bundowskich w Ameryce.
No, właśnie. To ja to właśnie mówię. O Bundzie dla Bundu! Rozmawiałem z Markiem o tym wiele lat temu. I mówiłem mu: – Słuchaj, człowieku, to było chyba trochę inaczej, nie? A ja, co? Wróciłem do getta, żeby wyciągnąć bundowców, albo nie wyciągnąć bundowców?! Ja nie rozumiem, co ty do

Cywia Lubetkin i Icchak Cukierman, Izrael lata 40.

mnie mówisz. To jakiś nie znany mi język. Ty możesz sobie pisać o Bundzie, co tylko chcesz. Ale to nie znaczy, że masz przemilczać wszystko inne.

Czy wiesz coś więcej o Jurku Grasbergu poza tym, że on zginął na Pańskiej?
Nie, ja nie wiem absolutnie nic więcej. Może trochę czuję się winny. Choć, nie. Tak naprawdę nie czuję się niczemu winny. A tamta sprawa wyglądała tak. Tego samego dnia, czy dzień wcześniej, wysłałem Lubę [Gawisar] gdzieś na Saską Kępę, żeby zabrała stamtąd taką małą dziewczynkę. I Luba pojechała. A że wybuchło powstanie, to nie mogła wrócić. A mnie już wtedy tam, na Pańskiej, nie było. (Przedtem przez jakiś czas mieszkałem z nimi: z Lubą, Ireną [Gelblum] i Jurkiem. Ale po tej naszej dużej wsypie wyprowadziliśmy się z Antkiem na Polską). O wszystkim dowiedziałem się po jakimś dniu czy dwóch.
To znaczy, że nie ma nikogo, kto znałby jakiekolwiek szczegóły?
Nie.
A to, że akowcy zamordowali Jurka, wiadomo od Aleksandra Kamińskiego?
Tak. I nie wiem, skąd on to wiedział.

Marek lubi do swoich opowieści wrzucać taką anegdotyczną opowieść o tym, że po powstaniu warszawskim służyłeś do mszy w szpitalu. W Boernerowie?
W Boernerowie. To jest prawda. Któregoś dnia Luba przyjechała do mnie do Krakowa. (Ja byłem tam wtedy z Ireną). I Luba mówi: – Słuchaj, Antek, Marek i reszta są na Żoliborzu i trzeba ich stamtąd wyciągnąć. – Wiele się nie namyślałem. Co prawda byłem wściekły...
Z powodu tej historii z wyprawą na Leszno?
Z powodu tej historii. Ale powiedziałem: „OK". Przyjechaliśmy nad ranem do Warszawy. I okazało się, że oni już stamtąd zostali wyciągnięci i leżą w szpitalu. A że księdzu był potrzebny pomocnik i ja się do tego nadawałem...

Wróćmy do tego zagubionego tropu twojej przyjaźni z Antkiem.
Słuchaj, ja do Antka często jeździłem. Jak Cywia żyła i później, po jej śmierci. Zawsze miałem problem, czy zawieźć mu butelkę. Ale myślałem sobie – on tak czy tak jakąś znajdzie, więc wiozłem. Po śmierci Cywii Antek ciągle ją wspominał. Dużo o niej mówił. A ja słuchałem i nie zadawałem pytań. Możliwe, że analizowanie tamtego, co się wówczas wydarzyło, przyszło do mnie za późno. Możliwe. Ale inaczej być nie mogło. Ja po prostu nie chciałem o tym mówić i nie mówiłem przez długie lata.
Dlaczego nie chciałeś o tym mówić?
Duży wpływ na to miała na pewno tutejsza rzeczywistość. Kiedy przyjechałem do Palestyny w 1946 roku nie było miejsca na zastanawianie się nad tamtymi

sprawami. W 1947 roku byłem już zmobilizowany i za chwilę walczyłem w wojnie o niepodległość. Poza tym ludzie odnosili się do nas, imigrantów z Europy, w taki podejrzany sposób. Możliwe, że ja byłem przeczulony. Miałem wrażenie, że oni patrzą na nas i myślą, że skoro się uratowaliśmy, to pewnie coś z nami było nie w porządku. Bo ci, co byli w porządku, to zginęli, ich nie ma. W bardzo krótkim czasie zmieniłem sobie tożsamość. Jak mnie pytali, skąd jestem, mówiłem: „Z Petach Tikwy"[10]. Dlaczego z Petach Tikwy? Bo ci, którzy mieszkali w Petach Tikwie nie znali dobrze hebrajskiego. Oni mówili po żydowsku i w innych językach, najmniej po hebrajsku. Więc jak mówiłem „z Petach Tikwy", to nikt już mnie o nic nie pytał. I nie musiałem opowiadać, skąd, jak, dlaczego.

Prawdę znali tylko najbliżsi, tak?
No, tak. Było ich kilkoro: Antek, Celina i Jakubek [Putermilch], i Masza [Glajtman], Luba [Gawisar], Pnina [Grynszpan] i Aron [Karmi]. Była jedna jedyna miejscowa osoba, która wiedziała o wszystkim. To była taka pani, która mnie wzięła do siebie zaraz po przyjeździe. Cipora Czyżyk. Dała mi klucz od swego mieszkania, nie pytała prawie o nic i pozwoliła pójść spać.

Jak przyjechałeś do Kraju?
Nielegalnie.

Z kim byłeś?
Sam.

Nikogo znajomego?
Nie pamiętam, chyba nie.

Przypłynąłeś statkiem.
Z Marsylii. Zatrzymali nas przed Hajfą, internowali te kilkaset osób i siedzieliśmy w Atlit[11] przez jakieś sześć tygodni. A jak nas wypuścili, to przyjechały autobusy... Pytałaś, kto był w tej grupie. No, tak. Większość tej grupy stanowili ludzie, z którymi byłem przeszło półtora roku, kiedy robiliśmy te różne działania w Niemczech.

Mówisz o akcji nazywanej „Zemsta", tak?
Tak. Więc te autobusy zawiozły nas do kibucu Abby Kownera[12]. Na pewno słyszałaś o nim. I wszyscy postanowili tam zostać. A ja wstałem rano i powiedziałem: – Jadę do Tel Awiwu. – A oni mnie pytają: – Co ty, Kazik, zwariowałeś? – I naprawdę dużo nie brakowało, żebym zwariował. – Coś ty, dlaczego? Przecież masz tu wszystko: dom, pracę, zielone trawniki. – No, właśnie – powiedziałem im – o to chodzi. Ja na to nie pracowałem.

Jak duża była grupa „Mścicieli", która przyjechała z tobą z Niemiec?
Może trzydzieści-czterdzieści osób. W końcu, poza Abbą i Witką[13] prawie wszyscy opuścili ten kibuc.

W górnym rzędzie trzecia od lewej Pnina Grynszpan-Frymer, dalej: Icchak Cukierman, Kazik Ratajzer, Miriam Karmi, Aron Karmi, Masza Putermilch, Cipora Czyżyk, w dolnym rzędzie pierwsza od lewej Cywia Lubetkin, obok Celek Celemeński, czwarty od lewej Jakubek Putermilch, obok Wanda Rottenberg.
Spotkanie w mieszkaniu Maszy i Jakubka Putermilcha w Tel Awiwie, koniec lat 60.

Twoja przyjaciółka, Irka [Gelblum], też wtedy przyjechała do Kraju?
Tak.
I potem wróciła do Polski?
Tak. Wiesz, ja nie pamiętam, czy myśmy wtedy razem przyjechali. Czy ona może była tu już wcześniej? Pamiętam, że jak zwiewaliśmy z Niemiec, to ja byłem z jednym chłopakiem, i my uciekliśmy do Francji. A Irka była gdzieś indziej.
Ale do Tel Awiwu razem już nie pojechaliście?
Nie.
Nie byliście tu już parą?
I tak, i nie. Wiesz, ona była w Hajfie, ja w Tel Awiwie.

Dlaczego nie chcesz rozmawiać o grupie „Mścicieli"?
Bo uważam, że po pięćdziesięciu latach nie jestem w stanie nikomu wytłumaczyć, na czym polegała ta szalona idea.
To przekonywający argument.
Gdyby można było rozmawiać o tym w roku 1946, 1947... Ale dzisiaj?! Żadna logika nie jest w stanie tego zrozumieć. Co to za szaleni ludzie wymyślili sobie coś tak strasznego? Taką zemstę? Kto jest w stanie to pojąć?! Nasza historia nie jest potrzebna dzisiaj światu, który i tak pełen jest terroru i przemocy. Dlaczego miałbym podpowiadać kolejne okrutne pomysły?! Nie widzę żadnego powodu.
Inni członkowie tamtej grupy nie podzielają chyba twojej wstrzemięźliwości. Widziałam niedawno film dokumentalny o „Mścicielach"[14]**. Twoi dawni towarzysze opowiadają w dość szczegółowy sposób, na tyle, na ile pamięć im pozwala, o tamtych akcjach w Niemczech. Czy myślisz o tym, żeby kiedyś opisać tę historię?**
Nie wiem. Być może. Nie mam z tym żadnego problemu.
W jakim sensie?
Jeśli chodzi o wyścig popularności w historii, ja z tego łatwo rezygnuję.
Co ci z tamtego doświadczenia pozostało?
Słuchaj, to był zaledwie epizod. Nie udało się zrobić tego, co zamierzaliśmy. Niektórych rzeczy ja naprawdę żałuję. A to, że ta nasza główna akcja nie wyszła, z tego mogę się tylko cieszyć. Bo nie wiem, jak można by z tym żyć, gdyby się to udało. To naprawdę było szaleństwo. 50 lat temu patrzyłem na to wszystko inaczej, zdanie zmieniłem nie dziś, a kilkadziesiąt lat temu.

Kiedy powstał ŻOB? Jaką datę przyjmujesz?
Co znaczy „powstał"? Na papierze? Czy pytasz o to, kiedy zaczął naprawdę działać? Ja nie wiem, jak to liczyć. Ja mogę tylko przypominać fakty. Faktem jest, że pierwsze powstanie w getcie było w styczniu.

ROZMOWA Z KAZIKIEM RATAJZEREM

Te walki uliczne 18 stycznia 1943 nazywasz „powstaniem"?
Mogę to inaczej nazwać. Masz jakieś lepsze słowo?
Niektórzy mówią o „akcji styczniowej".
Akcja? Nie. Akcja była niemiecka.
Wysiedleńcza, myślisz?
Tak. Ale może być „opór", „walki zorganizowane", jak chcesz. Ja wtedy już byłem w grupie bojowej. Broni nie miałem. Siedziałem na strychu razem z Celiną i innymi. Było nas pewnie kilkadziesiąt osób. Wiesz, nawet nie pamiętam, czy miałem jakieś pręty metalowe, czy tylko pałkę drewnianą. Więc, jeśli chodzi o to, kiedy postanowiono powołać ŻOB, to trzeba się odwołać do jakichś dokumentów, które zostały, albo i nie zostały.
Pewnie żadne dokumenty nie zostały. Ale funkcjonują co najmniej dwie daty. Celina pisze, że ŻOB powstał 28 lipca 1942 roku, a Marek powiada, że ŻOB powstał 15 października 1942 roku, wtedy kiedy przyszli chaluce[15] z Czerniakowa.
Słuchaj, ja ci nie mogę nic do tego dodać. Ja sądzę, że Cywia ma rację. I wytłumaczę ci, dlaczego Marek sądzi, że on ma rację. To nie są sprzeczne racje. ŻOB został stworzony przez organizacje syjonistyczne, chalucowe, nazywaj to, jak chcesz, w okresie tego wielkiego wysiedlenia. Oni mieli jakieś dwa rewolwery, tak słyszałem. Nie wiem, czy ktoś ich wydał, ale w każdym razie Niemcy zlikwidowali ten „wielki" arsenał, zginęli też ludzie wtedy. No i wszystko się skończyło. Nie było ŻOB-u. A Marek z kolei odnosi się do tego czasu, kiedy ŻOB był jakby na nowo utworzony i Bund się do ŻOB-u przyłączył. Dla niego ta data się liczy, od tamtej chwili zaczyna się ŻOB.
Więc gdy ktoś cię zapyta: „Proszę pana, kiedy powstał ŻOB?", co odpowiesz?
Powiem tak: „Ja się tym nie zajmuję, nie jestem historykiem". I ja naprawdę nie wiem. Wiem, co wiem, i pamiętam, co pamiętam. Albo byłem świadkiem i wtedy mam pewność, chyba że trochę zapomniałem i się mylę. A jeśli nie byłem świadkiem, to co mogę opowiadać?! Prawdą jest, że wszystko, co zrobiliśmy, działo się między 18 stycznia a 19 kwietnia 1943.
Czy ty pamiętasz swoje przystąpienie do ŻOB-u?
Tak. To pamiętam. Kiedy byłem na Czerniakowie, zwróciła się do mnie Rebeka Pasamanik[16] i prosiła, żebym zaniósł do getta jakieś listy dla Lutka [Rotblat]. Ja znałem ją jeszcze sprzed wojny, była starsza ode mnie o kilka lat.
Rebeka należała do Akiby[17]?
Nie, do HaNoar HaCyjoni. Ona mieszkała przed wojną na Czerniakowskiej, ja na Nowosieleckiej, więc się znaliśmy.
To znaczy, że ta wyprawa była twoją zgodą na działanie w ŻOB-ie?
Ja tak to czułem. Nie dostałem żadnego oficjalnego pisma. Ale chyba nikt nie dostał.

Pieczęć Żydowskiej Organizacji Bojowej

Pamiętasz, kiedy to było?
W listopadzie albo grudniu 1942. W grudniu zlikwidowano placówkę na Czerniakowie i wszyscy wrócili do getta.

Jak wszedłeś do getta?
Z grupą placówkarzy. Niby proste. Ale zanim ja przekonałem tych Żydów, że ja jestem Żydem?! Nie masz pojęcia, co to było. Oni chcieli iść ze mną do Niemca. Bali się, że mam jakieś złe zamiary widocznie. Zobaczyli, że ja nie mam nic przy sobie – ani kartofli, ani chleba, nic! Więc, jak już się przekonali, że jestem swój, to dali mi jakiś towar do przeniesienia przez wachę.

A tę paczkę gdzie miałeś? Zaszytą pod podszewką?
Tak.

I potem wróciłeś na Czerniaków?
Tak.

Na Czerniakowie była farma, pracowała tam grupa chaluców. Jak oni się tam znaleźli?
Słuchaj, jak to się odbywało. Taki folksdojcz dostawał pozwolenie od władz niemieckich, że wolno mu zatrudnić 100 Żydów na przykład. I on mógł sobie wziąć, kogo chciał. I tak było na Czerniakowie. A że większość tych pracujących na farmie należała do organizacji syjonistycznych, to inna rzecz.

Byli tam też twoi rodzice, twoje siostry. Wiesz, jak dostali tę pracę?
Nie.

Miałeś dwie siostry, prawda?
Tak. Miałem też brata. Brat został zabity w 1939 roku.

W jaki sposób zginął?
Podczas bombardowania Warszawy. Mój brat, rodzice mojej matki, siostra i szwagier matki zginęli wtedy. A ja byłem tylko ranny.

Czy kiedykolwiek słyszałeś o tym, że była jakaś grupa skautów, która chciała jako grupa przyłączyć się do ŻOB-u przed powstaniem i Mordechaj Anielewicz się na to nie zgodził?
Słuchaj, ja wtedy o tym nie słyszałem. I nie można się temu dziwić, że ja o tym nie słyszałem, bo ja takich pertraktacji nie prowadziłem.

Czy słyszałeś o tym później?
Tak.

Od Luby? Czy od kogoś innego?
Chyba od Luby. A może od samego Kamińskiego? Nie pamiętam.

Wiesz, jest też podobna historia, nie do końca potwierdzona, o tym, że Anielewicz nie chciał przyjąć do ŻOB-u całego oddziału ŻZW[18].
Dlaczego?

Przez wachę przy ul. Żelaznej, na rogu Grzybowskiej, wchodzą do getta placówkarze (widoczne domy mieściły się przy ul. Żelaznej 56 i 58), przypuszczalnie 1940

Bo nie chciał zgodzić się na jakieś "obce ciało" w ŻOB-ie. Rzekomo był gotów rozsypać członków ŻZW po różnych żobowskich oddziałach.

Możliwe. Ale ja nic o tym nie wiem. Jedno ci mogę powiedzieć. Oprócz Akiby, do której ja należałem, wszyscy inni byli w grupach swojej organizacji czy partii. A my byliśmy rozsypani między innymi[19].

Dlaczego Akiba była rozproszona?

Możliwe, że z tego samego powodu, o którym ty mówisz. Ale to mi przychodzi do głowy teraz. Co prawda, było nas niewielu. Ale na jedną grupę by wystarczyło.

Przed powstaniem byłeś w grupie Beniamina Walda. Zakwaterowani byliście na Lesznie.

Jak nas Niemcy przyprowadzili z Czerniakowa, to dali nam zakwaterowanie gdzieś na Miłej. Wtedy nie było już problemu z mieszkaniem w getcie. Było pełno pustych domów po Żydach, których wywieźli w akcji lipcowej. A po walkach styczniowych były już zorganizowane grupy. I mnie przydzielili do grupy Walda na terenie Toebbensa.

Co robiliście w czasie przed powstaniem?

Słuchaj, robiło się wtedy bardzo wiele, ale ja jestem węzłowaty, więc krótko ci opowiem. Przede wszystkim dbało się o zdobycie broni i amunicji. Teoretycznie były dwie czy trzy możliwości. Praktycznie wyglądało to gorzej. Jedna możliwość, to było podziemie polskie, które miało trochę broni, ale nie bardzo chciało nam jej dać.

To podziemie, to AK, AL, czy jedna i druga organizacja?

Słuchaj. Właściwie to z AL-u dostaliśmy trochę broni dopiero jak bojowcy szli do lasu. A przedtem w getcie było tylko AK. Ale zdaje się, że jest olbrzymia różnica między pomocą, o której mówi AK, a tym, co my faktycznie dostaliśmy. Pewnie to po drodze gdzieś zginęło. Dostaliśmy na pewno kilkadziesiąt rewolwerów i już.

Pamiętasz jakieś szczegóły tego transportu?

Po stronie aryjskiej był Jurek Wilner, Arie. I on organizował tę pomoc. A samo przerzucenie broni do getta? Mnie się zdaje, że to była robota żydowska. Że przynoszono po dwa rewolwery w marchewce i kartoflach szmuglowanych z placówek. Ludzie drżąc przechodzili przez wachę i jakoś się udawało. Ja nigdy nie przenosiłem broni do getta. Ale pamiętam, że raz byłem w tym celu po aryjskiej stronie. Ktoś nam powiedział, że w jakimś miejscu jest dla nas broń zakopana. I myśmy tam poszli i kopali, kopali, ale gówno żeśmy znaleźli! Tyle. Drugim sposobem było kupowanie broni za murem. Najczęściej to była broń niemiecka, ale nie tylko. Wiesz, wojna się skończyła i ludzie trzymali różne rzeczy gdzieś po piwnicach. To było bardzo niebezpieczne. A trzecia ewentualność – to napaść na Niemców i zdobyć broń. Takie

237

były nasze możliwości. Więc od Niemców mieliśmy to, co zdobyliśmy w styczniu. Tego było niewiele. Potem te kilkadziesiąt rewolwerów z AK. No i dokupowanie. Amunicję kupowaliśmy i w getcie robiliśmy koktajle Mołotowa i granaty ręczne, które trzeba było zapalać. Ta produkcja była nadzorowana przez Michała Klepfisza[20], on miał wojskowe doświadczenie. (Tych, którzy służyli w wojsku przed wojną, można było policzyć na palcach. A cała reszta, to chłopaki, które miały czternaście, piętnaście lat, kiedy wojna wybuchła).

Spotkałeś kiedyś Jurka Wilnera po drugiej stronie?
Nie. Po aryjskiej stronie go nie widziałem. Ale ja go nie mogłem widzieć, bo jego złapali, zdaje się, już w styczniu 1943[21].

Czy znasz jakieś szczegóły wydostania Jurka z obozu?
To, co ja wiem, to to, że pewien Polak, nie pamiętam jego imienia...

Grabowski[22]?
Grabowski! Heniek Grabowski go stamtąd wyciągnął. Ja byłem z tym Grabowskim później bardzo zaprzyjaźniony. On nam wiele pomagał. Często korzystałem z jego kiosku.

Co to znaczy?
No, Grabowski miał jakiś stragan z żywnością. I to był taki świetny punkt kontaktowy, na który przychodziłem. Grabowski był znajomym Jurka i, tak jak mówisz, on go jakimś cudem wyciągnął z tego obozu, a potem chował u siebie w domu. Ale Jurek chciał wrócić do getta. Po wojnie Grabowski został odznaczony medalem „Sprawiedliwy Wśród Narodów Świata"[23].

Czy on pomagał za pieniądze?
Nie, nie, żadne pieniądze. Absolutnie nie.

Czy Grabowski żyje?
Wiesz, zdaje się, że on umarł niedawno. Ja miałem z nim cały czas kontakt. Mówiłem ci, że chcę pojechać do Polski i odwiedzić wszystkich. A zostało ich już niewielu.

Kogo chcesz odwiedzić?
Tadka [Rajszczak] nie ma. Chciałbym spotkać jego żonę. Jest Hela Balicka[24]. Jest też żona Heńka Grabowskiego. I w Łodzi jest Alina, siostra Stefana Siewierskiego[25], który został zabity. I to wszystko.

Jak jeździsz do Polski, czy spotykasz Irkę [Gelblum]?
Nie. W zasadzie nie. Ona często przebywa we Włoszech. Czasem pisze do mnie, albo dzwoni. Ale wiesz, nasza młodość skończyła się prawie pięćdziesiąt lat temu.

Wracamy do rozmowy o życiu w grupie bojowej przed powstaniem.
W zasadzie robiliśmy jedno. Uczyliśmy się obsługiwać tę broń, którą mieliśmy. I próbowaliśmy za wszelką cenę zdobywać fundusze na zakup broni.

Nazywaliśmy to wtedy „eksami". A że ludzie niechętnie dawali nam pieniądze, to czasem musieliśmy używać siły. Nie lubiliśmy tego robić, ale uważaliśmy, że tak czy tak wszystko zginie, więc nie mieliśmy specjalnych skrupułów.

Pamiętasz jakąś szczególną sytuację, szczególny „eks"?
Nie mogę nie pamiętać. Z jedną z tych historii związane jest moje imię – dawny pseudonim. To było już w grupie Henocha Gutmana, a nie Beniamina Walda, bo mnie po jakimś czasie przenieśli. A może ja sam chciałem, żeby mnie przenieśli do Gutmana, którego grupa była u szczotkarzy? Nie pamiętam. Więc pewnego dnia poszliśmy na taką wyprawę. Byliśmy we dwóch z Gutmanem, może był jeszcze ktoś z nami. Przyszliśmy do jakiegoś bogatego domu, ale ten człowiek nie bardzo chciał nam dać pieniądze. I wtedy Gutman nagle krzyknął: – Kazik! Zrób z nim porządek. – Ja szybko zrozumiałem, o co mu chodzi, i zagrałem tę rolę.

Rolę chłopaka z polskiego podziemia?
Tak. Że niby przyszedłem z aryjskiej strony pomagać żydowskim bojowcom, i tak dalej. A potem opowiadano w getcie, że AK wysyła swoich do getta, że tak nam pomagają.

I od tamtej pory często bywałeś dzielnym akowcem.
Była jeszcze jedna sytuacja z tym związana. Policja żydowska zaaresztowała dużą grupę i zamknęła w jakimś szopie. Postanowiliśmy ich uwolnić. Pamiętam, że przed tą akcją poszedłem na wywiad, sprawdzić to miejsce, zaplanować nasze możliwości. A potem wróciliśmy tam w kilka osób. Jedyne, co mieliśmy zrobić, to kazać tym policjantom wypuścić więźniów.

Policja żydowska broni nie miała. Czy ta grupa była pilnowana tylko przez żydowską policję?
Tak, Niemcy polegali na nich – w końcu wykonywali rozkazy dokładnie. Ale my przyszliśmy z bronią. Kazaliśmy się tym policjantom położyć na podłodze, jeden leżał na drugim. Nasi chłopcy mieli zakryte twarze, a ja nie. Z naszymi mówiłem po polsku a tym policjantom chyba też powiedziałem, że jestem z AK, że to nasza wspólna robota. Zwolniliśmy wszystkich ludzi. Nie trzeba im było dwa razy powtarzać. Kilka minut i nikogo już w szopie nie było. Cała historia natychmiast rozeszła się po getcie. Ludzie zrobili z tego Bóg wie co. A pseudonim Kazik przylepił się do mnie i tak z nim żyję.

Nawet żona twoja mówi do ciebie Kazik.
Nawet moje izraelskie wnuki mówią do mnie Kazik.

A nie jest ci żal, że nie jesteś Simchą?
Nie, nie, absolutnie nie. Nie podoba mi się imię Simcha, ale nie radzili się ze mną w tej sprawie. Po jakimś dziadku tak mnie nazwali. A drugi „eks". To był bogaty facet, jakiś kupiec. Ani nazwiska jego, ani miejsca nie pamiętam. Wiem, że miał bardzo ładną córkę. Jak przyszliśmy tam, nie było go w domu.

Zabraliśmy ze sobą tę córkę, żeby go zmusić do dania pieniędzy. Mieliśmy takie miejsce, gdzie mogliśmy tych niby aresztowanych przetrzymywać.

Kucyk [Aron Karmi] szczegółowo opowiada o „eksach", a te miejsca nazywa więzieniami.

O.K. Niech będzie – więzienie. Więc ta dziewczyna napisała list do ojca, a my czekaliśmy na niego. W końcu przyszedł, ale pieniędzy nie chciał dać, to i jego zamknęliśmy. Ale on był uparty. Myśmy robili wszystko. Ja nawet groziłem, że go zabiję. Ale on się nie ugiął. W pewnym momencie dał nam jakąś sumę i tak mówi do mnie: – Słuchaj, ja mam córkę i ja bym chciał, żebyś ty zabrał moją córkę na aryjską stronę. – Ja bym ją chętnie zabrał. Ale co ja mu powiem? Że nie jestem Polakiem? Nie chciałem tego robić. Więc powiedziałem: – Dobrze, ja pomyślę o tym i jak będzie jakaś możliwość, to ja cię o tym zawiadomię. – Ten facet dał nam te trochę pieniędzy chyba tylko dlatego, że chciał córkę ratować, a nie dlatego, że się nas przestraszył. On wiedział, że my go nie zabijemy.

Czy zabiliście kogoś, kto nie chciał dać pieniędzy?

Nie, w żadnym wypadku. Zabiliśmy dwóch, ale to byli kolaboranci. Jeden nazywał się Pilotka, a drugi był szefem policji [Józef Szeryński]. Może był jeszcze ktoś, nie pamiętam.

Pamiętasz swoją pierwszą grupę, grupę Beniamina Walda?

Nie pamiętam tych ludzi. Tylko samego Walda. Wiem, że był niski, niższy ode mnie. I to wszystko.

Wald zginął u Toebbensa, tak?

Moim zdaniem, tak.

Kogo pamiętasz z grupy Henocha Gutmana?

Tam była Cipora Lerer i Szlamek Szuster, i Adolf Hochberg, i Dwora Baran. Był Abram Eiger. I była przyjaciółka Gutmana, której imienia nie pamiętam. Jak Marek może zapomnieć, to i mnie wolno, prawda? To nie jest tylko przywilej dowódców.

W książce piszesz, że były cztery dziewczyny.

Możliwe, widocznie ta czwarta nie zrobiła na mnie wielkiego wrażenia.

Czy było dziesięć osób w grupie?

Przynajmniej. A może nawet dwanaście.

Kiedy Marka poznałeś?

Trudno mi powiedzieć dokładnie, ale poznałem go tam, u szczotkarzy. Pewnie była jakaś współpraca między naszymi grupami, bo drugiego dnia powstania Henoch [Gutman] i Marek mianowali mnie dowódcą patroli, które wychodziły do getta centralnego, żeby rozpoznawać sytuację.

Musiała być współpraca. Przecież Henoch był dowódcą grupy, a Marek całego terenu.
Wiesz, to trochę inaczej wyglądało, niż to teraz jest przyjmowane. Ja wiem, że Marek dla wszystkich jest Panem Bogiem, szczególnie w Polsce, taki król żydowski. A ja nie mam potrzeby oddawania hołdów nikomu!
Tylko Antka zawsze uważałeś za dowódcę, prawda?
Niee, niee, to nie jest tak. Wiesz, Marek był dowódcą w getcie. A po aryjskiej stronie on, tak jak Cywia, siedział w domu cały czas. Kto wszystkimi sprawami się zajmował, to Antek właśnie. I ja z nim cały czas pracowałem. To Antek był następcą Anielewicza. Wiesz, dziś można to tak nazywać – komendant terenu, komendant powstania. Ale wtedy, w powstaniu, każda grupa była samodzielna, tak naprawdę. Jasne, że kontaktowaliśmy się ze sobą, kiedy to było możliwe. A nie zawsze było. Więc ta samodzielność była dosyć wymuszona. To nie tak jak w wojsku. Że masz dowódcę, który siedzi z tyłu i może rozkazywać każdemu żołnierzowi. Jest hierarchia i komunikacja przede wszystkim. My nie mieliśmy żadnej możliwości kontaktu, kiedy Niemcy byli w getcie. Wtedy, kiedy dowódca był najbardziej potrzebny, każdy był zdany na swoją grupę.
Rozumiem, że spotykaliście się głównie w nocy, kiedy Niemców nie było już w getcie.
Oczywiście. Szukaliśmy się w tych ruinach i relacjonowaliśmy sobie nasze dzienne przeżycia. Mówię ci – te wszystkie pojęcia, którymi się teraz operuje, nie są odpowiednie dla tamtej sytuacji. A jak mnie pytają, ile mieliśmy karabinów, to też odpowiadam, że to nieistotne: dwa czy sto. A co? Gdybyśmy mieli jeszcze sto, to co? Wojnę byśmy wygrali?! A nie mieliśmy nic!

Chciałbyś opowiedzieć o Dworze Baran?
Co ci mogę powiedzieć? Jak wyszedłem z getta 1 maja, to ona jeszcze żyła. Oni wszyscy jeszcze żyli. Jak wróciłem, nikogo nie znalazłem. Jeden jedyny, którego spotkałem w kanałach, to Szlamek [Szuster]. Chwilę go tylko widziałem.

I Szlamek ci opowiedział, co się stało, tak?
Tak.

Opowiedz.
No, co mogę powiedzieć. Że Niemcy atakowali i Abram Eiger zginął, i Dwora Baran została zabita. I Henoch był ranny. Te resztki przyłączyły się do grupy Marka.

To wszystko działo się na Wałowej 6, w waszej bazie?
Nie. My Wałową 6 musieliśmy opuścić tego samego dnia, bo Niemcy podpalili ten dom. W nocy zeszliśmy i szukaliśmy jakiegoś miejsca. Przecież nie mieliśmy żadnej alternatywy wcześniej przygotowanej.

I wtedy znaleźliście Franciszkańską, bunkier Zakładów Zaopatrywania?
Nie, przedtem byliśmy jeszcze w jakimś innym miejscu.
Na Świętojerskiej 34?
Możliwe. Ja szukałem jakiegoś bunkra, w którym zmieściłoby się kilkadziesiąt osób. To wtedy właśnie przestraszyłem mieszkańców bunkra, bo schodziłem po schodach, w dół, a oni najpierw widzieli tylko moje nogi w długich, czarnych, skórzanych, takich esesmańskich butach. Na szczęście nikt tam chyba nie miał broni. Ale w tym schronie nie było dla nas miejsca.
A potem, na Franciszkańskiej, większość twojej grupy zginęła?
Ja nie mogę być tego pewien, bo tam mnie nie było, ale z tego, co wiem, to tak. Ja ostatnio pytałem Marka o szczegóły, ale on mówi, że nie pamięta.

Pamiętasz sytuacje, w których strzelałeś, trafiłeś, może zabiłeś kogoś?
Nie pamiętam, żebym strzelał z rewolweru i żebym zabił kogoś. Ja myślę, że zabiłem wielu, ale nie z rewolweru, a granatem. My rzucaliśmy z pierwszego piętra, a oni byli po drugiej stronie ulicy. To było bardzo blisko. Trudno było nie trafić. Jeden dostał w hełm, zapalił się, potem inni, obok... Widziałem te sytuacje. No i ci, którzy zginęli od miny...
...która wybuchła w bramie przy Wałowej? Jedna z dwóch, które były przygotowane, i jedyna, która wybuchła.
Tak, to byli właściwie pierwsi zabici na naszym terenie. Ilu ich było? Nie wiem. Ale słuchaj, ja tego też nie zrobiłem! Choć miałem. Przyszedł ten mój dowódca, Henoch Gutman, wyrwał mi zapalnik z ręki i to on pociągnął. Ja czekałem z tą miną, żeby ich więcej przez bramę przeszło. I tak się stało – połowa była w środku, a połowa na zewnątrz i wtedy Henoch do mnie dobiegł. Za chwilę wszystko było w powietrzu.
Pamiętasz waszą reakcję?
Co za pytanie?! Wszyscy tańczyli z radości. Wiesz, jest różnica między strzelaniem do kogoś bezpośrednio a rzucaniem granatu. Miałem też taki przypadek, że strzelałem do kogoś z bliska. I nie trafiłem. Tego też nie żałuję. To było wtedy, kiedy szantażowali nas na Komitetowej. Do tego mieszkania przyszła kobieta, która powiedziała, że wie, że my wszyscy jesteśmy Żydami, i zażądała od nas pieniędzy. Postanowiłem, że rozmówimy się na ulicy. Wyszliśmy stamtąd. Szedłem z nią i z Nastkiem. I nagle Nastek strzelił do niej, nie wiem: raz czy dwa razy. I uciekł. A ta kobieta ciągle idzie. Wtedy ja wyjąłem swój rewolwer i też strzeliłem. Krzyknąłem, że obława. I zwiałem. Jak wróciłem na Pańską, okazało się, że moja kula została w lufie.

Chodziłeś po getcie w mundurze esesmana, prawda?
Tak, ale nie chodziłem w tym mundurze długo, tylko podczas powstania.

Czy to nie było niebezpieczne? A właściwie dlaczego chodziłeś w tym mundurze?
Sądziłem, że to dobry pomysł. Wiesz, Niemiec widzi cię z daleka i jesteś trochę bardziej bezpieczny.

A żobowiec mógł cię z daleka zastrzelić.
Ale nasi ludzie wiedzieli o tym moim przebraniu. Wszyscy mnie znali na terenie szczotkarzy. A w getcie centralnym? Przede wszystkim nie chodziłem nigdy sam. Jeden jedyny raz, kiedy się obawiałem, to wtedy na tych schodach do schronu, opowiadałem ci o tym. Ja czułem, że oni umierają ze strachu i że wszystko może się zdarzyć.

Pamiętasz, skąd miałeś ten mundur? Z trupa go zdarłeś?
Chyba tak. Bo skąd mógłbym go mieć?!

20 kwietnia Niemcy weszli na teren szczotkarzy. Najpierw wybucha mina, którą ty i Henoch, razem, odbezpieczacie. A potem rzucacie granaty. Ty rzucasz pierwszy i krzyczysz: – Zapal! – Tak piszesz w swojej książce. Rzeczywiście krzyknąłeś po polsku: „zapal"?
Taak. Na pewno. My najczęściej rozmawialiśmy po polsku. Choć nie wszyscy. Dwora była ze wschodniej Polski i ona lepiej mówiła po hebrajsku i po żydowsku. Ale ze mną rozmawiali po polsku. Ze Szlamkiem też mówiłem po polsku.

Pamiętasz, czy rozmawiałeś z kimś po żydowsku?
Prawdę powiedzieć? Nie pamiętam.

A z Antkiem?
Z Antkiem? Za murem? Jak wyszedłem, to myślę, że relację zdawałem mu po polsku.

Czy możesz powiedzieć, że twoim pierwszym językiem jest polski?
W pewnym sensie tak.

Lepiej mówisz po polsku niż po żydowsku?
Tak. Choć dzisiaj ani mój polski, ani żydowski nie są dobre. Mój polski kiedyś był dobry. Ale ja od 1946 do chyba 1990 w ogóle nie mówiłem po polsku. Z Giną[26] – nigdy, ani razu.

I po żydowsku pewnie też w Izraelu nigdy nie rozmawiałeś?
Nie. Nie. Tylko po hebrajsku.

Czy pamiętasz, kto i kiedy znalazł ciało zabitego Michała Klepfisza?
Ja pamiętam, że ktoś znalazł jego ciało na górze. Ty wiesz, że myśmy poprzebijali dziury w murach i mieliśmy przejścia strychami?

Tak, wiem. Aron Karmi też o tym opowiada. Pamiętasz, gdzie Michała Klepfisza znaleziono? Na Świętojerskiej czy na Wałowej?

Michałek Klepfisz – pierwszoklasista, wrzesień 1922

Gina Klepfisz, lipiec 1932

Tego nie pamiętam.

Czy widziałeś jego ciało?

Tak, na pewno, na strychu leżało. Znieśli to ciało na podwórze i tam gdzieś wykopali grób. I to wszystko.

Jesteś pewien, że pochowaliście Michała?

Tak.

Marek mówi, że nie chowaliście go, że Michał tam został, a potem ten dom bomba zniszczyła.

Ja ci powiem: to był nasz pierwszy zabity. Gdyby to było kilka dni później – zgadzam się z Markiem – nikt by o tym nie myślał. A on był pierwszy i jedyny tego dnia. Pamiętam, że chowaliśmy go w nocy i dlatego mogliśmy to zrobić spokojnie, bez strachu.

Pamiętasz, kiedy Klepfisz dostał Virtuti Militari[27]?

Nie. Ja nic o tym nie słyszałem.

Marek powiada, że tę wiadomość usłyszał w getcie i że to była najradośniejsza wiadomość w powstaniu.

O tym ja słyszę po raz pierwszy teraz od ciebie. Ale pomyśl, jak to się mogło zdarzyć, żeby ktoś gdzieś, tam daleko, tak szybko wiedział o Klepfiszu?

Może jakoś została przekazana ta informacja na drugą stronę?

Jakoś? Jak?! Faks? Telegram? Telefon do Londynu? Bzdury! To naprawdę jest nieprawdopodobne.

Cytat z twojej książki: „Dopiero, kiedy w getcie pozostało niewielu, wszyscy zrozumieli – szkoda tylko, że tak późno – że żobowcy nie są wrogami narodu".

Większość ludzi w getcie sądziła, że każdy opór doprowadzi do całkowitej likwidacji getta. Długo nie wierzyli, że Niemcy postanowili wymordować żydostwo w Polsce czy nawet w Europie. I dlatego oni uważali, że podziemna działalność ściągnie na nas klęskę. Zmiana następowała z czasem. Wiesz, ja dzisiaj stawiam sobie bardzo trudne pytanie, na które nie znajduję jasnej odpowiedzi. Wtedy w ogóle nad tym się nie zastanawiałem. Ostatnio próbowałem rozmawiać o tym z Markiem. Pytanie jest takie: kto nam dał prawo decydować o losie innych ludzi? Możliwe, że ktoś by się uratował, gdyby nie było powstania w getcie.

Czy to znaczy, że ty dzisiaj nie masz jednoznacznej odpowiedzi na pytanie o to, jaka postawa wówczas była bardziej właściwa?

Nie, nie mam takiej odpowiedzi. Ja wiem, że dla nas, wówczas, tylko ta jedna postawa się liczyła. Ale pytam: czy mieliśmy moralne prawo podejmować decyzję za innych? Wiesz, to jednak jest inaczej, jak masz Sejm, czy Kneset[28] i reprezentanci społeczeństwa decydują w imieniu innych, że trzeba iść na wojnę. A tu? Byliśmy samozwańcami, którzy przez długi czas działali wbrew woli większości. No, co ty myślisz?

Jakoś mi się prościej moje myślenie układa i sama bym chyba nie postawiła tutaj pytania o moralne prawo. Ale rozumiem, kiedy je formułujesz. Moja odpowiedź jest jednoznaczna – tak. Myślę, że decyzja o oporze była deklaracją odpowiedzialności za siebie i innych.

Dla mnie to nie jest takie oczywiste. Chciałbym, żebyśmy umieli się nad tym zastanowić. A poza tym, to ja ci powiem, że ja nie myślałem takimi kategoriami. Ja myślałem o sobie i o tym, jak umrę. Nie chciałem dusić się w komorze gazowej. Łatwiej jest umrzeć w walce, szybciej po prostu. Całe to mówienie: powstanie było dla historii, dla narodu, honoru żydowskiego, i tak dalej – mało mnie przekonuje. Te wszystkie ładne słowa dobre są na akademie. Kto o tym wtedy myślał? Wiesz, potem tu, w Izraelu, mówiono – szczęście stało się wielkie, że zrobili to powstanie, bo inaczej? Jaka hańba by to była dla narodu żydowskiego! Gdybym ja wiedział wtedy, że oni tak będą gadać, to bym tego nie robił!! Ja uważam, że życie ludzkie jest najważniejsze, a nie honor i inne takie. Żebyś mnie dobrze zrozumiała. Ja nie mówię: życie ludzkie za każdą cenę. Nie. Ja nie myślę o sytuacjach, kiedy człowiek upadla się, żeby żyć. Ja stawiam tylko to jedno pytanie: jakie prawo mieliśmy decydować za innych? Ale nikt nie chce się nad tym zastanawiać. To wszystkim wydaje się takie oczywiste. Był w getcie taki religijny człowiek Zysie...

...Friedman[29]. Jeden z przywódców Agudat Israel.

Tak, chyba Friedman. I on nas co prawda pobłogosławił, ale nie poszedł z nami. Różne są postawy. Nie wiem, która słuszniejsza.

Chciałabym porozmawiać z tobą o Żydowskim Związku Wojskowym. To taki wątek powstania w getcie rzadko podejmowany. Czy ty cokolwiek możesz powiedzieć na temat ŻZW?

Wiem na pewno, że były jakieś rozmowy, w których ustalano nasze pozycje w czasie powstania. Żeby przypadkiem nie strzelać do siebie. To się działo tuż, tuż przed powstaniem, chyba getto było już oblężone. Wiem, że w takich rozmowach brałem udział, ale żadnych szczegółów nie pamiętam.

Czy pamiętasz nazwisko Chaima Łopaty? Israel Gutman[30] pisze, że oddział ŻZW Chaima Łopaty walczył na terenie szczotkarzy.

Ja nigdy o nich nie słyszałem. A jeśli chodzi o Gutmana, to zostaw mnie w spokoju. Ja nie mogę być obiektywny wobec niego, więc lepiej mnie nie pytaj.

Ty wyszedłeś z getta przez tunel wybudowany przez ŻZW.

Tak. Ten tunel był obok ich kwatery na Muranowskiej. Może to była ich główna baza, a może i jedyna. Na terenie szczotkarzy, to był przecież nie taki wielki teren, wiem o wszystkich. A skąd Gutmanowi się to wzięło?

Ponieważ Gutman nie podaje źródła tej informacji, zapytałam go o to kilka tygodni temu. Powołał się na wspomnienia Leona Najberga[31]. Czy widzieliście ślady walk[32], kiedy wyszliście po drugiej stronie?

NACZELNY WÓDZ   Odpis

L.dz.159/GNW/44.

Londyn, dnia 18 lutego 1944 r.

      W uznaniu czynów osobistego męstwa i wybitnych czynów wojennych wykazanych w czasie walk w ghecie w Warszawie w 1943 r. - na podstawie art.4 lit.e, oraz art.9 ust.1 ustawy z dnia 25 marca 1933 r o orderze wojennym "Virtuti Militari" /Dz.U.R.P.nr.33 poz.285/

                n a d a j ę

    Krzyż Srebrny ord.woj."Virtuti Militari" kl.V

nr.ord. 9622   bł.p. inż. KLEPFISZ Michał

           N A C Z E L N Y   W Ó D Z

              /-/ Sosnkowski

           S O S N K O W S K I
              generał broni

Za zgodność odpisu:
Londyn, dnia 29 czerwca 1946 r.
Kierownik Sam. Referatu Odznaczeń

Kłonkowski
major

ROZMOWA Z KAZIKIEM RATAJZEREM

Jak najbardziej. Śladów było sporo. Wskazywały na to, że walka była dość porządna. A potem słyszeliśmy relacje od mieszkańca tego domu – myślę, że on był tramwajarzem, a może pracownikiem elektrowni. Myśmy przyszli tam, na Muranowską, w nocy.

Którego wyszliście z getta?
Zapomnieć tego nie można. To było 1 maja. Marek raz mówi 30, raz 29 kwietnia. Wiesz, ja się dziwię, bo przecież ja żyję i można to sprawdzić, wystarczy zadzwonić. I pamiętam też dokładnie, kiedy wróciłem do getta. Jak spotkałem tę grupę w kanale, kiedy już wracałem z getta, oni mi powiedzieli: – Dzisiaj przed południem został wykryty bunkier Anielewicza – czyli to musiało być 8 maja.

A skąd masz pewność, że wyszedłeś 1 maja?
Bo szedłem z bundowcem [Zygmunt Frydrych]. Ja nie miałem żadnych sympatii do 1 maja, a on tak. Dlaczego Marek nie wspomina, że Zygmunt nie chciał ze mną wrócić do getta?!

Dlaczego Zygmunt nie chciał wrócić do getta?
Słuchaj, on miał dziecko... A poza tym, to trzeba było być wariatem, żeby wrócić. Czy dobrowolnie idzie się do piekła? I ja nie mam żadnych pretensji, bo to ludzkie. Ale właśnie dlatego nie należy tego ukrywać.

Rozumiem, że wyście wyszli z getta, żeby coś zorganizować dla pozostałych po drugiej stronie.
No, jasne. Przecież nie wyszliśmy dla swojej przyjemności. Nikt nas nie wysyłał dlatego, żebyśmy się uratowali.

Marek was wysłał?
Marek był jednym z tych, którzy zadecydowali o naszym wyjściu. Przyszli do mnie i zapytali, czy się zgadzam. Powiedziałem O.K. Co? Miałem się nie zgodzić? Sytuacja w getcie była taka, że nie miałem nic do stracenia. I wiesz, co? Kilka minut to trwało i byliśmy już w drodze.

Lubiłeś Zygmunta Frydrycha?
Ja go przedtem nie znałem. Poznałem go na minutę przed wyjściem.

Jak myślisz, dlaczego ty i dlaczego Frydrych?
Ja nie umiem ci na to odpowiedzieć.

Byłeś zaradny, można było na tobie polegać, miałeś dobry wygląd. Tak?
No, chyba tak. Wiesz, ja nie byłem pierwszy, który wyszedł z takim zadaniem zorganizowania pomocy. Jednym z ludzi, który próbował przede mną wyjść, był Tuwia Borzykowski. Ale on wrócił.

Też kanałami wychodził?
Tak. Nie było innej drogi. Ta była naprawdę jedyna.

Ale wyście znaleźli podkop na Muranowską?

Plac Muranowski, między 1940 a 1942

No, tak, ale tego podkopu nikt przed nami nie znalazł, a potem nie można go już było używać. Ten dom był pilnowany przez Niemców. Jak wyszliśmy, to mieliśmy więcej szczęścia niż rozumu, że nie wpadliśmy w ich ręce.
Podkop wychodził z domu przy Muranowskiej?
Tak. Ulica była przedzielona murem. Wchodziłeś na Muranowskiej, a wychodziłeś w domu po drugiej stronie muru. Ale potem trzeba było jeszcze jakoś wyjść stamtąd! Z getta wyszliśmy w nocy. Więc zostaliśmy tam do końca godziny policyjnej, do rana. Siedzieliśmy na górze, na klatce schodowej. Kiedy zaczęło się rozjaśniać, patrzymy przez okna i na dachu sąsiedniego domu widzimy wszystko roztrzaskane, porozbijane... Trupów już nie było, ale krwi jeszcze sporo. I nagle otwierają się drzwi, wchodzi jakiś facet i cofa się przerażony. Ja sobie wyobrażam, jak my dwaj wyglądaliśmy. Więc mówię do niego: – Słuchaj, my właśnie wyszliśmy z getta. Utknęliśmy tam w czasie powstania i dopiero teraz udało nam się wyjść. – On nam pogratulował, i tak dalej, i tak dalej. I to on nam powiedział, że dom jest pilnowany, ale pokazał jakąś dziurę, przez którą wymknęliśmy się stamtąd.
Jak wyście ten podkop znaleźli?
Ja go nie znalazłem. Chyba Adolf [Hochberg] przyszedł do mnie i powiedział, że coś takiego znalazł.

Dokąd mieliście pójść po drugiej stronie?
Zygmunt miał adres Anny Wąchalskiej[33].
To był jego prywatny kontakt?
Nie. Niech będzie po sprawiedliwości! To był kontakt Bundu. Ja nie miałem zielonego pojęcia, w co my idziemy. Wiesz co, to wszystko było tak „wspaniale" zorganizowane, że jak ja teraz o tym myślę, to nie chce mi się wierzyć. Nie rozumiem tych przywódców i komendantów. Co znaczy, że on ma adres?! Jaką można było mieć pewność, że dojdziemy razem do końca? A jeżeli ja przeżyję, a on nie, to co? Adres mi się nie należy? Słuchaj, to kardynalne błędy!
Czy nie jest tak, że te błędy tłumaczą się wyjątkową sytuacją? Przecież to nie zła wola.
Niee, nie zła wola. Ale podstawowe błędy! Jednak można było trochę bardziej pomyśleć. Potrzebujesz dowódców, ludzi, którzy biorą za ciebie i innych odpowiedzialność w sytuacjach ciężkich. A nie wtedy, kiedy jest w porządku. W sytuacji zagrożenia ostatecznego trzeba wszystko przemyśleć z góry.
Czy nie jest tak, że wy w getcie byliście w sytuacji aż tak ostatecznego zagrożenia, że trudno było wszystko przemyśliwać z góry?
Słuchaj, ja nie miałem żadnego przygotowania, żadnego przeszkolenia. I wiesz, jak znalazłem ich w kanałach, powiedziałem najwyraźniej, że nie wolno im w żadnym razie ruszyć się spod włazu! Tak, jakbym przewidywał... Mówiłem

Zygmunt Frydrych, zdjęcie przedwojenne

im, żeby nie odważyli się ruszyć! Tam był mój najlepszy przyjaciel, Szlamek [Szuster]. Ja czytałem ostatnio twoje rozmowy z Maszą i Pniną. I one ci o tym mówią. To nie to, że ja chcę się teraz usprawiedliwiać. Nie mam takiego zamiaru. Cywia mi powiedziała: – Zatrzymaj wóz! – A ja się nie zgodziłem. I nie będę się usprawiedliwiać. Nie widzę powodu. Mówiłem Markowi, że – moim zdaniem – ŻOB, jego przywódcy i komendanci, nikt nie pomyślał, że może jednak trzeba się będzie wycofać, że być może nie będzie można kontynuować walki. Marek powiada, że oni myśleli o tym.

Z tego, co się stało w bunkrze na Miłej, z postawy Anielewicza, można by sądzić, że dowódcy ŻOB-u nie zastanawiali się nad sposobem odwrotu.
No, to ja to właśnie mówię! I wszyscy mówią to samo. Oprócz Marka. Wiedzieliśmy, że wobec Niemców nie mamy żadnych szans. A przecież trochę nas przeżyło. Nikt nie myślał, że można zrobić powstanie i przeżyć! I co wtedy? Co dalej? Nikt się nad tym nie zastanawiał. Wszyscy byli pewni, że zginiemy i już.

Ale przecież Marek mówił wielokrotnie, że to samobójstwo na Miłej było błędem. Że trzeba było szukać sposobu wyjścia, bo zawsze jest jakaś szansa.
Szansa?! Na jakiej podstawie? Chyba cudu! Ale on w cuda nigdy nie wierzył! Choć chcę ci powiedzieć, że ja rozumiem takie liczenie na cud. Kiedy w 44. posłali nas na Leszno, byliśmy w sytuacji naprawdę ostatecznej. Niemcy się zbliżali do naszego domu i Józef Sak wtedy wyciąga cyjankali i mówi, że on popełni samobójstwo. A ja krzyczę: – Nie! Ty tego nie zrobisz! Czekaj! To zawsze zdążysz. – Ja nie wiedziałem, jaką mamy szansę, ale może jakaś była. A Niemcy są bardzo blisko, słyszymy, że oni krzyczą. Z nami była Marysia [Sawicka], i Irena [Gelblum]. Więc ja mówię: – Krzyczcie do nich, że tu są kobiety. I wychodźcie. Jeśli nie usłyszę żadnych strzałów, wyrzucam mój rewolwer i też wychodzę. – I tak było. Marysia, Stasia [Ryfka Rozensztajn] i Irena wyszły jako pierwsze. A potem reszta. Oni się też chyba trochę przestraszyli. Bo nagle z domu obok komendy niemieckiej (myśmy cały czas ich słyszeli) wychodzą jacyś ludzie. Po tylu tygodniach. I jak nas tak Ukraińcy prowadzili ulicą, przejeżdżał esesman na motorze i krzyknął do nich, pokazując na nas: *Jude! Jude!* Więc ci moi znowu, że oni nigdzie nie idą, niech nas zastrzelą tu na miejscu. A ja mówię: – Kurcze blade, jakby chcieli nas zastrzelić, to i by zastrzelili! Nie ułatwiajmy im sytuacji. – Prawie siłą musiałem ich ciągnąć. I widzisz, wszyscy wyszli z tego. Wszyscy przeżyli wojnę do końca. Zaprowadzono nas do jakiegoś kościoła na Woli[34]. Tam był punkt zborny i stamtąd wysyłali do Pruszkowa[35]. To ja im mówię, jak dotrzemy na miejsce, to my się więcej nie znamy i każdy idzie w inny kąt. Przyszliśmy do kościoła, i nagle wpada esesman i krzyczy: – Gdzie jest ta grupa z Leszna? – A niech szuka. Gdyby wiedział, to by pewnie nie pytał, a jak pyta, to znaczy, że nie wie. Jego kłopot. Chodził wokół ludzi, a było tam kilkadziesiąt osób. W końcu

Anna Wąchalska, zdjęcie powojenne

ROZMOWA Z KAZIKIEM RATAJZEREM

dochodzi do Stasi i pyta: – Jak się nazywasz? – To ona mu mówi. A on pyta: – Od kiedy? – Dochodzi do Saka. I to samo. – Od kiedy tak się nazywasz? – Było jasne, że ich rozpoznał. Ale wyszedł. 10, 15 minut minęło. I nagle rozkaz – wszyscy do pociągu. Tylko na to czekałem. Zapomnieli o Stasi, o Saku. Po krótkim czasie byliśmy w Pruszkowie.

Opowiedz, Kaziku, dokładnie o tej rannej podróży 1 maja po drugiej stronie muru. Jak dotarliście z Muranowskiej do mieszkania Anny Wąchalskiej?
Słuchaj, było normalnie. Pierwsza rzecz – doczepiła się do nas banda szmalcowników. Nie pamiętam, ilu ich było: 15, a może 8? Ale to była banda, naprawdę banda. I nagle nadjechała ciężarówka – nie wiem, czy ja powiedziałem jemu, czy Zygmunt powiedział mnie, czy nikt nikomu nic nie mówił – znaleźliśmy się na ciężarówce. Jakoś wskoczyliśmy. Na nasze szczęście. Za zakrętem zeskoczyliśmy i szliśmy dalej.

I nikt was już nie zaczepiał? W końcu wyróżnialiście się wyglądem po „spacerze" kanałami?
Słuchaj, było wcześnie rano. O tej porze, w takich czasach sporo obdartych łaziło po ulicach. I myśmy nie wyglądali jak Żydzi. A tamci nas zaczepili, bo natknęliśmy się na nich tuż pod murem. Nie trzeba im było wielce się zastanawiać, żeby wiedzieć, kim jesteśmy.

Gdzie mieszkała Anna?
Na Krzyżanowskiego, na Woli.

Opowiedz o tym spotkaniu.
O, to było nienormalne.

W mieszkaniu była tylko Anna?
Nie, była też Marysia i ich siostrzenica czy bratanica, Alina.

To opowiedz o tym nienormalnym.
Słuchaj, wszystko było nienormalne. To mieszkanie wyglądało mi na pałac. Możesz sobie wyobrazić. One dały nam się umyć. Do dzisiejszego dnia pamiętam tę wannę i tę wodę, i mydło, i ręcznik. A potem to przyjęcie! Stół zastawiony: chleb, kiełbasa, wódka. Nie pytaj się! To tak, jakby to była różnica stuleci albo różnica między piekłem a niebem, sam nie wiem, jak ci opowiedzieć o tym, że w przeciągu kilku godzin zamieniasz śmierć w płonącym getcie, albo w cuchnącym kanale, na wspaniałą ucztę w najlepszym towarzystwie.

Skąd Bund miał kontakt z Marysią i Anną?
Marysia była w klubie sportowym Iskra[36], czy coś takiego. I ona miała koleżanki Żydówki. To pewnie jakoś tak.

Kiedy spotkaliście się z Antkiem?
Tego samego dnia po południu. Mieliśmy do niego telefon. No i on przyszedł do Anny.

255

Gdzie Antek wtedy mieszkał?
Nigdy tam nie byłem, ale wiem, że mieszkał na Marszałkowskiej. Więc Antek dostał od nas dokładną relację. A ja byłem na tyle naiwny i głupi, że sądziłem, że jak wyjdę na aryjską stronę, to wszystko będzie już załatwione. Wystarczy tylko wyjść i znaleźć Antka...

Paliłeś wtedy papierosy?
Coo? Papierosy? Paliłem wtedy trzy paczki dziennie. No i okazało się, że..., że trzeba zacząć wszystko od początku, bo inaczej nic z tego nie będzie.

Jak Antek zareagował na waszą opowieść? Czy on uważał, że możliwe jest wyciągnięcie wszystkich pozostałych z getta?
Ja nie wiem, co on uważał. Na pewno łatwiej jest powiedzieć: zrób to czy tamto, niż to po prostu zrobić. Co się okazało? Okazało się, że nie możemy liczyć na żadną pomoc, że jesteśmy skazani tylko na siebie.

My, to znaczy?
Ludzie ŻOB-u po tamtej stronie.

Możesz ich wymienić?
Rysiek [Maselman] i Wacek.

Jaki Wacek?
Nie wiem, nie znam jego nazwiska. To ten, który został zabity razem z Ryśkiem. Tego samego dnia, kiedy wyprowadziliśmy tę całą grupę z kanałów. Była jeszcze Frania, łączniczka.

Frania Beatus, która popełniła samobójstwo?
Tak. Ona przyszła z Antkiem do Anny wtedy. I ona słyszała naszą opowieść i następnego dnia popełniła samobójstwo.

Pamiętasz, w jaki sposób to zrobiła?
Nikt tego nie wie. Ona po prostu znikła.

Więc skąd pewność, że to było samobójstwo? A może wpadła w ręce Niemców, albo szmalcowników?
Zdaje się, że ona zostawiła jakiś list do Antka. Pamiętam, że to było jasne dla nas wtedy.

Mówiłeś, że byliście zdani na siebie.
Tak. Zaczęliśmy szukać. Po czterech czy pięciu dniach, kiedy ciągle nie mogliśmy znaleźć kanalizatorów, którzy wyprowadziliby grupę kanałami, miałem ciężką rozmowę z Antkiem. Przyszedł do mnie i mówi, że jeżeli dzisiaj nie idziemy po resztę, to on pójdzie. Nie zrobiło to na mnie wielkiego wrażenia. Powiedziałem mu: – Słuchaj, jak chcesz popełnić samobójstwo, to idź. Ja pójdę tylko wtedy, kiedy będę uważał, że jest przynajmniej minimalna szansa nie tylko na to, żeby tam dotrzeć, ale i żeby wrócić. – Widocznie go przekonałem, bo nie poszedł.

Od prawej: Kazik Ratajzer i Stefan Siewierski, z tyłu: Antek Cukierman, Krakowskie Przedmieście, Warszawa maj 1943

Chcieliście wyprowadzić jakąś określoną liczebnie grupę?
Chcieliśmy wyprowadzić wszystkich.

Wszystkich żobowców?
Wszystkich. Słuchaj, jak wszedłem wtedy w nocy do getta, żeby szukać ludzi, chodziłem po pustym getcie. W jakimś momencie spotkałem troje ludzi. Powiedziałem im, żeby czekali na mnie, a ja ich zabiorę na drugą stronę. Wracałem tą samą drogą, ale ich już tam nie było.

Myślisz, że oni się ciebie bali, nie uwierzyli ci?
Chyba tak. Bo jak inaczej to wytłumaczysz? Ja byłem gotów zabrać wszystkich. Ale nikogo nie spotkałem.

Więc pomysł był taki, że wyprowadzacie jak najwięcej ludzi z getta, organizujecie transport dla nich i przewozicie ich do lasu, tak?
Tak.

A las, to miejsce w Łomiankach było już wcześniej wymyślone, tak?
Tak. Tylko **to** było wymyślone. A ten las to nie był żaden las, tylko taki niski zagajnik. To wszystko było naprawdę dość nienormalne.

Kto wymyślił Łomianki?
Nie wiem, nie ja. Przecież ta grupa z Toebbensa siedziała tam już od kilku dni[37]. A dlaczego ich tak długo tam trzymali? Nie wiem. Że oni jakoś przeżyli, to chyba cud sprawił.

Nie myślisz, że po prostu nie było ich gdzie zabrać, że to nie kwestia złej organizacji, a raczej braku możliwości?
Ja nie wiem. Może. Jednak byli ludzie odpowiedzialni za te decyzje. Był Antek, byli ci inni, których wymieniłem. Nie wiem. Ta poprzednia grupa siedziała w tych drzewkach od 29 kwietnia. Następna przyszła 10 maja i potem siedzieli tam razem jeszcze przez jakieś dwa tygodnie. Nie można było tej pierwszej grupy przeprowadzić do lasów wyszkowskich wcześniej?! A nie trzymać ich tam tak długo? Ja nie wiem.

Marek przypomina swoją rozmowę z Celkiem Celemeńskim[38] tego ranka, kiedy przeprowadzeni przez ciebie żołnierze dotarli do Łomianek. Był przekonany, że to miejsce jest zbyt niebezpieczne, żeby pozostawić tam tak wielką grupę, około 70 żołnierzy.
Oczywiście, że Marek miał rację! Każda godzina tam spędzona była o jedną za dużo. Wiesz, to było szaleństwo. Albo cud. Albo wszystko razem.

A ta koncepcja pójścia do partyzantki powstała dlatego, że ludzie tak chcieli, czy po prostu łatwiej ich było ukryć w lesie niż w mieście?
Słuchaj, kto wiedział, co jest łatwiej, gdzie jest lepiej? Prawdą jest, że możliwości ukrywania się w mieście były bardzo małe. W sumie nie była to kwestia żadnego wyboru. Miasto było bardzo trudne. Jak już znajdowałaś miejsce, co nie było w ogóle łatwe, to było to narażanie nie tylko siebie, ale i rodziny,

Płonące getto widziane z placu Piłsudskiego. Na pierwszym planie – Pałac Brühla, kwiecień lub maj 1943 która cię przyjęła. Zagrożenie było ogromne. Przez 24 godziny na dobę. Moim zdaniem, partyzantka dawała więcej szans i w ogóle jakąś możliwość życia.

A ty sam? Nie poszedłeś do lasu?
Bo inni chcieli, żebym był w mieście. To nie była moja decyzja.

Kaziku, w nocy z 30 kwietnia na 1 maja wychodzisz z Zygmuntem Frydrychem z getta kanałami na drugą stronę. Docieracie do Anny Wąchalskiej i Marysi Sawickiej na ulicę Krzyżanowskiego. Po południu przychodzi do was Antek. Zdajecie mu relację z tego, co się dzieje w getcie. Decydujecie, że, licząc przede wszystkim na własne siły, będziecie organizować pomoc dla ocalałych powstańców. Będziecie chcieli wydostać ich z getta i ulokować w możliwie najbezpieczniejszym miejscu. Jak wyglądają twoje następne dni? Co robisz? Gdzie szukasz pomocy?
Słuchaj, tamta sytuacja była szokiem mojego życia. Możesz sobie wyobrazić – wychodzę z getta, ze świata, który nie ma nic wspólnego z tym, w którym znajduję się po dosłownie kilku godzinach. Ale ja pamiętam, wiem, że ci, którzy tam zostali, liczą tylko na naszą pomoc. Ich życie jest zależne od tego, co ty zrobisz, jaką zorganizujesz pomoc. Było dla mnie zupełnie jasne, że każda chwila, dosłownie każda chwila jest decydująca. I było też dla mnie jasne, że mogę liczyć tylko na siebie. Mówiłem ci – już w rozmowie z Antkiem zdałem sobie sprawę z tego, że nikt na nas nie czeka, nikt nie jest gotów nam pomóc, a my sami jesteśmy tymczasem bezradni. Co robiłem? Biegałem od rana do wieczora jak zatruta mysz. Przypominałem sobie wszystkich, których znałem, próbowałem ich szukać, spotykać się, do jakiegoś stopnia biorąc pod uwagę czyhające niebezpieczeństwo. I robiłem rzeczy szalone. Tak jak wtedy, kiedy zwerbowałem policjanta granatowego.

Tego, co miał dziobatą twarz?
Taak.

Pamiętasz, jak on się nazywał? Mądry, czy Adamczyk?
Mądry! Teraz już wiem na pewno. Słuchaj, ja go spotkałem na ulicy. Podszedłem do niego i zagadałem. Potem, jak opowiedziałem Antkowi o tym, on krzyczał na mnie: – Co ty, oszalałeś, co ty robisz? – Wiesz, co? Gdybym nie zaryzykował wtedy, ci ludzie by się nie uratowali.

Co powiedziałeś policjantowi, jak podszedłeś do niego?
On tę sytuację szybko zrozumiał. Przecież on mnie pamiętał sprzed wojny, znał moich rodziców, mieszkał w naszej dzielnicy, już wtedy był policjantem i wyglądał na przyzwoitego. Widzisz, że się nie pomyliłem! On później przewoził nam broń do Częstochowy. Robił to bez pieniędzy, pół grosza nie dostał nigdy. A gdyby chciał mnie aresztować, zrobiłby to od razu, prawda? Co ja mu wtedy powiedziałem? Powiedziałem mu: – Dzień dobry. – Szedłem

ROZMOWA Z KAZIKIEM RATAJZEREM

z nim kawałek ulicą i on mnie zaprosił do domu. Antek uważał, że nie powinienem tam pójść. Ale ja poszedłem. Siedzieliśmy przy kawie czy herbacie i ja mu trochę opowiadałem o getcie, o powstaniu, dawałem mu do zrozumienia, że mam kontakty z AK. Wiesz, ja kontrolowałem swoje opowieści. Jednej zasady trzymałem się zawsze – nigdy niczego nie notowałem i nie powiedziałem pół słowa, którego człowiek nie musiał wiedzieć.

Po wojnie nigdy go nie znalazłeś?
Nie. Od razu wyjechałem i nikogo nie szukałem. Szkoda, ale tak było.

A wtedy, po wyjściu z getta, biegałeś jak zatruta mysz?
Tak. A najistotniejsze było znaleźć kanalizatorów, którzy pomogą nam zrobić tę przeprawę.

Jak szukałeś kanalarzy?
Mówię ci – na różne sposoby szukałem znajomych, bliższych, dalszych. Antek pewnie robił to samo. I ci inni chłopcy też: Tadek Szejngut i Rysiek [Maselman], i Wacek. W końcu znaleźliśmy kanalarzy przez króla szmalcowników na ulicy Prostej[39].

Poznałeś go?
Tak, ale to Krzaczek [Tadeusz Gaik] nawiązał z nim kontakt.

A skąd wziął się Krzaczek?
Antek znał Krzaczka. To przecież Krzaczek wyprowadził bojowców z Toebbensa do Łomianek. Więc pierwsza grupa z kanalizatorami poszła do getta 7 maja w nocy, ale oni wrócili.

Kto był w tej pierwszej grupie?
Dwóch kanalarzy i jeszcze ktoś. Zdaje się, że Rysiek.

Dlaczego wrócili?
Mówili, że Niemcy strzelali do nich. To bardzo możliwe. Niemcy zamykali drogi kanałami. Stawali przy klapach na górze i czekali. A w kanałach leżały puszki z gazem, które ty w ciemności potrącałaś i one wybuchały. Czasem rzucali przez właz granaty albo strzelali, jak słyszeli kroki na dole. Więc możliwe. Następnego dnia postanowiłem, że ja idę. Zabrałem ze sobą Ryśka. Przedtem poszliśmy do króla szmalcowników. Kieliszek, dwa, trzy. Stamtąd zabieraliśmy tych kanalarzy. I nagle król postanowił, że ja jestem Żydem. Więc my mówimy, że jesteśmy z AK i idziemy wyciągnąć grupę Polaków, która pomagała Żydom, a w czasie powstania utknęła w getcie, i tak dalej. No, jakoś z tego wyszedłem, obiecałem udowodnić swoją „aryjskość" po powrocie. Poszliśmy. I wtedy zaczęła się wyprawa niemożliwa. Kanalarze szybko oprzytomnieli. Uświadomili sobie, jak bardzo narażają swoje życie i w końcu powiedzieli, że rezygnują i wracają.

Już w kanałach, tak?
Tak.

Czy obiecaliście im dużo pieniędzy?
Oni dostali z góry swoją zapłatę. A poza tym, ja im powiedziałem, że zapisują swoje nazwiska na kartach historii Polski, że dokonują bohaterskiego czynu, i tak dalej. Przemawiałem do patriotycznego sumienia Polaków. Ale, jak powiedzieli „nie", to musiałem zdjąć rękawice. Przedtem próbowałem po dobroci, z kieliszkiem, bez. A teraz powiedziałem im ostro: – Słuchajcie, macie wybór. Albo idziecie ze mną, albo ja was tu zostawiam, trupów, nie żywych! – Uwierzyli, że to nie są żarty i poszli. Po drodze jeszcze raz próbowali, ale ja byłem zdecydowany. – Słuchajcie, idziemy do końca. Jak będziecie pewni, że jesteśmy w getcie, ja sam wychodzę na górę, a wy czekacie na mnie w kanale. – Ryśkowi powiedziałem, że on zostaje z nimi, i z bronią. I tak było. W pewnym momencie oni mówią, że jesteśmy w getcie... Dalszy ciąg znasz.

Jak długo szliście kanałami?
Ja sądzę, że jakieś dwie-trzy godziny. Było nam bardzo trudno iść, bo ten główny kanał, który miał przeszło 2 metry wysokości, wypełniała głęboka woda. Inne kanały były tak wąskie, że trzeba się było czołgać na brzuchu. To nie była łatwa droga.

W którym miejscu wyszedłeś?
Kilkadziesiąt metrów od bramy przy Gęsiej. Otworzyłem klapę i zobaczyłem taki potężny reflektor, który od strony Zamenhofa rozświetlał cały teren. Jasno było jak w dzień. Miałem sekundę na zastanowienie, jak otworzyłem tę klapę. Ale ponieważ nie usłyszałem żadnego strzału, wysunąłem się na brzuchu, kilkanaście ruchów do przodu, i już byłem w ciemności, w gruzach, już mnie nie było.

W getcie nie znalazłeś nikogo, kogo mógłbyś zabrać na drugą stronę. Spotkałeś tę trójkę, która nie poczekała na ciebie, i tę kobietę ze złamaną nogą, której nie mogłeś znaleźć w ruinach, i żadnego powstańca. Postanowiłeś wracać. Wchodzisz do tego samego kanału pod jasnym reflektorem. Kanalizatorzy i Rysiek czekają na ciebie.
Ja przede wszystkim nie chciałem wracać.

Nie chciałeś wracać na drugą stronę?
Nie chciałem wracać do kanału. Po co? Nikogo nie znalazłem. Nie ma sensu wracać. Pomyślałem – doczekam rana, przyjdą Niemcy i zastrzelą mnie, ostatniego Żyda, tu, na tych gruzach. Nie wiem, jak się opanowałem i skąd wziąłem siły, żeby odsunąć klapę włazu i zejść na dół. – Nie znalazłem nikogo – ryknąłem do nich jakimś nieludzkim głosem. Zaczęliśmy iść, a ja ciągle krzyczałem to nasze hasło: – „Jan", „Jan". – I nagle – ale ty to wszystko już wiesz, opowiadały ci Pnina i Masza – oni zobaczyli światło mojej latarki, a ja usłyszałem jakieś szmery. Oni mnie a ja ich: przestraszyliśmy się. Na szczęście nikt nie strzelał.

To było blisko włazu?
Nie tak blisko, ale i nie tak daleko. Dość szybko ich spotkaliśmy. Wtedy usłyszałem krótką relację o tym, co się stało na Miłej. Ale przede wszystkim myślałem, że trzeba zadbać o to, żeby wszystkich sprowadzić do kanału.

Ile osób spotkałeś?
Dziesięć. Pninę Grynszpan, Abraszę Bluma, Szlamka Szustera, Adolfa Hochberga, Janka Bilaka, Jurka, Gutę i Luśka Błonesów, Bronkę Manulak i Abrama Stolaka. To chyba wszystkie nazwiska. Szlamkowi powiedziałem: – Weź ze sobą kogoś i idź do getta po resztę. Sprowadź wszystkich, których znajdziesz. Po drodze rozstawimy ludzi, żebyście nie zabłądzili. A kredą porobimy strzałki na ścianach. Wszyscy stójcie pod klapą i czekajcie. Nie rozchodźcie się. W żadnym wypadku! – I to, pamiętam, powiedziałem kilka razy, zanim się rozstaliśmy. Wyszedłem, żeby załatwić transport.

To znaczy, że cała sytuacja nie była do końca zaplanowana. Transport dopiero miał być załatwiony.
Tak, ale sprawa transportu była dosyć łatwa. Były biura transportowe, dzwonisz, mówisz, że chcesz przewieźć meble i już. I tak Krzaczek zrobił. Dość, że przyjechał tą ciężarówką.

A przedtem, zanim przyjechała ciężarówka?
Wyszedłem z Ryśkiem z kanału, ludzie kręcili się już po ulicach. U króla szmalcowników zmieniłem ubranie...

I już nikt cię nie nękał?
Słuchaj, faktem jest, że ani kanalarze, ani król szmalcowników nie zdradzili nas. A przecież nasi siedzieli w tych kanałach do następnego dnia. Wyszli dopiero 10 maja nad ranem, bo nie udało nam się tego szybciej zorganizować.

Przebrałeś się i...?
I zacząłem szukać Krzaczka, Tadka Szejnguta. Z Antkiem nie miałem kontaktu. Nie wiem nawet, czy on wiedział, że ja poszedłem do getta. W końcu okazało się, że tego dnia nie można zamówić ciężarówki. Poza tym, ja czekałem na odpowiedź od nich, że wszyscy są pod włazem.

Jak miałeś dostać tę odpowiedź?
Powiedziałem im, że po południu przyjdę pod klapę i będę czekał na informację. I tak było. Między czwartą a piątą stanąłem przy klapie, wiążę sobie sznurówki i wsuwam im karteczkę. Po chwili dostałem odpowiedź, że wszyscy są.

Czy było na karteczce napisane, ile jest osób w kanale?
Nie. Ale ja sobie wyobrażałem, bo ci, których spotkałem w nocy, powiedzieli mi, gdzie są grupy, ilu mniej więcej przeżyło. Wiedziałem, że powinno ich być między osiemdziesiąt a sto osób. I dlatego wcześniej była mowa o dwóch samochodach, a nie o jednym. Właściwie to oznacza, teraz sobie przypomi-

nam, że zabranie ich stamtąd tego samego dnia nie wchodziło w grę, bo najpierw miałem się dowiedzieć, czy wszyscy są pod włazem. Ja byłem pewien, że tej operacji nie będzie można powtórzyć. Jak się uda raz, to będzie wspaniale. Więc dostałem tę odpowiedź, że są i czekają. Czekają, żeby ich stamtąd jak najszybciej wyciągnąć. W nocy zorganizowaliśmy u tego króla szmalcowników jakąś zupę i ktoś im ją tam zaniósł.

Czy można było zrobić zupę dla stu osób?
Pewnie nie można było. Ja nie wiem, jak myśmy to zorganizowali, nie mam zielonego pojęcia. Łatwiej było zupę ugotować niż zorganizować chleb. Idź, kup pięćdziesiąt chlebów. Gdzie je dostaniesz? A zupę robisz w domu, nikt nie widzi ile, i już. Gorzej było z cytrynami niż z zupą. Jak oni byli w Łomiankach, prosili o cytryny. Wiesz, co to był za wysiłek – zorganizować tyle cytryn, żeby dla każdego było po dwa plasterki?!

Dlaczego właśnie cytryny?
Nie wiem, dlaczego. Bo byli po gazie, i było im źle, i prosili o cytryny.

W nocy była zupa, cytryny były później, a teraz jest ranek 10 maja.
Zjawiłem się tam skoro świt. Prosiłem też Tadka, Krzaczka, Wacka i Ryśka, żeby przyszli. I oni naturalnie tam byli.

Wiesz o tym, że Inka stała za rogiem i obserwowała wszystko?
Nic o tym nie wiem. Jak widziała, to dlaczego nie podeszła do mnie?

A pomogłaby ci w czymś, przydałaby ci się?
Pomogłaby mi dobrym słowem. Wiesz, jak oni wychodzili, to Izrael Kanał, komendant getta centralnego, krzyknął do mnie: – Kazik, jest obstawa? – Co ja mu powiem? – pomyślałem. – Widzisz tych wszystkich naokoło? To jest nasza obstawa!

Czy sporo było gapiów?
Taak. Z każdą chwilą było ich coraz więcej. Słyszałem, jak mówili: – Koty wychodzą. – Ale dobrze, że byli. Zasłonili nas zupełnie, a przecież nieopodal była wacha małego getta. To wszystko jest dosyć nienormalne. Możesz sobie wyobrazić – jasny dzień, a tu takie rzeczy się dzieją. Ja byłem na zewnątrz tego koła ludzkiego, kawałek dalej stał samochód, a tuż przy włazie było dwóch naszych ludzi, bo każdemu wychodzącemu trzeba było podawać rękę. Jak mnie pytają, jak długo to trwało, to mówię, że nie wiem, ale przynajmniej pół godziny. Przecież było około czterdziestu osób. Każdy się drapał po tej drabince we włazie, a potem trzeba go było jeszcze wyciągnąć, bo oni nie mieli siły sami wyjść. Więc liczę około minuty na człowieka.

Kiedy powstańcy wychodzili z kanału, pojawił się jakiś policjant granatowy, który zmierzał w kierunku wachy niemieckiej.
Tak. Jakoś szybko mi przyszło do głowy, że muszę go zatrzymać. Podszedłem do niego i stanowczym głosem powiedziałem: – To jest akcja podziemia

ROZMOWA Z KAZIKIEM RATAJZEREM

polskiego, AK, i ja bardzo pana proszę, żeby pan nie szedł w tamtym kierunku. – On oczywiście zawrócił.

Pewnie minęło około pół godziny...
I wtedy ja widzę, że nikt już nie wychodzi. Wchodzę do środka tego koła. Pytam chłopaków, co się dzieje. Oni mówią, że nikogo już nie ma. Podchodzę do włazu, nachylam się, krzyczę kilka razy, nikt mi nie odpowiada. Więc mówię: – Zamykajcie! – I jedziemy.

We wrześniu wyciągnęliśmy z getta grupę Żydów.
Jak się o nich dowiedzieliście?
Myślę, że ktoś cudem wyszedł stamtąd i jakoś dotarł do nas. Zdaje się, że byliśmy bardzo zaskoczeni, bo nie sądziliśmy, że w getcie jeszcze ktoś żyje. Nie było już dawno żadnych strzałów, wszystko ucichło. Nawet trochę się baliśmy, że to może być zasadzka. W końcu ja się tą sprawą zająłem. Najpierw trzeba było przygotować dla nich mieszkanie. Znalazłem coś na Mokotowskiej 1, u dozorcy.

I dozorca zgodził się przyjąć dużą grupę Żydów?
Tak, on się zgodził.

Za pieniądze?
Tak, za pieniądze.

Więc jak postanowiłeś ich stamtąd wyprowadzić?
Zdecydowałem poprosić o pomoc policjanta Mądrego, o którym już rozmawialiśmy. Uznałem, że to dla nich i dla mnie najbezpieczniejsze rozwiązanie. Mądry miał czekać przy włazie, oni wychodzą i w razie, gdyby ktoś się czepił – Mądry ich zaaresztował i prowadzi na posterunek.

Ale przedtem kanałami z getta ktoś musiał ich przyprowadzić?
Oczywiście. I ktoś ich przyprowadził.

Nie pamiętasz kto?
Nie. Ale wszystko jakoś się udało, bo oni wyszli w nocy, Mądry odebrał ich przy włazie, przeprowadził na Mokotowską...

Ile mogło być osób w tej grupie?
Dwadzieścia, a może więcej. Na Mokotowskiej przygotowaliśmy im jedzenie. Nie mieliśmy doświadczenia. Oni napadli na to jedzenie, rozchorowali się. To było straszne. Zdaje się, kilka osób umarło. Za późno zrozumieliśmy, że popełniliśmy błąd z jedzeniem. Przecież oni przez kilka miesięcy nie jedli. Opowiadali nam, że ósmą część spalonego kartofla moczyli w odrobinie wody przez wiele godzin, żeby móc później ten kawałek żuć... Przyprowadziłem Felka Rajszczaka[40], żeby wybudował tam jakiś schron. Ale po kilku dniach, nagle, przyszło gestapo i zaaresztowało wszystkich.

Skąd gestapo wiedziało o nich?
Okazało się, że syn dozorcy był szpiclem. To chyba było przez nich obu ułożone wcześniej.
Myślisz, że dozorca współdziałał z synem?
Najprawdopodobniej tak. Wtedy też zaaresztowali Felka. A u niego w domu była cała grupa Poalej Syjon. Po krótkim czasie dostaliśmy wiadomość od Felka, on ją przysłał przez jakiegoś policjanta. Felek nikogo nie wydał, choć katowali go niemiłosiernie. Nie możesz sobie wyobrazić, jak on wyglądał. My z kolei robiliśmy wszystko, żeby go wyciągnąć – AK, AL, pieniądze – robiliśmy, co można było. Ale też i Felek sam sobie pomógł. On im mówił: – Nie wiem, po prostu nie wiem. – I kiedy gestapowcy zaczęli do niego krzyczeć: – Co ty? Nie wiesz, że Antek i Kazik są Żydami?! – Felek odpalił bez namysłu: – Teraz, kiedy już wiem, że to Żydzi, powiedziałbym wam, gdzie się ukrywają, gdybym tylko wiedział. – On był murarzem, ale takim mądrym, przedwojennym murarzem. Pewnego dnia zwolnili Felka.
A co się stało z tą grupą Żydów, która wyszła z getta?
Nikt nie ocalał. W tym samym czasie były jeszcze inne wpadki.
Jak oni zginęli, tego nie wiesz?
Nie, nic nie wiem o tym.
Jakieś imię, nazwisko pamiętasz?
Nie. Byłem tam, ale żadnego szczegółu nie pamiętam.
Czy były dzieci między nimi?
Nie, dzieci nie było. Pamiętam, że oni wszyscy byli bardzo młodzi.
Czy myślisz, że w getcie mogło wówczas żyć więcej takich dzikich grup?
Ja nie sądzę. To niemożliwe. Niemcy byli w getcie cały czas. A Żydzi nie mieli nic a nic do jedzenia.

W twojej książce napisałeś, że Jurek Grasberg, Marek i Cywia zależni byli od takich jak ty, takich, którzy w miarę swobodnie poruszali się po mieście. Powiedziałeś, że do nich, którzy skazani byli przez swój wygląd na siedzenie za ścianą, wszystko docierało przez twój filtr. Jakie to miało znaczenie dla waszych relacji? Czy, według ciebie, oni źle to znosili?
Słuchaj, ja to pytanie zadawałem ostatnio Markowi. On twierdzi, że nie odczuwał tego w jakiś niedobry sposób. Mówi, że dobrze znał sytuację w mieście i że on wychodził. To nieprawda – Marek nie wychodził! Może raz lub dwa razy poszedł z Inką czy Marysią [Warman] na jakieś spotkanie z przywódcami Bundu. Ale to też była cała ogromna i skomplikowana wyprawa. Słuchaj, nikt z nich nie wychodził.
Nikt, to znaczy?
Nikt. Nikt, kto był schowany, nie wychodził. Oni nie ruszali się ze swoich miejsc! Słuchaj, nawet gdyby ktoś chciał wyjść – narażałby wszystkich.

ROZMOWA Z KAZIKIEM RATAJZEREM

Co oni robili, jak tak siedzieli przez tyle miesięcy? Przecież to ponad rok.
Gadali, pewnie pili wódkę. Wszyscy wtedy piliśmy wódkę. Cywia robiła nawet ajerkoniak. A może się kochali? Nie wiem. A jak my wracaliśmy wieczorem, to zdawaliśmy im relacje, opowiadaliśmy szczegółowo o całym dniu.

Czy rozumiesz postawę tych, którzy zdecydowali pozostać w Polsce: Inki i Marka? Niektórzy mówią o Marku – strażnik cmentarza.
Ja nie wiem, czy to jest sprawa rozumienia. Mnie taka postawa nie przekonuje. Ja nie uważam, że zmarli potrzebują strażnika, oni już sobie poradzili – na dobre i na złe. To bardzo ładnie brzmi: strażnik. I ja nie wątpię, że jest to powiedziane z całą szczerością. Ale mnie to nie przekonuje. Szanuję to, ale to nie może być tylko to. Inka, która jak Marek została, pisze o tym, że ona po prostu czuła się Polką!

Wiesz, to nie jest chyba dokładnie tak. Inka nie czuła się Polką. Myślę, że czuła się Żydówką polską.
O.K. W Polsce czuła się w domu. W każdym innym miejscu czuła się obco: brak jej było polskiej książki, języka, i tak dalej.

A ty się tak nigdy w Polsce nie czułeś? Albo inaczej: nigdy ci tak Polski nie brakowało?
Nie. Choć ja nie mogę powiedzieć, żebym był obojętny wobec Polski, więcej: mam jakąś sympatię i dla kraju, i dla ludzi, ale nigdy mi tego tak nie brakowało jak Ince czy Markowi. Kiedy wojna się skończyła, wyjechałem od razu. Czułem, że to jest już inne miejsce. Nie było tam tego wszystkiego, do czego ja byłem przyzwyczajony. Nie było już życia żydowskiego w Polsce – mojego świata. Więc nie miałem tam nic do roboty. Nic mnie z tamtym miejscem nie wiązało. Co ja tu robię? – myślałem wtedy.

Czy pamiętasz rozmowy z Markiem, z innymi o tym, co robić dalej, gdzie się podziać?
Myśmy rozmawiali o tym jeszcze w 44. Dla nich było jasne, że jeżeli zdarzy się takie nieszczęście i przeżyjemy, to oni jadą do Palestyny. Ja nie powiem, że to było takie jasne dla mnie, ale wiedziałem, że z Polski wyjadę. A Marka ja chyba w ogóle już po wojnie nie widywałem. Ostatni raz widziałem ich wszystkich w Boernerowie, w szpitalu. Ja przecież jeszcze miałem „ważną bardzo" misję do spełnienia – Antek wysłał mnie i Irenę przez front, do Lublina. Dlaczego? Bo my musimy pomóc AL-owi! Jakiś kolejny absurd. No, w każdym razie dostałem hasło do ważnego pułkownika i jemu miałem coś przekazać. I tak było – po kilku godzinach byłem w Lublinie u Gomułki. Swoje zadanie wypełniłem. A czy Gomułka jakoś zareagował na ten nasz meldunek – ja nie wiem. Oni przede wszystkim bardzo długo nas sprawdzali. Jak już tę specjalną misję skończyłem, szukałem moich rodziców. I znalazłem ich szczęśliwie.

Marek Edelman i Kazik Ratajzer przy drzewku „Sprawiedliwych" Marysi Sawickiej, Anny Wąchalskiej i Stefana Siewierskiego, Jerozolima 1978

ROZMOWA Z KAZIKIEM RATAJZEREM

Raz jeszcze trzeba powiedzieć o tym, co się stało w kanale. Kiedy 10 maja rano podniosłeś klapę i powiedziałeś, że transport czeka, twój przyjaciel Szlamek Szuster i, zdaje się, Adolf Hochberg zostali wysłani do bocznych kanałów po rozproszonych tam powstańców. Celina [Cywia Lubetkin] twierdziła, że to ona wysłała Szlamka, a Marek mówi, że on wydał to polecenie. Szlamek i pozostali nie zdążyli wrócić. Samochód odjechał.

No i tyle. Ja nic więcej nie wiem. Ci, którzy wyszli, twierdzili, że część poszła do bocznych kanałów, bo w tym głównym było bardzo niewygodnie stać, a Cywia przyrzekła im, że nie wyjdzie bez nich. Ja przecież tego nie słyszałem, więc nie wiem. Marek mówi, ostatnio go znowu o to pytałem, że on przyrzekł czekać na wszystkich. W każdym bądź razie, ja ostatni wsiadałem do ciężarówki i wtedy Cywia powiedziała mi: – Tam są jeszcze ludzie, nie odjeżdżaj! – Zdecydowanie jej odmówiłem. Uważałem, że to jest zbyt niebezpieczne. Powiedziałem jej wręcz: – Tutaj ja nie spełniam twego rozkazu. Jak zawieziemy tę grupę, wrócimy po resztę. – Tak też się stało. Tylko, że oni wyszli z kanału wcześniej, na własną rękę. I zabili ich wszystkich.

Skąd wiadomo, że ta druga grupa przyprowadzona przez Szlamka wyszła i że wszyscy zginęli? Czy są, czy byli jacyś świadkowie?

Nikt z nas tego nie widział. A ci, którzy najprawdopodobniej widzieli – nie żyją. Przecież wiesz, że jak dojechaliśmy do Łomianek, to Rysiek i Wacek nie chcieli tam zostać, a ktoś musiał wprowadzić tę grupę do lasku. Więc ja zostałem, a Rysiek i Wacek pojechali do Warszawy. Miałem na nich czekać w Łomiankach.

I jeszcze pytanie o samochody. Miały być dwa. Był jeden...

Każdy podaje swoją wersję, a prawdy nikt nie zna lepiej ode mnie. Bo to dotyczy mnie. Ja wiem, co ja robiłem. Marek w tej ostatniej książce[41] pisze, że ja powiedziałem, że ma przyjechać drugie auto, a ono nie przyjechało. Ale ja tak nie powiedziałem. Ja powiedziałem, że jak zawieziemy ich na miejsce, to wrócimy po pozostałych. Drugiego auta w ogóle nie było.

I nie miało być?

Nie wiem, czy miało być. Wiem, że nie było.

Rysiek i Wacek pojechali do Warszawy z Krzaczkiem, tak?

Tak. Oni pojechali od razu. A ja czekałem. Minęła godzina, dwie. Pomyślałem – to jest niemożliwe. Powinni już tu być dwa razy. Przeczuwałem, że coś jest nie w porządku. Postanowiłem jechać. Jak dojeżdżałem do placu Bankowego, zobaczyłem zbiegowisko. Wyskoczyłem z tramwaju, podszedłem bliżej i usłyszałem, jak ludzie opowiadają całą tę historię: – Koty wychodziły rano, a tych dwóch zabili...

Czy ciała Ryśka i Wacka leżały tam jeszcze?

Taak.

I ty je widziałeś?
Taak! Pewnie! Widziałem obu. Pnina mówi, że Tadek Szejngut został zabity przy wyjściu z kanałów. To nie jest prawda. Tadek został zabity kilka miesięcy później na Waszyngtona.
A co się stało z Krzaczkiem? Przecież oni byli razem.
Słuchaj, co się stało z Krzaczkiem, to ja nie wiem. Na pewno wtedy został przy życiu. Słyszałaś o tych podejrzeniach, że Krzaczek był agentem Kripo. Że z jednej strony robił coś dla nas, a z drugiej strony współpracował. Ja nie wiem, nie mogę ci powiedzieć. Wiem, że on nam pomógł, przyjechał samochodem, całą grupę dowiózł z nami do lasu. I zrobił to dwukrotnie. Gdyby nie Krzaczek, ten kierowca uciekłby natychmiast, a Krzaczek siedział przy nim z rewolwerem i kazał mu jechać. To jest fakt. Są rzekomo i inne fakty. Myśmy powiadomili AL o naszych podejrzeniach, że Krzaczek jest agentem. Ja myślę, że oni go sprawdzili. Faktem jest, że wydali na niego wyrok śmierci. Po jakimś czasie doszła do nas informacja, że Krzaczek jest w Warszawie i chce się ze mną spotkać. Wszyscy byli przeciwni, żebym ja szedł na to spotkanie, ale uważałem, że powinienem. W końcu Krzaczek naprawdę dużo dla nas zrobił.
Trochę to brzmi tak, jakbyś nie do końca wierzył w jego winę.
Niee, jak mogę nie wierzyć? Przecież on zabił tych kilku naszych chłopaków.
Nie ma co do tego wątpliwości?
Nie! To jest fakt stuprocentowy. Jest tu Jasiek z Częstochowy, jest siostra Lalo[42], jednego z zabitych. Wiesz, ja nie jestem historykiem i nie badałem tego wszystkiego tak, jak to powinno być zbadane. Ale ci ludzie są przekonani o jego winie. Mimo wszystko, ja uważałem, że należy się z nim spotkać. Poszedłem na to spotkanie. On był w okropnym stanie: nie ogolony, obdarty. Ta cała rozmowa między nami jakoś się nie kleiła. On nic konkretnego nie mówił, prosił tylko o kilka papierosów.
A ty go o nic konkretnego nie pytałeś?
Nie. Słuchaj, ja sobie pomyślałem – zapytam go, czy zabił. On powie, że nie – i co z tego wynika? Jakie ja mam argumenty, dowody? Postanowiłem, że ja nie pytam o nic. Czekałem na to, co on powie. Ale on nie mówił nic. Postaliśmy tak trochę na ulicy, nie czułem się z nim wygodnie, on taki obdarty, zwracał na siebie uwagę, rozstaliśmy się dość szybko.
I nie wiadomo, co się z nim stało, jak zginął?
Niedokładnie. Słyszałem, że jakichś dwóch chłopaków, jeden zdaje się miał na imię Zygmunt i był z Bundu, ukrywało się w Śródmieściu. Aresztowało ich gestapo i ponoć Krzaczek poszedł na gestapo, żeby ich wydostać. Mówili, że i on tam zginął. Wiesz, byłoby głupotą z naszej strony, żeby próbować się dowiadywać, co się z nim naprawdę stało. To wszystko było zbyt ryzykowne – pakować się tam, gdzie nie trzeba. Stało się, zniknął gdzieś, trudno. W każ-

dym bądź razie wtedy, na placu Bankowym – Wacek zabity, Rysiek zabity. Byłem pewien, że ktoś z gapiów doniósł Niemcom, że „koty" wychodziły kanałami z getta. Postanowiłem nie iść do włazu na Prostej.

Ale Rysiek i Wacek, jak mówisz, zginęli na placu Bankowym, a nie przy włazie do kanału na Prostej.
Tak, bo oni uciekali. Ale ja szczegółów tej sytuacji nie znam. Niektórzy mówili, że oni jechali dorożką. Nie wiem. I nikt tego nie wie. Wiem, że widziałem ich zabitych.

Ile mogło być osób w tej drugiej grupie, która nie zdążyła wyjść z kanału?
Ja sądzę, że mogło być jakieś piętnaście osób[43].

To znaczy, że nie wszystkich udało się znaleźć w getcie?
Niee, na pewno nie.

Znane są imiona tych zabitych przy włazie oprócz imion Szlamka [Szuster] i Adolfa [Hochberg]?
Słuchaj, ja nie wiem. Prawdę powiedziawszy, nigdy nie próbowałem się tego dowiedzieć.

Skąd wiadomo, że było ich tam mniej więcej piętnaście osób?
Ci, którzy wyszli, tak mówili. Marek, Cywia... Oni chyba wiedzieli, ile osób odesłali od tego głównego włazu.

Nie myślisz, że ktoś jeszcze mógł dojść z getta?
Nie sądzę.

Kaziku, czy ty jakoś oceniasz tę sytuację? Czy uważasz, że ktoś jest tu czemuś winien?
Słuchaj, ja nikogo nie mogę winić. Mogę tylko zadać pytanie: skoro przyrzekłeś, czemu nie dotrzymałeś obietnicy? Cywia miała do mnie pretensje, że nie chciałem czekać, jak oni już leżeli na samochodzie. Gdyby Cywia i Marek nie wyszli z kanałów, a czekali na resztę – ja bym na pewno nie odjechał. Jeśli ta grupa wychodziła przez co najmniej pół godziny, a tamci nie zdążyli wrócić, to Bóg wie, gdzie oni byli! A to, że i Cywia, i Marek przyjmują odpowiedzialność na siebie za tę decyzję wysłania Szlamka po resztę – znaczy pewnie, że oboje czują się z tym jakoś niewygodnie. Mnie obudzisz w nocy i ja ci powiem to, co teraz mówię: jestem pewny, że podjąłem słuszną decyzję, że nie czekamy w samochodzie na resztę... Nikogo z nas by już dawno nie było. I tym piętnastu to by na pewno nie pomogło. A jeśli ktoś mnie chce sądzić, bo przecież ja mogłem nie odjechać – jego prawo. Powiem ci tylko jedną rzecz. Opowiedziałem wszystko tak, jak to widziałem. A resztę – sądy – zostawiam innym: czytelnikom, historykom, i tak dalej...

Jerozolima, październik 1999.

To wszystko nie ma żadnego znaczenia.

Rozmowa z Markiem Edelmanem

Wiesz, ja nie jestem za tym, żebyś ty robiła dalszy ciąg tamtego. Bo tamto się udało. To był celny gol, a teraz?
Chcę jednak spróbować to uzupełnić, może coś dodać. Na tyle, na ile to możliwe. Marku, czy możemy zacząć od rozmowy o ŻZW?
ŻZW? Co cię to obchodzi? Z faszystami chcesz mieć do czynienia?

Marku, poważnie. Istnieje sporo wspomnień o powstaniu w getcie warszawskim spisanych przez syjonistów i nie-syjonistów. I nikt nic nie mówi o ŻZW.
Bo nie ma o czym mówić.

Ty, w Polsce, wiele razy opowiadałeś...
...o ŻZW?

Nie, no właśnie, opowiadałeś o powstaniu, zawsze milcząc o ŻZW. Warto może porozmawiać o faktach.
O jakich faktach? Nie było faktów!

Na przykład: Israel Gutman mówi, że na terenie szczotkarzy znajdował się oddział ŻZW dowodzony przez Chaima Łopatę. Czy u szczotkarzy był oddział ŻZW?
A skąd?! Co ty opowiadasz? Wyobrażasz sobie, że ktoś [obcy] mógłby tam istnieć?! Niemożliwe. Tak, tak. Zapominasz, z kim masz do czynienia. Nie jestem taki anioł. Jak komuniści próbowali zrobić skok, to ich też o mało nie zabiłem. Dzisiaj każdy może opowiadać. A niech opowiada, mnie nie zależy!

Więc nie słyszałeś nazwiska Chaima Łopaty?
Chyba słyszałem to nazwisko po wojnie. I co oni zrobili na terenie szczotkarzy?

Tego nie wiem.
Bo oni **nic** tam nie zrobili. Ich nie mogło tam być. Słuchaj, to jest niemożliwe, żeby ktoś tam był.
I żebyś ty o tym nie wiedział?
Tam nie mógł się nikt rządzić beze mnie. Zapominasz, że myśmy mieli tam władzę.
Marku, czy chcesz powiedzieć, że żaden odcinek w getcie nie należał do ŻZW?
Oprócz tego domu na Muranowskiej – nie.
Czy znałeś Dawida Wdowińskiego?
Niee. Kto to jest?
Doktor Wdowiński. Był lekarzem w getcie. I przewodniczył Radzie Politycznej ŻZW. Przeżył i po wojnie wydał w Ameryce książkę o ŻZW[1].
Nie słyszałem. Oni mieli Radę Polityczną? Ach, pisać można wszystko. I nie przesadzaj – oni byli obrzydliwi.
Dlaczego obrzydliwi?
Uważali, że są najważniejsi, bo trochę broni dostali, zdaje się, od jakichś narodowców.
Wiesz od kogo?
Mówiono, że od ludzi z „Miecza i Pługa".
W 1991 rozmawiałam z człowiekiem, który w getcie nazywał się Józef Grynblatt[2]**, po wojnie Bednarczyk, i on opowiadał dość szczegółowo o ŻZW. Sam przyznawał się do uczestnictwa w Radzie Wojskowej.**
Nie słyszałem, żeby oni mieli jakąś Radę Wojskową.
Ringelblum pisze o wizycie w ich dowództwie na Muranowskiej 7.
No i co z tego? To była banda tragarzy, szmuglerów i złodziei. Zamknęli się w tym domu, trochę postrzelali i uciekli tego samego dnia. Nie ma o czym mówić. Jest możliwe, że to oni wywiesili ten sztandar.
Podobno wisiały dwa.
Możliwe.
Kiedy powstało ŻZW? Niektórzy podają lipiec 1942.
Ale skąd?! O wiele później.
Styczeń 1943?
Chyba później. Zresztą, nie wiem. Jestem stary i nie pamiętam.
Spotkaliście się z nimi, prawda? Ty, Antek [Icchak Cukierman] i Anielewicz?
Tak, przyszedł ich dowódca, Frenkiel, i jeszcze jakichś dwóch typów.
Leon Rodal?
Nie wiem.
I przyszli z pistoletami na spotkanie.
I my też.

Oni tą bronią wymachiwali i żądali od was dowództwa?
Myśmy też bronią wymachiwali.

Co jeszcze pamiętasz z tego spotkania?
Nic, nic ważnego. Oni chcieli dowództwa, powiedzieli, że nie chcą rozmawiać, że zastrzelą nas. To my powiedzieliśmy, że my też mamy puk puk, ale nie było nic ważnego.

Gdzie się spotkaliście? U nich na Muranowskiej?
Nie, gdzieś na Nalewkach. W naszym lokalu konspiracyjnym.

Czy to było po akcji styczniowej?
Oczywiście. Tuż przed powstaniem. Tydzień, dwa tygodnie... Nie mogę ci powiedzieć. I oni żądają od nas dowództwa, bo oni są organizacją wojskową! I mają kontakty. I faktycznie mieli. I dość dużo broni. W porównaniu z nami mieli jej o wiele więcej. Znaczy – procentowo mieli jej więcej.

Czy poza tym jednym spotkaniem były inne? Czy myślisz, że Anielewicz spotykał się z nimi?
Nieee.

Dlaczego ŻOB nie włączył oddziału ŻZW do swoich szeregów?
No, bo oni nie chcieli!

Rozmaite źródła podają, że nie chciano ich przyjąć pod szyldem ŻZW. Dowództwo ŻOB godziło się jedynie rozproszyć ich członków po swoich oddziałach.
Nieprawda, tak nie było. Te trzy grupy po dziesięć osób, które by nie wydały, można by na pewno przyjąć. Nie przyjęlibyśmy tego całego barachła, bo to był strach.

Ale to „barachło" też chciało walczyć.
A skąd ty to wiesz? Oni przede wszystkim chcieli wyjść z getta. Postrzelało tam parę osób, podobno powiesili flagę, ja o tym nie wiem, ale możliwe. No i wyszli. Natychmiast. I zabili ich, bo się zadawali z nie wiadomo kim. Ilu ich na tym dachu zginęło? 50? Słuchaj, im zależało najbardziej na tym, żeby wyjść z getta. Myśmy nie zrobili ani jednego podkopu na drugą stronę. A oni mieli podkopy. Jeden prowadził na Muranowską. Z piekarzami mieli też jakieś dziwne interesy. Oni tylko patrzyli, jak tu wyjść!

Mieli jednak sporo broni. Czy gromadzili ją tylko po, żeby wyjść?
Ja nie wiem. Przecież nikt nie miał z nimi kontaktu. Nie mów, co oni gromadzili, co oni myśleli, bo nie wiesz.

Czy mieli też swoje bunkry?
Nie wiem. Chyba nie. Oni byli tylko w tym domu na Muranowskiej. I tyle.

Ilu ich było? Niektóre źródła mówią o stu pięćdziesięciu.
A skąd?!

Józef Grynblatt twierdził, że Anielewicz chciał porozumienia z ŻZW, tylko Antek Cukierman był temu przeciwny.
Nieprawda. Oni mieli jedno w głowie: jak stamtąd wyjść! Trzy razy postrzelali i wyszli tego samego dnia. Pewnie na to byli nastawieni. I idioci dali się zastrzelić. A w getcie oni nie istnieli. Ani w ŻYTOS-ie, ani w Centosie – nie ma ich.
Rzekomo mieli swoich ludzi w policji żydowskiej.
Co znaczy „swoich"? Że byli przed wojną w Bejtarze? Możliwe. I koniec na tym.

Jednym z dowódców oddziału na twoim terenie był Jakub Praszker. Nigdy nic o nim nie mówisz.
Bo nie ma o czym mówić. Ci ludzie, rozumiesz, nie mieli osobowości. Poza Antkiem, poza Anielewiczem, poza Jurkiem [Arie Wilner] – oni nie mieli osobowości.
To byli przecież przypadkowi ludzie, przypadkowa sytuacja. Nie byli wyszkolonymi żołnierzami.
Nie chodzi o żołnierzy! Tam nie trzeba było żołnierzy. Im bardziej byłeś żołnierzem, tym gorzej.
Bo?
Bo żołnierz, to jest zupełnie co innego. Zwróć uwagę, że w czasie wojny cywile są najlepsi.
Więc w jakim sensie oni nie byli dobrzy? Jakich nie spełniali warunków?
To byli mali, zastraszeni ludzie.
Czy to nie oczywiste?
Ja nie mam pretensji, ja ci tylko mówię. Może byli za starzy? Berek [Sznajdmil], na przykład, który był wojskowym, nie wytrzymał tego napięcia. Rozumiesz, o co chodzi – cywil! Cywil był zdolny do oporu. Ja tam gdzieś powiedziałem: żołnierzy uczyli, jak się bić w polu, okopy, to, tamto. A cywil nie wiedział, jak się bić. On się bił! Jeżeli miał wewnętrzną wolę. I tacy byli najlepsi. A kim byli ci chłopcy z Kedywu? Harcerzyki. Cywile. Nauczyciele. Kim był Rybicki? Nauczyciel. Dowódca Kedywu. Może on skończył jakąś podchorążówkę dwadzieścia lat wcześniej. Ale to nie ma znaczenia. A kto był wojskowym? Wojskowym był zupak Monter. A na barykadach były zwykłe chłopaki.
Czy to, o czym mówisz, da się przełożyć na stosunek ŻOB-u do ŻZW? Cywile kontra wojskowi.
A gdzie oni byli wojskowi?
No, taki wizerunek został dla nich stworzony. Żołnierze Wojska Polskiego, zamiłowanie do munduru, arsenał dobrej broni...
A gdzie tam! To był *Unterwelt*. Wojskowi?! Gdzie Żydzi byli wojskowymi w wieku dwudziestu lat? Wiesz, to są wszystko wymyślone rzeczy. Przecież dzisiaj

można opowiadać, bo nie ma świadków. Zresztą mnie nie zależy. Im więcej napiszesz, tym lepiej, żeby to było Bóg wie co.
Naprawdę tak myślisz?
No, tak, bo potem historycy czytają te teksty i mówią: – Oo! Powiedział, że... – Przecież oni nie mogą zweryfikować tego, co kto mówi. I jeden napisze pracę doktorską, inny habilitacyjną, i tak dalej. Ja nie wiem, dlaczego tobie tak zależy na prawdzie? Tego wszystkiego już nie da się ustalić. A swoją drogą mnie jest strasznie przykro, jak ja te różne rzeczy czytam, te niby świadectwa. Jest mi przykro. Wobec tych ludzi, którzy tam byli i jakoś żyli. A teraz, tak się ich robi w konia.
Dlaczego „robi się w konia"? Przecież, jeżeli te historie są ubarwione, wyolbrzymione, to one dowartościowują całą tę sprawę.
Nieee, niee. W kłamstwie nie można się dowartościować. Każdy ma swoje pięć minut. I to jest w porządku. Ale przecież nie można tworzyć mitów.

Miałeś jakiś konflikt z oddziałem PPR-u?
No, tak. Bo oni poszli na „eksy" i pieniądze wysłali Gomułce na drugą stronę.
Przed powstaniem?
No, tak.
Niebywałe! I co?
No, jakeśmy się dowiedzieli, to ich złapaliśmy, kiedy szli na następną robotę. I już więcej tego nie robili.
Taka siła perswazji?
Nie ośmieliliby się.
Bo?
Bali się i tyle.

Dlaczego *Getto walczy* **pisałeś w trzeciej osobie?**
Bo to jest raport. To było pomyślane dla tych ludzi w Ameryce.
Dla kogo?
Jedyna organizacja, która tam działała i pomagała gettu w czasie wojny, to był Komitet Robotniczy[3].
To była bundowska organizacja?
90 procent bundowców: Dubiński [Dawid], Pat [Jakub], Held [Adolf], Tabaczyński [Beniamin]. Już nie pamiętam, jak oni się wszyscy nazywali. To oni poszli do Roosevelta, oni nakręcili ten kontakt z Londynem i oni pieniądze przysyłali. A w ogóle chodziło o to, żeby syjoniści dostali w dupę za to, co tutaj wyprawiali: że niby Bund był przeciwny walce.
Celina pisała, że Orzech [Maurycy] zwlekał z przystąpieniem do ŻOB-u.
On jako jedyny miał możliwości na większy transport broni do getta. Ale jak wyszedł za mur, to go zastrzelili. To jest taka ładna historia, ale bez znaczenia.

277

To było w czasie tych pierwszych spotkań lipcowych?
Tak. To było gdzieś 25, 26, a może 27 lipca.

Czy coś wiadomo o okolicznościach jego śmierci?
Nie, nic. Zniknął. Nikt nic nie wie. Po prostu zniknął.

W *Dojres Bundistn* jest informacja o Maurycym Orzechu[4], z której wynika, że Orzech żył przez kolejny rok. W jakimś momencie próbował się wydostać za granicę, został aresztowany w Kołomyi, przewieziony do Warszawy, uwięziony na gestapo. I dalej: były nieudane próby wyciągnięcia go stamtąd. Orzech został zamordowany w sierpniu 1943 na gestapo, według autora tej notki.
Słuchaj, on wyszedł z getta, to było 26 czy 27 lipca, miał nazajutrz zadzwonić, nie zadzwonił i więcej go nie było.

Może się nie odezwał do was, ale jednak ktoś go gdzieś widział, spotkał?
Ta książka, o której mówisz, jest w Ameryce napisana, tak?

Tak.
No to co oni mogą wiedzieć? A zresztą, niech piszą, co chcą. On na pewno zginął. To, według mnie, nie ulega kwestii. Przecież jego się szukało. Znaleźlibyśmy go jakoś, gdyby żył.

Czy ty miałeś jakieś spory z Antkiem o tę ich powojenną interpretację powstania, że to tylko syjoniści?...
On do mnie nigdy takich rzeczy nie wygadywał.

Jednak mówił to publicznie?
No, tak. Ale wiesz, muszę ci powiedzieć: w tym całym ŻOB-ie, poza Maszą [Glajtman Putermilch], która do dziś nienawidzi Anielewicza, nie było takich różnic partyjnych.

Ale po wojnie mocno się ujawniły, prawda?
Tak, bo oni chcieli temu Izraelowi pokazać, że są najlepsi, a nas w ogóle nie było.

I ty nie byłeś o to wściekły?
Nie, śmiałem się z tego. Mówiłem do Antka: – Co, wyście wszystko zrobili?! A bez Bundu miclibyście kontakt z AK?! Bcze mnie miclibyście kontakt z AK?! Kto by z wami rozmawiał?! – A Jurek [Arie Wilner]! – krzyczał Antek. – Co Jurek? Jurek się nie mógł dobić.

A ty się łatwo dobiłeś?
Ja ich znałem. Nie dlatego, że ja, tylko ja miałem tę markę.

Markę bundowca?
No, tak. O Bermanie [Adolf] na przykład oni wiedzieli, że tańczy na dwóch weselach. I dlatego nie mieli do niego zaufania. A te rozmowy z Antkiem, to

nie były jakieś strasznie poważne polityczne rozmowy. On się śmiał, ja się śmiałem, i to było wszystko.

Swoją pierwszą wizytę w Izraelu w latach pięćdziesiątych skróciłeś o kilka dni. Dlaczego?
Bo mi Antek zawracał głowę. Zabrał mnie na trzydniową wycieczkę po Izraelu. Objechaliśmy wszystko: Morze Martwe, pustynia, i tak dalej. Bardzo mi się tam podobało. Wróciliśmy do kibucu i on mnie pyta: – No i jak? – Przepięknie – mówię. – Ale co ci się najbardziej podobało? – No, to ja mówię: – Krajobrazy, przyroda. – A ty nie widzisz tych fabryk? – W Polsce są większe. – Ale te Żydzi zbudowali! – No to co? – I tak od słowa do słowa i on mówi: – Ty masz obowiązek tu zostać! – Pocałuj mnie w dupę! – powiedziałem i trzasnąłem drzwiami. Następnego dnia Antek przyjechał na lotnisko, chciał mi dać czekoladę, a ja nie lubię czekolady. – Odczep się – powiedziałem.

Słyszałam, że kiedy cię chciano zjeść za te skrzela malowane przez Anielewicza, to Antek bardzo cię bronił.
Noo, w tej sprawie to on musiał mnie bronić, bo on mi o tym opowiadał.

Posłuchaj, proszę, cytatu z Ben Guriona: „Nie chcieli nas słuchać. Swoją śmiercią sabotażowali ideę syjonistyczną". I dalej: „Tragedia, której doświadcza europejskie żydostwo, nie jest bezpośrednio moją sprawą"[5]. Co ty na to, Marku?
Wiesz co, Ben Gurion był takim małomiasteczkowym cwaniakiem. On nie miał żadnej wizji. Nie ulega wątpliwości, że Ben Gurionowi cała ta sprawa tutaj była jakoś na rękę. Oni wtedy uważali – im gorzej tutaj, u nas, tym lepiej dla nich, tam. Popatrz, oni tu, do Polski, nie przyjeżdżali, pieniędzy nie chcieli nam przysłać. Nie chcieli nam pomóc.

Nigdy nie przyszła żadna pomoc finansowa z Palestyny?
Nigdy. AK, rząd londyński trochę pomagały. A Schwarzbart[6]? Syjonista wielki! Palcem nie chciał kiwnąć. Przecież Antek napisał do niego list: „Będziemy przeklinać ciebie i twoje dzieci do trzeciego pokolenia". Tak jak w *Biblii* jest napisane. I nic! Ten list, o ile pamiętam, był napisany w sierpniu albo wrześniu 1943 na Komitetowej 4. Na pewno do niego dotarł. Ja nie jestem pewien, czy nie zabrał go Karski. A potem, kiedy Antek i Celina tam pojechali... Ile lat w Izraelu nie mówiło się dobrego słowa o tym, co tu się stało? Mówiło się: my jesteśmy narodem żydowskim, bo walczymy z Arabami. A oni – dali się zarżnąć. I właściwie do dziś ci nowi Żydzi siebie tylko uważają. Odcięli się od narodu żydowskiego z Europy i udają, że mogą własną kulturę zbudować. Skreślili całe wspaniałe wieki.

Masz o to wielki żal?
Słuchaj, ja uważam, że można było trochę tego uratować, ale oni nie chcieli. I teraz piszą w języku bez tradycji, a o tym, co mieli, nawet nie pamiętają.

Od lewej: Icchak Cukierman, Marek Edelman, Celina Lubetkin, Luba Gawisar, Kazik Ratajzer, kibuc Lochamej Hagettaot 1978

Marek Edelman i Celina Lubetkin, kibuc Lochamej Hagettaot 1978

Żydzi byli Europejczykami, a Izrael będzie państwem o kulturze arabskiej. Ja nie mam nic przeciwko temu, ale z żydostwem to nie ma już wiele wspólnego. Bo żydostwo było w Europie!

Ciekawa jestem, co powiesz o książce Celiny[7].
Wyobrażam sobie, co ona mogła napisać.

Celina powiada na przykład, że trudno byłoby przeżyć w getcie, gdyby nie myśl o towarzyszach w Palestynie.
Aaa, bzdury! Kto w getcie myślał o towarzyszach w Palestynie?! Ale ja wiem, że ona to mówiła na zjeździe związków zawodowych w 1946 albo w 1947 roku. I ona musiała tak powiedzieć!

Książka Celiny jest pełna patosu.
No, tak, bo ona pisała to dla innych. Ale rozum swój to Celina miała.

Czy Celina, Antek i inni byli tak bardzo syjonistyczni przed tym wszystkim? Czy to trochę była taka doszyta ideologia?
W czasie wojny ten syjonizm nie odgrywał żadnej roli. W 1939 Palestyna była szansą ucieczki. Ale trzeba się było zadać z Mussolinim, tak jak Rebe z Ger, żeby móc się tam dostać[8]. Prawdę powiedziawszy, wszyscy syjoniści nienawidzili Schwarzbarta i tych syjonistów z Palestyny. A potem, jak przyjechali ci *szlichim**, to oni się po prostu podłączyli. I Antek był tu szefem, bo on miał kontakty. On pomagał organizować tę aliję**. W MSZ-cie miał jakichś kolegów: Zarzycki, Jóźwiak. Nie pamiętam, za ile dolarów Żyda przepuszczali wtedy na granicy.

Czy ty byłeś tym ich powojennym syjonistycznym zaangażowaniem zaskoczony?
Niee, śmialiśmy się razem. Antek zresztą tak szybko nie wyjechał, dopiero po trzech latach. Celina wyjechała. Ale jeszcze szybciej wróciła. Tu, na tamtym łóżku, spała trzy miesiące. W ciąży wtedy była.

Ja zrozumiałam z różnych twoich wypowiedzi, że czułeś się trochę opuszczony, samotny, kiedy oni w końcu wyjechali.
Nigdzie tego nie powiedziałem.

Nie, to moja interpretacja. Pisałeś jednak, że nie bardzo wiedziałeś, co ze sobą zrobić.
A myślisz, że oni wiedzieli?! I potem w Izraelu wszyscy byli w cieniu – Antek, Celina i Kazik [Ratajzer] też.

Ale Antek i Celina pewnie w kibucu byli mniej samotni niż Kazik w Jerozolimie?

---
* *Szlichim* (hebr.) – wysłannicy.
** *Alija* (hebr.) – imigracja do Izraela.

Nie wiem. Myślę, że im wszystkim niespecjalnie się działo. To nie przypadek. To był dalszy ciąg tej samej polityki, którą Izrael pokazał w czasie wojny: my jesteśmy jedyną armią, tylko my tutaj jesteśmy coś warci.

Czy Antek miał kompleks niespełnionego powstańca?
Tak niektórzy ludzie mówili, ale to nieprawda.

Czy ta „aryjska" strona mogła go spełnić?
On był tam firmą.

Nie musiał się bardziej bać, bo „był podobny"?
Ależ skąd?! Antek wyglądał jak stu gojów. Prawdziwy polski szlachcic. *Sznaps getrunken* i wszyscy Niemcy całowali go po rękach. On miał stuprocentowy wygląd. I miał całą pewność siebie.

I poruszał się swobodnie po ulicach?
Zupełnie swobodnie.

A ty?
Ja nie. Bo ja jestem Żydziak.

Czy męczyło cię to, że musiałeś dużo siedzieć?
Niee, nie. Ja jestem leniwy.

To teraz, ale wtedy pewnie nie byłeś leniwy.
Ja zawsze byłem leniwy. Przecież, jak wysadzali ten bunkier, to ja spałem.

Tak mówisz.
To jest prawda. Ja bym powiedział, gdyby było inaczej.

Ale obudziłeś się w jakimś momencie?
Jak skończyli.

To co robiłeś między dwoma powstaniami, jeśli nie mogłeś za dużo chodzić?
Przeważnie piłem wódkę.

I miałeś wtedy dziewczynę.
Tak, wspaniałą dziewczynę.

Było ci bardzo ciężko w takim zamknięciu?
Nie tak bardzo. Ja jestem dość „plastyczny". Wychodziłem czasem wieczorem. A poza tym w zasadzie cały czas był ruch, przychodzili ludzie. Ja pomijam Kamińskiego, który przychodził do Jurka [Grasberg]. Ten to był Żydziak dwustuprocentowy!

Kto? Kamiński czy Jurek?
No, Jurek. Kamiński też nie był taki *rein ariszes geszeft**.

W tych różnych kryjówkach miałeś przy sobie broń?
Taak. Zawsze. Wszyscy mieliśmy. Może nie wszyscy, ale ja miałem zawsze.

---

* *Rein ariszes geszeft* (jid.) – czysty aryjski interes.

Marek Edelman, Monte Carlo 1946 lub 1947

Icchak Cukierman w Izraelu, koniec lat 40.

ROZMOWA Z MARKIEM EDELMANEM

Kobiety też miały broń?
Niee. Co, kobiety?! Zielona Marysia [Luba Gawisar] miała mieć broń, czy Irka [Gelblum], ta wariatka?!

Kiedy rozmawialiśmy piętnaście lat temu, ty powiedziałeś takie bardzo ostre antyizraelskie słowa: że ten naród nie ma szans w morzu 100 milionów Arabów.
Bo nie ma szans przy wrogiej polityce Izraela!

No więc jest pewna zasadnicza zmiana – coraz więcej Izraelczyków, nie tylko elita, uważa, że konieczny jest kompromis, by móc współistnieć w tamtym świecie.
Pięćdziesiąt lat tych małomiasteczkowych polityków nie wyszło im na dobre. Ale jest inna rzecz, o której ja wtedy mówiłem – nie ma szans na europejskie państwo żydowskie, oni się zarabizują.

To państwo już dziś jest w dużej mierze państwem arabskim.
No, to już. Ja o tym mówiłem. Ale czy to arabskie państwo żydowskie im się do końca uda? Ja tego nie wiem. To zależy od stosunków międzynarodowych, od polityki amerykańskiej, od fundamentalizmu islamskiego; jest sprawa Jerozolimy, i tak dalej. A tymczasem to jest państwo narodowe, państwo religijne, gdzie chrześcijanin jest obywatelem drugiej a muzułmanin – trzeciej kategorii. To jest nieszczęście. Po tym, jak tu zamordowano 3 miliony ludzi, oni chcą dominować i nie liczyć się z nie-Żydami?! Świeccy ulegają presji religijnych i takie państwo nikomu na zdrowie nie wychodzi.

Czy znasz książkę Antka?
Nie, tylko kawałki mi ktoś przetłumaczył[9]. Ale to nie jest książka o getcie. To jest książka o ruchu syjonistycznym. Jak się nazywa ten ich wielki historyk?

Israel Gutman?
Tak, tak. On napisał historię młodzieżówki lewicowego ruchu syjonistycznego w wojennej Warszawie. Oni są zaślepieni. Oni nie widzą nic poza chalucami i syjonizmem. Nie widzą getta. Nic nie rozumieją!

Marku, jaką datę powstania ŻOB-u należy przyjąć?
15 października 1942.

Celina podaje inną datę – lipcową. „A w październiku do ŻOB-u przystąpił Bund" – pisze Celina.
Nieprawda. ŻOB powstał i zaczął działać, jak oni przyszli z tej farmy na Czerniakowie i chaluce mieli trochę ludzi. A to było już na jesieni. Pamiętam, że było okropnie zimno.

Luba mówi, że Grasberg i inni harcerze chcieli wejść do ŻOB-u całą drużyną, ale Anielewicz nie chciał się zgodzić.

Ja to pierwszy raz słyszę. Może, ale nic o tym nie wiem. Między nami był jeden harcerz. On pięknie śpiewał. Zapomniałem, jak się nazywał. Jego zabili na pętli tramwajowej przy Grójeckiej. Już po powstaniu. Jurek miał na imię.

Czy istnieje gdziekolwiek pełna lista żołnierzy ŻOB-u?
U Neustadta[10].

Kto należał do ŻOB-u?
Ten, kto był w grupie, w oddziale.

A Inka?
Ona nie była w ŻOB-ie.

A to, że była łączniczką za murem nie wystarczy?
No, tak. Ale tych dwustu dwudziestu w ŻOB-ie to ci, co się bili. A poza tym były łączniczki: Władka [Fajgele Peltel], Marysia Zielona, Irka, Marysia, Inka i inne. Ty wiesz, ja te dwieście osób z ŻOB-u znałem. Bo to nie jest trudno przez pół roku poznać dwieście osób. To nie, że znałem wszystkich osobiście, ale z twarzy, z imienia ich znałem. Nie mogę sobie tylko przypomnieć, gdzie zginął Henoch Gutman, to był taki lojalny podwładny.

Zapytaj Kazika, który był u niego w grupie.
Kazik też tego chyba nie wie, bo Gutman zginął później, jak Kazika już w getcie nie było.

Na Franciszkańskiej?
Na Franciszkańskiej zginęło najpierw trzy a potem pięć osób. I jego między nimi nie było.

Neustadt mówi, że Gutman był ranny 2 maja w walce o bunkier przy Franciszkańskiej 30. I został w getcie ze swoją dziewczyną, nie wyszedł kanałami.
To, że nie wyszedł, to pewne. Ale wtedy w walce na Franciszkańskiej 30 nie on, a Berek Sznajdmil był ranny, w głowę, i zmarł po kilku godzinach. I to nie było 2 maja, a 1 maja. Ja Gutmana w ogóle nie pamiętam ze schronu na Franciszkańskiej. Ale może tam był. Nie pamiętam kontaktu z nim po wyjściu od szczotkarzy.

A u szczotkarzy zginął tylko Michał Klepfisz?
Michał i tych pięciu z Akiby. Jacyś tacy do niczego oni byli.

Był oddział Akiby? Kazik mówi, że oni byli rozproszeni.
Tak, był mały oddział Akiby, pięć czy sześć osób.

Jakuba Praszkera?
Chyba tak.

Dawid Hochberg, zdjęcie przedwojenne

Marek Edelman, Warszawa 1945

Stasia Rozensztajn, Warszawa 1946

Michał Klepfisz, Warszawa 1932

Gina Klepfisz, zdjęcie przedwojenne

Lejb Gruzalc, zdjęcie przedwojenne

Maurycy Orzech, zdjęcie przedwojenne

Berek Sznajdmil, zdjęcie przedwojenne

Bronek Szpigiel, Warszawa 1943

Luba Bielicka i Abrasza Blum, Wilno 1938 lub 1939

Pamiętasz Mejlocha Perelmana?
Oczywiście.

Ranny Mejloch prosił, żeby zostawić mu broń, by mógł się ratować przed spaleniem. A Anielewicz kazał mu ten pistolet zabrać, bo by się zmarnował. Tak Masza opowiada.
A Masza nienawidziła tych syjonistów. A przede wszystkim nienawidziła Anielewicza. Ale to jest prawda, co ona mówi.

Czy to jest prawda, że oni mogli go stamtąd zdjąć?
Żeby to był szomer[11], to oni by go stamtąd zdjęli, jak mówi Masza. Chociaż ja zasypałem nie tylko szomrów, i bundowców też... Ale w tej sytuacji – ja ci nie mogę dokładnie powiedzieć. W ogóle tam się działy dziwne rzeczy, na tej Miłej 18.

Kto wie, co się tam działo?
Ja wiem. Wiedziało te kilkanaście osób, które stamtąd wyszły.

Pod schodami ich znaleźliście?
Pod drzwiami. A zresztą, wszystko jedno, co za różnica?!

Chcesz coś powiedzieć o tym, co działo się na Miłej 18?
Nie, nie powiem.

A kiedyś powiesz?
Nie! To nie jest do opowiedzenia.

Nie są to takie rzeczy, z których można się czegoś nauczyć?
Nie. Wiesz, to była taka sytuacja... Nie, nie trzeba mówić źle o ludziach, których nie ma. To jest niepotrzebne.

Czy nie można wszystkiego usprawiedliwić rzeczywistością, w której oni żyli?
Nie można.

To przecież ty mi kiedyś powiedziałeś, że tam była inna moralność.
Ale to co innego!

Według jakich kategorii oceniasz tamtą sytuację?
Według tamtych kategorii. Według dzisiejszych kategorii – tam było wszystko w porządku. Bo się mówi: zginął naród, zginęli jego żołnierze.

Tak. Bez tego samobójstwa na Miłej cała syjonistyczna interpretacja powstania...
...nie istniałaby.

No, właśnie.
I to jest ich klęska, tak między nami. Ale nie warto o tym mówić. A poza wszystkim – to jest nieprawda, że syjoniści byli wtedy jakąś formacją. Oni naprawdę nie istnieli jako grupa polityczna. Oni byli żołnierzami, harcerzami, ludźmi, przyjaciółmi, i tak dalej. Nie było tych wszystkich różnic między nami. Potem to się stało. Ale to jest już inna sprawa. Jak się ma wolność, to jest inaczej.

Wyprowadziłeś kilku ocaleńców z Miłej 18. Kogo?
Tak. Tam było, zdaje się, dwanaście osób.
Juda Węgrower, Tosia Altman...
Jurek, ten harcerz.
Ten, który potem zginął na pętli tramwajowej?
Tak. Dwanaście osób. Oni się położyli na deskach. Te kurwy zrobiły im posłanie. I oni poszli spać.
Te kurwy, których nie wpuściłeś do kanału? Czy inne kurwy?
Więcej nie było. Wystarczyły te dwie.
Czemu ich nie wpuściłeś?
Odczep się, dobrze?!
Przecież to były przyzwoite kurwy. Opiekowały się wami.
No, tak, ja miałem z nimi szczególnie dobrze. Jeszcze jak było getto, dawały mi codziennie jeść.
One miały takie macierzyńskie uczucia wobec ciebie?
Tak, tak. Zaczepiały mnie na ulicy i bułeczkę wkładały do kieszeni.
To było zawsze w tym samym miejscu?
Tak, tak. One stały na Walicowie chyba.
A te dwie, których nie wpuściłeś do kanału?
Jak przyszliśmy pod trzydziestkę, to one zadarły spódnice i zaczęły szorować podłogę.
Pod trzydziestkę na Franciszkańskiej?
Tak. Wszystko jedno. One się bardzo dobrze zachowywały. Karmiły Luśka.
Małego Błonesa?
Tak, on miał wargę przestrzeloną.

A te dziesięć osób, które wysłałeś z getta 8 maja kanałami na drugą stronę?
Janek Bilak prowadził tę grupę, te dziesięć osób.
Czy oni wiedzieli, dokąd idą, czy mieli jakiś adres?
Wiedzieli, mniej więcej. Niedokładnie, ale coś wiedzieli.
Znali plany kanałów?
Nie, nie znali. Ale to nie było takie trudne. Zresztą, wszystko jedno. Wyszliby nie tu, to tam. Albo by wyszli, albo by ich zabili. Tak jak tych po nas. Wyszli. I ich zabili. I już.

Czy jest możliwe, że ktoś z tej grupy, która nie zdążyła dojść w kanale do włazu głównego, cofnął się do getta?
Nieee, niemożliwe.
A skąd to wiadomo, skoro nic nie wiadomo o tym, co się z nimi stało? Przecież nie ma żadnego świadka.

Oj, przestań!! Mówię ci – nikt się nie cofnął, bo wszyscy chcieli wyjść. Oni wyszli na plac Grzybowski i tam ich zabili. Byli zmęczeni, nieostrożni, wszystko jedno. Zabili ich.

Kazik przypuszcza, że ktoś musiał donieść i okolica włazu była obstawiona.
Niech Kazik nie opowiada. Przecież on nic nie wie. Teraz on ma różne koncepcje. Ale, mówię ci, to nie ma żadnego znaczenia. O co ci chodzi? Marudzisz. Tak się stało i już. Stało się! I koniec!

Myślisz, że ich było piętnastu?
Ośmiu ich było.

Kazik mówi – piętnastu.
Kazik nie wie. Ja wiem.

Wiesz, kto tam był? Poza Szlamkiem Szusterem i Adolfem Hochbergiem?
Wiem. Tam był ten mały Rozowski.

Młodszy brat Welwła?
Tak.

Jak miał na imię?
Nie pamiętam, Lejbl, zdaje się. Zresztą wszystko jedno.

Pomyśl jeszcze przez chwilę, kto tam był.
A co ci zależy?!

Zależy.
Nie wiem. Sześć albo osiem osób.

Kto wysłał ich do bocznych kanałów: ty czy Celina?
Jaaa. Ja za wszystko odpowiadam.

A czemu Celina mówiła, że to ona?
Niech sobie mówi, może dużo mówić. Nie jest tak, że ona miała coś do gadania. Nikt nie miał. Zapominasz, z kim masz do czynienia. Pytasz się i chcesz się dowiedzieć. Nie dowiesz się! Wszystko ja. Ja i koniec!

A ci, którzy zostali z tyłu...
To był przypadek. Wszyscy poszli do tyłu, te czterdzieści osób poszło do tyłu, a potem tam było niewygodnie i zaczęli wracać. Trzydzieści wróciło. Gdyby nie to, że tam było źle, to by nikt nie wrócił do głównego włazu. A tych kilku znalazło dobrą dziurę i zostali.

Czy Masza była w parze z Mejlochem?
Niee. Ona była z nim w grupie. Przecież ona miała tylko szesnaście czy siedemnaście lat.

Zawsze mi się wydawało, że w getcie to nie było za wcześnie, żeby być razem.
Nie, to jest powojenna moda.

A wtedy?
Nie, oni nie byli nawet w stanie być razem. Takie rzeczy wtedy, w tamtym napięciu, nie wychodziły.

Opowiedz coś dobrego o Anielewiczu. Żeby może choć trochę zrównoważyć ten obraz z malowanymi na czerwono skrzelami.
Ale nie było w tym nic złego!
No, przecież dobrze wiesz, że wielu miało do ciebie o to pretensje. Tylko niektórzy potraktowali to jako taką ludzką, niepatetyczną opowieść.
No, właśnie. To był taki głodny dom i ta mama chciała zarobić na chleb, to malowała te skrzela.
Ale jednak uraziłeś patriotyczne, narodowe i jakieś inne uczucia.
Bo co? Nie wolno farbować skrzeli?
To teraz opowiedz coś innego o Anielewiczu. Znałeś go dobrze?
Ja go znałem przez pół roku. Od listopada do maja. Byłem z nim codziennie.
Lubiłeś go?
...Nie pamiętam... Nie pamiętam! My byliśmy różni w działaniu. On był nieobliczalny. Ja byłem z Antkiem po jednej stronie. A Anielewicz z tym drugim... jak on się nazywał?
Hirsz Berliński?
...z Berlińskim byli po drugiej.
Na czym polegała ta ich nieobliczalność?
No, co Anielewicz zrobił? Wyszedł na ulicę, zastrzelił werkszuca i zabili potem dwieście pięćdziesiąt czy trzysta osób. On zabił tego werkszuca rano, wziął jego rewolwer i o czwartej czy trzeciej po południu przyjechali Niemcy i całą ulicę, wszystkich wymordowali. On był nieodpowiedzialny. Bo on nigdy nie przeżył akcji. Przyjechał z Będzina do Warszawy i jemu się zdawało, że on może nie wiadomo co. Po historii z werkszucem Komisja Koordynacyjna żądała, żeby go zdjąć ze stanowiska.
Kiedy ta historia z werkszucem miała miejsce?
W marcu czy kwietniu. Ale Anielewicz był bardzo bojowy, inteligentny. Tyle, że nie miał dobrej oceny sytuacji.
Anielewicz rzucił się z gołymi rękoma na Niemców.
No, właśnie. Mówiłem, że on był szalony.
I nie dał się zapakować na Umschlagplatz?
Tak, to było 19 stycznia.

A Jurek Wilner?
Jurek wrócił do getta przed powstaniem. Z tego obozu na Grochowie wyciągnął go Grabowski. Ale wrócił już nie do poznania. On miał czarne pięty,

chodzić nie mógł. Cały był zbity, ledwo się ruszał i właściwie już go nie było. Miałem tu kiedyś zeszyt z wierszami Jurka, bo on był taki poeta. Ale oddałem to wszystko do muzeum w kibucu Lochamej Hagettaot.

Nie można było Jurka gdzieś schować po aryjskiej stronie, żeby nie musiał wracać do getta?
Może i można było, ale on potrzebował trochę ciepła, trochę opieki od bliskich. On przyszedł w strasznym stanie.

Czy miał dziewczynę w getcie?
Nie wiem, chyba nie. Ale był wśród swoich. Ja się nie dziwię, że nie został po drugiej stronie.

Czemu Zygmunt Frydrych nie wrócił do getta z Kazikiem?
Nie wiem, ja nie umiem ci powiedzieć. Kazik uważa, że Frydrych go zawiódł. To mogła być jakaś polityka Antka [Icchak Cukierman]. A sam Frydrych, to ja pamiętam, był dość sceptyczny. On mówił: – No dobrze, jeśli wrócimy do getta w nocy i nie będziemy znali adresów, to nikogo nie znajdziemy. – I miał rację – Kazik nikogo w getcie nie znalazł. Słuchaj, ja nie wiem. Przecież Antek też nie wiedział, że Kazik poszedł do getta.

No, właśnie. Kazik mi to ostatnio powiedział.
No, tak, bo ja mu to niedawno powiedziałem. Kazik dostał kontakt do Krzaczka i szybko – tu i tam się zakręcił, i poszedł.

Zygmunt Frydrych zamieszkał u jakiejś Polki po wyjściu.
Tak. Ta kobieta nie chciała mieć z nami żadnego kontaktu.

Czemu?
Wiesz, tego ja nie jestem w stanie zrozumieć. Ona powiedziała: – To, co było, to jest wszystko moje i odczepcie się ode mnie. – Ona była bardzo zakochana. Zresztą, potem uciekła, wyprowadziła się, śladu po sobie nie zostawiła. – To jest moje! – ona powiedziała. To jej dziecko ma już pewnie około sześćdziesięciu lat. Ale ona była nadzwyczajna.

Ty ją widziałeś zaraz po?
Ja ją raz widziałem. W 1945 roku. Poszedłem do niej, bo ja się czułem zobowiązany. Powiedziała mi: – Przepraszam, proszę do mnie nie przychodzić. – Ona hołubiła Zygmunta przez ten cały czas. Przecież on wychodził z getta. Nawet nie mogę ci powiedzieć, jak ona się nazywa. Znałem adres, ale nie znałem nazwiska.

Neustadt zapisał, że Michał Klepfisz jest pochowany na Świętojerskiej 32. Pamiętasz kto i kiedy go pochował?
Nikt go nigdy nie chował. Tam był taki pięciopiętrowy dom i to wszystko się zawaliło. I on tam leży. A potem wybudowali tę chińską ambasadę.

Kto mieszkał po powstaniu w getcie przy Leszno 18? Kazik pisze, że mieszkał z wami Grajek i Tuwia Borzykowski.
Nieprawda. Tam mieszkała Celina, Antek, Stasia i ja. I więcej nikt.
Jaka Stasia?
Ryfka Rozensztajn.
Dziewczyna Welwła Rozowskiego?
Moja dziewczyna. Oni mieszkali razem przez jakiś czas na początku wojny. Stasia była bardzo ważna między nami, taka moralna podpora dla wszystkich.
Stasia miała warkocze? To ta Stasia?
Miała. To ta Stasia.
Jasne warkocze?
Nie, czarne! Nie, nie, ona była szatynką. A może jednak miała czarne włosy? Już tego nie pamiętam.
Była ładna?
No, pewnie.
Stasia żyje w Ameryce?
Tak. Ona nie chce mówić o tym, co było.
Wyjechała tuż po?
Tak, w 1945 a może w 1946.
Ty wiedziałeś, że ona wyjeżdża?
Tak, tak. Sam jej ten wyjazd załatwiłem. A przedtem wyprowadziłem ją na aryjską stronę. Ja byłem za nią odpowiedzialny.
Kiedy Stasia wyszła z getta?
Pod koniec stycznia, czy na początku lutego 1943. Już nie pamiętam.
Wtedy, kiedy Inka?
Chyba parę dni później.

Czy Inka bardzo mocno ciebie kochała?
Inka? Nie. Nie, nigdy.
Marek, ale tak jak ona o tobie mówiła, tak jak ona o tobie pisała, tak jak ona się przy tobie zachowywała?
Słuchaj. To co innego. Całe jej życie było zależne ode mnie. A ja miałem dużo takich uzależnionych, tylko oni nie przeżyli.
Inka o nikim nie mówiła z taką czułością. Ona się stawała nieporadną dziewczyną, gdy zaczynała opowiadać o tobie. Mimo że miała siedemdziesiąt kilka lat. Kiedy rozmawiałam z nią wtedy, w 1990 roku, i pytałam o ciebie – jako pierwszą opowiedziała mi historię o garsonce z krepy i o tym jak ty, podlewając trawę przed szpitalem, oblałeś jej tę garsonkę.
Ja ci powiem. To dlatego, że ja decydowałem o jej życiu bardzo wcześnie.

ROZMOWA Z MARKIEM EDELMANEM

Od momentu, kiedy ją wysłałeś na drugą stronę?
Jeszcze wcześniej. Nie pamiętam, kiedy to się zaczęło. Słuchaj, to chodzi o to, że od 1941 roku jej życie zależało ode mnie. I nie tylko jej życie. Tosia Goliborska i wiele innych – to samo. Mimo że ja byłem gówniarzem.

Co to znaczy: „zależało od ciebie"?
No – zależało.

Bo one były niepewne, a ty wiedziałeś jak postępować?
Nie wiem, nie umiem ci powiedzieć.

Bo przecież nie dlatego, że miałeś jakieś rozwiązania, których one nie miały. Byłeś tak samo jak one bezbronny.
No tak, ale ja byłem pewny siebie. I miałem takie wyobrażenie, że wszystko musi się mieścić w ramach tego, co ja mam w głowie.

I mieściło się, pasowało?
Pasowało. A jak nie pasowało, to ja to dopasowywałem. Ja nie byłem aniołem.

Inka była niezwykłą kobietą. Delikatna tak jakoś inaczej.
Ona jest artystką. Fantastką. Inteligentną fantastką. Umiała tworzyć wielkie mity.

Ale jej książka nie jest zmitologizowana, prawda?
Niee! Kiedy leżała u mnie w szpitalu w 1986 roku, ja jej powiedziałem: – Pisz! – Co dwa dni dawała mi jakieś papiery. Inka umie pięknie pisać. Nie wszystko musi być tak dokładnie powiedziane.

„No, bo jakie to ma znaczenie?", jak mówi Marek Edelman.
No, właśnie – nie ma.

A więc powiadasz, że nie byłeś aniołem.
Stasia powiedziała kiedyś komuś: – Był brutalny, ostry, ale tak trzeba było. – Przecież ona była starsza ode mnie, a jak się mnie słuchała! Choć ja od Stasi nauczyłem się całego życia. Ja ją znałem wcześniej, przed tym wszystkim. Ona była wielka w organizacji, a ja byłem smarkacz.

W Skifie?
Tak. Stasia studiowała w ASP w Warszawie. Może z biedy tego nie skończyła? Nie wiem. I potem, w czasie wojny, malowała rączki do parasolek. I przerabiała ciuchy, które ja najpierw prułem.

Po ilu latach spotkałeś Stasię?
W 1963 roku ją spotkałem. I jak jeżdżę do Ameryki, zawsze ją widuję.

Kogo najbardziej wtedy lubiłeś? Kto był ci najbliższy?
Nie wiem, nie umiem ci powiedzieć. Postawili mnie w takiej sytuacji, że mam rządzić, i wtedy wszystko staje się bez znaczenia.

Może właśnie poza potrzebą bycia blisko drugiej osoby?
No, to Stasia była taka ważna, najważniejsza.

Jurek Błones, zdjęcie przedwojenne

A z chłopaków?
Chyba Jurek.
Który Jurek? Wilner?
Niee! Błones.
Jurek, Lusiek i Guta Błonesowie, tak?
Tak. Ale to było trochę co innego. Bo on dla mnie był kolegą, a ja dla niego byłem szefem.
I nie miałeś żadnego kolegi, dla którego i ty byłbyś kolegą?
Nie miałem. A może Antek był dla mnie trochę kolegą? Nie wiem.
A Dawid Hochberg był fajnym chłopakiem?
Ja nie wiem. Pamiętam, że był dobrym wykonawcą.

Gdzie mieszkałeś w getcie?
Na Dzielnej 36.
Na Dzielnej 34 był kibuc Droru i mieszkała tam Chawka Folman.
No tak, to ja mieszkałem na Dzielnej 36, obok. Ale ja miałem kilka miejsc. Na Lesznie też mieszkałem.
A na Dzielnej mieszkałeś sam?
Nie ze Stasią, z Rozowskim. Jego rodzice tam mieszkali.
Do kiedy tam mieszkałeś?
Do akcji lipcowej. Trochę też byłem na Muranowskiej, chyba 44, u matki Stasi.
Matka poszła na Umschlagplatz?
Tak. Matka, siostra, brat. Razem ich złapali. Jednego dnia.
I Stasia została sama?
Tak... No, ale nie ma jej, więc nie ma o czym mówić.
Jeszcze jest.
Nie, już jej nie ma[12].
Kiedy z nią ostatnio rozmawiałeś?
Niedawno, jakieś kilkanaście dni temu.
Mówiłeś, że trzy dni temu Stasia była na jakimś przyjęciu.
Tak, to nagle się stało.
Wiadomo, co się stało?
Nie, nie wiadomo. Ludzie umierają.
Czy Stasia była radosną osobą?
Nie, nie była radosna. Ale pięknie śpiewała. Miała piękny głos.
Pamiętasz, co śpiewała?
Ona miała takie romantyczno-sentymentalne piosenki. „O płyń...", coś takiego. Teraz, jak pytasz, to nie pamiętam. „O zejdź do gondoli kochanko ma",

Stasia Rozensztajn w Ameryce, lata 60.

Stasia Rozensztajn i Marek Edelman, Nowy Jork 1997

śpiewała. I ładnie malowała, rysowała, i wszystko było w porządku. No, spóźniłaś się z tym wyjazdem do Ameryki.

O kilka dni.

Ale tak czy tak, jakbyś ją spotkała, ona by ci nic nie powiedziała. Byli u niej różni ludzie, a ona – nic. Jedno, co powiedziała Pauli [Sawicka], to to, że byłem bezwzględny, ale tak trzeba było.

Kiedy w 1988 roku byłam po raz pierwszy w kibucu Lochamej Hagettaot i przeczytałam im moją rozmowę z tobą, okropnie na mnie napadli. A ja nie rozumiałam dlaczego. I dopiero, kiedy taka starsza, siwa pani wstała i zapytała ze zdziwionym oburzeniem: – O co temu Markowi chodzi, czy on chce zostać Chrystusem wszystkich Polaków? – zrozumiałam przyczyny ich złości. Czy jesteś zadowolony z roli, jaką historia w Polsce ci wyznaczyła?

Słuchaj, mnie z wieloma ludźmi w tym kraju łączy pewien sposób myślenia o życiu. Między nami nie ma miejsca na nacjonalizmy. W tym moim myśleniu nie ma miejsca na naród wybrany, na ziemię wybraną. Jest sprawa poszanowania każdego życia. I koniec. Ale nie trzeba z tego wszystkiego tworzyć mitu.

Mit powstał. Czy tobie się to podoba, czy nie – mit jest. Marku, czy zdajesz sobie sprawę, jak wielkie znaczenie tu, w Polsce, miała książka Hanki Krall *Zdążyć przed Panem Bogiem*? W rozmowach najczęściej jej nie doceniasz. Poprzez tę książkę zaistniałeś w świadomości wielu. I jeszcze coś – ta książka w pewnym sensie stworzyła twój obraz.

Myślę, że bardziej stworzyła obraz Hani.

W innym sensie.

Wiesz, Hania jest genialna. Ona jak nikt potrafi zanotować każde słowo. Ja nie zawsze chciałem się zgodzić na te jej puenty, ale już... Nie ma znaczenia. Ja nic nowego tam nie powiedziałem. Wszystko powiedziałem w *Getto walczy*.

Mówię o czymś innym. Wyjątkowość tej książki nie polega na odkryciu nowych faktów historycznych. Przeciwnie, z tej książki czytelnik się dowiaduje, że te fakty, precyzyjnie przekazane, nie mają tak wielkiej wartości. Ale chcę powiedzieć, że wyjątkowość tej książki polega na stworzeniu takiego twojego wizerunku, który stał się więcej niż bliski pewnej formacji pokoleniowej w Polsce: bohaterski antybohater, najuczciwszy cynik i wrażliwy obrazoburca... My wszyscy słyszymy ciebie przez tamten tekst.

Skąd ty wiesz, że to Hania taki obraz stworzyła? Ona nic tu nie stworzyła! Ona tylko odtworzyła to, co usłyszała.

Więc to ty byłeś wielkim kreatorem? Taki byłeś, zanim Hanka o tobie opowiedziała, i taki jesteś, tak?

Tak, jak najbardziej.

W takim razie – to naprawdę jest świetna książka.

No, tak, Hania miała to przebicie.

Irena Klepfisz i Anka Grupińska, Nowy Jork 9 grudnia 1999

Inka w swojej książce opowiada o takiej historii, która jest pomieszaniem snu i jawy. To historia związana z Welwłem Rozowskim i jego zamordowaniem. Do waszego mieszkania przyszli szmalcownicy. Welwł poszedł szukać pieniędzy. I ktoś go nie chciał przenocować. I Welwł zginął. A ty siedziałeś w tym mieszkaniu sam. I Inka biegła, żeby zdążyć przed esesmanami. A potem szliście ulicą, jak para zakochanych. I ty miałeś rewolwer i Inka już czuła się bezpieczna.

To trochę fantazje Inki. Welwł poszedł na Senatorską do Salo Fiszgrunda i ta polska właścicielka mieszkania nie pozwoliła mu zostać na noc. I nie wiadomo, co się z nim stało.

A to mieszkanie, do którego przyszli szmalcownicy, było na Śmiałej, a nie na Śnieżnej, jak pamiętała Inka?

Tak, chyba pod dwudziestym czwartym, ale nie jestem pewny.

Czy to naprawdę gospodyni, czy Salo Fiszgrund nie zgodził się na ten nocleg Rozowskiego?

W zasadzie gospodyni. Ja nie sądzę, żeby Fiszgrund go wyrzucił. Myślę, że to była gospodyni. Kiedyś raz tam nocowałem i on się strasznie bał, że ona to zobaczy. On był taki Krakus. I nikt go nie lubił, bo Krakusów się nie lubi.

Jak długo siedziałeś w tym mieszkaniu na Śmiałej?

Jedną dobę.

I Inka po ciebie przyszła?

Nie, przyszedł taki chłopak. Władek Świętochowski. Od Bronka Szpigla. Bronek potem u niego mieszkał. I ten Władek zabrał mnie do Hornungowej na Noakowskiego. Jakieś dziesięć dni tam byłem. To była bardzo fajna baba, przynosiła dobre jedzenie. Chyba była folksdojczką.

Inka próbowała popełnić samobójstwo. Najadła się luminalu. A ty wyniosłeś ją ze szpitala na Żelaznej w tej różowej koszuli nocnej.

W fildekosowej koszuli.

Dokąd ją zabrałeś?

Zabrałem ją ze szpitala na drugą stronę Żelaznej. O, tu mam znak. Gdzie to jest?

Na prawym policzku. Co to za znak?

Ukrainiec mi przyłożył pałą. A na Inkę byłem tak wściekły, że ją zostawiłem na parapecie okiennym na pierwszym piętrze. Ale co to ma za znaczenie?!

Czy po wojnie rozmawiałeś czasem z Inką o tamtych sprawach?

Rzadko, bardzo rzadko.

**Inka kiedyś napisała, że chciała bardzo przez swoje pisanie i opowiadanie zmienić stereotyp o getcie. I sceptycznie dodawała: – Markowi się nie udało,

ROZMOWA Z MARKIEM EDELMANEM

to i mnie pewnie się nie uda. – Nie udało się opowiedzieć dosyć o życiu, miłości, pracy i etosie codzienności.
Bo ludzie z gettem kojarzą tylko śmierć, a nie życie.
Właśnie przeciw temu Inka zawsze się buntowała.

Czy ludzie z ulicy getta byli świadomi różnic politycznych, organizacyjnych między wami?
Niee, skąd! ŻOB nazywano w getcie „partią". – Partia zrobiła tę akcję – mówili ludzie. „Partia" – to znaczy ci chłopcy z bronią. I partia rządziła gettem. Rządziła tam wszystkim od listopada do kwietnia. 60 tysięcy ludzi podlegało partii.

W jakim języku rozmawialiście w getcie?
W szpitalu – po polsku.
Nigdy po żydowsku?
Może się to czasem zdarzało. Wszyscy mówili po polsku, a po żydowsku wielu nie rozumiało – Tosia [Goliborska], Hela [Kielson], na przykład.
A z Antkiem jak rozmawialiście?
Z Antkiem? Wiesz, nie wiem. Dowcipy Antek opowiadał najczęściej po żydowsku, a opowiadał dużo dowcipów. Ale pewnie mówiliśmy i tak, i tak.
A Celina?
Celina też mówiła po żydowsku, a po polsku mówiła lepiej od Antka. Bo Antek chciał być Słowackim, ale to mu się nie udawało.

Marku, codziennie wychodziłeś na drugą stronę. Nosiłeś ze szpitala krew do badania.
Przez jakiś rok tak chodziłem.
Chodziłeś też z kartami choroby?
Tak, do głównego lekarza miasta.
Lubiłeś te wyjścia? Czy może bałeś się trochę?
Przecież ja byłem legalny. Mogli mnie pobić, ale nic więcej nie mogli mi zrobić. Ja zanosiłem krew, a poza tym miałem interesy.
Jakie interesy?
No, tu miałem krew, a tu miałem gazetki. Nosiłem je z Koziej, od żony Rafała Pragi. I jeszcze z innych miejsc, ale zabij mnie – dziś nie pamiętam skąd.
Co jeszcze robiłeś?
Słuchaj, ja już nie pamiętam. Kontakty nawiązywałem. Tu miało być spotkanie z Pużakiem[13], a tu trzeba zanieść wiadomość, różne rzeczy się tam działy. Nic nadzwyczajnego. Był lokal, ulica, numer mieszkania i trzeba było

jakąś kartkę zostawić albo zabrać, z kimś się mówiło. Ale to wszystko strasznie długo trwało, bo trzeba było chodzić pieszo. Nie jeździłem samochodem.
Gdzie wasze gazetki były drukowane? Pamiętasz?
Pewnie, sam je drukowałem. Jedna drukarnia była na Miłej 67, druga – na Nowolipiu 36 czy 38; to były dwie główne.
Kto jeszcze drukował?
Stasia. Był też taki chłopak – Zyferman się nazywał, i jeszcze dwie dziewczyny. Jedna chyba miała na imię Blumka[14]. Stasia robiła winiety.

Jest rzecz, o której przeczytałam niedawno, a która mnie bardzo zaskoczyła. Otóż istnieje relacja wykorzystana w książce Basi Boni[15], wedle której takie oto zdarzenie miało miejsce w getcie. W kilka dni po rozpoczęciu Wielkiej Akcji w lipcu 1942 roku do jednego ze szpitali w getcie przyszli przedstawiciele Judenratu i zabrali kilkunastu studentów medycyny i lekarzy rzekomo do pomocy w Judenracie. I wtedy się okazało, że pod dozorem policjantów żydowskich ci studenci i lekarze mieli przejść wskazanymi ulicami i wyciągać z domów ich mieszkańców. Czy słyszałeś kiedykolwiek o takiej akcji? Tej albo podobnej, gdzie indziej?
Nie. To nie może być prawda. To jest wymyślone.

Marku, opowiesz o Elżuni?
Wszystko.
Elżunia, córka Zygmunta Frydrycha, była w klasztorze na południu Polski, w Przemyślu.
I Inka chyba ją stamtąd przywiozła. Elżunia była na Krochmalnej, pod piątym. Ten człowiek, który się nią opiekował, zginął potem w powstaniu warszawskim. Miał nogę w gipsie i nie zabrali go do kanału. To go Niemcy zastrzelili i spalili. Potem Elżunia była w Pruszkowie, a tam było takie pole, na które przychodzili różni ludzie i wybierali te dzieci. Elżunię wziął jakiś młynarz, żeby mu gęsi pasała. A potem się zrobiło zimno i ten młynarz był dla niej bardzo niedobry. To przyszła taka pani z Żyrardowa. Zobaczyła, że dziecko zmarznięte, to ją zabrała. A mąż tej pani reperował rowery.
Ile Elżunia miała lat wtedy?
Nie pamiętam dokładnie. Może sześć, siedem albo osiem?
Mieliście z nią kontakt w tym czasie?
Nie, skąd! Od momentu powstania sierpniowego żadnego kontaktu. I Elżunia czytała tej pani bajki, żeby ta pani mogła zasnąć. Elżunia była jej najlepszą córeczką i w ogóle było nadzwyczajnie. Potem wojna się skończyła, a przecież Zygmunt kazał mi odnaleźć córkę. Więc zacząłem jej szukać. I jak przyjechałem takim dużym samochodem z amerykańską flagą, to jakieś dzieci

zaczęły krzyczeć: – Elżunia, uciekaj, bo Żydy po ciebie przyjechały. – Potem przyjechałem drugi raz i ta pani powiedziała, że nie może się z nią rozstać. W końcu oddała ją za ileś tam dolarów. Przywiozłem Elżunię do Warszawy. I tak to było.

Ale to nie jest koniec historii Elżuni?
Jak był pogrom kielecki, to pani Estera[16] powiedziała do mnie: – Ty nie masz prawa brać za nią odpowiedzialności – i zabrała Elżunię do Szwecji. A tam zaadoptowała ją pewna pani z Ameryki. I Elżunia miała w Ameryce rower, kucyka i łódkę, skończyła studia, a potem wyszła za mąż i popełniła samobójstwo. Otruła się[17].

Ty uważałeś, że to dobre rozwiązanie wysłać ją z Polski?
Pani Iwińska powiedziała, że nie mogę brać odpowiedzialności za cudze dzieci.

Ala Margolis-Edelman powiada[18], że pani z Żyrardowa oddała Elżunię, bo ty poszedłeś do Cyrankiewicza, który wypuścił z więzienia jej syna. Czy tak to było?
Poszedłem, ale nie do Cyrankiewicza, tylko do prokuratora na Pradze. Ala nie ma zielonego pojęcia i fantazjuje. Ona nigdy nie miała pamięci. Cyrankiewicz jeszcze nie był premierem wtedy.

Czy można powiedzieć, że to był taki handel wymienny: Elżunia-córeczka za syna wypuszczonego z więzienia?
Nie, niee. I to wszystko działo się o wiele później, dwa-trzy miesiące później. Kiedy ja zabierałem Elżunię od tej pani, ten chłopak, to było dziecko jeszcze, był w domu. Dopiero potem aresztowano go za AK, bo on poszedł do lasu. I ten prokurator z Pragi go wypuścił. A pani z Żyrardowa za pieniądze Elżunię oddała. Najpierw nie chciała, nie chciała, ale jak zaczęła liczyć i okazało się, że jest tych pieniędzy dużo, to sama ją przywiozła.

Czy miałeś później z tą kobietą z Żyrardowa jakiś kontakt?
Nie, nigdy. Po co?

Czy wiesz, że Marysia Warmanowa miała kontakt z papierosiarzami?
Tak, pewnie. Józek [Ziemian] pomagał tym chłopcom z placu Trzech Krzyży, a Marysia chodziła do chłopców w Zamku Królewskim. Oni mieli taką czarną dziewczynkę, której nie wypuszczali, bo ona była taka czarna. Więc stali na warcie koło niej, a że tam było ciemno, to palili kawałek świeczki. I dziewczynka była bezpieczna. Ci chłopcy też sprzedawali papierosy. Marysia nosiła im jakieś pieniądze, ale oni tak czy tak świetnie sobie radzili.

Jak przemycano broń do getta między styczniem a kwietniem 1943? Czytałam gdzieś, że pinkiertowcy przewozili broń karawanami.
Moooże.

Marek Edelman z Elżunią Frydrych, Warszawa 1946

Frydrych i Irenka Klepfisz w Szwecji,
1948

Elżunia Frydrych, Ameryka koniec lat 40.

A najczęściej przez wachę wnoszono, pod kartoflami albo pod podszewką, tak?
No, tak. I był ten jeden wielki transport od AK. Dostaliśmy pięćdziesiąt pistoletów i pięćdziesiąt granatów. To weszło przez mur na placu Parysowskim. Michał Klepfisz to zorganizował.

Zawsze takim skrótem opowiadasz o swoim przedwojennym życiu: mama wcześnie umarła, Frania, gruźlica, kilka szkół, i już. Czy możesz opowiedzieć coś na przykład o Frani? Albo: gdzie mieszkałeś przed wojną? Z kim mieszkałeś? Opowiedz więcej.
Frania chodziła zawsze w grubych barchanowych gaciach, a spódnica jej wisiała na haku. Frania nosiła spódnicę tylko w niedzielę, do kościoła. A te barchanowe gacie miały taką duuużą klapę na guziki z tyłu. Dużą, bo Frania była bardzo dużą kobietą. Gdzie mieszkałem? Franciszkańska 14. Tam byli też jacyś sublokatorzy.

I oni się opiekowali tobą, kiedy mama zmarła?
Nie umiem ci powiedzieć. Ja sam zarabiałem na siebie.

Jak zarabiałeś?
Lekcji udzielałem. Ta Mania Kac chciała się nauczyć polskiego, a że miała dysleksję, to ja miałem co robić. I zarabiałem. Ona nigdy się nie nauczyła czytać, za to była genialną tancerką i śpiewaczką w getcie. Co tydzień brała udział w dwóch sztukach dla dzieci. One były napisane w Sanatorium Medema. Jedna się nazywała *Lalki*, a druga była o Chinach. Ci nauczyciele to napisali: Giliński i Trumpiański, a Wanda Wasilewska przetłumaczyła na polski. To takie *rewolucjonnyje* sztuki. Lalki się buntują, że zamykają je w skrzyni. A Mania Kac była tancerką, tą główną lalką. I to było grane u nas... A potem nie miała nic do jedzenia i umarła z głodu.

„U nas grane", to znaczy?
Skif zorganizował taki teatrzyk na Krochmalnej. Pola Lifszyc była główną reżyserką. A Mania była główną tancerką. Ona była dzieckiem jeszcze.

Czy miałeś prawnych opiekunów po śmierci mamy?
Ja nie wiem. Mamy koleżanka chodziła do szkoły, żeby mi zmniejszyli czesne.

To znaczy, że byłeś zupełnie sam?
A jak? Nie możesz tego zrozumieć? Zarabiałem. Nie miałem na tramwaj, ale miałem co jeść, i już.

W sytuacjach ostatecznych są w zasadzie możliwe dwie przeciwne postawy. Jedna – nazwijmy ją umownie postawą Czerniakowa, i druga – postawa żobowca. Ta pierwsza to postawa kompromisu wieńczonego tragiczną rezygnacją. A druga – to postawa tak naprawdę szaleńca. Od czasu do czasu zasta-

nawiamy się, dlaczego historia przyznaje rację szaleńcom, a nie obrońcom rozsądku.
Czerniaków tak samo jak my wiedział, że wszystko już przegrane. A w przegranej sytuacji trzeba pokazać charakter. Trzeba pokazać, że potrafi się być przeciw tej ekstremalnej sytuacji. I mimo że Czerniaków potrafił Rumkowskiemu[19] [Chaim] odmówić, to nie wytrzymał do końca. Ale z tą oceną jest różnie. Dzisiaj Mostowicz [Arnold] mówi, że Rumkowski postępował w porządku, bo zachował przy życiu iluś tam Żydów, którzy nie zginęli w Marszu Śmierci. To jest niesłychane, że gotowy jesteś wziąć na siebie odpowiedzialność, że będziesz zabijał ludzi, bo może przeżyje ci dziesięć osób na sto... Jeżeli to jest moralność, to trudno. Dla historii to wszystko jedno, czy te dziesięć przeżyje. Jeden człowiek, to zupełnie co innego. Jak leży na białym prześcieradle, i tak dalej, i tak dalej. A w tej masówce...

Też pojedynczy ludzie.
Wiesz, co się stało w getcie piotrkowskim. Jak im kazali wybierać ludzi na śmierć, to oni zlikwidowali cały interes i przyjechali do Warszawy. – Zabijajcie sami, ja nie muszę zabijać – powiedzieli. A Rumkowski zabijał.

Więc postawa Czerniakowa nie jest równa postawie Rumkowskiego. Bo Czerniaków nie chciał wysyłać ludzi na śmierć.
Wiesz, on miał inną mentalność. Taki mieszczański senator, pan inżynier. On nie był zdolny do walki.

I nie był też zdolny do innej postawy. Szmuel Zygielbojm też nie walczył.
No i różne są te dwie śmierci. Tam była słabość, a tu protest.

Dlaczego historia najczęściej przyznaje rację szaleńcom? Dlaczego Anielewiczowi stawia się pomniki, a Czerniakowowi – nie?
Bo Czerniaków dawał tabliczkę czekolady konającym dzieciom, a za to nie stawia się pomników!

I nie masz pretensji do świata, że tak jest skonstruowany, że tak dzieli nagrody i zapomnienia?
Nie. Bo ta zasada gwarantuje nam pewną wolność.

Gwarantuje możliwość przewrócenia tej beczki, na którą ktoś chce cię wepchnąć?
Tak. Mniej więcej. A Czerniaków jednak dał się na beczkę wepchnąć.

Mówisz to bez cienia wątpliwości?
Oczywiście.

Popełnił samobójstwo. Może jednak da się ten gest przeczytać jako akt sprzeciwu, w pewnym sensie akt odwagi?
Nie, nie uważam. On zmarnował szansę. Ja już o tym sto razy mówiłem. On miał kolosalny autorytet i mógł powiedzieć: panowie, nie dajcie się, idźcie do walki. Myśmy byli ludźmi bezimiennymi. A on mógł przynajmniej wzmocnić

bierny opór. A nie zrobił nic. On nie lubił tego podziemia, tych gazetek, które jemu nosili. Bał się tego wszystkiego.

Marku, masz dwa wspaniałe życia w jednym: to w getcie i to po drugiej stronie. Najpierw dzielny żołnierz, a potem świetny lekarz.
Bo ja miałem dobre pomysły.
Więc dwa razy miałeś świetne pomysły. Dwa razy miałeś lepsze pomysły niż inni. A te dwie rzeczywistości są spięte taką klamrą przyzwoitego człowieka. Czy Pan Bóg był bardziej łaskawy dla ciebie niż dla innych?
Nie wiem, czy to zasługa Pana Boga, ale wiesz co: to wszystko to jest jedna rzecz. To drugie wynika z pierwszego, a trzecie z drugiego. Trzeba mieć trochę odwagi, żeby coś zrobić przeciwko. I tam, i tu robiłem to samo, zawsze przeciwko. Trzeba było przekonać ludzi, żeby z tobą szli. I udało się. Ale ja też popełniałem błędy.
Jakie?
Nie doceniłem możliwości człowieka. Przesadziłem.
Wtedy, w powstaniu?
Daj mi spokój, o powstaniu to ty nic nie zrozumiesz.
Czy ktoś z nas, ktoś, kto tam nie był, może zrozumieć?
Czasem ci, którzy nie zadają pytań, a tylko słuchają – rozumieją. A ty chcesz wiedzieć więcej. A więcej nie można wiedzieć. Bo to nie jest tak, że ty chcesz coś wiedzieć, to ja ci mam powiedzieć. Ja w ogóle nie chcę już nic powiedzieć. Ja nie jestem w stanie i nie chcę mówić o wszystkim.
Pytanie jednak dotyczy tych spraw, o których godzisz się mówić, a ja, inni – krążymy wokół sedna rzeczy i ciągle jesteśmy tak samo daleko.
Wiesz, gdybyś była moja kochanką, i w łóżku byś leżała, i słuchała, co ja mówię – może byłoby inaczej. Bo, żeby coś wiedzieć, trzeba być bardzo związanym z człowiekiem. A ty jesteś dziennikarką, która się chce czegoś dowiedzieć od obrzydliwego Żyda.
Rozmawiasz z dziesiątkami dziennikarzy...
No i oni się niczego nie dowiedzieli.
Czemu z nami wszystkimi rozmawiasz? Czemu ciągle odpowiadasz na te same pytania?
A co mi szkodzi?! Siedzi tu jakaś baba, albo chłop, i gada, gada, gada. A ja? Ja ich nie oszukuję. Czy ja cię oszukałem?
Zastanawiam się, dlaczego naprawdę to robisz?
Zobacz, jaki jestem przystępny. Ja mówię tak, że wszyscy myślą, że rozumieją.
A ty mówisz półprawdy?
Nie, całą prawdę, tylko nie do końca. Nie możesz wszystkiego wiedzieć. I ty, i oni. I ja do nikogo nie mam żadnych pretensji. Nie można obcemu człowiekowi tego wszystkiego opowiedzieć.

Marek Edelman w ruinach getta, 1945

To nie jest chyba tylko kwestia obcości i bliskości, ale też i czasu. Ja jestem ze świata pięćdziesiąt lat później...
To jest jedno i drugie.
Powiedz, Marku, czy ty w tych pogettowych latach spotkałeś kogoś, kto nie był tam i ...
...tak, tak, tak..
...i nie przeżył tego co ty...
...tak, tak, tak..
...a jednak kontakt był stuprocentowy...
...tak, tak, tak..
...i nie było żadnych barier..
No, tak! Śliczna dziewczyna. I namiętna, we wszystkim, pasjonatka. Ona mnie pchała, bo mnie się nie chciało. To było zaangażowanie. Zaangażowanie całym życiem. A ty nie jesteś zaangażowana. Ty chcesz książkę napisać. Rozumiesz, co mówię?
Trochę tak, ale nie do końca.
No, właśnie. Bo trzeba umieć oddać całą wiarę w tego drugiego. I wtedy dzieją się rzeczy genialne.
Ty o miłości mówisz.
Nie, nie o miłości. Tak, o miłości. O różnych sprawach mówię. Nie tylko o getcie. O wszystkim. Trzeba umieć wskoczyć jeszcze raz na dach. Zawsze. Gdyby nie ona i jeszcze dwie dziewczyny, to ja bym tego wszystkiego nie zrobił. One mnie pchały: dalej, dalej! One potrafiły tak jak ja myśleć o życiu innego człowieka. Leży ci tu facet i umiera. One chcą go ratować. Ale trzeba się zaangażować. A zaangażować się – to jest ryzyko. Ryzyko, którego takie dwudziestopięcioletnie dziewczyny nie umieją podjąć. Potrzebowałyby pistoletów. Ja się nie bałem zaangażowania, a one to podchwyciły. I za rok, pół roku były takie same. I już byliśmy razem. Bo to wszystko, to jest to samo. Ten jeden dzisiaj, to jest te 400 tysięcy wtedy. A ty nie jesteś w stanie w to wszystko wejść, we mnie wejść. Bo nie chcesz.
Rzeczywiście, nie jestem w stanie... Jesteś już bardzo zmęczony?
Nie. Mogę umrzeć...

Marku, we wszystkich swoich wypowiedziach nie tracisz pewności sądów, często o innych mówisz, że fantazjują albo bzdury smażone opowiadają. Czy tobie zdarzyło się kiedyś samego siebie poprawić?
Nie, ja się nie poprawiam. Czasami zgadzam się na to, przy czym inni się upierają. Te sztandary, na przykład. Ja nie widziałem, ale ludzie mówią, że były. No, to już, może były. Ja nie wiem.

ROZMOWA Z MARKIEM EDELMANEM

Ja jednak pytam o twoją wiedzę i pamięć. O to, czy zdarzyło ci się zdać sprawę z tego, że przez lata powtarzałeś obraz, do którego przywykłeś, a tu nagle pojawił się fakt, który każe ci ten obraz zweryfikować?
???

Popatrz, w *Getto walczy* mówisz, że były dwa samochody, które przyjechały na Prostą.
Nie, nieprawda, niemożliwe.

Marku, prawda.
Ty źle czytasz. Miały być dwa, a drugi nie przyjechał. A poza tym, to było na wielkie hura napisane. Wtedy to było potrzebne. A czy dwa samochody, czy jeden, to nie ma wielkiego znaczenia.

To co miało znaczenie?
Nie szczegół, tylko całość. Że najpierw było getto, a potem „Arsenał". A z tego wszystkiego zostanie jeden Anielewicz, bo w historii nie zostaje tych dziesięciu, z których każdy kichnął. Tylko ten jeden. Z getta zostanie Anielewicz. I on jest symbolem. I nieważne, czy robił, czy nie robił. Tych wszystkich nazwisk za kilka lat nikt nie będzie pamiętał. I słusznie, bo tak to jest – te szczegóły nie mogą mieć znaczenia.

Na czym polega wyjątkowość Zagłady?
Zapytaj Simone Weil, ona ci powie. Albo królową holenderską.

A ty co byś powiedział?
Nic. To są bzdury. Zastanów się: co ty wiesz o powstaniu kościuszkowskim? Co ty wiesz o wojnach napoleońskich?

No, nic. Ale ja nigdy nie siedziałam z Kościuszką przy jednej chałce, a z tobą – tak.
Aaa, to jest bez znaczenia. Wiesz co, to wszystko to było takie wielkie wydarzenie, którego nie można opisać. I już. No i ludzie nie chcą tego zrozumieć i pytają o takie głupie rzeczy: co było na lewej stronie, a co na prawej? A to jest wszystko bez znaczenia.

Jeszcze przez chwilę będę się upierać, że te szczegóły mają swoje znaczenie. To przez nie umiemy sobie choć trochę tamto wyobrazić, one przybliżają nam tamten świat. Ten twój czerwony sweter, na przykład. I te pasy skrzyżowane na piersiach... – Słuchaj, jak ja wtedy wyglądałem – powiedziałeś Hani Krall.
Bo mnie się to podobało.

Nam też się to podoba. Dziękuję, Marku. Za wszystko.

Łódź, lato-jesień-zima 1999-2000.

Marek Edelman, Anka Grupińska i Paweł Szapiro, Łódź 1 stycznia 2000.
Autorką zdjęć jest Jola Dylewska

Przypisy

Rozmowa z Markiem Edelmanem

[1] Żydowska Organizacja Bojowa – ugrupowanie zbrojne w getcie warszawskim, działające także poza stołeczną dzielnicą zamkniętą. W zasadzie można by mówić o istnieniu w getcie warszawskim dwóch organizacji o tej samej nazwie, różniących się m.in. datą powstania (lipiec 42 i październik 42), czasem i zakresem działania, także obliczem politycznym. Tym natomiast, co je łączyło, poza nazwą, była obecność wielu tych samych organizacji politycznych, które weszły w skład obu, i ludzi (zwłaszcza w ich gremiach kierowniczych) oraz przede wszystkim identyczny cel: walka zbrojna z okupantem. Pierwsze próby założenia aktywnych grup oporu, potem już uzbrojonych grup, mają miejsce po wybuchu wojny niemiecko-radzieckiej (czerwiec 1941). Początek tej wojny, choć toczonej na odległym terenie, przyniósł nowe zagrożenie, mianowicie masowe egzekucje Żydów na Wschodzie, w których coraz więcej mieszkańców getta dostrzegało zapowiedź masowej zagłady. Wyrazem nowej świadomości były początki procesu zacierania się różnic ideologicznych między poszczególnymi organizacjami, początki dialogu i jednoczenia wysiłków. Jednak próby założenia w marcu 1942 powszechnej żydowskiej organizacji bojowej rozbiły się o sprzeciw Bundu, chcącego prowadzić politykę socjalistyczną, a nie ogólnożydowską, i stojącego na stanowisku, że wystąpienie zbrojne może mieć powodzenie jedynie wtedy, gdy dojdzie do porozumienia i współdziałania z polskim podziemiem. Jeszcze wcześniej dla działających w getcie organizacji konspiracyjnych, które uznały, że same nie mogą wygrać wojny, celem była walka o przetrwanie, potem o wygranie pokoju, przez co rozumiano jak najznaczniejszy udział w kształtowaniu powojennej rzeczywistości. W tym celu należało zachować polityczną tożsamość: my socjaliści (bundowcy), my socjaliści-syjoniści, my rewizjoniści, komuniści czy asymilatorzy. Zdaje się, że dość dogmatycznie prowadzona walka o rząd dusz długo przesłaniała najżywotniejsze potrzeby chwili bieżącej, w tym ideę walki z bronią w ręku. Relatywnie późne powstanie organizacji zbrojnej związane było też m.in. ze stanowiskiem wielu działaczy w getcie, nie wierzących w możliwość jego likwidacji i sens jej tworzenia. Nie bez znaczenia był tutaj brak zainteresowania, a nawet niechęć polskiego podziemia do konspiracji żydowskiej. Tzw. pierwszy ŻOB założony został w pierwszym tygodniu Wielkiej Akcji (28 lipca 1942) wyłącznie przez młodzieżowe organizacje socjalistyczno-syjonistyczne: HaSzomer HaCair, Dror i Akiba w celu zorganizowania samoobrony Żydów zagrożonych wywiezieniem do ośrodków zagłady. Dowództwo tworzyli wówczas Szmul Bresław, Icchak Cukierman, Cywia Lubetkin, Józef Kapłan i Mordechaj Tenenbaum; nie istniał żaden konkretny plan, czy nawet

pomysł na długofalowe działanie; nie dysponowano bronią. Planowano prowadzenie działalności również na prowincji w oparciu o lokalne komórki ruchów młodzieżowych i nawiązanie kontaktów z polskim podziemiem. Podczas tzw. Wielkiej Akcji ŻOB, dysponujący wówczas jednym pistoletem, nie ograniczył się do bezskutecznych wezwań o przeciwstawienie się kolejnym wywózkom; 28 lipca 1942 dokonano zamachu na komendanta Żydowskiej Służby Porządkowej Józefa Szeryńskiego, podpalono także kilka magazynów niemieckich i usiłowano wyprowadzić z getta grupy Żydów. We wrześniu 1942 Niemcy aresztowali kilku przywódców organizacji, skonfiskowali dopiero co stworzony „arsenał" (5 zakupionych pistoletów i 8 granatów przeniesionych w torbie z jarzynami), co praktycznie położyło kres bieżącym działaniom ówczesnego ŻOB-u.

Jednak wkrótce, pod koniec października 1942, doszło do utworzenia przez większość sił politycznych w getcie rozszerzonego ŻOB-u, ustalenia struktury i wyłonienia władz; w jego skład nie weszli tylko syjoniści-rewizjoniści, którzy założyli własną organizację bojową, oraz ugrupowania religijne, które odrzucały ideę walki zbrojnej. Dokonało się to drogą ostrej walki politycznej i wymagało wielu zabiegów. Najpierw „starzy" działacze partyjni domagali się utworzenia dwóch ośrodków kierowniczych: cywilnego i wojskowego, by zachować kontrolę nad tym drugim. Ruchy młodzieżowe wyraziły na to – acz niechętnie – zgodę, powodowane wymaganiami polskiego podziemia, które chciało prowadzić pertraktacje z reprezentacją całego żydowskiego podziemia. Ostatecznie utworzono ciało polityczne nazwane Żydowski Komitet Narodowy, do którego przystąpili przedstawiciele ruchów młodzieżowych, obu odłamów Poalej Syjon, Ogólnych Syjonistów i Polskiej Partii Robotniczej. Ponieważ przedstawiciele Bundu, którzy zgodzili się wcześniej na akces do ŻOB-u, mieli tradycyjnie zastrzeżenia do narodowo-żydowskiego charakteru ŻKN-u oraz niektórych wchodzących w jego skład organizacji (komunistów), utworzono Komisję Koordynacyjną tworzącą ramy organizacyjne dla obu.

W marcu 1942 na czele ŻOB-u stanęli m.in. Mordechaj Anielewicz, Icchak Cukierman, Marek Edelman, Jochanan Morgenstern, Hirsz Berliński i Michał Rozenfeld. Nawiązano kontakt z władzami polskiego podziemia, od którego otrzymano relatywnie niewielką pomoc w uzbrojeniu i wyszkoleniu żołnierzy ŻOB-u. Umożliwiło to jednak podjęcie tzw. samoobrony styczniowej. Po styczniu 1943 getto podzielono na trzy główne sektory bojowe: getto centralne, którego dowódcą był Izrael Kanał, teren szopów, gdzie dowodził Cukierman (później Eliezer Geller), i teren szczotkarzy na czele z Markiem Edelmanem. Od tej chwili – m.in. dzięki zwiększonej pomocy z zewnątrz murów – ŻOB aktywnie działał w konspiracji, produkował, kupował i zdobywał broń, nakładał podatki, dokonywał ekspropriacji i zamachów, przeciwdziałał ewakuacji robotników z getta, podpalał magazyny, odbijał osadzonych w areszcie, by uzyskać wreszcie dominującą pozycję w żydowskim podziemiu i w ogóle w getcie, a także w kontaktach z polskim podziemiem. Z odezwami ŻOB-u do ludności getta polemizowali w swoich ogłoszeniach Niemcy. Udało się narzucić swoją zwierzchność Judenratowi, który do pewnego stopnia wykonywał polecenia organizacji. Marek Lichtenbaum (przewodniczący Judenratu, następca Adama Czerniakowa po jego śmierci) nie wiedział, czy bardziej bać się Niemców, czy ŻOB-u. Gdy przyszli do niego Niemcy, kazali stanąć przed żydowskimi robotnikami i zorganizować wyjście z getta, miał im odpowiedzieć: „Nie jestem władzą w getcie. Jest inna władza: Żydowska Organizacja Bojowa". ŻOB stał się główną siłą – ponad dwustu bojowców w 22 grupach – w powstaniu w getcie warszawskim. Poza stolicą ŻOB prowadził działalność jedynie w kilku miejscowościach.

[2] Getto warszawskie – odrębna dzielnica mieszkaniowa dla Żydów w Warszawie utworzona rok i dwa miesiące po zajęciu miasta przez Niemców. Pierwsza, nieudana próba stworzenia getta w stolicy podjęta została już 4 listopada 1939 na rozkaz komendanta wojskowego miasta gen. von Neuman-Neurode'a, który zawierał polecenie skoncentrowania Żydów w ciągu trzech dni na wyznaczonych ulicach miasta. Po interwencji delegacji Judenratu, na czele której stał przewodniczący Rady Adam Czerniaków, u von Neuman-Neurode'a okazało się, że była to wyłącznie inicjatywa SS i Gestapo; skądinąd niewykonalna w takim terminie. Po kilku dniach pertraktacji, dotyczących głównie wprowadzenia poprawek do planu przyszłej dzielnicy żydowskiej, rozkaz został odroczony. Stało się tak prawdopodobnie wskutek rozdźwięków pomiędzy Gestapo a Wehrmachtem. Nie zarzucono jednak całkowicie planu izolacji Żydów i prób stopniowej realizacji rozmaitych wariantów tego zamierzenia; główną rolę na tym etapie działań odgrywał kierownik wydziału przesiedleń (*Abteilung Umsiedlung*) urzędu szefa dystryktu warszawskiego Waldemar Schoen. Pierwotnie jako teren osiedlenia wybrano nie tradycyjnie zamieszkiwaną przez Żydów północną część miasta, spowodowałoby to bowiem poważne perturbacje komunikacyjne, lecz leżącą na prawym brzegu Wisły Pragę. W okresie późniejszym powstał plan przemieszczenia Żydów do dwóch miejsc leżących na obrzeżach miasta: do dzielnicy Koło i na Grochów. Ostatecznie, ponieważ założenie gett peryferyjnych pochłonęłoby zbyt dużo czasu i środków, powrócono do koncepcji zamknięcia tradycyjnej dzielnicy żydowskiej.
W marcu 1940 dzielnica zamieszkiwana dotychczas przez Żydów otrzymała nową nazwę: rejon dotknięty epidemią (*Seuchen-Sperrgebiet*). Wzdłuż linii granicznej ustawiono tablice informacyjne z wielojęzycznym napisem ostrzegającym przed wejściem na ten teren. 27 marca 1940 Judenrat otrzymał polecenie postawienia muru wokół dzielnicy żydowskiej stanowiącej około 4 procent terytorium miasta. Próbującemu uzyskać anulowanie tego rozkazu przewodniczącemu Judenratu odpowiadano, że mury są po to, by bronić Żydów przed ekscesami. Był to wykręt, choć rzeczywiście w tym okresie doszło do sprowokowanej przez Niemców fali antyżydowskich wystąpień, w których główną rolę odegrali polscy mieszkańcy miasta. Tym ostatnim zaś tłumaczono, że mury są niezbędne ze względu na potrzebę ochrony ludności przed rozprzestrzenianiem się tyfusu rzekomo panującego wśród Żydów. 10 maja 1940 Czerniaków otrzymał plan zamkniętego rejonu. Na początku czerwca postawiono już dwadzieścia fragmentów muru, dokończenie budowy (za którą zapłacili Żydzi) i pierwsze fizyczne wytyczenie granic getta dokonało się dopiero w trakcie jego zamykania. W sierpniu 1940 poinformowano oficjalnie, że miasto zostanie podzielone na trzy dzielnice: niemiecką, polską i żydowską. Początkowo tylko Żydzi mieszkający w dzielnicy niemieckiej otrzymali rozkaz natychmiastowego wyprowadzenia się. Uchodźcom i przesiedleńcom wolno było osiadać już tylko na terenie dzielnicy żydowskiej. 12 października 1940 oficjalnie przekazano Judenratowi rozkaz o założeniu getta. Polscy mieszkańcy miasta ustosunkowali się do tego negatywnie, niekoniecznie kierowani solidarnością, raczej niechęcią do masowych

przesiedleń; w zasadzie początkowo nie postrzegano różnicy w poło-żeniu obu grup ludności. Niemniej jednak obie strony: Judenrat i polski Zarząd Miejski zabiegały, drogą wzajemnych negocjacji i interwencji u władz okupacyjnych, o korzystniejsze dla siebie rozgraniczenie.

Ostatecznym dniem osiedlenia w dzielnicy żydowskiej był 14 listopada 1940. Na terenie o powierzchni około 400 ha (2,4 procent powierzchni miasta), z czego 307 ha stanowiła powierzchnia zabudowana, stłoczono 138 tysięcy Żydów. Później ludność getta powiększała się o przesiedlanych z miasteczek i miast dystryktu warszawskiego, by na przełomie 1940 i 1941 osiągnąć liczbę około 380 tysięcy ludzi, zaś w marcu 1941 apogeum – 445 tysięcy. Od tego momentu liczba mieszkańców systematycznie spadała, by w przededniu Wielkiej Akcji osiągnąć 355 tysięcy. W obrębie murów o wysokości 3 m, zwieńczonych drutem kolczastym o długości 18 km, znalazły się – nie na długo – 73 z 1800 ulic warszawskich, ok. 27 tysięcy mieszkań, rozległy cmentarz i boisko sportowe; nie było tam żadnego parku ani ogrodu. Początkowo gęstość zaludnienia wynosiła 128 tysięcy osób na km^2 (później 146 tysięcy), co oznaczało, że jedna izba zajmowana była średnio przez osiem osób. W większości domów brakowało podstawowych urządzeń sanitarnych. W oficjalnej nomenklaturze teren ten nazywano zawsze żydowską dzielnicą mieszkaniową (*Jüdischer Wohnbezirk*). Używanie nazwy „getto" – prawdopodobnie ze względu na istnienie w Warszawie rozmaitych przedstawicielstw obcych państw – było zakazane. 16 listopada 1940 getto zostało zamknięte. Muru i 22 bram (później 15 a w przededniu Wielkiej Akcji tylko 4) strzegły policja niemiecka i polska od zewnątrz a Żydowska Służba Porządkowa – od wewnątrz.

Początkowo opuszczanie getta karane było grzywną lub więzieniem, od 21 października 1941 – karą śmierci (pierwszą egzekucję wykonano 17 listopada 1941). Liczba ludności w getcie i jego obszar ulegały stałym zmianom. Zmiany liczby ludności spowodowane były po pierwsze przesiedleniami, po wtóre wysokim wskaźnikiem śmiertelności. Zmiany obszaru następowały wskutek odłączania całych odcinków ulic, na których znajdowały się domy w lepszym stanie, oraz wskutek uszczelniania kordonu w ramach akcji zwalczania przemytu przez mur (szmuglu). Po rozgraniczeniu w październiku 1941 powstały dwa getta: „duże" i „małe" – oba połączone mostem przerzuconym nad „aryjską" ulicą Chłodną.

Na wiosnę 1940 nadzór nad ludnością żydowską w Warszawie, sprawowany najpierw tylko przez wojsko, potem wyłącznie przez SS i Gestapo, przeszedł stopniowo w ręce administracji cywilnej. Po zamknięciu getta utworzono Urząd Komisarza Dzielnicy Żydowskiej nadzorujący izolację getta i jego eksploatację ekonomiczną, oraz tzw. *Transferstelle* kierującą i kontrolującą „eksport" i „import" z getta. Nadzór nad żydowską siłą roboczą przejął Urząd Pracy (*Arbeitsamt*). Policja polityczna zachowała jednak na tyle znaczące wpływy, że można mówić o dualizmie władzy nad gettem. Organem wewnętrznej administracji getta była Rada Żydowska (Judenrat), której działalność – jako jedynego pośrednika między żydowską ludnością a władzami – polegała na wprowadzaniu w życie poleceń okupanta, przydzielaniu żywności i mieszkań oraz nakładaniu i ściąganiu podatków, a w okresie późniejszym także na organizowaniu produkcji i zbytu. Rozłożenie podatków, ze względu na rozkład obciążeń korzystny dla bogatszych, i selektywny sposób werbowania ludzi do obozów pracy budziły powszechną krytykę.

Pierwszym przewodniczącym Rady był Adam Czerniaków, jego następcą Marek Lichtenbaum. Sam Czerniaków i nieliczni radni czy urzędnicy byli ludźmi uczciwymi: starali się prowadzić politykę zaspokajania wszystkich żądań Niemców natury materialnej, choć próbowali nie uczestniczyć w akcjach zagrażających życiu mieszkańców getta – w praktyce polegało to na próbach ograniczania ingerencji okupanta w życie wewnętrzne getta. Pozostali radni i rozbudowany aparat urzędniczy, liczący około 6 tysięcy osób zatrudnionych w 30 departamentach, to osobnicy o wątpliwej reputacji, zdemoralizowani przez wojnę i skorumpowani, biorący i dający łapówki, uczestniczący w nielegalnych transakcjach; ich jedyną kwalifikacją była umiejętność dogadania się z Niemcami dla realizacji partykularnych interesów. Niemniej w kilku dziedzinach, takich jak służba sanitarna, ochrona zdrowia, przysposobienie zawodowe czy pomoc społeczna osiągnięto niejakie rezultaty. Judenrat warszawski – inaczej niż Judenrat łódzki – decyzje podejmował kolegialnie.

Innym organem władzy w getcie była policja żydowska, powołana z chwilą jego utworzenia, licząca 1600 funkcjonariuszy, formalnie nadzorowana przez Judenrat, faktycznie od niego niezależna, bo podlegała organom policyjnym okupanta. Jej pierwszym komendantem był Józef Szeryński, jego następcą Jakub Lejkin. Poza normalną służbą porządkową znienawidzona w getcie policja, wyróżniająca się korupcją i demoralizacją, zajmowała się łapankami do obozów pracy a w czasie Akcji wywożenia Żydów do ośrodka zagłady w Treblince latem 1942 – dostarczaniem ludzi na Umschlagplatz. Tylko w jednej dziedzinie policja była wierna interesom społeczeństwa żydowskiego: wbrew przepisom nie przekazywała schwytanych przestępców policji polskiej, pozostawiając ich wewnętrznemu systemowi wymiaru sprawiedliwości. W getcie znajdowało się więzienie. W maju 1942 przebywało w nim około 1300 Żydów (większość z nich to szmuglerzy, wśród których 40 procent stanowiły dzieci). W grudniu 1940 powołano podległy wyłącznie Niemcom Urząd do Walki z Lichwą i Spekulacją (tzw. Trzynastkę) kierowany przez Abrahama Gancwajcha, mający m.in. pełnić nadzór nad miarami i wagami w piekarniach czy przeciwdziałać produkcji artykułów luksusowych. W rzeczywistości działalność funkcjonariuszy „Trzynastki", będącej w istocie agenturą Gestapo, sprowadzała się do szantażu i wymuszania okupów; dla Gancwajcha zaś urząd stanowił zaplecze do walki o władzę w getcie.

Po wcześniejszych posunięciach, takich jak: konfiskata fabryk, przedsiębiorstw handlowych, mienia nieruchomego oraz odseparowanie Żydów od ludności miejscowej, jedynym celem niemieckiej polityki gospodarczej wobec mieszkańców getta była eksploatacja siły roboczej na rzecz wysiłku wojennego III Rzeszy. Legalna działalność gospodarcza w niemieckich przedsiębiorstwach, później także żydowskich, uzupełniana była nielegalną działalnością i tzw. przemycanym eksportem; w ten sposób realizowano nie tylko zamówienia polskich hurtowników, ale nawet Wehrmachtu. Przeważająca większość mieszkańców getta pozostawała jednak bez pracy i stałych źródeł utrzymania. Najpoważniejszym i najboleśniejszym problemem był niedostatek żywności. Energetyczna wartość oficjalnych przydziałów zaspokajała 15 procent dziennego zapotrzebowania, dostęp zaś do wolnego rynku był zamknięty. Jedynym rozwiązaniem był szmugiel dokonywany bądź przez pojedyncze osoby zaopatrujące siebie i bliskich, bądź przez zorganizowane grupy przemytnicze działające zawodowo i na wielką skalę; tą drogą docierało do getta 80 procent żyw-

ności. Nie mogło to zaspokoić potrzeb mieszkańców getta, podobnie jak nie zaspokajała ich działalność rozwiniętej sieci organizacji samopomocowych (żydowska samopomoc społeczna, komitety domowe, ziomkostwa przesiedleńców) świadcząca głównie na rzecz głodujących. Głód był zjawiskiem powszechnym w getcie. Lukę w systemie izolacji Żydów stanowiła poczta będąca ważnym kanałem przesyłania informacji (także drogą telefoniczną) do i z getta oraz importu i eksportu towarów; tą drogą docierała do getta znaczna liczba paczek zagranicznych. Względna swoboda działalności politycznej, której Niemcy nie nadzorowali, sprawiła, iż działały dotychczasowe partie i stronnictwa, wydawano ogółem 50 tytułów prasy konspiracyjnej.
Rozwijał się także ewoluujący ruch oporu cywilnego, obejmujący początkowo m.in. szkolnictwo każdego stopnia, później m.in. działalność archiwalno-dokumentacyjną (Archiwum Ringelbluma). Informacje o zmianie polityki antyżydowskiej i rozpoczęciu eksterminacji bezpośredniej napływające do getta wiosną 1942 skłoniły organizacje podziemne do rozpoczęcia akcji alarmowania opinii świata, szukania kontaktów z polskim podziemiem i tworzenia ugrupowań zbrojnego ruchu oporu (Blok Antyfaszystowski, Żydowska Organizacja Bojowa).
22 lipca 1942 rozpoczęła się w getcie tzw. akcja deportacyjna, w wyniku której wywieziono do Treblinki około 300 tysięcy Żydów. Po jej zakończeniu pozostało w tzw. getcie szczątkowym, nad którym władzę sprawowało SS i policja, około 60 tysięcy Żydów, z czego połowa przebywała w ukryciu. Getto stało się w istocie obozem pracy, ludność w wieku produkcyjnym stanowiła 91 procent ogółu populacji. Znacznie zmniejszone getto podzielono na samowystarczalne sektory: kompleksy szopów otoczone murem bądź ogrodzeniami z drutu kolczastego, z własnymi piekarniami, aptekami, sklepami spożywczymi, itd. Ograniczono liczbę bram, wprowadzono zakaz łączności pocztowej, choć nadal działała łączność telefoniczna. Funkcje policyjne przejęła straż fabryczna (*Werkschutz*). Jednocześnie nadal rozwijały się podziemne formy handlu i usług, działała samopomoc społeczna (Żydowski Urząd Samopomocy). Coraz silniejszy stawał się zbrojny ruch oporu (Żydowska Organizacja Bojowa, Żydowski Związek Wojskowy) i jego zaplecze polityczne (Żydowska Komisja Koordynacyjna, Żydowski Komitet Narodowy). Szykowano się do obrony: odtwarzano zdziesiątkowane organizacje, budowano bunkry, nawiązywano kontakty z polskim podziemiem, przy pomocy którego dozbrajano się i szkolono. W dniach 18-22 stycznia 1943, przy próbie przeprowadzenia kolejnej tzw. akcji, doszło do pierwszych walk z Niemcami (samoobrona styczniowa). Działalność ŻOB-u w tym czasie polegała także na nakładaniu kontrybucji, paleniu niemieckich magazynów, odbijaniu więźniów, karaniu zdrajców i agentów niemieckich. 19 kwietnia 1943, przy próbie ostatecznej likwidacji getta, bojowcy ŻOB-u, ŻZW i grupy ludności cywilnej podjęli zorganizowany i niezorganizowany opór. Po upadku powstania w maju 1943, w dzielnicy zamkniętej pozostały pojedyncze grupy ukrywających się; większość z nich zginęła podczas wyburzania getta we wrześniu 1943.

[3] Eserzy – członkowie rosyjskiej partii Socjalistów-Rewolucjonistów utworzonej na przełomie 1901/1902, ich lewicowy odłam poparł bolszewików, wziął udział w rewolucji październikowej, miał swoich przedstawicieli w kierowniczych organach nowej władzy. W 1918 eserzy wyszli z rządu protestując – także na ulicach – przeciw-

PRZYPISY

ko zawarciu pokoju z Niemcami i dyktatorskiej władzy Lenina. Większość z nich uznano za „agentów rosyjskiej burżuazji i angielsko-francuskiego imperializmu" i rozstrzelano.

[4] PPS – Polska Partia Socjalistyczna, partia wielonurtowa założona w Paryżu w 1892; do 1944 ideologia PPS pozostawała w nurcie socjaldemokracji; w okresie rewolucji 1905-1907 była jedną z najważniejszych sił politycznych (prowadziła akcje zbrojne przeciwko rosyjskim władzom państwowym i występowała przeciwko polskim przeciwnikom politycznym, głównie przeciw endecji); brała udział w odbudowie niepodległego państwa polskiego po 1918; w swym programie m.in. domagała się gwarancji wolności i praw obywatelskich i zapewnienia mniejszościom narodowym autonomii terytorialnej i kulturowej; w czasie okupacji prowadziła działalność podziemną współpracując z przedstawicielami podziemia żydowskiego; po zakończeniu II wojny światowej część działaczy podjęła próbę reaktywowania partii na emigracji, inni zaś próbę jawnej działalności w kraju; między 1946-1948 wielu członków PPS-u zostało aresztowanych, skazanych, wielu opuściło Polskę; w 1948 doszło do połączenia PPR-u i PPS-u na warunkach PPR-u; w 1987 wznowiono działalność PPS-u w kraju, po czym nastąpiły kolejne jej podziały i rozłamy.

[5] *Bund* (jid.) – Związek – żydowska partia socjalistyczna, założona w Wilnie w 1897, działała na terenie Litwy, Rosji i Polski do pierwszej wojny światowej. W Rosji zniszczona całkowicie, miała istotne znaczenie polityczne w Polsce w okresie międzywojennym; współpracowała z PPS, ale nie miała swych posłów w Sejmie. Bund głosił potrzebę silnego związku Żydów z miejscem ich zamieszkania, kultywował język i kulturę żydowską i negował ideę syjonizmu; zlikwidowany w 1948 w PRL, istnieje nadal w innych krajach, głównie w USA i Kanadzie.

[6] Obóz Narodowo-Radykalny – ugrupowanie polityczne skrajnej prawicy nacjonalistycznej, utworzone w 1934 w wyniku rozłamu w Stronnictwie Narodowym; ONR głosił m.in. hasła antysemickie, domagał się wywłaszczenia kapitału żydowskiego, organizował bojkot ekonomiczny i ekscesy antyżydowskie; rozłamowa grupa ONR-u o nazwie Falanga, działająca w latach 1934-1939, jawnie już faszyzująca, inicjowała tworzenie bojówek dokonujących pogromów Żydów i dopuszczających się na wielką skalę innych ekscesów rasistowskich: bojkotu handlu, niszczenia sklepów, lokali i mieszkań żydowskich czy wprowadzania siłą getta ławkowego na wyższych uczelniach.

[7] Jan Mosdorf (1904-1943) – prawnik, publicysta, działacz polityczny związany od 1926 z ruchem narodowo-demokratycznym, jeden z twórców i przywódców Obozu Narodowo-Radykalnego, inicjator wielu antyżydowskich rozruchów, cieszący się opinią wyjątkowo krwiożerczego antysemity. Aresztowany przez Niemców za działalność konspiracyjną w 1940, został osadzony jako więzień nr 8230 w obozie koncentracyjnym Auschwitz I, gdzie współdziałał z międzynarodową organizacją ruchu oporu i gdzie 11 listopada 1943 został rozstrzelany w grupie członków obozowego Związku Organizacji Wojskowych, wcześniej oskarżonych o spisek przeciwko SS i poddanych torturom. W obozie zmienił swój stosunek do Żydów – pisze się, że

„okazywał im dużo serca i pomocy". Wiadomo, że niektóre z otrzymanych paczek żywnościowych rozdzielał pomiędzy żydowskich współwięźniów. Pracując w kancelarii obozowej kilkakrotnie miał ostrzec Żydów o grożącej im selekcji do gazu. Pewne jest, że z narażeniem życia zorganizował przeniesienie z bloku szpitalnego do innego bloku Żyda Mieczysława Maślanko, któremu groziła egzekucja. Przypadek Mosdorfa uważa się za – bynajmniej nie jedyny podczas wojny – uderzający przykład całkowitej zmiany poglądów przez zagorzałego przedwojennego antysemitę.

8 W latach 1935-1939 w polskiej propagandzie antyżydowskiej, coraz energiczniej prowadzonej głównie na łamach prasy nacjonalistycznej, pod niewątpliwym wpływem ideologii hitleryzmu, pojawiło się hasło spowodowania emigracji wszystkich Żydów. Tzw. kwestia żydowska, podniesiona do rangi problemu samoistnego i pierwszoplanowego, dla bardzo wielu nie oznaczała już wtedy pytania „czy", ale pytanie „jak". Wśród metod jej rozwiązania – głoszonych i praktykowanych już wcześniej w III Rzeszy – postulowano usunięcie Żydów z życia politycznego, społecznego i kulturalnego, wzywano także do bojkotu gospodarczego. Ten ostatni postulat – popularny m.in. z powodu ciężkiego położenia materialnego wielu grup ludności, cieszący się warunkowym przyzwoleniem rządu – realizowany był drogą pikietowania sklepów i straganów żydowskich, łączonego z mniejszymi lub większymi aktami gwałtu: wybijaniem szyb wystawowych, niszczeniem i rabowaniem obiektów handlowych czy naruszaniem nietykalności cielesnej; zdarzały się wypadki śmiertelne. Zdaniem jednego z ministrów wyrażonym w Sejmie w lutym 1936: „ilość zakłóceń porządku publicznego dokonywanych przez członków Stronnictwa Narodowego wzrasta z dnia na dzień i doprowadza coraz częściej do ofiar, stronnictwo to anarchizuje życie w sposób świadomy przez akcję podburzania ludności polskiej przeciw mniejszości żydowskiej, co pociąga liczne ofiary". Ekscesy te przerodziły się rychło, począwszy od czerwca 1935, w regularną, trwającą do 1937 falę pogromową, która objęła kilkanaście miast i miasteczek.
Istotną rolę odegrał tu Kościół katolicki, którego różne organizacje i prasa poświęcały wiele uwagi problemowi żydowskiemu. Katolicka Agencja Prasowa rozpowszechniała antysemickie ulotki wzywające do bojkotu gospodarczego i usunięcia nauczycieli i młodzieży żydowskiej ze szkół publicznych. Po najgłośniejszym pogromie, w Przytyku w 1936, prymas Polski, kardynał August Hlond, w liście pasterskim potępił co prawda ekscesy antyżydowskie jako sprzeczne z duchem chrześcijaństwa, niemniej oskarżył wyznawców judaizmu o demoralizujący wpływ na Polaków, zalecał także społeczną i towarzyską izolację Żydów. Znaczna część episkopatu głosiła, że Żydzi są „rozsadnikiem komunizmu", że ich przyrodzone cechy wywierają destrukcyjny wpływ na naród polski, że powinni zostać pozbawieni praw obywatelskich. Jeden z dyplomatów polskich w notatce złożonej w Watykanie w 1938 pisał o „zoologicznym antysemityzmie duchowieństwa polskiego". Istnieje niewątpliwie związek pomiędzy poglądami Kościoła katolickiego w Polsce a postawami polskiego społeczeństwa wobec Żydów przed i podczas wojny.
Dotyczy to zwłaszcza zorganizowanych przez Niemców w Warszawie ekscesów antysemickich z udziałem polskiej ludności miasta. Pisał o nich zaraz po wojnie (1946) Marek Edelman: „W czasie Świąt Wielkanocnych 1940 roku zostaje zorganizowany kilkudniowy pogrom. Niemieccy lotnicy werbują polskie męty, płacąc im po 4 zł za

»dzień roboczy«. Przez pierwsze trzy dni hulają bezkarnie. Czwartego dnia bundowska milicja przeprowadza akcję odwetową. Dochodzi do czterech walk ulicznych: Solna – Hale Mirowskie, Krochmalna – Plac Grzybowski, Karmelicka – Nowolipie, Niska – Zamenhofa. Akcją z ukrycia kieruje towarzysz Bernard. [...] Wtedy to, na dzień 1 Maja, ukazuje się na starym powielaczu Skifu [...] pierwszy numer »Biuletynu« [...]. Numer poświęcony jest wypadkom wielkanocnym". Problem zarówno pogromu dokonanego w okupowanym przez Niemców mieście polskimi jednak rękoma, jak i zorganizowanego oporu Żydów jest w zasadzie zapomniany przez historiografię polską.

[9] Ks. Stanisław Trzeciak (1873-1944) – ksiądz katolicki. W drugiej połowie lat 30. uczestniczył w zjazdach *Weltdienstu* (organizacja działająca w latach 1935-1939 w ramach *Das Institut zur Erforschung der Judenfrage*, która skupiała polityków i dziennikarzy o poglądach antysemickich z wielu krajów Europy) jako „specjalista" od Talmudu i spraw ogólnożydowskich. 5 marca 1936 wystąpił na posiedzeniu Komisji Administracyjno-Gospodarczej Sejmu w roli eksperta w sprawie uboju rytualnego, wcześniej wypowiedział się jako jego konsekwentny przeciwnik na łamach publikacji *Ubój rytualny w świetle Biblii i Talmudu* Warszawa 1935. W licznych i popularnych odczytach wygłaszanych w 1937 podkreślał szkodliwą działalność Żydów w Polsce na polu gospodarczym, politycznym i moralnym. Wzywał do legalnej walki ekonomicznej bez ekscesów i bicia Żydów oraz do „odżydzenia" Polski. Bezpośrednio po jego odczycie w Łodzi, poruszony słuchacz zabił na ulicy przechodnia-Żyda. W latach 1928-1939 Trzeciak opublikował szereg skrajnie antysemickich artykułów, chętnie cytowanych przez prasę prawicową. Niemniej wielu redaktorów – m.in. ojciec Maksymilian Kolbe – odmawiało drukowania jego artykułów, jako skrajnie szowinistycznych. Swoje *credo*, streszczające się do ograniczenia wszelkich możliwych praw Żydów w Polsce oraz ich bezwarunkowej i całkowitej emigracji, zawarł w pracy *Talmud o gojach a kwestja żydowska w Polsce* Warszawa 1939. Cytaty z jego antysemickich dzieł pojawiały się u schyłku dwudziestolecia międzywojennego w witrynach sklepów. Kariera księdza Trzeciaka możliwa była tylko w społeczeństwie o znacznym wpływie poglądów antysemickich (dotyczy to także Episkopatu – w kwietniu 1938 ksiądz Trzeciak otrzymał stanowisko proboszcza znaczącej parafii św. Antoniego w Warszawie). Podczas okupacji Trzeciak, mający więcej niż dobre stosunki z Niemcami, poparł jednak akcję ukrywania dziewczynek żydowskich w internacie sióstr niepokalanek przy ul. Kazimierzowskiej. Nie można jednak, jak w przypadku Mosdorfa, traktować tego kroku jako wyrazu diametralnej zmiany poglądów.

[10] Syjonista – członek jednej z żydowskich partii syjonistycznych, tzn. takich, które w swym programie wzywały do odrodzenia państwa żydowskiego w Palestynie. Ideologia świeckiego syjonizmu sformułowana została przez Teodora Herzla (*Der Judenstaat* 1895) pod koniec XIX wieku; dziś jest podstawową formułą kulturowo-polityczną nowoczesnego państwa Izrael.

[11] Hosni Muhammad Mubarak (ur.1928) – oficer lotnictwa wojskowego, polityk egipski, od października 1981, po zamordowaniu prezydenta Anwara Sadata, prezydent Egiptu.

[12] Chasydzi – wyznawcy chasydyzmu, prądu religijno-społecznego w judaizmie, który rozpowszechnił się w XVIII wieku w Polsce, na Litwie, Ukrainie, Węgrzech i w Rumunii przede wszystkim wśród ubogich Żydów; twórcą chasydyzmu był Izrael Baal Szem Tow (Beszt) z Podola; chasydyzm będący reakcją na rygorystyczny judaizm rabiniczny, odwołuje się do indywidualnego, mistycznego obcowania z Bogiem; chasydyzm opiera się na dziedzicznej instytucji cadyka – mistrza wyróżnionego boską łaską i obdarzonego mocą cudotwórczą, duchowego pośrednika między Panem a chasydem; po II wojnie światowej sekty chasydzkie zadomowiły się w USA, Izraelu i niektórych państwach Europy Zachodniej.

[13] Podczas wojny Niemcy zgromadzili w Pradze przedmioty zrabowane Żydom w Czechach i innych okupowanych krajach, m.in. około 5400 obiektów o charakterze sakralnym, 24,5 tysiąca książek religijnych, 6 tysięcy dzieł sztuki o wartości historycznej. Na polecenie okupanta zostały one skatalogowane przez grupę żydowskich uczonych, którzy w ten sposób chcieli ocalić je dla przyszłości. Zbiory zamierzano wykorzystać po wojnie w projektowanym tzw. Centralnym Muzeum Wygasłej Rasy Żydowskiej. Obecnie tworzą one zrąb kolekcji Żydowskiego Muzeum w Pradze.

[14] Wojciech Jaruzelski – generał, polityk; październik 1981- lipiec 1989 – I sekretarz KC PZPR, lipiec 1989-grudzień 1990 – prezydent PRL, następnie RP; w grudniu 1981 podjął decyzję o wprowadzeniu stanu wojennego w Polsce.

[15] Martin Luther King (1929-1968) – amerykański działacz na rzecz praw człowieka, kaznodzieja, duchowy przywódca chrześcijańskich Murzynów w USA, współorganizator tzw. marszu na Waszyngton w 1963, laureat Pokojowej Nagrody Nobla w 1964, zamordowany w Memphis przez białego rasistę.

[16] Czarne Pantery – partia czarnych Amerykanów założona w 1966 w Kalifornii w celu organizowania samoobrony czarnej społeczności w USA; początkowo stosowała terror; w połowie lat 70. Czarne Pantery zrezygnowały z terroryzmu na rzecz tradycyjnych metod politycznych.

[17] Janusz Korczak, właśc. Henryk Goldszmit (1878 lub 1879-1942) – pisarz, pedagog, działacz społeczny, lekarz; pochodził z niereligijnej rodziny żydowskiej; 1912-1942 dyrektor Domu Sierot dla dzieci żydowskich w Warszawie; mimo szansy opuszczenia getta, pozostał ze swymi wychowankami; zginął z nimi wywieziony do obozu zagłady w Treblince 6 sierpnia 1942.

[18] Ojciec Maksymilian Maria Kolbe, właśc. Rajmund Kolbe (1894-1941) – franciszkanin, kanonizowany w 1982; założyciel i redaktor kilku pism katolickich, m.in. „Rycerza Niepokalanej" znanego z antysemickich tekstów; w 1941 wywieziony do obozu koncentracyjnego w Oświęcimiu, zgłosił się na śmierć zamiast jednego z wyznaczonych współwięźniów.

[19] Oświęcim – Auschwitz II Birkenau (niem.) – największy niemiecki ośrodek zagłady działający stale od marca 1942 do października 1944. Organizacyjnie i terytorial-

PRZYPISY

nie wchodził w skład obozu koncentracyjnego Auschwitz położonego w odległości 60 km na zach. od Krakowa, na terenie ziem wcielonych do Rzeszy. Rozkaz budowy ośrodka wydał ustnie i w tajemnicy SS Reichsfüher Heinrich Himmler komendantowi obozu w Auschwitz Rudolfowi Hoessowi latem 1941. Stało się to jeszcze przed podjęciem przez Hitlera decyzji o bezwyjątkowej zagładzie Żydów, tuż po pierwszych eksperymentach uśmiercania ludzi gazem, przeprowadzonych 3 września 1941. Do prac budowlanych przystąpiono w październiku 1941. Podczas wizyty Adolfa Eichmanna w obozie przed 3 września 1941 ustalono, że środkiem mordowania będzie gaz. Na miejsce zagłady wybrano zagrodę chłopską leżąca na uboczu, zasłoniętą lasem i zaroślami, niezbyt daleko od linii kolejowej.

Żydów z pierwszych transportów mordowano już na przełomie 1941 i 1942. W każdej z pięciu komór gazowych można było zabić około 6 tysięcy ludzi dziennie. Od marca 1942, prawie codziennie, przyjeżdżały do ośrodka pociągi z Żydami z całej Europy; zwykle towarowe, przywożące od jednego do kilkunastu tysięcy ludzi. Ofiary zmuszano do wyjścia z wagonów na rampę w Brzezince krzykiem i biciem, następnie polecano ustawić się w dwa szeregi: osobno kobiety z dziećmi, osobno mężczyźni. Wówczas oficerowie SS (zwykle lekarze) dokonywali selekcji (rzecz wyjątkowa w ośrodkach zagłady) kierując niewielką część przybyłych (około 25-30 procent, lekarzy i personel sanitarny kierowano tam bezwarunkowo), uznanych za zdolnych do pracy, do obozu. Wybranym pozostawało w praktyce kilka tygodni, najwyżej kilka miesięcy życia. Większość przybyłych prowadzono do komór gazowych, przed którymi zmuszano ich do rozebrania się, nakazując odwszenie. Niezdolnych do samodzielnego przejścia do komory gazowej zabijano na miejscu strzałem w kark z broni małokalibrowej. Po zapełnieniu komór, zaśrubowywano uszczelnione drzwi i wsypywano zawartość puszek z gazem (Cyklonem B) przez specjalne otwory. Po upływie pół godziny drzwi otwierano, wyciągano zwłoki i przewożono je wagonikami kolejki wąskotorowej do dołów. Od lata 1942 ciała palono dniem i nocą w krematoriach lub na otwartej przestrzeni (około 8 tysięcy ciał na dobę). W listopadzie 1942 dokonano ekshumacji pochowanych w rowach a ciała spalono.

W pomieszczeniach zwanych Kanadą grupa więźniów sortowała i przygotowywała do wysyłki mienie pomordowanych więźniów zostawiane po przyjeździe najpierw na rampie a później w specjalnych barakach-rozbieralniach. Grupa więźniów żydowskich zwana *Sonderkommando*, w języku obozowym „hajcerami", zajmowała się wyrywaniem złotych zębów i obcinaniem włosów pomordowanym, następnie opróżnianiem komór ze zwłok i paleniem ciał. W myśl polecenia Eichmanna członkowie *Sonderkommando* byli mordowani po każdej większej akcji.

W kwestii selekcji pojawiły się natychmiast i istniały cały czas głębokie rozbieżności w centralnym aparacie SS. Gestapo było zainteresowane natychmiastowym zgładzeniem jak największej liczby Żydów, natomiast Główny Urząd Aministracyjno-Gospodarczy SS dążył do uzyskania dla przemysłu zbrojeniowego jak najliczebniejszej siły roboczej; podobnie postępowali urzędnicy Ministerstwa Zbrojeń i Organizacji Todt. W ośrodku dochodziło do pojedynczych aktów oporu. 7 października 1944 wybuchł bunt ekip *Sonderkommando*. Więźniowie zdobyli materiał wybuchowy i udało im się zniszczyć jedną komorę gazową. Wszyscy uczestnicy buntu, 80 osób, zginęli; rozstrzelano też pozostałych członków *Sonderkommando*. Natychmiast po zakończeniu walk ostatecznie wstrzymano działalność ośrodka zagłady Auschwitz II Birkenau, niszcząc na rozkaz Himmlera wszystkie jego instalacje. W komorach Auschwitz II Birkenau zamordowano około 1,5 miliona Żydów (25 procent ofiar Holokaustu) z Rzeszy, krajów przez nią okupowanych, od niej zależnych lub z nią sprzymierzonych, około 20 tysięcy Cyganów i kilkadziesiąt tysięcy Polaków.

[20] Powstanie w getcie warszawskim – walka zbrojna toczona z Niemcami od 19 kwietnia 1943 przez organizacje bojowe getta warszawskiego: ŻOB i ŻZW oraz nieformalne grupy jego mieszkańców, największa akcja zbrojna na ziemiach polskich od czasu Kampanii Wrześniowej (1939), największy akt oporu Żydów z bronią w ręku w czasie II wojny światowej, pierwsze powstanie miejskie w okupowanej Europie. Dokładnej daty zakończenia powstania nie sposób ustalić, albowiem nie było ani aktu kapitulacji, ani zdarzenia, które można by uznać – choćby symbolicznie – za ostateczną klęskę żydowskich bojowców. Nie była nim na pewno śmierć w dniu 8 maja 1943 przywódcy powstania, Mordechaja Anielewicza, i kilkunastu jego najbliższych współpracowników w bunkrze na Miłej 18. Niemcy zakończenie akcji w getcie proklamowali 15 maja 1943, jego symbolem miało być zburzenie Wielkiej Synagogi na Tłomackiem, niemniej do pojedynczych starć, w których używali m.in. samochodów pancernych, dynamitu i aparatury podsłuchowej przy likwidacji bunkrów, dochodziło jeszcze w czerwcu 1943.

Idea stawienia oporu z bronią w ręku ludobójczym działaniom okupanta wymierzonym przeciwko wszystkim bez wyjątku Żydom zrodziła się po agresji Niemiec na ZSRR w środowisku konspiracyjnym getta w Wilnie, z którym organizacje ruchu oporu w stołecznym getcie utrzymywały systematyczny kontakt. Do tego czasu nie istniały żadne organizacje zbrojnego ruchu oporu, ich powstanie i rozwój datuje się – choć próby czyniono wcześniej – na okres po Wielkiej Akcji (lipiec-wrzesień 1942). Podejmowanie pojedynczych akcji z bronią w ręku czy wzniecenie powszechnego żydowskiego powstania wcześniej było i nierealne, i niecelowe. Idei walki zbrojnej nie można było realizować m.in. ze względu na strukturę demograficzną getta – z przewagą starców, kobiet, dzieci, ludzi chorych, głodnych i słabych oraz zagęszczeniem przekraczającym 146 tysięcy osób na km^2, warunki życia w getcie, charakter polityki okupanta, brak nadziei na jakąkolwiek pomoc z zewnątrz murów, powszechność iluzji co do przyszłego losu, istnienie licznych i wpływowych grup (podziemne partie polityczne, Judenrat) zainteresowanych, by nie było oporu chociażby z powodu odpowiedzialności zbiorowej, brak broni itd.; przede wszystkim jednak ze względu na brak szansy na jakikolwiek wymierny sukces. Pierwsze obiektywne przesłanki podjęcia walki pojawiły się dopiero po wywiezieniu większości mieszkańców getta do Treblinki. Wśród pozostałych, w liczbie ok. 70 tysięcy, przeważali ludzie młodzi, pozbawieni już złudzeń co do losu, jaki ich czeka.

Jesienią 1942 konspiracja getta, przede wszystkim ruchy młodzieżowe (HaSzomer HaCair, Dror, Akiba i in.) rozpoczęły długotrwałe przygotowania organizacyjne o charakterze politycznym i wojskowym. Powstały ŻOW, ŻZW, ŻKN i ŻKK, nawiązano kontakt z AK, zapewniając sobie pomoc w wyszkoleniu i uzbrojeniu. Towarzyszyła temu mobilizacja znacznej części pozostałych w getcie budujących bunkry i zaopatrujących się w broń we własnym zakresie. Próba deportowania z getta 8 tysięcy Żydów podjęta 18 stycznia 1943 spotkała się z pierwszym zbrojnym oporem nazywanym samoobroną styczniową. 19 kwietnia 1943 oddziały niemieckie, w sile około

PRZYPISY

2 tysiące ludzi, wsparte czołgami i artylerią, dowodzone przez gen. SS i policji Ferdynanda Von Sammerna, później Jürgena Stroopa, wkroczyły do getta napotykając opór kilkuset słabo uzbrojonych powstańców, na czele których stali m.in. Mordechaj Anielewicz, Marek Edelman, Izrael Kanał, Eliezer Geller. Na jednym z domów wywieszono flagę żydowską i biało-czerwony sztandar. Po paru dniach zorganizowanych starć liniowych obrona przyjęła postać oporu w izolowanych domach i bunkrach. Taktyka niemiecka polegała na paleniu kolejnych ulic i domów oraz likwidowaniu bunkrów. Schwytanych Żydów wywożono do ośrodka zagłady w Treblince oraz do obozów pracy w Trawnikach, Poniatowej i Majdanku. W trakcie walk oddziały polskiej konspiracji podejmowały kilkakrotnie próby przyjścia z pomocą walczącym Żydom. Część bojowców wycofała się z getta kanałami, niektórzy z nich wzięli później udział w powstaniu warszawskim. W getcie podczas jego likwidacji zginęło około 7 tysięcy Żydów. Straty niemieckie wyniosły – według źródeł oficjalnych – kilkunastu zabitych i kilkudziesię-ciu rannych; faktycznie były kilkakrotnie wyższe.

[21] Holokaust – masowy, w założeniu bezwyjątkowy, mord dokonany przez Niemców na większości Żydów europejskich w czasie II wojny światowej, określany urzędowym eufemizmem *Endlösung den Judenfrage* (Ostateczne rozwiązanie kwestii żydowskiej); w nauce obecnie często nazywany także nieprzystającym, degradującym w istocie człowieczeństwo ofiar, określeniem „eksterminacja bezpośrednia" i innymi, równie niefortunnymi (np. „wyniszczenie"). W gruncie rzeczy wszystkie stosowane terminy bądź wywodzą się ze slangu ludobójców kamuflującego istotę wydarzenia (*lingua Tertii Imperii* czy tzw. słowa niewinne), bądź są wyrazem głębokiej konfuzji mentalnej wywołanej charakterem wydarzenia; najczęściej decydują obie przyczyny.

Termin „holokaust" (hebr. *szoa*) ma długą historię. Jest słowem pochodnym od greckiego *holokauston* oznaczającego ofiarę całopalenia złożoną wyłącznie Bogu, to znaczy taką, podczas której zwierzę ofiarne zostawało całkowicie spalone na ołtarzu. Przekład jest w pełni uprawniony. Hebrajczycy przed zburzeniem Świątyni oraz Grecy – poza oczywiście mitologiczną Ifigenią – składali wyłącznie ofiary ze zwierząt. Dopiero z czasem tego terminu – w sensie przenośnym – zaczęli używać Żydzi w odniesieniu do ludzi. Pojęcie stało się synonimem wyrażenia „masakra bezbronnych", zwłaszcza wtedy, gdy miało się do czynienia z różnymi formami mordu masowego. Do wiosny 1942 termin „holokaust" – początkowo wyłącznie w wersji anglojęzycznej (*holocaust*) – jak i jego hebrajski odpowiednik „szoa" używane były rzadko. Częściej natomiast i jakby spontanicznie posługiwano się terminem *churban*, który oznacza zniszczenie kojarzone ze zburzeniem i zniszczeniem Świątyni.

Hebrajskie słowo *szoa* zostało użyte po raz pierwszy dla nazwania akcji prześladowania i mordowania Żydów europejskich w broszurze zatytułowanej *Shoah Jechudei Polin* (Zagłada Żydów polskich) i opublikowanej w Jerozolimie w 1940. Broszura zawierała sprawozdania i artykuły o losie Żydów w Europie Środkowej w początkowym okresie wojny. Data publikacji wskazuje, że słowo to miało zupełnie inne znaczenie niż przypisywane mu dzisiaj. Znaczenie tak różne, jak odmienny był los Żydów przed i po 1941. Dopiero wówczas, kiedy przywódcy syjonistyczni, pisarze i publicyści w Palestynie poczęli mówić i pisać o masowym mordowaniu żydostwa

europejskiego, termin *szoa* zdobył sobie prawo obywatelstwa. W obecnym znaczeniu słowo *szoa* zostało użyte po raz pierwszy w październiku 1942 w deklaracji Agencji Żydowskiej. Przez długi czas nie było jednak powszechnie używane.
Począwszy od późnych lat 50. (czas pierwszych poważniejszych badań nad Zagładą i postrzeżenia jej wyjątkowości) mianem „holokaust" na ogół określa się już tylko masowy mord Żydów europejskich dokonany podczas II wojny światowej przez Niemców. Zdarzało się jednak i zdarza, że „holokaustem" nazywa się – niesłusznie – ludobójcze akcje wymierzone przeciwko innym narodom, np.: Cyganom, rzadziej Polakom. Jest to jeden z powodów, dla którego niektóre środowiska żydowskie kontestują termin „holokaust". Argumentują to rzekomym niebezpieczeństwem wpisania Zagłady w doświadczenie greckie czy raczej opisywania jej językiem kultury i cywilizacji greckiej, nie żydowskiej.
Wypowiedzi przeciwników obu terminów „holokaust" i „szoa" są bardziej przekonywające. Roman Zimand pisze: „Nie cierpię określenia Holocaust [...]. Nie jestem w stanie pojąć, jak komuś mogło przyjść do głowy, że puszczenie przez komin kilku milionów Żydów było jakąkolwiek ofiarą na rzecz jakiegokolwiek boga. Z chwilą gdy wkraczamy na semantyczne pole ofiary, automatycznie podnosimy mordercę do godności kapłana, a obojętnego widza mordu do godności uczestnika rytuału". Obawy to skądinąd uzasadnione. W 1943 katolicka pisarka Zofia Kossak-Szczucka na łamach jednego z konspiracyjnych pism stawiała pytania: „Kto wie, czy z popielisk warszawskiego ghetta, z ruin i trupów nie wyjdzie odrodzenie duchowe Izraela? [...] Czy żydzi nie oczyszczą się w obecnym całopaleniu, z wiecznego tułacza, dokuczliwego pasożyta nie staną się ponownie normalnym narodem, który na jakimś uzyskanym obszarze ziemi rozpocznie samoistne twórcze życie? [...] Warszawskie ghetto może stać się nie końcem, lecz początkiem, gdyż nic co ginie po ludzku – nie ginie na darmo". Michael R. Marrus podziela sąd Zimanda: „Nazwanie Holocaustem zagłady Żydów europejskich oznaczało wydarzenie o znaczeniu teologicznym, a zarazem – być może – wydarzenie, którego tajemnica miała pozostać nieprzeniknioną. Dodatkowo termin ten mógł wskazywać chęć zajęcia się doświadczeniem umęczonych ofiar, a nie ich oprawców. Twierdzono, że nazwa ta sugeruje większości ludzi bardziej coś w rodzaju gromu z jasnego nieba – jak powódź czy trzęsienie ziemi – niż popełnioną z rozmysłem zbrodnię. Nie kieruje uwagi na przestępców i podobnie do określenia stosowanego przez hitlerowców – *Endlösung*, może z łatwością prowadzić do zniekształceń i nieporozumień".
Można się z tym rozumowaniem zgadzać bądź nie, ale najbardziej ewidentne racje logiczne ustąpić muszą utartemu już obyczajowi językowemu: Zagłada to Holokaust, Holokaust to Zagłada. Wydaje się zresztą, że słowo „holokaust", prawie od półwiecza używane jako synonim Zagłady, utraciło przez to bezpowrotnie swe pierwsze znaczenie „ofiary" w sensie daru składanego bogu (franc. *sacrifice*). Natomiast – po pierwsze, zyskało nowe znaczenie, także ofiary, ale kojarzącej się z krzywdą, z ponoszeniem skutków czyjejś przemocy (franc. *victime*), po wtóre zaś, poprzez możliwe skojarzenie ze słowem „całopalenie" podkreślony został bezwyjątkowy charakter mordu popełnionego na Żydach. Albowiem istotą Holokaustu jest to, że tym razem chodziło nie o mordowanie Żydów, do czego świat był przyzwyczajony, a o wymordowanie wszystkich Żydów. Ze względu na grecką etymologię, mimo iż słowo przywędrowało z języka angielskiego, stosować należy jak najbezwzględniej pisownię

polską, używając, jako że jest to imię własne, wielkiej litery. Jak łatwo zauważyć, wszystkie wyżej wymienione problemy niespecjalnie – co znamienne – zaprzątają uwagę bohaterów książki.

[22] „Noc kryształowa" (niem. *Kristallnacht*) – pogrom dokonany na Żydach niemieckich w nocy z 9 na 10 listopada 1938 przez hitlerowców z SA, SS i Hitlerjugend rozpoczynający okres prześladowań Żydów w Niemczech. Tej nocy zamordowano 91 osób, spalono 171 synagog, zniszczono własność żydowską. 26 tysięcy Żydów deportowano do obozów koncentracyjnych.

[23] Zbąszyń – miasteczko w woj. wielkopolskim, nieopodal międzywojennej granicy niemiecko-polskiej, w którym w październiku 1938 władze III Rzeszy przez kilka dni pod gołym niebem przetrzymywały 17 tysięcy Żydów, obywateli polskich, pozbawionych mienia i wyrzuconych z terytorium Niemiec.

[24] Pierwsze wiadomości o mordowaniu Żydów w ośrodkach zagłady pochodziły od uciekinierów z Chełmna nad Nerem, m.in. Szlamka nieznanego nazwiska, który dotarł do Warszawy w lutym 1942. Jego relacja obiegła całą żydowską prasę konspiracyjną. Przyjmowano ją, podobnie jak i relacje z innych miejsc, m.in. z Bełżca (kwiecień 1942), Sobiboru (czerwiec 1942), z niedowierzaniem. Pierwsze wiadomości o Treblince dotarły do stołecznego getta prawdopodobnie już 7 lub 8 sierpnia 1942.

[25] Wśród działających w podziemiu partii żydowskich Bund wyróżniał się, mimo opuszczenia kraju we wrześniu 1939 przez szereg jego czołowych działaczy, względną stabilnością organizacyjną i wyjątkową aktywnością już w pierwszym okresie okupacji. Tuż po wkroczeniu Niemców utworzono nowy Centralny Komitet, uruchomione w okresie oblężenia Warszawy jadłodajnie i kuchnie społeczne działały nadal, pomoc materialną świadczono prawie wszystkim członkom partii i związków zawodowych. W odróżnieniu od innych partii żydowskich działających w podziemiu Bund prowadził nie tylko działalność charytatywną. W okresie Świąt Wielkanocy 1940 zorganizował akcje samoobrony wobec inicjowanych przez Niemców ekscesów antysemickich z udziałem Polaków: wzięła w nich udział milicja bundowska i polscy robotnicy socjaliści (nie wiadomo niestety do jakiego przynależeli ugrupowania). Żadna z działających wówczas partii żydowskich w akcji tej, z obawy przed represjami, nie wzięła udziału, więcej nawet – wszystkie były jej przeciwne. Bund też – jako pierwsza organizacja żydowska – wydał konspiracyjną gazetę. Ukazała się ona jeszcze przed utworzeniem getta, 1 maja 1940, pt. „Biuletin" i poświęcona była wypadkom wielkanocnym. Tak wczesne podjęcie działalności po tzw. stronie aryjskiej i jej kontynuacja już w getcie tłumaczone były rozmaicie, m.in. faktem przynależności Bundu do nurtu lewicowego działającego przed wojną w opozycji, co zdołało wyrobić u jego członków umiejętność działania w nietypowych sytuacjach. Nie bez znaczenia były także kontakty, jakie działacze partii zdołali nawiązać z polskimi socjalistycznymi ugrupowaniami w podziemiu. Dzięki tej współpracy udało się uzyskać stały dopływ do getta informacji radiowych i polskiej prasy konspiracyjnej, której artykuły przedrukowywano niekiedy w prasie bundowskiej, ta zaś rozchodziła

się również poza gettem. Bund uważał się zresztą za integralną część polskiego podziemia lewicowego i identyfikował się z jego celami bardziej niż z celami ogólnożydowskimi. Poczucie przynależności do silnego ruchu konspiracyjnego, dysponującego dużymi zasobami finansowymi i możliwościami kontaktu z wolnym światem, aktywizowało żydowskich działaczy. Nie bez znaczenia był też fakt, że Bund był już przed wojną partią masową.

[26] Tadeusz Komorowski, pseud. „Bór", „Lawina" (1895-1966) – generał, polityk; 1943-1944 dowódca AK i komendant Sił Zbrojnych w Kraju; w 1944 podjął decyzję rozpoczęcia powstania warszawskiego; 1944-1945 w niewoli niemieckiej; po wojnie mieszkał w Wielkiej Brytanii.

[27] Stefan Rowecki, pseud. „Grabica", „Grot" (1895-1944) – generał, publicysta; od 1911 w tajnym skautingu; 1914-1917 w Legionach Polskich; od 1918 w WP; dowódca w kampanii wrześniowej; od 30 czerwca 1940 Komendant Główny ZWZ-AK, aresztowany 30 czerwca 1943 w Warszawie; zamordowany przez Niemców w sierpniu 1944 w obozie w Sachsenhausen.

[28] Marek Edelman ma tutaj bez wątpienia na myśli depeszę gen. S. Roweckiego „Grota" wysłaną do Londynu 2 stycznia 1943, w której ówczesny komendant główny AK meldował: „Żydzi z wszystkich grup, wśród nich również komuniści, zwracają się do nas i proszą o broń, jak gdybyśmy mieli pełne magazyny. Na próbę dałem kilka pistoletów. Nie mam pewności, że posłużą się w ogóle tą bronią. Więcej broni nie dam, ponieważ wiecie, że sami nie mamy. Czekam na kolejny transport [zrzut broni]. Zawiadomcie mnie, jakie kontakty mają nasi Żydzi z Londynem".

[29] Władysław Gomułka, pseud. „Wiesław" (1905-1982) – działacz komunistyczny, polityk; oskarżony o odchylenia prawicowo-nacjonalistyczne, więziony 1951-1954, od października 1956 I sekretarz KC PZPR; odpowiedzialny za represje antyżydowskie w 1968 i użycie broni wobec uczestników buntów robotniczych na Wybrzeżu w grudniu 1970; odwołany ze wszystkich stanowisk i przeniesiony na emeryturę w 1971.

[30] Do czasu tzw. Wielkiej Akcji, a właściwie do jesieni 1942, getto warszawskie nie otrzymało żadnej pomocy: moralnej, materialnej czy wojskowej ze strony władz Państwa Podziemnego; los obywateli polskich pochodzenia żydowskiego praktycznie znalazł się poza sferą jego działań. Kontakty z poszczególnymi organizacjami polskiej konspiracji utrzymywały jedynie nieliczne ugrupowania gettowe, najlepsze posiadał Bund.

[31] Samoobrona styczniowa – akt zbrojnego oporu mieszkańców getta w Warszawie podjęty w dniach 18-22 stycznia 1943 jako odpowiedź na próbę kontynuowania akcji likwidacyjnej. Wkraczające oddziały niemieckie, ukraińskie i litewskie przez dwa dni napotykały na opór zaskoczonych akcją członków ŻOB-u; doszło do kilku starć ulicznych i obrony domów. Ludność cywilna, nie dysponująca bronią, kontynuowała walki jeszcze przez dwa dni. Piątego dnia akcji, po zabiciu około tysiąca

PRZYPISY

osób i wywiezieniu 6 tysięcy, Niemcy przerwali działania. Samoobrona była przede wszystkim wielkim sukcesem moralnym Żydów warszawskich, wśród których wzrosła wola oporu i wiara we własne siły, mające zamanifestować się jeszcze przed wybuchem powstania. Była także sukcesem w sferze pragmatyki: Niemcom udało się wywieźć tylko część przewidzianego kontyngentu, zmuszeni byli odłożyć realizację swoich planów. Wreszcie – intensywniejszego charakteru nabrał kontakt z polskim podziemiem, dotychczas nieufnie odnoszącym się do możliwości oporu w gettach.

[32] Od października 1942 do marca 1943 doszło w Warszawie do co najmniej 70 starć zbrojnych, trzy razy więcej niż w ciągu trzech poprzednich lat. Od jesieni 1942 podziemie atakowało okupanta nie tylko przy pomocy utajnionych akcji sabotażu czy bardziej jawnej dywersji, ale również z bronią w ręku. Większość akcji miała miejsce w getcie.

[33] AK (Armia Krajowa) – konspiracyjna organizacja wojskowa, część sił zbrojnych RP, działająca w okresie II wojny światowej na obszarze państwa polskiego w granicach z 1939 roku, podlegająca Naczelnemu Wodzowi i rządowi Rzeczypospolitej na uchodźstwie. AK powstała z ZWZ 14 lutego 1942. Zadaniem AK był udział w odbudowie państwa polskiego przez walkę zbrojną.

[34] AL (Armia Ludowa) – konspiracyjna organizacja wojskowa utworzona na mocy dekretu Krajowej Rady Narodowej z 1 stycznia 1944, formacja zbrojna PPR utworzona z GL. Zadaniem AL była dywersja antyniemiecka na korzyść Armii Czerwonej.

[35] Akcja „Arsenał" (Akcja pod Arsenałem) – udana akcja odbicia 21 więźniów przewożonych z siedziby Gestapo przy al. Szucha do więzienia na Pawiaku, przeprowadzona 26 marca 1943. W jej wyniku zabito czterech i raniono kilku Niemców.

[36] W dniu 18 stycznia 1943 grupa żołnierzy AK w sile 16 ludzi, pod dowództwem por. Jana Piwnika „Ponurego", opanowała więzienie w Pińsku i uwolniła 4 towarzyszy broni.

[37] Zbigniew Bujak (ur.1954) – działacz polityczny; współzałożyciel NSZZ „Solidarność" w Ursusie; członek władz związkowych; więziony w 1986; poseł na Sejm RP wielu kadencji.

[38] Badania ostatnich 20 lat wykazały, że ludzie znajdujący się w sytuacji permanentnego, sprowokowanego z premedytacją i fachowo stresu lub w skrajnie utrudnionych warunkach doznają szoku i nie zachowują się tak, jak zachowałby się człowiek, któremu dane jest analizować sytuację z oddali – w sensie geograficznym, a także z perspektywy czasowej. Skrajny ucisk, kiedy nie ma nic – włącznie z życiem – do stracenia, tylko pozornie stwarza największe motywacje do zorganizowanego czy tylko spontanicznego oporu. Podczas II wojny wcale albo bardzo rzadko do niego dochodziło. Henri Michel, historyk francuski, który zajmował się trzema grupami podlegającymi najsroższemu uciskowi podczas okupacji: robotnikami przymusowymi w Rzeszy, jeńcami wojennymi (zwłaszcza radzieckimi) oraz więźniami ośrodków zagłady, a więc tymi, u których właśnie powinna wystąpić motywacja do

spontanicznego oporu i buntu, stwierdził, że grupy te charakteryzowały się daleko idącą tendencją do godzenia się z losem. Na przykład: kiedy w marcu 1945 Himmler zarządził likwidację obozu w Buchenwaldzie, Międzynarodowy Komitet Obozowy, doskonale wiedząc, że wysyłani więźniowie w ogromnej większości idą na śmierć, postanowił jednak nie stawiać oporu, mimo posiadania liczącej wiele setek ludzi organizacji bojowej i masy broni, lecz tylko opóźniać wysyłanie kolejnych transportów. W rezultacie władzom niemieckim udało się – w sytuacji kiedy wojska amerykańskie znajdowały się w odległości 20-30 kilometrów od obozu, w warunkach wojny ruchomej, przy braku jakiejkolwiek ustabilizowanej linii frontu – wyprowadzić z obozu około 60 procent więźniów.

[39] Hanna Krall *Zdążyć przed Panem Bogiem* Kraków 1977.

[40] Komenda Główna ŻOB-u mieściła się przy ul. Miłej 18. Był to duży bunkier z pięcioma wejściami, który należał do tzw. Unterweltu, półświatka, w getcie. W ostatnich dniach powstania znajdowało się tam około 200 osób, w tym około 100 powstańców. Por.M. Edelman, *Getto walczy*, Warszawa 1983, s. 62-63: „Dnia 8 maja zostaje przez oddziały Niemców i Ukraińców okrążona Komenda Główna ŻOB. Dwie godziny trwa zacięta walka. Gdy Niemcy widzą, że w boju nie uda im się zdobyć bunkru, wrzucają do wnętrza bombę gazową. Kto nie zginął od kuli niemieckiej, kto nie został zatruty gazem, ten popełnił samobójstwo. (...) Jurek Wilner wzywa wszystkich bojowców do zbiorowego samobójstwa. Lutek Rotblat zastrzelił matkę i siostrę, a następnie siebie. Rut strzela do siebie 7 razy. W ten sposób ginie znów 80% pozostałych bojowców, a wśród nich Komendant ŻOB, Mordechaj Anielewicz. Ocalałe cudem resztki w nocy połączyły się z niedobitkami oddziałów szczotkarzy, które teraz znajdowały się na Franciszkańskiej 22". Podaje się, że atak na bunkier przy Miłej 18 przeżyło 14 osób, m.in.: Michał Ro(j)zenfeld, Tosia Altman, Jehuda Węgrower, Menachem Bejgelman (lub Bingelman), Pnina Zandman.

[41] Patrz w części pt. *Biogramy*, która zawiera notki biograficzne powstańców i żobowców działających po tzw. aryjskiej stronie, których nazwiska występują w książce.

[42] Czerniakowowi zarzuca się – nie zawsze słusznie – brak ingerencji w kontrasty socjalne getta warszawskiego, zły dobór współpracowników, tolerowanie różnic w położeniu materialnym oraz nieutrzymywanie kontaktów z ruchem oporu. Warto wiedzieć, że Czerniaków starał się o pozyskanie działaczy stronnictw politycznych i w miarę możliwości spełniał ich postulaty. Dla przykładu, po uruchomieniu szkół podstawowych w getcie w październiku 1941 zachował w szkolnictwie jawnym zasady organizacyjne, dydaktyczne i wychowawcze zróżnicowanych pod względem ideologicznym kompletów tajnego nauczania. Przychylił się też do wniosku o odebranie bogatym kart żywnościowych i danie ich głodującym. Wycofał się jednak z tego później pod naciskiem innych radnych. Przez 34 miesiące, jako przewodniczący Judenratu, Czerniaków domagał się od Niemców jasnych i jednoznacznych przepisów, starał się ich przekonać, że te rozporządzenia, które uważał za szczególnie szkodliwe dla społeczności żydowskiej, nie są również pożądane z niemieckiego punktu widzenia; w każdym wypadku próbował uzyskać takie rozwiązania, które

byłyby jak najmniej szkodliwe. Celem uratowania życia „prawnie" skazanych na śmierć kilkakrotnie wyrażał gotowość oddania siebie jako zakładnika lub występował z propozycją wykupu. W rzadkich wypadkach składał protesty, usiłował odsunąć od wpływu na życie w getcie jawnych niemieckich agentów, jak np. szefa tzw. Trzynastki. Dawał do zrozumienia władzom niemieckim, że pewnych rzeczy nie uczyni nawet za cenę własnego życia. Ostatni akt życia Czerniakowa bywał rozmaicie interpretowany. Zbliżeni do niego twierdzili, że było to świadectwo osobistej odwagi i publicznej odpowiedzialności, działacze żydowskiego podziemia – że świadectwo słabości. Zarzuty pod adresem Czerniakowa przetrwały wojnę. Czerniaków prowadził dzienniki, które ze względu na ocenę postawy autora przez osoby nie tylko moralnie nie uprawnione, ale zdecydowanie już „małego ducha i umysłu"– długo nie mogły znaleźć wydawcy. Zob. *Adama Czerniakowa dziennik getta warszawskiego* Warszawa 1983.

Owe „pretensje do Czerniakowa", jakoby żywione przez bohatera rozmowy, wymagają objaśnienia, którego – ponieważ onegdaj sprawa wydawała się oczywista, a i inne były wtedy zamierzenia autorskie – zabrakło w pierwszym wydaniu książki. Otóż w 1945 Edelman w broszurze pt. *Getto walczy* stwierdził tylko, że: „Drugiego dnia akcji popełnia samobójstwo prezes Rady Żydowskiej, inż. Adam Czerniaków. Wiedział on dokładnie, że rzekome przesiedlenie na wschód – to śmierć setek tysięcy ludzi w komorach gazowych i nie chciał być za to odpowiedzialny. Nie mając możności przeciwstawienia się temu, co się stało – wolał odejść. Uważaliśmy wówczas, że tak postąpić nie było mu wolno, że obowiązkiem jego, jako jedynej autorytatywnej osoby w getcie, było zawiadomić całą ludność żydowską o faktycznym stanie rzeczy i rozwiązać wszystkie instytucje, a w szczególności policję żydowską, która oficjalnie podlegała Radzie Żydowskiej i przez nią została stworzona". Kwestiami otwartymi pozostają pytania: czy Czerniaków rzeczywiście był osobą o takim autorytecie i czy cieszył się takim zaufaniem, by jego apel do ludności getta został wysłuchany lub choćby zauważony oraz czy udałoby mu się poczynić jakiekolwiek działania organizacyjne.

Zarzut niepowiadomienia ludności getta o celu wysiedlenia wydaje się być nieuzasadniony. Czerniaków popełniając samobójstwo zostawił pożegnalny list do żony („Żądają ode mnie bym własnymi rękami zabijał dzieci mego narodu") oraz notatkę do zarządu gminy („Mój czyn wykaże wszystkim prawdę i może naprowadzi na właściwą drogę działania. Zdaję sobie sprawę, że zostawiam Wam ciężkie dziedzictwo"), które prawdopodobnie wydawały się mu ostrzeżeniem bardziej wymownym niż jakiekolwiek odezwy czy proklamacje. Niestety – według raportu zjednoczonych organizacji podziemnych getta z jesieni 1942 – „nawet i ta największa ofiara prezesa Czerniakowa, ofiara własnego życia okazała się bezcelowa i zginęła w tumulcie szybko po sobie następujących wypadków". Nie jest to jednak – jeżeli mowa o znaczeniu ostatniego kroku prezesa Judenratu i ewentualnych pretensjach – sprawa najważniejsza. Istotniejsze są inne – dalej idące – zarzuty i związane z nimi nieporozumienie.

Jego źródłem jest książka Hanny Krall, a kwestię owego nieporozumienia jako pierwszy spostrzegł Roman Zimand. W 1976 w *Zdążyć przed Panem Bogiem* Edelman mówi: „Owszem, my – wiedzieliśmy. Posłaliśmy w czterdziestym drugim kolegę, Zygmunta [Frydrycha], żeby zorientował się, co dzieje się z transportami [do Treblinki]. [...] Zygmunt wrócił do getta, napisaliśmy o wszystkim w naszej gazetce – i nie uwierzyli. Oszaleliście – mówili, kiedy próbowaliśmy ich przekonać, że to nie do pracy ich wiozą. Posłano by nas na śmierć z chlebem? Tyle chleba zmarnowaliby? [...] Jeden tylko człowiek mógł powiedzieć głośno prawdę: Czerniaków. Jemu uwierzyliby. Ale on popełnił samobójstwo. To nie było w porządku: należało umrzeć z fajerwerkiem. Wtedy ten fajerwerk był bardzo potrzebny – należało umrzeć, wezwawszy przedtem ludzi do walki. Właściwie tylko o to mamy do niego pretensję. [...] O to, że uczynił swoją śmierć własną prywatną sprawą". Otóż – na co zwraca uwagę Zimand – zarówno rekonesans Zygmunta Frydrycha (pierwsza dekada sierpnia 1942), jak i artykuł w drugim numerze „Ojf der Wach" (20 września 1942) miały miejsce nie za życia Czerniakowa – jak można pomyśleć po lekturze cytowanego tekstu – lecz po jego śmierci, już w trakcie tzw. akcji wysiedleńczej 20 września 1942. Jakie to ma znaczenie? Jeżeli ludzie podczas tzw. Akcji (i długo jeszcze po jej zakończeniu) nie chcieli i nie mogli uwierzyć, że jadą na śmierć, zapewne nie uwierzyliby też w to przed jej rozpoczęciem, czy w jej początkach. W cytowanym już raporcie Marka Edelmana znalazło się zdanie: „Obowiązkiem jego [Czerniakowa] było, w zrozumieniu nieuchronnego rozwoju tej tragedii, wezwać społeczeństwo do czynnego i biernego oporu. Wezwanie to, śmiałe i odważne, wytrąciłoby może masy żydowskie z letargu". Tak więc mamy tu pretensje do Czerniakowa o to, że przed śmiercią nie wezwał ludzi do walki. Jednak bohater tej rozmowy nie ma – o czym sam mówi – wątpliwości, że walka zbrojna wcześniej była niemożliwa; chodzi mu więc tylko o symboliczny gest.

[43] Kenkarta (niem. *Kennkarte*) – dopiero w pierwszej połowie 1942 władze niemieckie przystąpiły do wydawania na terenie Generalnego Gubernatorstwa własnych dowodów tożsamości, tzw. kart rozpoznawczych. Wcześniej posługiwano się polskimi dowodami osobistymi. Co prawda wprowadzenie kenkart zapowiadało rozporządzenie Hansa Franka z października 1939, ale odpowiednie dyrektywy wykonawcze ukazały się po ponad dwóch latach. Przymus posiadania kenkart obowiązywał wszystkich nie-niemieckich mieszkańców GG. Ich wprowadzenie dało okazję zdobycia tzw. aryjskich papierów wielu ukrywającym się Żydom.

[44] Aleksander Kamiński, pseud. Kazimierz (1903-1978) – pedagog, działacz harcerski, historyk; w czasie okupacji niemieckiej współtwórca Szarych Szeregów, redaktor naczelny czołowego organu prasowego polskiego podziemia „Biuletynu Informacyjnego", referent kontrwywiadu Oddziału II Komendy Głównej, organizator tzw. małego sabotażu, autor ulotek i najgłośniejszej książki okupowanej Warszawy *Kamienie na szaniec*.

[45] Gabriel Narutowicz (1865-1922) – inżynier, konstruktor, profesor politechniki w Zurychu; pierwszy prezydent RP (9-16 grudnia 1922); zastrzelony w Warszawie przez nacjonalistę Eligiusza Niewiadomskiego.

[46] Ks. Jan Zieja (1897-1991) – kapelan Wojska Polskiego, harcmistrz; 1943-1944 kapelan Szarych Szeregów, ranny w powstaniu warszawskim; od 1976 członek KOR-u, rzecznik ekumenizmu i dialogu z judaizmem.

PRZYPISY

47 August Hlond (1881-1948) – prymas Polski, salezjanin; po wybuchu II wojny światowej wyjechał do Rzymu; od 1946 arcybiskup warszawski i gnieźnieński. W 1936 roku, po pogromie w Przytyku, potępił rasizm i stosowanie przemocy, oskarżając jednak wyznawców judaizmu o demoralizację i zachęcając do społecznej izolacji Żydów.

48 Grzegorz Przemyk – student filozofii, syn poetki, Barbary Sadowskiej; w 1983 skatowany na posterunku milicji przy ul. Jezuickiej w Warszawie, zmarł w szpitalu; zabójstwo G. Przemyka było jedną z najgłośniejszych zbrodni politycznych stanu wojennego w PRL.

49 Leonid Breżniew (1906-1982) – przywódca komunistyczny ZSRR, od 1977 przewodniczący Prezydium Rady Najwyższej ZSRR, wobec państw sąsiednich stosował zasadę tzw. ograniczonej suwerenności, odpowiedzialny za interwencję zbrojną w Czechosłowacji w 1968 i Afganistanie w 1979.

50 Michaił Gorbaczow (ur.1931) – działacz partii komunistycznej w ZSRR, polityk, prezydent ZSRR, inicjator i rzecznik przebudowy gospodarki i życia społecznego, tzw. pierestrojki, i jawności w życiu politycznym, tzw. *głasnosti*; 1990-1991 pierwszy prezydent ZSRR (do utworzenia Wspólnoty Niepodległych Państw); działacz na rzecz rozbrojenia; laureat Pokojowej Nagrody Nobla w 1990.

51 François Maurice Mitterrand (1916-1996) – polityk francuski, socjalista; 1981--1995 prezydent Francji.

52 Ronald Wilson Reagan (ur.1911) – amerykański polityk, aktor; 1981-1989 prezydent USA; w polityce międzynarodowej popierał ruchy antykomunistyczne i prowadził z ZSRR rokowania rozbrojeniowe; jednoznacznie popierał opozycję demokratyczną w Polsce i jej działania w okresie stanu wojennego 1981-1983.

53 15 listopada 1944 roku pięciu pracowników szpitala z Boernerowa wyprowadziło z terenu zajętego przez Niemców, z domu przy ul. Promyka 43, siedmiu członków ŻOB-u: Celinę Lubetkin, Marka Edelmana, Antka Cukiermana, Tuwię Borzykowskiego, Zygmunta Warmana, Salo Fiszgrunda i dr Teodozję Goliborską. Por.: Stanisław Śwital *Siedmioro z ulicy Promyka* [w:] „Biuletyn ŻIH" 1968, nr 65-66.

54 Chodzi o porucznika Święcickiego, oficera AK; w jego mieszkaniu na Żoliborzu (Krasińskiego 16 lub 18) w październiku 1944 mieszkała grupa powstańców żydowskich, m.in. Marek Edelman i Antek Cukierman.

55 PZPR (Polska Zjednoczona Partia Robotnicza) – partia komunistyczna utworzona w grudniu 1948 przez połączenie Polskiej Partii Robotniczej i Polskiej Partii Socjalistycznej; do 1989 była partią o charakterze państwowym, kierowała totalitarnym systemem władzy w Polsce; była podporządkowana sowieckiej partii komunistycznej; po przegranych wyborach w czerwcu 1989 utraciła monopolistyczną pozycję; 29 stycznia 1990 nastąpiło samorozwiązanie PZPR.

⁵⁶ Józef Cyrankiewicz (1911– 1989) – działacz socjalistyczny i komunistyczny, polityk; 1941-1945 więziony przez Niemców, m.in. w Auschwitz; od 1948 w PZPR; 1954--1970 premier PRL; do 1986 we władzach państwowych.

⁵⁷ Mieczysław Franciszek Rakowski (ur. 1926) – polityk, publicysta; 1946-1948 w PPR, następnie w PZPR; lipiec 1989-styczeń 1990 – I sekretarz KC PZPR. Premier ostatniego rządu PRL.

⁵⁸ Ks. Jerzy Popiełuszko (1947-1984) – kaznodzieja, duszpasterz; od 1980 wikariusz parafii św. Stanisława Kostki na Żoliborzu w Warszawie; kapelan NSZZ „Solidarność"; po wprowadzeniu stanu wojennego (1981) organizował pomoc dla internowanych; w homiliach protestował przeciw aktom bezprawia i przemocy; prześladowany przez władze PRL; zamordowany przez funkcjonariuszy Służby Bezpieczeństwa 19 października 1984.

⁵⁹ Stocznia Gdańska – kolebka niezależnych związków zawodowych powstałych w 1978; po fali spontanicznych strajków w lecie 1980, 31 sierpnia 1980, w Stoczni Gdańskiej podpisane zostały z władzami PRL tzw. porozumienia gdańskie, zapewniające realizację podstawowych praw społecznych Polaków; od 1980 Stocznia Gdańska jest zarazem faktyczną siedzibą jak i symbolem NSZZ „Solidarność".

⁶⁰ „Solidarność" – ruch społeczno-polityczny w Polsce walczący z władzą komunistyczną; przyjął instytucjonalną formę związków zawodowych w 1980; Niezależne Samorządne Związki Zawodowe „Solidarność" zarejestrowano w listopadzie 1980; należało do nich wówczas około 9-10 milionów osób (80 procent pracowników państwowych); w 1982, w czasie stanu wojennego w Polsce, zdelegalizowano NSZZ „Solidarność", której działalność przyjęła wtedy formy działań podziemnych (publikowanie niezależnej prasy i wydawnictw, samopomoc obywatelska, tworzenie niezależnych od PZPR instytucji społecznych, organizowanie strajków, demonstracji ulicznych, itd.) zmierzających do długotrwałej budowy społeczeństwa alternatywnego. Pierwszym przewodniczącym NSZZ „Solidarność" był późniejszy prezydent RP Lech Wałęsa.

⁶¹ Komitet Obrony Robotników – jawne opozycyjne ugrupowanie społeczne utworzone we wrześniu 1976 przez grupę działaczy demokratycznych i niepodległościowych oraz intelektualistów; głównym celem KOR-u było udzielanie pomocy finansowej i prawnej represjonowanym uczestnikom protestu robotniczego w Radomiu w czerwcu 1976; po zwolnieniu więźniów sprawy radomskiej KOR przekształcił się w 1977 w Komitet Samoobrony Społecznej „KOR", który walczył o prawa i wolności obywatelskie; KSS „KOR" rozwiązał się we wrześniu 1981.

⁶² Incydent kielecki – najczęściej nazywany pogromem kieleckim – wydarzył się 4 lipca 1946 w Kielcach, przede wszystkim w budynku przy ulicy Planty 7/9, w którym mieszkało około 200 Żydów, znajdowały się instytucje żydowskie, kongregacja wyznaniowa, kibuc partii syjonistycznej Ichud. Do aktów przemocy przeciwko ludności żydowskiej dochodziło również w innych miejscach Kielc (zamordowanie rodziny Fisz), a także w pociągach przejeżdżających przez miasto. Pogrom rozpoczął się

w godzinach rannych. Pierwsze strzały zostały oddane przez wojsko w budynku przy Plantach. Na ulicy zebrał się agresywny tłum. Dopiero po południu sytuacja w mieście została względnie opanowana. W pogromie zamordowano 36 osób (w tym dwóch Polaków), ponad 40 osób było rannych, kilka z nich zmarło w szpitalu. Co faktycznie wywołało pogrom, trudno dziś ustalić. Przez lata, z przyczyn politycznych, nie można było przeprowadzić obiektywnego śledztwa. Po pierwszym procesie wydano kilka wyroków śmierci, które wykonano; po kolejnych – wielu skazano na kary więzienia. Przyjmuje się, że pretekstem dla masakry w Kielcach była plotka o porwaniu polskiego dziecka przez Żydów. Niewątpliwie całemu wydarzeniu sprzyjało nastawienie antyżydowskie społeczeństwa polskiego. Istotną, choć nie do końca wyjaśnioną rolę, odegrały działania wojska, milicji i Urzędu Bezpieczeństwa.

[63] Czesław Kiszczak (ur.1925) – działacz komunistyczny, generał; od 1945 w Wojsku Polskim, funkcjonariusz wywiadu i kontrwywiadu; od 1945 w PPR, następnie w PZPR; 1981-1990 minister spraw wewnętrznych; uczestniczył w przygotowaniach i realizacji stanu wojennego 1981-1983.

[64] Czesław Bielecki (ur.1948) – architekt, działacz społeczny i polityczny; więziony przez władze PRL; od 1997 poseł na Sejm RP.

[65] Marc Chagall (1887-1985) – malarz; urodzony w Witebsku; mieszkał i tworzył w Paryżu, Witebsku, Berlinie, Nowym Jorku; jego sztuka nie dająca się przypisać do jednej szkoły malarskiej cieszy się od dziesięcioleci magiczną niemal popularnością.

[66] Icchok Lejbusz Perec (1852-1925) – prawnik z wykształcenia; twórca nowoczesnej literatury w języku jidysz; pochodził z tradycyjnej rodziny żydowskiej z Zamościa; poeta języka hebrajskiego, polskiego i jidysz; mistrz prozy w jidysz.

[67] Jacek Kuroń (ur.1934) – polityk, pedagog, publicysta; 1954-1961 organizator tzw. drużyn walterowskich w ZHP; wielokrotnie więziony przez władze komunistyczne PRL; w 1976 współzałożyciel KOR-u, po 1989 poseł na Sejm RP.

[68] Adam Michnik (ur.1946) – działacz polityczny, historyk, publicysta; wielokrotnie więziony przez komunistyczne władze PRL; od 1989 redaktor naczelny „Gazety Wyborczej".

[69] Seweryn Jaworski, Bogdan Lis, Władysław Frasyniuk – działacze opozycji demokratycznej w PRL, wielokrotnie więzieni przez jej władze.

Opowieść Szmuela Rona

[1] *HaSzomer HaCair* (hebr.) – Młody Strażnik – ruch młodzieżowy o orientacji syjonistyczno-socjalistycznej. Pierwsze grupy HaSzomer HaCair powstały w Galicji w 1913. Wielu członków ruchu emigrowało do Palestyny i tam założyło organizację kibucową. Do II wojny światowej HaSzomer HaCair działała głównie w Europie Wschodniej i Centralnej. W 1946 w Palestynie stała się partią polityczną głoszącą potrzebę

zbudowania dwunarodowego państwa. W 1948 HaSzomer HaCair wraz z Achdut HaAwoda – Poalej Syjon-Lewica utworzyły partię Mapaam.

[2] Judenrat (Rada Żydowska) – niemiecka nazwa ogólnie używana na określenie tworzonych przez Niemców organów administracji społeczności żydowskiej. Po utworzeniu gett pełniły one funkcje osobnych, w zasadzie formalnie nie kontaktujących się ze sobą, zarządów. W niektórych miejscowościach istniały Rady powiatowe (Chełm, Przemyśl), w Radomiu zorganizowano Radę, której podlegały Judenraty tego dystryktu, na Śląsku działała Centrala Żydowskich Rad Starszych Górnego Śląska. Pierwsze Rady powołano w centralnej i zachodniej Polsce na przełomie września i października na mocy telefonogramu Reinharda Heydricha z 21 września 1939, nakazującego tworzenie Rad starszych spośród wpływowych członków miejscowych społeczności w dotychczasowych gminach wyznaniowych żydowskich. Udział prominentnych osób miał zapewnić z jednej strony sprawne wykonywanie poleceń, z drugiej – kompromitację tychże w oczach Żydów.

Pierwszym zadaniem Rad było prowadzenie spisu ludności na terenie ich działania i współudział w przenoszeniu Żydów z małych miejscowości do większych. Obciążono je odpowiedzialnością za „wypełnianie wszystkich rozporządzeń – wydanych i tych, które mają być wydane – dokładnie i w ustalonym terminie". Ustrój i funkcje Rad ustaliło ostatecznie zarządzenie sprawującego władzę w GG Hansa Franka z 18 listopada 1939. Na jego mocy w miejscowościach poniżej 10 tysięcy mieszkańców społeczności żydowskie wybierały Rady liczące 12, w większych – 24 i więcej członków. Rady wybierały przewodniczącego i jego zastępcę; w praktyce jednak najczęściej Niemcy desygnowali przewodniczącego, który sam dobierał radnych. Wybory musiały uzyskać aprobatę władz niemieckich (konkretne interwencje Niemców w sprawy personalne zdarzały się nader rzadko). Rady pełniły władzę w różnym trybie, decyzje podejmowano kolegialnie, rzadziej jednoosobowo. Zwierzchnictwo nad nimi sprawowały niemieckie władze administracji cywilnej, w większych miastach specjalnie utworzone urzędy; bezpośrednie rozkazy wychodziły też od SS i Gestapo.

Do obowiązków pracowników Judenratu należało wyznaczanie ludzi do prac przymusowych, ewakuacja mieszkań i przekazywanie ich Niemcom, płacenie grzywien, okupów i kontrybucji, konfiskata kosztowności i opieka nad przesiedleńcami. Nowe funkcje pojawiły się wraz z utworzeniem dzielnic zamkniętych, polegały najpierw na udziale w organizacji przesiedleń do gett, potem na utrzymaniu porządku publicznego, ewidencji ludności, organizowaniu wytwórczości, zapobieganiu szmuglowi, dystrybucji żywności, węgla i innych towarów, zapewnieniu należytego stanu sanitarnego, zapobieganiu epidemiom, organizowaniu opieki społecznej; przede wszystkim jednak – na wykonywaniu konkretnych zarządzeń okupanta. W ostatnim okresie istnienia gett domagano się od Judenratów udziału w akcjach wywożenia ludności do ośrodków zagłady. Do wykonania tych zadań powołano aparat pomocniczy liczący – w zależności od wielkości getta – od kilkudziesięciu do kilku tysięcy osób oraz własną policję; jedynie część zatrudnionych otrzymywała pobory, wszyscy – zwiększone przydziały żywnościowe. Uważano, że praca dla Judenratu gwarantuje bezpieczeństwo, nie dotyczyło to na pewno radnych: 80 procent z nich – jako osobiście odpowiedzialnych za zachowanie się ludności żydowskiej – nie dożyło likwidacji gett. Żydzi odnosili się do Judenratów – w istocie tylko narzędzia polityki okupanta, jednak bliższego i bardziej widocznego niż nadzór niemiecki – zwykle bardzo niechętnie, wysuwając zarzuty niewłaściwej polityki społecznej, korupcji, gwałtów i bezwzględnego wykorzystywania sytuacji.

W istocie Judenraty, których istnienie było zjawiskiem cywilizacyjnym, wymuszonym faktem okupacji, dysponowały bardzo niewielkim polem manewru pomiędzy wymaganiami okupanta a potrzebami ludności. Istniały bowiem tylko cztery warianty działania: odmowa jakiejkolwiek współpracy – za co można było zapłacić życiem, współpraca z zaakceptowaniem jedynie wymagań natury materialnej i bez zgody na działania bezpośrednio zagrażające życiu – z groźbą utraty życia, współpraca na warunkach pogodzenia się z zagładą części społeczeństwa za cenę uratowania reszty oraz pełna współpraca polegająca na rezygnacji z realizacji interesów społeczności, jedynie dla uratowania własnego życia. Dopiero z czasem (właściwie: po czasie) miało się okazać, że wszystkie te drogi prowadziły donikąd; jedynym ich sensownym alternatywnym rozwiązaniem był kontakt z organizacjami konspiracyjnymi. Ewentualne stosunki z podziemiem utrudnione były m.in. przez fakt niechęci większości Żydów do idei zbrojnego oporu, spowodowanej stosowaną przez Niemców zasadą odpowiedzialności zbiorowej i obawą przed przyspieszeniem lub spowodowaniem likwidacji getta. Większość rad przeciwna była jakiejkolwiek działalności przeciwko okupantowi. Prowadziło to niekiedy do zwalczania podziemia czy rywalizacji z nim o wpływy. W innych miejscach działalność podziemia była tolerowana, gdzieniegdzie jednak dopiero w momencie ostatecznej likwidacji getta wspierano ideę stawiania oporu.

[3] Chełmno (niem. Kulmhof) – pierwszy niemiecki ośrodek zagłady działający od 8 grudnia 41 do 11 kwietnia 1943 oraz od 26 czerwca do 14 lipca 1944, utworzony bezpośrednio przed podjęciem decyzji o tzw. ostatecznym rozwiązaniu kwestii żydowskiej, początkowo tylko w celu eksterminacji ludności żydowskiej Łodzi i Kraju Warty. Ośrodek uruchomiono z inicjatywy Artura Greisera, namiestnika Kraju Warty, okręgu traktowanego jako wzorcowy i terenu doświadczalnego w walce narodowościowej. Greiser przeciwny był zgromadzeniu wszystkich Żydów z podległego mu obszaru w jednym obozie koncentracyjnym; nie chciał bowiem oddać całej władzy nad więźniami w ręce SS. Zainspirowany działalnością *Einsatzgruppen* na obszarach zajętych po agresji Niemiec na ZSRR, latem 1941 wystąpił z propozycją utrzymania dla ogółu Żydów zdolnych do pracy jednego getta okręgowego w Łodzi i wymordowania pozostałych.

W ramach rozkazu dokonania zagłady miejscowych Żydów wydanego przez Greisera w oparciu o pełnomocnictwa Hitlera, które potwierdzone były osobnym pismem Himmlera, po nieudanych próbach uśmiercania poprzez rozstrzeliwanie i zabijanie w rowach z niegaszonym wapnem, w oparciu o doświadczenia zdobyte w akcji eutanazji chorych psychicznie – w listopadzie 1941 utworzono ośrodek zagłady w miejscowości Chełmno nad Nerem, odległej o 60 km od Łodzi. Ośrodek składał się z dwóch części: parku ze znajdującym się w nim pałacem otoczonym drewnianym ogrodzeniem o wysokości 2-2,5 m, który służył jako miejsce przyjmowania ofiar i miejsce eksterminacji w ruchomych komorach gazowych, oraz odległego o 4 km lasu rzuchowskiego, w którym dokonywano masowego pochówku.

Od lata 1942 zwłoki palono w krematoriach. Załogę ośrodka zwaną *Sonderkommando* Kulmhof (później: Lange, Bothmann) stanowiło 15-20 esesmanów i około 120 policjantów i żandarmów niemieckich, dowodzonych przez SS-Hauptsturmführera Herberta Lange, później oficera SS tego samego stopnia, Hansa Bothmanna. Załoga Chełmna, podległa służbowo Głównemu Urzędowi Bezpieczeństwa Rzeszy (RSHA), ale także władzom cywilnym Kraju Warty, strzegła ośrodka, nadzorowała ostatnią fazę transportu ofiar i uczestniczyła w procesie zagłady. Prace techniczne i fizyczne powierzano grupie stale wymienianych żydowskich więźniów (około 50 osób), podzielonych na dwie grupy: *Hauskommando* w pałacu i *Waldkommando* w lesie; było wśród nich 8 Polaków, tylko jeden nie przeżył wojny.

Ofiary przywożono do Chełmna początkowo samochodami, później pociągami towarowymi do stacji Koło, następnie kolejką wąskotorową do Powiercia, skąd samochodami lub pieszo docierały one na miejsce zagłady. Przed bramą ośrodka polskich kierowców zastępowali Niemcy. Na dziedzińcu pałacowym Żydów zapewniano, że po kąpieli i dezynfekcji ubrań zostaną wysłani do pracy. Ofiary rozbierały się w sali na pierwszym piętrze, skąd kierowano ich na pochyłą rampę z desek; tam krzykiem i biciem zmuszano do wejścia do ciężarówek, pełniących rolę komór gazowych. Po zamknięciu drzwi włączano silnik, łącząc rurę wydechową z wnętrzem pojazdu; po około 10 minutach nikt już nie żył. Toksyczność spalin zwiększano poprzez dodanie do paliwa trujących substancji. Ośrodek funkcjonował tylko w dni powszednie, dziennie mordowano około 700-1000 ludzi. Zwłoki zawożono do lasu rzuchowskiego, gdzie na trzech polanach wykopano trzy masowe groby. Grzebaniem zajmowali sie więźniowie żydowscy.

W kwietniu 1943, ze względu na wymordowanie wszystkich okolicznych Żydów i małą wydajność, ośrodek zlikwidowano. Działalność wznowiono na kilka tygodni latem 1944, dokonując eksterminacji tymi samymi metodami. Dzięki zbiegom z Chełmna, którzy zimą 1942 dotarli m.in. do getta warszawskiego i poinformowali najpierw miejscowych Żydów, a za ich pośrednictwem władze Państwa Podziemnego o zbrodni, dowiedział się o niej kraj i wolny świat. W Chełmnie zostało zamordowanych 180-200 tysięcy Żydów z Polski, ale także z Niemiec, Austrii, Czech i Luksemburga, również około 4 tysięcy Cyganów, grupy Polaków i radzieckich jeńców wojennych.

[4] Trawniki – obóz pracy położony na pd.-wsch. od Lublina, utworzony w końcu 1941, początkowo dla radzieckich jeńców wojennych i Żydów polskich, później także dla niemieckich, austriackich i czeskich. Jesienią 1942 na rozkaz skoncentrowania wszystkich Żydów z GG na terenie dystryktu lubelskiego, wydany przez Himmlera, najpierw przeniesiono tu fabrykę szczotek z getta w Międzyrzecu Podlaskim wraz z robotnikami, następnie – w maju 1943 – w czasie powstania w getcie warszawskim, przywieziono tu ze stolicy szopy krawieckie, kuśnierskie i szczotkarzy F. Schultza wraz z 10 tysiącami robotników żydowskich; wśród nich znajdował się Emanuel Ringelblum i 33 członków ŻOB-u. Opór zorganizowany przez członków ŻOB-u zakończył się śmiercią wszystkich jego uczestników. 5 listopada 1943 we wcześniej przygotowanych rowach rozstrzelano 12 tysięcy jeńców żydowskich.

[5] Treblinka II – niemiecki ośrodek zagłady działający od 23 lipca 1942 do marca 1943, usytuowany w pn.-wsch. części GG, w odległości około 60 km od Warszawy.

Budowę ośrodka, głównie dla potrzeb realizacji zagłady Żydów polskich, wzorowanego na już istniejącym ośrodku zagłady w Bełżcu, rozpoczęto w odludnym i gęsto zalesionym terenie na przełomie maja i czerwca 1942, zakończono 22 lipca 1942. Prace prowadziły firmy niemieckie, które zatrudniały żydowskich więźniów z pobliskiego obozu karnego Treblinka I i Żydów z okolicznych gett – pierwsze ofiary. Ośrodek miał kształt prostokąta o wymiarach 400x600 m, otoczony był podwójnym ogrodzeniem z drutu kolczastego, a wewnętrzne ogrodzenie zamaskowane było gałęziami. Na każdym rogu znajdowała się drewniana wieża strażnicza o wysokości 8 m. Teren podzielony był na trzy części: strefę pobytową, strefę przyjmowania transportów i strefę eksterminacji.

W części pobytowej znajdowały się pomieszczenia mieszkalne dla załogi, biura, szpital i magazyny; w izolowanej sekcji zbudowano baraki dla żydowskich więźniów, którzy pracowali w ośrodku, oraz warsztaty krawieckie, szewskie i stolarskie. Na strefę przyjmowania transportów składały się: zakończenie bocznicy kolejowej łączącej się ze stacją kolejową Treblinka, rampa oraz tzw. blok deportacji – ogrodzona sekcja z dwoma barakami, w których nowo przybyli zostawiali odzież i bagaże. W osobnej sekcji znajdowały się dwa magazyny, w których sortowano rzeczy ofiar przed ekspedycją do Rzeszy. Strefa eksterminacji, zwana przez Niemców górnym obozem, o wymiarach 200x250 m, była ściśle odseparowana od innych specjalnym ogrodzeniem. Znajdował się tam ceglany budynek z trzema komorami gazowymi. Każda z nich mierzyła 4x4 m, każda zaopatrzona była w dwoje drzwi: wejściowe i służące do wynoszenia zwłok. W przybudówce umieszczono silnik dieslowski, którego spaliny zawierające tlenek węgla wprowadzano do komór rurami zakończonymi – dla kamuflażu – końcówką natrysku. W październiku 1942 liczbę komór powiększono o kolejne 10 o łącznej powierzchni 320 m^2. W odległości 150-200 m wykopano rowy, do których wrzucano zwłoki. Po wizycie Heinricha Himmlera w ośrodku (marzec 1943), na jego rozkaz zwłoki ekshumowano i palono. Do strefy eksterminacyjnej ze strefy przyjmowania transportów wiodła ścieżka, ogrodzona z obu stron drutem kolczastym zamaskowanym gałęziami, zwana fajką albo rurą (*der Schlauch*). Tędy prowadzono rozebranych już Żydów do komór.

Załogę ośrodka zagłady, na czele której stał początkowo SS-Obersturmführer Imfried Eberl, później oficer tego samego stopnia – Franz Stangl, tworzyło 20-30 esesmanów sprawujących funkcje kierownicze i administracyjne oraz 90-120 Ukraińców zatrudnionych jako strażnicy i personel bezpieczeństwa. Ci ostatni zajmowali się niekiedy obsługą komór. W ośrodku przebywało także około 700-1000 więźniów żydowskich, stale zatrudnianych przy procesie eksterminacji. Żydzi zajmowali się również pracami budowlanymi, wycinaniem i układaniem gałęzi służących do kamuflowania ogrodzeń i wszelkimi innymi pracami fizycznymi. W sierpniu 1942, kiedy dowództwo Treblinki zdecydowało się usprawnić proces zabijania, przewidywano utworzenie stałej żydowskiej ekipy. W rzeczywistości jej członkowie żyli jednak krótko – dziesiątkowani selekcjami i wykonywanymi na miejscu wyrokami śmierci, chorobami, samobójstwami i warunkami bytu.

Pociągi z Żydami pochwyconymi podczas akcji w gettach liczące około 50-60 wagonów z około 6-7 tysiącami ludzi zatrzymywały się na stacji Treblinka. Od składu odczepiano 20 wagonów i wtaczano je do strefy przyjmowania, obsługiwanej przez oddział Ukraińców. Wychodzącym z wagonów oficer SS oznajmiał, że znajdują się w obozie tranzytowym i że zostaną wysłani do rozmaitych obozów pracy, a przedtem muszą się wykąpać oraz oddać odzież do dezynfekcji. Pieniądze i kosztowności polecano przekazać do depozytu. Chorym nakazywano udać się do tzw. lazaretu, zamkniętej strefy oznaczonej flagą Czerwonego Krzyża, gdzie ich rozstrzeliwano. Pozostałych kierowano do tzw. bloku deportacji. Mężczyźni udawali się do bloku leżącego po prawej stronie, kobiety i dzieci – po lewej; w blokach wszyscy musieli się rozebrać. Od końca 1942 kobiety strzyżono. Z baraków droga wiodła „rurą" do komór gazowych. Najpierw prowadzono kobiety i dzieci, potem mężczyzn. Włączano silnik i po około 30 minutach nikt już nie żył.

W pierwszym okresie działania ośrodka na 1 m^2 komór ginęło dziennie około 100 ludzi. Ciała wciągano do rowów, by je później spalić. Początkowo operacja wymordowania więźniów jednego transportu trwała 3 godziny; w miarę zdobywania doświadczenia i udoskonalenia procedury czas ten skrócono do 1-2 godzin. W czasie uśmiercania ofiar wagony czyszczono i usuwano z nich ciała zmarłych ofiar, po czym przetaczano je tak, by było miejsce dla kolejnych 20 wagonów. Rzeczy pozostawione w „bloku deportacji" przenoszono do magazynów, gdzie były pozbawiane opasek i gwiazd Dawida, przeszukiwane w celu wykrycia kosztowności i sortowane. Dokumenty tożsamości ofiar niszczono. Proces masowej eksterminacji trwał do końca kwietnia 1943. W późniejszym czasie do Treblinki wysłano już tylko kilka transportów. Po zatarciu wszelkich widocznych śladów działalności, ośrodek zlikwidowano w końcu 1943.

Wywożeni do Treblinki podejmowali, na ogół nieudane, próby ucieczki już podczas transportu. Ci, którym ucieczka się udała, często powracali do gett. W pierwszych miesiącach działalności ośrodka było względnie wiele udanych prób ucieczek. Niektórym więźniom udało się uciec w wagonach wywożących rzeczy po pomordowanych. Wszystkie próby ucieczek przez podkopy były nieudane. Dochodziło także do indywidualnych i zbiorowych aktów oporu tłumionych przez załogę ośrodka. W początku 1943 w Treblince II powstała organizacja oporu kierowana przez lekarza załogi SS, dr. Juliana Chorążyckiego, wzmocniona wkrótce grupą więźniów funkcyjnych pod przywództwem Marcela Galewskiego i Zelo Blocha. Licząca 50-70 osób, słabo uzbrojona grupa, rozpoczęła walkę 2 sierpnia 1943. Większość budynków ośrodka, z wyjątkiem komór, została spalona. Z około 750 więźniów, którzy podjęli próbę ucieczki, tylko 70 dożyło wyzwolenia. Pozostałych w ośrodku więźniów wykorzystano do zatarcia śladów jego istnienia, po czym wszystkich rozstrzelano. W Treblince zamordowano około 870 tysięcy Żydów, głównie z Polski (w tym 254 tysięcy z Warszawy), ale także Żydów ze Słowacji, Grecji, Jugosławii i Bułgarii oraz około 2 tysięcy Cyganów. Nazwa ośrodka zagłady w Treblince zachowała się w pamięci wielu ocaleńców w formie liczby mnogiej – zamiast „Treblinka" używają oni formy liczby mnogiej „Treblinki".

[6] Szmuel Ron wymienia równolegle nazwy obozu pracy w Trawnikach i ośrodków zagłady w Chełmnie, Bełżcu i Treblince. Ośrodki zagłady (niem. *Vernichtungslager*, w języku III Rzeszy obozy zagłady) to instytucje masowego uśmiercania ludzi działające od grudnia 1941 do stycznia 1945 w ramach programu tzw. ostatecznego rozwiązania kwestii żydowskiej. Jedynym ich przeznaczeniem było zabijanie wszystkich Żydów, niezależnie od płci i wieku, pochodzących z Rzeszy i każdego przez nią oku-

powanego, kontrolowanego lub sprzymierzonego z nią państwa europejskiego. Zmiana w antyżydowskiej polityce III Rzeszy od eksterminacji pośredniej do eksterminacji bezpośredniej, będąca w istocie punktem wyjścia akcji bezwyjątkowego mordowania Żydów, datuje się na okres po agresji Niemiec na ZSRR, tj. po 22 czerwca 1941.
Kiedy metoda masowych egzekucji przeprowadzanych przez *Einsatzgruppen* na zajętych w wyniku wojny terenach okazała się mało efektywna, trudna do ukrycia ze względu na dużą liczbę ludzi niezbędną do ich wykonywania, destrukcyjnie wpływająca na ich psychikę oraz niemożliwa do przeprowadzania zimą z powodu niemożności kopania grobów w zmarzniętym gruncie, rozpoczęto eksperymenty z zabijaniem przy pomocy gazu. Ich sukces skłonił władze SS, obciążone rozkazem Hitlera dokonania zagłady Żydów, do budowy systemu ośrodków zagłady na terenie okupowanej Polski; oznaczało to odejście od dotychczasowej praktyki zabijania Żydów w miejscu ich pobytu. Zlokalizowanie ich w Polsce, największym skupisku Żydów europejskich (około 50 procent), powodowało najmniejsze obciążenie środków transportu. Wyjątkowo bezwzględny charakter okupacji nie wymagał liczenia się z opinią miejscowej ludności. Oddalenie od Zachodu było zaś szansą na ukrycie informacji o funkcjonowaniu „fabryk śmierci", która stanowiła najwyższą tajemnicę państwową III Rzeszy.
Jako pierwszy rozpoczął działalność ośrodek w Chełmnie nad Nerem (grudzień 1941), następnie – Auschwitz II Birkenau (marzec 1942); oba na terenie ziem wcielonych do Rzeszy. Nieco później uruchomiono ośrodki w Bełżcu (marzec 1942), Sobiborze (kwiecień 1942) i Treblince (lipiec 1942); wszystkie położone na terenie GG. Sporadycznie funkcje ośrodków zagłady pełniły obozy koncentracyjne Janowski we Lwowie i Majdanek. Wszystkie podlegały kompetencji SS, administrowane były przez lokalnych dowódców SS i policji (dystryktu lubelskiego – w przypadku GG, Kraju Warty – w przypadku pozostałych). Jedynie Auschwitz II Birkenau podlegał bezpośrednio Głównemu Urzędowi Administracyjno-Gospodarczemu SS. Ośrodki zagłady działały według jednolitego wzorca: zakładano je w odludnej okolicy (poza Auschwitz II Birkenau i Chełmnem, w których także procedura mordowania była odmienna), w pobliżu małych stacji kolejowych, otaczano podwójnym lub potrójnym ogrodzeniem z drutu kolczastego, zewnętrzne ogrodzenia maskowano gałęziami przeważnie z drzew iglastych. W podobny sposób izolowano poszczególne części ośrodka, zwłaszcza te, w których znajdowały się komory gazowe.
Pociągi z transportami Żydów, liczącymi zwykle 4-6 tysięcy osób w 40-60 wagonach, dzielono zwykle na 2-3 partie, z których każdą kolejno wtaczano na bocznicę kończącą się wewnątrz ośrodka; przed wjazdem na teren ośrodka zagłady polską obsługę parowozów zmieniano na niemiecką. Początkowo (w przypadku transportów zagranicznych przez cały czas) przywiezionych traktowano jak przesiedleńców: esesman z *Einsatz Reinhard* każdorazowo zapewniał, że po kąpieli i dezynfekcji odzieży zostaną oni skierowani do obozów pracy „na Wschodzie". Niekiedy na rampie grała żydowska orkiestra. Przywiezionych Żydów, po odebraniu im dokumentów, pieniędzy i kosztowności, po oddzieleniu – dla ukrycia prawdy i zapobieżenia ewentualnym próbom oporu – kobiet i dzieci od mężczyzn, po rozebraniu i ostrzyżeniu kierowano (najpierw kobiety i dzieci) do komór gazowych upozorowanych na łaźnie; po 20-30 minutach nikt już nie żył. Jedynie w Auschwitz II Birkenau przepro-

wadzano selekcje, których celem było wybranie zdolnych do pracy. Dziennie 3-12 tysięcy ludzi ginęło w komorach gazowych.

Załogę każdego ośrodka zagłady stanowiło kilkudziesięciu esesmanów oraz około 100 strażników z ukraińskich formacji pomocniczych. Czyszczeniem wagonów po wyprowadzeniu więźniów, usuwaniem ciał zmarłych po drodze, segregowaniem ubrań po pomordowanych i przygotowaniem ich do wysyłki do Rzeszy, wyszukiwaniem kosztowności i pieniędzy, strzyżeniem przyszłych ofiar, usuwaniem zwłok z komór, wyrywaniem złotych zębów, grzebaniem lub kremacją i innymi pracami zajmowała się licząca 1-1,5 tysiąca grupa wyselekcjonowanych, stale wymienianych Żydów, zwanych *Sonderkommando*.

Polska – a za jej pośrednictwem wolny świat – poznały prawdę o ośrodkach zagłady już w 1942, m.in. dzięki bardzo nielicznym uciekinierom. W Treblince, Sobiborze i Auschwitz II Birkenau doszło do buntów więźniów i sporadycznych prób indywidualnego oporu. W ośrodkach zagłady zamordowanych zostało około 3,5 miliona Żydów, dziesiątki tysięcy Cyganów i radzieckich jeńców wojennych oraz kilkadziesiąt tysięcy Polaków.

W ostatnich kilkunastu latach zamiast stosowanego dotychczas terminu „obóz zagłady" w większości języków europejskich stosowany jest termin „ośrodek zagłady" (ang. *extermination center*, franc. *centre d'extermination*). Pierwszy termin został zaniechany, ponieważ ze słowem „obóz" kojarzony jest pobyt w danym miejscu, podczas gdy faktycznie przywożeni do ośrodków zagłady Żydzi w żadnym z nich nie żyli dłużej niż zaledwie parę godzin. W miejscach tych nie istniała infrastruktura obozowa. Na terenie ośrodka zagłady znajdowały się jedynie magazyny na odzież, komory gazowe i krematoria.

[7] Szmuel Ron *Die Erinnerungen haben nicht nie losgelassen* (Wspomnienia nie odeszły), Frankfurt nad Menem 1998.

[8] Władysław Spasowski (1877-1941) – filozof i pedagog, działacz lewicy nauczycielskiej.

[9] Tadeusz Kotarbiński (1886-1981) – filozof, logik i prakseolog; 1919-1961 profesor Uniwersytetu Warszawskiego odznaczony medalem „Sprawiedliwy wśród Narodów Świata".

[10] Środula – robotnicze przedmieście Sosnowca; od października 1942 na Środuli utworzono jedno z dwóch gett w tym mieście.

[11] W Chanuka – ośmiodniowe święto rozpoczynające się 28 dnia miesiąca Kislew, święto upamiętniające zwycięską bitwę Hasmoneuszy pod wodzą Judy Makabi i cud w Świątyni w 165 p.n.e. – zapala się w domu żydowskim świece, czyta święte księgi i śpiewa piosenki chanukowe.

[12] *HaSzomer HaDati* (hebr.) – Strażnik Religijny – młodzieżowa organizacja religijna, która – obok HeChaluc HaMizrachi, HaNoar HaDati, Brit Chalucim Datiim, wchodziła w skład Bnei Akiba. W 1954 nastąpiło zjednoczenie tych grup w organizację pod nazwą World Bnei Akiva.

[13] Dror Frajhajt, *Dror* (hebr.) – Wolność – organizacja utworzona w Polsce przez emigrantów żydowskich z Ukrainy w 1922; weszła w skład Poalej Syjon-Prawicy. *Frajhajt* (jid.) – Wolność – młodzieżowa przybudówka Poalej Syjon-Prawicy.

[14] Gordonia – młodzieżowa organizacja partii Hitachdut założonej w 1929 w Palestynie przez pisarza i robotnika A.O. Gordona. Hitachdut i Gordonia miały swych zwolenników głównie wśród inteligencji żydowskiej.

[15] Jan Karski, właśc. Jan Kozielewski (ur. 1914) – kurier i emisariusz polityczny polskiego podziemia, historyk. Po dwóch misjach kurierskich sporządził raporty dla rządu Rzeczypospolitej Polskiej na uchodźstwie dotyczące m.in. sytuacji Żydów w okupowanym kraju. Wiosną 1940 – jako reprezentant najważniejszych konspiracyjnych ugrupowań politycznych w okupowanym kraju – dotarł do siedziby rządu polskiego w Angers, gdzie złożył pisemny raport przeznaczony początkowo tylko dla jego członków. W raporcie znalazły się m.in. informacje o położeniu Żydów na ziemiach wcielonych do Rzeszy, których sytuacja „jest jasna, łatwa do zrozumienia: są oni poza prawem. [...] Żydzi są pozbawieni jakiejkolwiek szansy przeżycia", także o położeniu Żydów w Generalnym Gubernatorstwie, gdzie „Niemcy chcieliby stworzyć coś w rodzaju rezerwatu żydowskiego", oraz na terenie okupacji sowieckiej, gdzie sytuacja Żydów „jest w wielu wypadkach lepsza i gospodarczo, i politycznie niż była przed wojną". Ponieważ raport zdecydowano się ujawnić aliantom i wykorzystać na rzecz polskiej propagandy wojennej, usunięto z niego lub przeredagowano – za zgodą autora – cztery fragmenty o nastrojach i postawach antysemickich, m.in. o tym, że Niemcom udało się znaleźć wąską platformę porozumienia „z dużą częścią polskiego społeczeństwa" wokół problemu żydowskiego. Jesienią 1942, w czasie drugiej misji do Londynu, Karski przedstawił kolejny raport. Fragmenty poświęcone sytuacji Żydów sporządził m.in. na podstawie dokumentacji zebranej i opracowanej w referacie spraw żydowskich Komendy Głównej AK oraz własnych analiz prasy konspiracyjnej. Przed wyjazdem spotkał się z przywódcami żydowskiego podziemia przebywającymi po tzw. stronie aryjskiej – Menachemem Kirszenbaumem i Leonem Feinerem, był w getcie warszawskim i obozie rozdzielczym w Izbicy Lubelskiej, z którego kierowano Żydów do Bełżca. Były to pierwsze informacje o Holokauście, jakie dotarły na Zachód. Zostały one zignorowane przez polski rząd m.in. z powodu oceny, że prześladowania Żydów przyćmią prześladowania Polaków. Dopiero w grudniu 1942 władze polskie wezwały aliantów – bez rezultatów – do rozpoczęcia kontrakcji. Mimo że Karski usiłował powiadomić polityków i opinię publiczną o losach Żydów w Polsce (spotkał się m.in. z Winstonem Churchillem i Franklinem D. Rooseveltem, w 1944 opublikował książkę *The Story of the Secret State*, wyd.polskie *Tajne Państwo* Warszawa 99), jego misja pozostała nieskuteczną. W 1982 został odznaczony medalem „Sprawiedliwy wśród Narodów Świata". Po wojnie zamieszkał w USA. Jest emerytowanym profesorem Georgetown University w Waszyngtonie.

[16] Chodzi o pomnik Mordechaja Anielewicza w kibucu Jad Mordechaj koło Aszkelonu założonym przez Żydów polskich w 1943.

[17] Bejtar (nazwa potoczna) – Stowarzyszenie Młodzieży Żydowskiej im. Trumpeldora – młodzieżowa przybudówka Nowej Organizacji Syjonistycznej, której celem była

polityczna i zbrojna walka o utworzenie państwa żydowskiego w Palestynie. Przywódcą NOS był Włodzimierz Żabotyński (1880-1940), który założył pierwszą grupę Bejtaru w Rydze w 1923 roku.

[18] Żydowska Służba Porządkowa (niem. *Jüdischer Ordnungdienst*) – formacja potocznie zwana w getcie służbą porządkową lub policją gettową, poza nim – policją żydowską, powoływana z polecenia Gestapo w przededniu tworzenia gett, werbowana wyłącznie z Żydów. ŻSP pełniła wartę w gettach przy bramach, kierowała ruchem ulicznym, egzekwowała przymus pracy, eskortowała przesiedleńców, dokonywała rekwizycji, walczyła ze szmuglem a także sprawowała służbę porządkową i przeciwepidemiczną. ŻSP nie miała statutowo prawa zajmowania się przestępstwami o charakterze kryminalnym, niemniej podlegały jej więzienia w gettach. Zależna od Judenratów, na terenie Generalnego Gubernatorstwa formalnie podlegała policji polskiej, faktycznie jednak niemieckim władzom policyjnym. Oficerami policji żydowskiej byli na ogół ludzie wolnych zawodów, bardzo często prawnicy, lekarze lub byli oficerowie Wojska Polskiego i policji państwowej.
Służba była bezpłatna, zapewniała jedynie – do czasu – większe bezpieczeństwo dla policjanta i jego rodziny: zwolnienie od łapanek i transportów do obozów pracy. Funkcjonariusze ŻSP nie byli wyposażeni w broń palną, otrzymywali zwiększone przydziały żywnościowe i w zasadzie byli umundurowani: posiadali jednolite czapki i specjalne opaski, pałki jako uzbrojenie osobiste, zwyczajowo nosili długie, wysokie buty. Wśród policjantów żydowskich rekrutujących się w znacznym procencie spośród młodzieży inteligenckiej powszechnie szerzyła się demoralizacja i korupcja, związana głównie z rozbudowanym systemem przemytu. Policja żydowska zajmowała się łapankami do obozów pracy, w czasie tzw. akcji wespół z formacjami okupanta – blokowaniem ulic i domów, wyłapywaniem ludzi i dostarczaniem ich na Umschlagplatz.

Rozmowa z Maszą Glajtman Putermilch

[1] *Centrale Jidisze Szul Organizacje* (jid.) – Zjednoczenie Szkół Żydowskich.

[2] *Obszczestwo rasprostranienija truda sriedi Jewriejew* (ros.) – Towarzystwo propagowania pracy wśród Żydów – instytucja powstała w 1880 w Petersburgu, której celem było przysposabianie ludności żydowskiej do pracy produkcyjnej przez organizowanie szkolenia zawodowego. ORT działał w Polsce w okresie międzywojennym jako Towarzystwo Szerzenia Pracy Zawodowej i Rolniczej wśród Żydów.

[3] Sanatorium dla dzieci żydowskich w Miedzeszynie pod Warszawą zlikwidowane w sierpniu 1942.

[4] Cukunft Skif (*Cukunft*, jid.) – Przyszłość – organizacja utworzona w 1919 zrzeszała żydowską młodzież robotniczą; w połowie lat trzydziestych liczyła 10 tysięcy członków. Cukunft był młodzieżową przybudówką Bundu. Odpowiednikiem Cukunftu w środowisku młodzieży szkolnej była organizacja Skif.

PRZYPISY

[5] Szmugiel, czyli przemyt – nielegalny transport towarów zarówno do, jak i z getta, a także pomiędzy gettami różnych miast (szmuglowano np. mięso z uboju rytualnego), wywołany oficjalnym zakazem wwozu i wywozu wszelkich produktów z dzielnicy zamkniętej. Szmugiel możliwy był m.in. dlatego, że funkcjonariusze władz okupacyjnych różnych rang byli zainteresowani utrzymaniem tego zjawiska, ze względu na znaczącą rolę, jaką żydowska siła robocza odgrywała w niemieckiej gospodarce na terenie GG; z drugiej strony – łatwo ulegali przekupstwu. Przemytem zajmowały się tysiące ludzi: pojedyncze osoby zaopatrujące siebie i bliskich oraz współpracujące zwykle ze sobą grupy szmuglerów polskich i żydowskich, działające zawodowo i na szeroką skalę; ci tworzyli nową elitę finansową getta. Udział Polaków trudno traktować wyłącznie jako przejaw solidarności z głodującymi Żydami, była to raczej jedna z form spekulacji, zrodzona przez okupacyjną rzeczywistość; szmugiel przynosił ogromne i szybkie zyski, ceny w getcie były wyższe o 10-70 procent niż po tzw. stronie aryjskiej.

Niewielkie ilości towarów przenoszone były pod ubraniem przez Żydów zatrudnionych na placówkach (poza terenem getta) i Polaków posiadających przepustki uprawniające do wejścia na teren getta, np. pracowników służb komunalnych. Szmuglem zajmowały się również kobiety żydowskie, a przede wszystkim dzieci przechodzące przez wyłomy w murze czy wykorzystujące nieuwagę strażników na waszie. Nieletni zajmowali się po tzw. stronie aryjskiej na ogół żebraniną, czasem korzystali z pomocy stałych dobroczyńców – często byli jedynymi żywicielami swych rodzin. Większe ilości towarów przekazywano stosując rozmaite, wyrafinowane techniki. Żywność przerzucano do getta ponad murem, przenoszono przez podkopy i tunele pod nim, przez zamaskowane otwory, połączone domy lub wyrzucano z tramwajów przejeżdżających przez getto. Wykorzystywano także wózki służące do wywożenia zwłok na znajdujący się poza murem cmentarz przy ulicy Okopowej. Korzystano z bram posługując się fałszywymi przepustkami czy przekupując policjantów żydowskich, polskich i niemieckich.

Do getta prawie wyłącznie przemycano żywność, co – jak oceniał Czerniaków – pokrywało kilkadziesiąt procent zapotrzebowania jego mieszkańców, a zatem ratowało od śmierci głodowej. Innym, bardzo poszukiwanym towarem w getcie były lekarstwa, a przede wszystkim szczepionki. Z getta szmuglowano artykuły trwałego użytku. Ponieważ zamknięcie getta pozbawiło jego mieszkańców dotychczasowych źródeł zarobku, środki na zakup żywności pochodziły z oszczędności i – częściej – ze sprzedaży uzyskanego w przeszłości mienia. Dobytek większości Żydów nie przedstawiał co prawda większej wartości, ale wartość ta inaczej była rozumiana w warunkach wojennych. Wraz z przedłużającym się okresem okupacji i spadkiem produkcji oraz racjonowaniem a nawet brakiem na rynku artykułów konsumpcyjnych zaczęto odczuwać powszechny brak wszystkiego: obuwia, odzieży, pościeli (potoczne określenie używanej odzieży „ciuch" wywodzi się z żydowskiego słowa *cich* – powłoczka i funkcjonuje w języku polskim od czasu II wojny światowej) czy sprzętów domowych. Zrodziło to ogromny popyt na dobra znajdujące się w rękach Żydów, nawet jeśli były używane i w normalnych warunkach niewiele warte. W „eksporcie" getta mniejszą, ale znaczącą rolę odegrały też artykuły pochodzące z nielegalnej produkcji (np. wyroby dziewiarskie, galanteria, zabawki), a nawet usługi (np. medyczne, szczególnie dentystyczne czy zegarmistrzowskie).

Szmugiel, obojętnie na jaką skalę, zawsze niósł ze sobą ryzyko utraty życia: w listopadzie 1941 skazano w Warszawie na śmierć osiem osób za opuszczenie getta, w roku następnym zrezygnowano z parodii sądowych, a patrole policyjne otwierały ogień do wszystkich, którzy zbliżali się do murów. Tak samo postępowano wobec podejrzanych o przemyt po drugiej stronie muru – w tych akcjach najczęściej ginęły kobiety i dzieci. „Życie przemytników" – jak pisze M. Passenstein, współpracownik Archiwum Emanuela Ringelbluma, autor z getta (*Szmugiel w getcie warszawskim* [w:] „Biuletyn ŻIH nr 26, 1958, ss.42-72) – „usiane było niebezpieczeństwami. Nie mijał dzień, by któryś z nich nie padł od kul wystrzelonych przez żandarmów, ale przemyt nie ustawał. Po usunięciu zwłok, przemyt kontynuowany był z taką samą intensywnością, mimo iż był igraniem z losem. Stawiało to przemytników w pierwszym szeregu getta warszawskiego w jego walce z hitleryzmem". Jest to stwierdzenie ważne, choćby ze względu na rozpowszechnienie stereotypu bierności żydowskiej, wywołane m.in. późnym pojawieniem się najwyższego etapu ruchu oporu: konspiracji wojskowych i walki zbrojnej. Poprzedził je opór cywilny, mający zupełnie inny charakter i znaczenie niż walka cywilna społeczeństwa polskiego. W tym wypadku bowiem nierespektowanie zarządzeń niemieckich jak najdosłowniej ratowało substancję biologiczną narodu: gdyby nie szmugiel, getto – przy racjach żywnościowych nie przekraczających kilkunastu procent dziennego zapotrzebowania kalorycznego – nie przetrwałoby miesiąca! Pamiętać jednak należy, że nawet najbardziej masowy przemyt nie był w stanie rozwiązać problemu żywności w getcie: w warszawskim getcie tylko w 1941 zmarło z głodu i chorób około 80 tysięcy ludzi. Zupełnie osobnym problemem jest natomiast szmugiel broni do getta czy przerzucanie prasy konspiracyjnej między gettami. A jeszcze inną – kwestia udziału szmuglerów w powstaniu kwietniowym 1943.

[6] Wielka Akcja – pierwsza akcja likwidacji getta warszawskiego przeprowadzona w dniach 22 lipca – 21 września 1942. Poprzedzona była – jak większość innych – zaostrzeniem izolacji, okrojeniem terenu getta, ograniczeniem łączności pocztowej oraz kampanią dezorientujących pogłosek i terroru; w egzekucjach zginęło kilkaset osób. Bezpośrednią władzę nad ludnością getta objęła policyjna ekipa *Sonderkommando der Sicherheitspolizei Umsiedlung* składająca się z gestapowców warszawskich kierowanych przez Karla Brandta i Gerhardta Mende oraz oddziału Einsatz Reinhard, dowodzonego przez Hermana Hoeflego. 21 lipca 1942 wzięto 60 zakładników, także spośród członków Judenratu. Następnego dnia do getta, otoczonego przez policję polską i pomocnicze oddziały Ukraińców i Litwinów, wkroczyli Niemcy. Judenrat zmuszony został do podpisania obwieszczenia o wysiedleniu, którego dzienny kontyngent wynosił 6-10 tysięcy osób. Zwolniono jedynie osoby zatrudnione w przedsiębiorstwach niemieckich i instytucjach getta oraz członków ich rodzin. Ogłoszono, że pozwala się na zabranie 15 kg bagażu i kosztowności bez ograniczeń. Drugiego dnia akcji przewodniczący gminy Adam Czerniaków popełnił samobójstwo. Nie znających lub nie chcących znać celu akcji Żydów zgłaszających się przez pierwszy tydzień ochotniczo (około 20 procent populacji getta), wyłapywanych najpierw wyłącznie przez ŻSP, później także i przez Niemców, gromadzono na Umschlagplatzu, by następnie wywieźć koleją do ośrodka zagłady w Treblince. Tam mordowano ich w komorach gazowych. Podczas Wielkiej Akcji wywieziono z Warszawy

około 265 tys. Żydów, w getcie zamordowano około 10 tysięcy, przy życiu pozostawiono około 70 tysięcy.

[7] *Umschlagplatz* (niem.) – plac przeładunkowy – plac przylegający do ulic: Stawki, Niskiej i Zamenhofa z bocznicą kolejową prowadzącą na teren Dworca Gdańskiego, gdzie w latach 1940-1942 odbywała się, pod kontrolą niemiecką, wymiana ładunków przywożonych i wywożonych z getta. Podczas tzw. Wielkiej Akcji i później plac ten wraz z przyległym budynkiem szpitalnym przy ul. Stawki 6 służył jako punkt zbiorczy dla Żydów wywożonych do Treblinki. Składał się z dwóch części: pierwszej z budynkiem szpitalnym i wejściem od ulicy Stawki, o powierzchni około 2400 m^2, gdzie stłaczano nieraz 10 tysięcy ludzi, i drugiej – sąsiadującej bezpośrednio z terenem kolejowym.

[8] ŻTOS (właśc. Żydowskie Towarzystwo Opieki Społecznej) – stołeczna instytucja opiekuńcza powstała – z oporami i wskutek nacisku prezydium Żydowskiej Samopomocy Społecznej – w październiku 1941 na miejsce Komisji Koordynacyjnej Żydowskich Organizacji Społecznych. Początkowo, ponieważ formalny status ŻTOS był niejasny i mógł budzić sprzeciw Niemców, działano pod szyldem Jointu. ŻTOS koncentrowało swoją uwagę na określonych grupach społecznych: działaczach partyjnych i publicznych, członkach ruchów młodzieżowych, przedstawicielach inteligencji i instytucji religijnych. Przy ŻTOS odbywały się tajne narady zespołu działaczy stronnictw politycznych: Bundu, Poalej Syjon-Lewicy, Poalej Syjon-Prawicy, Mizrachi oraz części działaczy Agudy i Syjonistów Ogólnych. ŻTOS mieścił się w warszawskim getcie przy ul. Nowolipki 25.

[9] W pierwszej fazie likwidacji getta wyłapywaniem Żydów zajmowała się prawie wyłącznie Żydowska Służba Porządkowa; na każdego z jej funkcjonariuszy nałożono obowiązek dostarczenia na Umschlagplatz 5 osób dziennie. Niewywiązanie się z wymaganego kontyngentu skazywało policjanta na transport do Treblinki.

[10] Zygmunt Frydrych, działacz Bundu w getcie warszawskim, został wysłany na przełomie lipca i sierpnia 1942, by sprawdzić trasę i poznać przeznaczenie transportów odjeżdżających z Umschlagplatzu warszawskiego getta. Wrócił po trzech dniach z informacjami na temat ośrodka zagłady w Treblince.

[11] Szop (*shop*, ang.) – tu: warsztat, fabryka. Szopy szewskie, krawieckie, stolarskie i inne powstawały w getcie warszawskim począwszy od stycznia 1941. Produkcja szopów przeznaczona była na potrzeby gospodarki niemieckiej. Dostarczenie maszyn i narzędzi do pracy było często warunkiem zatrudnienia w szopie, co z kolei – teoretycznie – zabezpieczało przed wywiezieniem do Treblinki.

[12] Ludność getta warszawskiego na początku tzw. Wielkiej Akcji podzielono na dwie kategorie – większość podlegała natychmiastowemu wywiezieniu do Treblinki, mniejszość była doraźnie zwolniona (dotyczyło to także ich najbliższych: żon i dzieci). Tę drugą grupę tworzyli członkowie i pracownicy instytucji żydowskich (Judenrat, ŻSP), pracownicy niemieckich przedsiębiorstw w getcie oraz personel medyczny getta.

Początkowo o możliwości pozostania w getcie decydowało posiadanie zaświadczenia o zatrudnieniu; najwyżej cenione było to opatrzone pieczątką z inicjałami SS-SD; ich posiadacze wychodzili cało nawet z selekcji na Umschlagplatzu. W drugiej dekadzie sierpnia 1942 legitymacje fabryczne utraciły swoją ważność i zostały zastąpione przez karty meldunkowe opatrzone pieczęcią SD. W ostatnim etapie likwidacji getta, po 6 września, dla 35 tysięcy uprawnionych do pozostania w dzielnicy zamkniętej wydano specjalne zaświadczenia, tzw. numerki życia.

[13] Tak nazywany jest ostatni etap akcji likwidacyjnej w getcie warszawskim, która rozpoczęła się 22 lipca 1942 roku. Na 6 września 1942 zarządzono tzw. powszechną rejestrację wszystkich pozostałych przy życiu mieszkańców getta. Selekcja, bo tym była w istocie owa rejestracja, odbywała się w sektorze ulic przylegających do Umschlagplatzu: przy Niskiej, Gęsiej, Smoczej, Miłej, Zamenhofa, Lubeckiego, placu Parysowskim i Stawkach. Do kotła trwającego do 12 września wtłoczono kilkadziesiąt tysięcy osób. W ciągu pierwszych dni „wysiedlono", a więc wywieziono wagonami bydlęcymi z Umschlagplatzu do Treblinki, około 60 tysięcy ludzi. Numerki życia rozdzielane w Kotle otrzymał m.in. Judenrat i część pracowników fabryk niemieckich, pozostali podlegali tzw. wysiedleniu. 12 września 1942 została zakończona wielka akcja likwidacyjna getta warszawskiego. W czasie jej trwania, tzn. począwszy od 22 lipca, wywieziono 310 tysięcy mężczyzn, kobiet i dzieci, głównie do Treblinki II. Oficjalnie pozostało w getcie 35 tysięcy osób zatrudnionych w warsztatach (szopach) pracujących dla Niemców. Niemal drugie tyle ukryło się w getcie. Byli to tzw. dzicy, ludzie nie zatrudnieni, a więc nie posiadający prawa do życia.

[14] *Einsatz Reinhard* – nazwa (kryptonim) specjalnego oddziału utworzonego jesienią 1941 na potrzeby akcji mordowania Żydów w Generalnym Gubernatorstwie (kryptonim *Aktion Reinhard*), działającego pod bezpośrednim zwierzchnictwem SS-Hauptsturmführera Hermanna Hoefle. W jego skład weszło ogółem 450 Niemców, w tym 92-osobowa grupa dotychczas zatrudniona przy realizacji programu eutanazji, posiadająca doświadczenie m.in. w stosowaniu gazu jako środka masowego uśmiercania. Spośród członków tej ekipy wyznaczano dowódców poszczególnych pododdziałów działających równolegle w rozmaitych częściach kraju, w tym komendantów ośrodków zagłady oraz trzon ich niemieckich załóg (20-30 osób). Sztab *Aktion Reinhard* utworzył także specjalną jednostkę pomocniczą z ukraińskich i łotewskich ochotników, w większości radzieckich jeńców wojennych (zwanych askarisi, szaulisi, Trawniki Manner) lub po prostu z mieszkańców gett – Ukraińców czy Litwinów. Przeszkolono ich w obozie w Trawnikach, umundurowano na czarno, uzbrojono i podzielono na kompanie i plutony dowodzone przez Niemców. W każdym ośrodku zagłady znalazło się 90-120 askarisów. Posługiwano się nimi także podczas tzw. akcji w gettach i eskortowania transportów do ośrodków zagłady. Ofiarą tej stosunkowo nielicznej ekipy padło ponad 2 miliony ludzi.

[15] Żydzi pracujący poza gettem na tzw. placówkach: na dworcach, w fabrykach wojskowych, na stacjach kolejowych itp.

[16] Na terenie Toebbensa i Schultza znajdowały się szopy krawieckie. Fabryka należąca do W.C. Toebbensa była jedną z największych fabryk w getcie; szyto w niej

PRZYPISY

mundury dla wojska niemieckiego. Budynki fabryczne znajdowały się przy ul. Leszno 74 i w małym getcie przy Prostej 14. W czasie tzw. akcji wysiedleńczej, latem 1942, do pracy w szopie Toebbensa zapisano 10 tysięcy ludzi. Szopy należące do Schultza i K.G. Schultza (tzw. mały Schultz) znajdowały się przy ul. Nowolipie i Ogrodowej.

[17] Teren szczotkarzy – olbrzymi blok domów między ul. Bonifraterską, Franciszkańską, Wałową a Świętojerską (pn.-wsch. cypel getta). W szopach na tym terenie zatrudniano szczotkarzy, metalowców i elektrotechników; szopami zarządzał Urząd Gospodarczy Armii.

[18] Majdanek (właśc. *Kriegsgefangenlager der Waffen SS*-Lublin – obóz Waffen SS dla jeńców wojennych) – obóz koncentracyjny działający od jesieni 1941 do 24 lipca 1944; od maja 1942 także jako ośrodek zagłady dla Żydów z Polski i innych krajów europejskich. Obóz utworzono na rozkaz Himmlera na przedmieściu Lublina – Majdan Tatarski, na mocy porozumienia z Wehrmachtem, zgodnie z którym część radzieckich jeńców wojennych miała być przekazana SS dla celów programu germanizacji terenów wschodnich. Faktycznie Majdanek nie był przeznaczony dla żadnej specjalnej kategorii więźniów, funkcją działających w nim oddziałów było niszczenie wrogów Rzeszy, udział w akcji wysiedlenia ludności Zamojszczyzny i mordowanie Żydów.
Obóz o powierzchni 2,7 km^2, zlokalizowany na nieużytkach przy szosie Lublin – Zamość – Chełm, otoczony był podwójnym ogrodzeniem z drutu kolczastego, linią wysokiego napięcia i 19 wieżami strażniczymi o wys. 8,8 m wyposażonymi w reflektory. Podzielony był na 5 sektorów, tzw. pól, każde miało inne przeznaczenie: dla kobiet, dla zakładników itd. W obozie zbudowano 22 baraki, 20 dla więźniów, pozostałe dla administracji, ponadto w osobnym sektorze znajdowało się 7 komór gazowych, dwie drewniane szubienice i małe krematorium. Ze względu na jego niską wydajność zwłoki pomordowanych i zmarłych palono także na stosach w pobliskim Lesie Krępieckim. Dodatkowymi instalacjami obozowymi były warsztaty, magazyny, składy węgla i pralnie oraz sekcja zarezerwowana dla SS z barakiem komendantury, barakami mieszkalnymi i stołówką. Obóz mieścił jednocześnie około 40 tysięcy więźniów. Plan przewidywał budowę baraków dla 250 tysięcy ludzi, konstrukcję dodatkowych komór gazowych i bardziej wydajnego, pięciopaleniskowego krematorium. Zbudowano je we wrześniu 1943. Do momentu wyzwolenia Majdanka zrealizowano około 20 procent planu. Załogę obozu stanowiło łącznie około 3 tysięcy Niemców i Ukraińców. Pierwsza partia więźniów przybyła do obozu w październiku 1941. Osadzano w nim radzieckich jeńców wojennych i więźniów z obozów koncentracyjnych na terenie Rzeszy, mieszkańców okupowanej Polski, Żydów z Czechosłowacji, Niemiec, Węgier, Francji, Holandii, Białorusi, Ukrainy i innych. W sumie przez Majdanek przeszło około 500 tysięcy ludzi 54 rozmaitych narodowości pochodzących z 28 krajów. Zginęło spośród nich około 360 tysięcy, 60 procent z powodu warunków życia: głodu, chorób, wyczerpania i bicia, pozostali – nieomal wyłącznie Żydzi (większość natychmiast po przyjeździe) – w komorach gazowych. Poza mordowaniem gazem, więźniów rozstrzeliwano. Największa egzekucja, w ramach akcji *Erntefest*, miała miejsce na początku listopada 1943; rozstrzelanych zostało wówczas około 18 tysięcy Żydów.

[19] *Tojte Marsz* (jid.) – Marsz Śmierci – w styczniu 1945, tuż przed wkroczeniem wojsk radzieckich, rozpoczęła się ewakuacja ośrodków zagłady i obozów koncentracyjnych położonych w Europie Wschodniej; z około 700 tysięcy więźniów pędzonych w kierunku Niemiec ponad 200 tysięcy zginęło w czasie marszów; żydowska nazwa *Tojte Marsz* odnosi się najczęściej do ewakuacji więźniów z ośrodka zagłady Auschwitz-Birkenau.

[20] Nie udało się ustalić nazwiska Tamar. Melech Neustadt [w:] *Hurban uMered szel Jehudej Warsza* (Zagłada i Powstanie Żydów Warszawy), Tel Awiw 1947, s. 164, podaje, że Tamar przeżyła atak na bunkier przy Miłej 18 i zginęła w lasach wyszkowskich.

[21] M. Neustadt, dz.cyt., s. 164, wymienia Pninę Zandman, członka HaSzomer HaCair z Warszawy, która poległa 10 maja 1943.

[22] Bunkier ZZ (Zakład Zaopatrywania getta) prowadzony przez Abrahama Gepnera mieścił się przy ul. Franciszkańskiej 30.

[23] Jakub Putermilch *BaEsz ubaSzeleg* (W ogniu i śniegu. Wspomnienia bojowca), Beit Lochamej Hagettaot & Hakibutz Hameuchad 1981.

[24] Lochamej Hagettaot – Kibuc Bojowników Getta Warszawskiego założony w Galilei przez ocaleńców z Polski, głównie z getta warszawskiego, w 1948. Beit Lochamej Hagettaot jest ośrodkiem edukacyjnym, posiada swoje muzeum, archiwa i wydawnictwo kibucowe.

Rozmowa z Pniną Grynszpan-Frymer

[1] Język żydowski – *jidisz*; dawniej język używany na co dzień przez Żydów wschodnioeuropejskich w odróżnieniu od hebrajskiego, świętego języka modlitwy; obecnie jest językiem ultraortodoksyjnych społeczności religijnych.

[2] Zewnętrzne oznaki wyróżniające Żydów, takie jak specjalny kolor (żółty), krój ubrań, obuwia czy kapeluszy stosowane były od VII w. n.e. do czasów nowożytnych. Celem takiego wyróżniania była łatwiejsza identyfikacja Żydów, a często po prostu sposób na ich poniżenie. W galaktyce III Rzeszy, w krajach przez nią okupowanych, od niej zależnych lub z nią sprzymierzonych obowiązek noszenia przez Żydów opasek czy łat naszywanych na ubrania miał wprowadzić podział między Żydami a resztą populacji. Pierwotnie celem dodatkowym wynikającym z tego obowiązku było zapobieżenie ewentualnym kontaktom seksualnym z nie-Żydami. Zdaniem Apolinarego Hartglasa „Jaki cel takiej opaski – było jasne dla każdego: żeby każdy przechodzący Niemiec i każdy wyrzutek społeczeństwa polskiego mógł poznać na ulicy, żeś Żyd i mógł cię bezkarnie lżyć, sponiewierać, bić" (*Na pograniczu dwóch światów* Warszawa 1996). Od 1 grudnia 1939, na mocy rozporządzenia Generalnego Gubernatora, Hansa Franka, do noszenia opasek na prawym ramieniu zobowiązani zostali wszyscy Żydzi w GG (także ochrzczeni) liczący powyżej 12 lat. Nakaz ten – ry-

gorystycznie egzekwowany (kara aresztu, strzelanie w getcie do przechodniów żydowskich nie noszących opaski) i dlatego skrupulatnie przestrzegany – obowiązywał nawet po zamknięciu gett. Niektórzy, m.in. Janusz Korczak, konsekwentnie odmawiali założenia opaski. (Korczak za swą decyzję zapłacił aresztowaniem, zwolniony został, dzięki staraniom polskich przyjaciół, pod pretekstem niepoczytalności).
Opaski miały różne kolory i wymiary (zwykle białe, o szerokości 10 cm), zawsze widniała na nich gwiazda Dawida (zwykle w kolorze niebieskim). Gdzieniegdzie na ziemiach polskich wcielonych do Rzeszy opaski zastępowane były żółtymi łatami w kształcie gwiazdy Dawida o średnicy około 10 cm (zwykle zszytymi z dwóch trójkątów materiału), czasami z umieszczonym pośrodku napisem *Jude*, naszywanymi na ubrania na wysokości lewej piersi oraz na plecach na wysokości łopatki. W getcie warszawskim obowiązywało aż 19 różnych rodzajów opasek. Dodatkowe opaski (kolorowe, opatrzone odpowiednim napisem) nosili m. in. do końca istnienia getta policjanci żydowscy, do maja 1942: lekarze, urzędnicy Judenratu, ludzie zajmujący się zbiórką szmat czy pracownicy szopów. Wkrótce miały je zastąpić tzw. numerki na życie.
Sens stosowania dodatkowych opasek polegał – zdaje się – na wywołaniu złudzenia lepszej pozycji i większego bezpieczeństwa. W konsekwencji sprzyjał podziałom także w obrębie zniewolonego społeczeństwa. Wprowadzenie opasek z gwiazdą Dawida miało początkowo negatywne znaczenie psychologiczne, malejące – aż do zaniknięcia – w miarę wzrostu represji. (Wedle popularnego po utworzeniu getta stołecznego powiedzenia, upodobniło się ono do Hollywood, jako że oba były pełne gwiazd).
Natomiast nic albo przynajmniej niewiele wiadomo o reakcjach społeczeństwa polskiego i jego organizacji na wprowadzenie i egzekwowanie obowiązku noszenia opasek. Hartglas pisze: „Na początku [w 1939] Polacy dawali często wyraz sympatii dla Żydów noszących opaski, ale z biegiem czasu chłodły uczucia dla Żydów. I wydaje się, że Polacy unikali spotkań na ulicy z żydowskimi znajomymi noszącymi opaski". Sprawa musiała jednak stać się bolesna i znacząca, skoro w 1944 Ringelblum odnotował: „Dlaczego – pytamy się – Holendrzy, Belgowie i Francuzi przywdziali opaski z tarczą Dawida [...]?" Rzeczywiście objawy sprzeciwu wobec niemieckiego pomysłu „oznaczania" wystąpiły wśród społeczeństw Francji (Vichy), Belgii, Węgier, Danii, Holandii oraz Bułgarii. Dotyczyło to jednak zupełnie innej rzeczywistości: krajów o innym reżimie okupacyjnym niż Polska lub krajów sprzymierzonych (Włochy), czy krajów zależnych (Bułgaria) – społeczeństw o niewspółmiernie mniejszym odsetku mniejszości żydowskiej, oraz innego, późniejszego o co najmniej dwa lata, czasu. Ważąc i mierząc okoliczności, pamiętać jednak cały czas należy, że: po pierwsze, kolejne etapy zagłady Żydów to definicja, oznaczenie, wywłaszczenie, koncentracja (izolacja) i mord, po wtóre, realizacja Holokaustu nie byłaby możliwa bez udziału aparatu policyjnego i administracyjnego krajów podbitych, a także ich społeczeństw.

[3] Getto na Piaskach (najbiedniejsza część miasta) powstało na początku 1941. Teren ogrodzono drewnianym płotem zakończonym drutem kolczastym. W Nowym Dworze w maju 1941 żyło 4 tysiące Żydów. Po selekcji w getcie Niemcy pozostawili do pracy 750 osób, a resztę pognali do obozu-więzienia w Pomiechówku. W drugiej

połowie 1941 Nowy Dwór został wytypowany jako miejsce koncentracji Żydów przed deportacją do ośrodków zagłady. Do getta nowodworskiego przewieziono Żydów z Czerwińska, Wyszogrodu, Zakroczymia i innych pobliskich miasteczek. 20 listopada 1942 rozpoczęła się likwidacja getta. Wszystkie transporty kierowane były do Auschwitz. Ostatni wyruszył z Nowego Dworu 12 grudnia 1942. Por. M. Grynberg *Żydzi w rejencji ciechanowskiej 1939-1942* Warszawa 1984, s. 58-60.

[4] Pnina Grynszpan zaczęła pracować w Modlinie najprawdopodobniej wczesną wiosną 1941, ponieważ było to wkrótce po jej powrocie z Warszawy, a przed „dezynfekcją" nad rzeką i przed wypędzeniem Żydów nowodworskich do obozu w Pomiechówku. Por. Pnina Grynszpan-Frymer *Jamejnu haju haLejlot* (Nasze noce były dniami), Beit Lochamej Hagettaot & Hakibutz Hameuchad 1984, s.37.

[5] Pnina Grynszpan myli się tu o co najmniej rok. W dalszym ciągu rozmowy zanotowane są podobne pomyłki dotyczące czasu konkretnych wydarzeń. Przypisy korygują bądź uzupełniają pamięć Pniny.

[6] Chodzi o lato 1941 roku.

[7] W maju 1941 Niemcy ogłosili w Nowym Dworze, że wszyscy mieszkańcy getta muszą przejść dezynfekcję. Żydom nakazano opuszczenie domów i wystawienie wszelkich sprzętów na ulicę. Por. P. Grynszpan-Frymer, dz.cyt., s.38.

[8] P. Grynszpan-Frymer, dz.cyt., s.38: „Kiedy mieszkańcy getta wykonali rozkaz Niemców i wystawili cały swój dobytek na ulicę, a domy pozostawili puste, kazano im rozebrać się i popędzono ich nagich, mężczyźni i kobiety razem, do miejsca, gdzie Narew wpływa do Wisły, aby umyli się w rzece. Doświadczyli tam strasznych okrucieństw – niektórzy byli torturowani i zabijani, kobiety gwałcone, wielu z nich znalazło śmierć w wodach rzeki. Ci, którzy wrócili do Nowego Dworu po dezynfekcji, nie zastali swego dobytku – cały ich majątek, który wystawili przed domy, został zagrabiony. Ludzie zostali zapędzeni na rynek miasteczka, gdzie przeprowadzono selekcję. Zaledwie paruset zostało zakwalifikowanych jako zdolni do pracy; tym pozwolono wrócić do getta. Wśród nich był mój brat Matis i Mosze, mąż Małki, którzy przeszli selekcję dzięki dyrektorowi browaru, Pelcerowi. Pozostałych, około 4000 ludzi, między nimi był mój ojciec, matka i inni członkowie mojej rodziny, wysłano do Pomiechówka, który był właściwie obozem zagłady".
Obóz-więzienie w Pomiechówku niedaleko Nowego Dworu Mazowieckiego istniał od marca 1941. Żydów z okolicznych miasteczek zaczęto tam osadzać w lipcu 1941. I tak 7 lipca 1941 Niemcy wyselekcjonowali 3250 Żydów z Nowego Dworu i popędzili do obozu. W tym czasie przebywało tam około 6 tysięcy Żydów. Na początku września 1941 ocaleli Żydzi zostali zwolnieni z obozu i pod eskortą żandarmów i esesmanów odstawieni do granicy Generalnego Gubernatorstwa. Ogółem liczbę więźniów obozu w Pomiechówku szacuje się na 50 tysięcy, a liczbę pomordowanych na 15 tysięcy. Por. M. Grynberg, dz.cyt., s.79-86.

[9] Pnina dotarła do Warszawy po mniej więcej dwóch miesiącach pobytu w getcie nowodworskim. Było to w czerwcu 1941. Por. P. Grynszpan-Frymer, dz.cyt., s.39.

PRZYPISY

[10] Było to po likwidacji obozu w Pomiechówku, a więc we wrześniu 1941.

[11] Pnina zaczęła pracować w szopie Landaua jesienią 1941, była jedyną kobietą wśród 80 robotników. Warsztat stolarski, którego kierownikiem był Aleksander Landau, przedwojenny jego właściciel, mieścił się przy Gęsiej 30. Landau wspierał ŻOB. Chronił w fabryce działaczy HaSzomer HaCair. Por. P. Grynszpan-Frymer, dz.cyt., s.46.

[12] Ostdeutsche Bautischlerei-Werkstatte – warsztat stolarski przy Gęsiej 75-79.

[13] W szopie Landaua Pnina pracowała od jesieni 1941. Por. P. Grynszpan-Frymer, dz.cyt., s.45.

[14] P. Grynszpan-Frymer, dz.cyt., s.54: „rabin Blumental".

[15] *Poalej Syjon* (hebr.) – Robotnicy Syjonu – socjalistyczno-syjonistyczny ruch powstały na początku XX w.; głównymi jego ideologami byli Ber Borochow i Nachman Syrkin. W 1920 nastąpił rozłam, wyodrębniły się dwie partie: PS-Prawica i PS-Lewica. PS-Prawica godziła ideały syjonistyczne z interesami żydowskich robotników w diasporze, miała swych zwolenników głównie wśród inteligencji i rzemieślników. PS-Lewica (w 1937 – 5 tysięcy członków), głosząc program syjonistyczny, podkreślała jednocześnie konieczność uregulowania kwestii żydowskiej w Polsce. Poalej Syjon była bazą powstałej później Światowej Organizacji Syjonistycznej. W Izraelu zwolennicy idei PS są członkami Partii Pracy.

[16] Piątka Pniny została zorganizowana w grudniu 1942. Por. P. Grynszpan-Frymer, dz.cyt., s.59.

[17] Wśród bojowców, którzy 18 stycznia 1943, w pochodzie na Umschlaplatz podjęli akcję samoobrony, znajdowali się: Josek Farber, Tosia Altman, Miriam – dziewczyna Joska Kapłana, Margalit Landau. Później Pnina dowiedziała się, że w akcji również brał udział Mordechaj Anielewicz. Por. P. Grynszpan-Frymer, dz.cyt., s.60.

[18] *SS-Werteerfassungstelle* – jednostka niemiecka utworzona przy komendzie dowódcy SS i policji w getcie warszawskim, z siedzibą przy ul. Niskiej 4-20, zajmowała się wykrywaniem, konfiskowaniem, magazynowaniem i wysyłaniem do Rzeszy mienia po ludności żydowskiej wywiezionej do Treblinki; na jej czele stał Fritz Konrad. W lecie 1942 liczba zatrudnionych tam Żydów sięgała około 5 tysięcy.

[19] Werkszuc (niem. *Werkschutz*) – straż fabryczna pełniąca w getcie funkcje policyjne w przedsiębiorstwach niemieckich, tzw. szopach. Składała się z oddziałów niemieckich (folksdojczów), ukraińskich i żydowskich. Wśród tych ostatnich znajdowali się byli policjanci gettowi, szmuglerzy, ale także działacze podziemia żydowskiego. Werkszuce znęcali się nad ludnością getta, ściągali haracz od właścicieli zakładów produkcyjnych, handlarzy i od tzw. dzikich mieszkańców getta. Organizacje pod-

ziemne wykonały kilka wyroków na szczególnie gorliwych werkszucach (12 marca 1943 żołnierze ŻOB-u zastrzelili dwóch werkszuców przy ul. Miłej).

[20] Blumsztajn i Włocławski z piątki Pniny nie przeszli na teren szczotkarzy, „zniechęcili się do działania". Grupa Pniny, podobnie jak inne grupy, liczyła 10 osób: Alek Erlich, Jur Górny, Bronka Manulak z Łodzi, Abram Stolak, Stefa, Szaanan Lent, Zysiek Papier, Josef Litman i Pnina Papier. Pnina mieszkała w jednym pokoju z Zyśkiem, Bronką i Joskiem, w drugim mieszkali Berliński, Górny i Erlich, a w trzecim reszta. Jedli chleb z dżemem, pili herbatę i ersatz-kawę. Chłopcy już wtedy mieli broń: pistolety, granaty i koktajle Mołotowa własnej produkcji. W nocy rozklejali w getcie ulotki i plakaty ŻOB-u w miejscach, które Żydzi mijali w drodze do szopów. Na takie akcje chodzili parami. Ubierali gumowe buty albo owijali nogi szmatami, by cicho poruszać się po getcie. Uczyli się również obchodzenia z bronią. Por. P. Grynszpan-Frymer, dz.cyt., s.62-64.

[21] Ludzie, których spotkała Pnina, to najprawdopodobniej członkowie nowodworskiego Judenratu, którzy za współpracę z Niemcami zostali przewiezieni do getta warszawskiego zamiast do ośrodka zagłady w Auschwitz. Był to ostatni transport z getta w Nowym Dworze (12 grudnia 1942), znajdowało się w nim 42 członków Judenratu wraz z rodzinami.

[22] Tadeusz Rajszczak (15 stycznia 1929 – 26 marca 1997), polski łącznik ŻOB-u po tzw. aryjskiej stronie; razem z siostrą Mirką pomagał ukrywającym się powstańcom żydowskim. Wszyscy z rodziny państwa Rajszczaków: Feliks, Weronika (żona Feliksa), Tadeusz i Mirosława odznaczeni zostali w 1986 przez Instytut Pamięci Jad waSzem w Jerozolimie medalem „Sprawiedliwy wśród Narodów Świata".

[23] W jednej z akcji organizowania pieniędzy dla grupy bojowej tzw. eksów udział wzięli: Abram Stolak, Hirsz Berliński, Zysiek Papier, Pnina Papier, Josek Litman i Erlich. W nocy, z zamaskowanymi twarzami, przedostali się strychami do bunkra wskazanego przez Diamanda. Kiedy wdarli się do środka, byli zdumieni komfortem, jaki zobaczyli – w bunkrze była elektryczność, ściany wyłożone kaflami, ładne meble, radio. Bojowcy zaczęli przekonywać mieszkańców bunkra, by oddali swój majątek organizacji, bo i tak przecież Niemcy im to wszystko zabiorą. Negocjacje prowadził Berliński. W tym czasie Pnina obszukiwała kobiety (u jednej znalazła diamenty), a chłopcy – mężczyzn (znaleźli złoto i pieniądze), przeszukiwali też pomieszczenia. Kiedy mieszkańcy bunkra zaczęli protestować, Berliński zagroził użyciem broni. Później, za te pieniądze Bluma, żona Hirsza Wassera, kupiła broń po tzw. aryjskiej stronie. Por. P. Grynszpan-Frymer, dz.cyt., s.68-70.

[24] Działo się to 20 kwietnia 1943. Zaminowana brama znajdowała się w pobliżu wachy na rogu Świętojerskiej i Wałowej. Powstańcy zaminowali placyk. Atak oddziałów J. Stroopa nastąpił około godziny 15.00. Stroop osobiście kierował szturmem oddziału liczącego 300 żołnierzy. Powstańcy dopuścili ich do bramy i uruchomili minę. W tej akcji zginęło 22 Niemców. Por. B.Mark *Powstanie w getcie warszawskim* Warszawa 1963, s.63-64.

PRZYPISY

[25] Centralny bunkier szczotkarzy znajdował się przy Świętojerskiej 34. Por. P. Grynszpan-Frymer, dz.cyt., s.77.

[26] Bojowcy przez dwa dni byli w bunkrze przy Świętojerskiej. Następnie wybrano trzy grupy, które miały przejść do getta centralnego. Byli to członkowie grupy Dror, Bundu i Poalej Syjon-Lewicy. Grupa HaNoar HaCyjoni pod dowództwem Jakuba Praszkera została na terenie szczotkarzy. Por. P. Grynszpan-Frymer, dz.cyt., s.78-79.

[27] Bunkier przy Franciszkańskiej 30 został wydany Niemcom przez Żydów 1 maja 1943. Bojowcy zdecydowali się na walkę, mimo że obiecywano im darowanie życia, jeśliby się poddali. Berek pierwszy wyszedł z bunkra, zginął od razu. Drugi bojowiec, nim został zastrzelony, zdołał rzucić granat. W walce zginęło kilku Niemców. Josek [Abram Ejger] strzelał i rzucał granaty z pierwszego piętra. Raniony, spadł z okna. Niemcy dziurawili jego ciało bagnetami. Niemcy odeszli, ale wiadomo było, że wrócą. Por. P. Grynszpan-Frymer, dz.cyt., s.82.

[28] Szaanan Lent zaczął strzelać do nadchodzących Niemców. Pnina stała w wejściu do bunkra, gdy zobaczyła ranionego brata. Próbowała go wciągnąć do środka, ale nie zdołała. W strzelaninie polegli Szaanan Lent i Zysiek Papier, brat Pniny. Por. P. Grynszpan-Frymer, dz.cyt., s.83.

[29] Bernard Mark podaje nazwiska owych Polaków, kanalizatorów: Wacław Śledziewski i Czesław Wojciechowski. Por. B. Mark, dz.cyt., s.128, 131.

[30] Gaik (Gajek) Władysław, Krzaczek – członek AL-u, łącznik Icchaka Cukiermana przed i w czasie powstania w getcie warszawskim; pomógł wyprowadzić dwie grupy powstańców z getta i przewieźć powstańców do lasku w Łomiankach; podejrzewany o współpracę z Kripo, został przez sztab AL skazany na karę śmierci. Kontakt żobowców z Krzaczkiem został przerwany w styczniu 1944.

[31] W tym samym schronie była też Halina (Chajka) Bełchatowska i Bronek (Baruch) Szpigiel. Por. P. Grynszpan-Frymer, dz.cyt., s.131.

[32] Do 22 stycznia 1945. Por. P. Grynszpan-Frymer, dz.cyt., s.132.

Rozmowa z Aronem Karmi

[1] Międzynarodowe żydowskie igrzyska sportowe organizowane co cztery lata od 1932 w Tel Awiwie.

[2] Ponary – miejsce straceń położone w odległości 10 km od Wilna, przy trasie wiodącej do Grodna. W latach radzieckiej okupacji Litwy (1940/1941) w lasach wokół Ponar wykopano rowy, w których planowano zainstalowanie zbiorników paliwa. Po wkroczeniu Niemców przeprowadzano tam masowe egzekucje Żydów z Wilna i okolic, radzieckich jeńców wojennych i innych. Ofiary doprowadzano do Ponar piechotą lub dowożono samochodami czy koleją. W egzekucjach brali udział

esesmani, niemiecka policja i – masowo – formacje litewskich kolaborantów. Akcja zbiorowego rozstrzeliwania Żydów w Ponarach rozpoczęta na przełomie czerwca i lipca 1941 trwała do lipca 1944 (ostatniego mordu w Ponarach dokonali Niemcy 20 lipca 1944 roku – zastrzelili wówczas 3000 Żydów z Wilna). Ciała pomordowanych początkowo grzebano na miejscu. We wrześniu 1943, prawdopodobnie nie bez związku z podaniem do wiadomości publicznej tzw. sprawy Katynia, rozpoczęto – aby zatrzeć ślady zbrodni – akcję ekshumowania i palenia zwłok. Części zatrudnionych przy tym więźniów żydowskich udało się zbiec w kwietniu 1944. Liczbę pomordowanych w Ponarach szacuje się na 70-100 tysięcy; w większości byli to Żydzi. Egzekucje na Litwie, m.in. w Ponarach, Abba Kowner, przywódca żydowskiego ruchu oporu w Wilnie, uważał już u schyłku 1941 za początek akcji wymordowania wszystkich Żydów europejskich. Z niewielkim opóźnieniem, ale systematycznie oraz obszernie informowała o nich konspiracyjna prasa polska i żydowska. Wiadomości te – obok nieco późniejszych informacji o uruchomieniu ośrodków zagłady – przyczyniły się w znacznym stopniu do uświadomienia sobie – przynajmniej przez część ludności żydowskiej – istoty Holokaustu. Masowy i ochotniczy udział oraz względnie powszechne poparcie ludności autochtonicznej krajów bałtyckich dla zbrodni ułatwiły, jeśli nie umożliwiły, jej dokonanie. Zapewne przyczyniły się do procesu podejmowania decyzji o zagładzie wszystkich Żydów znajdujących się we władzy Niemców lub przynajmniej nie utrudniły go.

[3] Policja polska (niem. *Polnische Polizei*) – formacja poza murami potocznie zwana policją granatową, posiadała własną komendę, faktycznie podlegała niemieckiej policji porządkowej, werbowana była wyłącznie z Polaków. W zasadzie używano jej do zadań drugorzędnych, bardziej o charakterze porządkowym niż politycznym. Była jedyną polską organizacją posiadającą wpływy wewnątrz murów, co stanowiło dla jej funkcjonariuszy źródło znacznych nielegalnych dochodów. W latach 1942--1944 wykonywała zadania o zdecydowanie zbrodniczym charakterze, skierowane przeciwko społeczeństwu żydowskiemu. W czasie tzw. akcji policjanci polscy pełnili straż wokół likwidowanych gett, brali też udział w obławach na ukrywających się Żydów, wielu z nich trudniło się szmalcownictwem i szantażowaniem ukrywających się po drugiej stronie Żydów.

[4] Wysiedlenie, inaczej akcja – obiegowa nazwa używana przez żydowską i polską ludność okupowanej Polski. Także eufemizm stosowany w niemieckich dokumentach urzędowych, początkowo tylko na określenie zorganizowanego pogromu Żydów zabijanych przez *Einsatzgruppen* albo oddziały lokalnych kolaborantów na miejscu lub, po odprowadzeniu, w specjalnie wybranym miejscu, zwykle na cmentarzu. Od połowy 1942 „akcja" to nazwa operacji, której ostatecznym celem było wywiezienie mieszkańców getta do ośrodków zagłady. Harmonogram kolejnych akcji w Generalnym Gubernatorstwie, przeprowadzanych przez specjalnie powołaną ekipę zwaną *Einsatz Reinhard* oraz lokalne oddziały SS i policji z udziałem policji polskiej, terytorialnie oparty był na podziale GG na dystrykty. O terminie likwidacji poszczególnych gett decydowała w zasadzie odległość od ośrodków zagłady i linii kolejowych. Inne czynniki – np. znaczenie dla przemysłu zbrojeniowego – odgrywały rolę marginalną. Skuteczność metod deportacji zasadzała się każdorazowo na

zaskoczeniu, szybkości, terrorze oraz trzymaniu ofiar w nieświadomości prawdziwego celu deportacji. Oficjalnym, standardowym wytłumaczeniem było przesiedlenie „na Wschód" dla zatrudnienia w znajdujących się tam zakładach pracy. Eufemistyczne określenie „na Wschód" stało się prędko wśród Żydów i Polaków synonimem Zagłady. Akcje poprzedzały zwykle pojedyncze akty terroru wobec na ogół przypadkowo wybranych mieszkańców gett – ich celem było sparaliżowanie woli oporu pozostałych. Dezinformującą rolę odegrało instalowanie w niektórych gettach nowych zakładów pracy, tzw. szopów, przez niemiecką administrację cywilną sprawującą do 3 czerwca 1942 władzę nad ludnością żydowską.

Akcje, przeprowadzane od 1942 według stałego scenariusza, rozpoczynały się od zawiadomienia w przeddzień miejscowego Judenratu, na który Gestapo (odpowiedzialne teraz za całość spraw żydowskich) nakładało obowiązek poinformowania ludności o wyjeździe do pracy „na Wschód" oraz zapewnienia sprawnego zorganizowania tegoż. Jednocześnie – aby zapobiec ucieczkom – getto otaczane było przez jednostki policji bezpieczeństwa i policji polskiej. Doprowadzeniem ludności do miejsca załadowania (*Umschlagplatz*) – o ile ta nie stawiała się dobrowolnie – zajmowały się formacje niemieckie, Żydowska Służba Porządkowa i pracownicy Judenratów, których łudzono możliwością pozostania w getcie. Transport koleją do ośrodków zagłady, w wagonach towarowych, trwał od kilku godzin do kilku dni. Pierwszymi śmiertelnymi ofiarami akcji padały osoby stawiające opór w getcie, ukrywające się, także ludzie starsi, inwalidzi i dzieci, niezdolne samodzielnie stawić się na Umschlagplatz lub znieść trudy transportu. W mniejszych gettach akcja trwała jeden dzień, w większych – kilka a nawet wiele tygodni, często z dłuższymi przerwami. Fenomen bierności wywożonych można tłumaczyć brakiem szans na skuteczny opór, ucieczkę i znalezienie schronienia po tzw. aryjskiej stronie oraz niewiarą – mimo posiadanych po pierwszych akcjach informacjach o ich faktycznym celu – w bezwyjątkowy charakter zagłady. Informacje te posiadało także polskie podziemie, a za jego pośrednictwem mocarstwa zachodnie. Żydom nie udzielono jednak żadnej pomocy ani też nie podjęto żadnych retorsji.

[5] Zarząd SS dla getta, czyli Befehlstelle, mieścił się od września 1942 przy ul. Żelaznej 103. W okresie akcji likwidacyjnej (lipiec – wrzesień 1942) Befehlstelle znajdowało się w gmachu kierownictwa Żydowskiej Służby Porządkowej przy ul. Ogrodowej 17.

[6] Karl Brandt – funkcjonariusz Referatu IV „B" (sprawy żydowskie) stołecznego Gestapo, później jeden z dowódców *Sonderkommando der Sipo-Umsiedlung*, współrealizator akcji likwidacyjnej getta warszawskiego latem 1942.

[7] Według zapisu w książce telefonicznej z 1939/1940 piekarnia Lejba Gefena znajdowała się przy ul. Niskiej 35.

[8] Vladka Meed, [w:] *On both sides of the wall*, Beit Lochamei Hagettaot, Hakibbutz Hameuchad 1977, str. 191 wymienia Appoliona, właściciela fabryki w getcie; najprawdopodobniej chodzi o tę samą osobę.

[9] Pracownicy zakładu pogrzebowego należącego do Motla Pinkierta operującego w getcie warszawskim.

¹⁰ Komora gazowa – środek masowego uśmiercania ludzi przy pomocy gazu stosowany przez Niemców podczas II wojny światowej. Początkowo wprowadzony, jako metoda bardziej wydajna i mniej kłopotliwa, zamiast masowych egzekucji wykonywanych na Żydach, radzieckich jeńcach wojennych i innych na zajętych terenach ZSRR. Od lata 1941 do końca wojny generalnie komór gazowych używano w ramach akcji tzw. ostatecznego rozwiązania kwestii żydowskiej, do mordowania Żydów – najpierw w ośrodku zagłady w Chełmnie, potem Bełżcu, Sobiborze, Treblince oraz Auschwitz II Birkenau i Majdanku. Komory zainstalowano także i stosowano w 5 obozach koncentracyjnych: Mauthausen, Neuengamme, Sachsenhausen, Stutthof i Ravensbrück. Jako środka trującego używano tlenku węgla, dwutlenku węgla oraz Cyklonu B. Początkowo komorę gazową stanowiły specjalnie skonstruowane ciężarówki, następnie używano komór stacjonarnych łączonych na przełomie 1942/1943 z krematoriami.

¹¹ Punkt zborny dla wywożonych z getta warszawskiego do ośrodków zagłady mieścił się przy ul. Leszno 84.

¹² Stefan Grajek (ur.1914) – działacz podziemnej partii Poalej Syjon-Prawica w getcie warszawskim; przewodniczący organizacji żydowskich kombatantów; mieszka w Tel Awiwie.

¹³ Lejzer Lewin – działacz podziemnej partii Poalej Syjon-Prawica i Żydowskiej Samopomocy Społecznej (ŻSS) w getcie warszawskim; mieszkał w Izraelu; zmarł w wieku 76 lat.

¹⁴ Jochanan Morgenstern (1905-1943) – działacz podziemnej partii Poalej Syjon--Prawica w getcie warszawskim; współpracownik ŻOB-u; po drugiej stronie od kwietnia 1943; zginął 6 maja 1943 w Warszawie.

¹⁵ Wyjście z getta pierwszej grupy żołnierzy ŻOB-u odbywało się w nocy z 28 na 29 kwietnia 1943.

¹⁶ Leja Korn – por. Hela Rufeisen-Schüpper *Pożegnanie Miłej 18* Kraków 1996, str. 101: „...Lea Korun zaofiarowała się ochotniczo pozostać przy rannych".

¹⁷ Bronisław Kajszczak, Polak, żołnierz AK, mieszkaniec wsi Dąbrowa koło Łomianek. Kajszczak wraz z synem Józefem dostarczał bojowcom żywność do lasku w Łomiankach. Udzielał również schronienia ukrywającym się Żydom.

Rozmowa z Lubą Gawisar

¹ Urząd Pocztowy znajdował się na rogu Zamenhofa i Gęsiej, w dawnym pałacyku Stanisława Augusta. Filia poczty – paczkownia, mieściła się na rogu Grzybowskiej i Ciepłej.

² Szmalcownictwo (albo: szmalec) – nazwa, którą określano proceder czerpania korzyści materialnych od przebywających poza gettem Żydów, głównie uciekinierów

z dzielnic zamkniętych, pod groźbą wydania w ręce niemieckie. Po październiku 1941 Żydzi ujęci bez przepustki po tzw. stronie aryjskiej podlegali karze śmierci, podobnie jak udzielający im schronienia lub tylko pomagający w dowolny sposób Polacy. Umożliwiało to bezkarne obrabowywanie Żydów w miejscach publicznych, tj. na ulicach dużych miast, szczególnie w bezpośredniej bliskości murów gettowych, na drogach czy w środkach lokomocji. Żydzi, rozpoznani zwykle na podstawie wyglądu, następnie pozbawieni środków materialnych: pieniędzy, kosztowności czy nawet lepszej odzieży, nie mieli w praktyce większych szans na przeżycie. Dotyczy to także ukrywających się już – samodzielnie lub z pomocą Polaków – których szantażowano, grożąc donosem do niemieckich lub polskich władz policyjnych. Jak wynika ze wspomnień ocalałych Żydów, także Polaków, oraz z nielicznych artykułów w polskiej prasie konspiracyjnej zjawisko przybrało w okresie likwidacji gett (1942--1943) znaczące rozmiary. Z powodu trudności w udowodnieniu winy władze Państwa Podziemnego w zasadzie nie karały szmalcowników, z wyjątkiem szantażystów i donosicieli, których ofiarą padali Żydzi, często wraz z ukrywającymi ich Polakami; pierwszy z kilkunastu wyroków na szantażystów wykonano w sierpniu 1943. Początkowo słowo, które narodziło się w getcie, używane było wyłącznie lub głównie przez Żydów, zapewne też przez zaangażowanych w ich ukrywanie. Obecnie spopularyzowane jest przez literaturę wspomnieniową.

[3] Jednostka pomocnicza oddziału *Einsatz Reinhard* utworzona z ukraińskich i łotewskich ochotników lub z mieszkańców ukraińskich czy litewskich gett biorąca udział w akcjach wysiedleńczych w gettach i bezpośredniej eksterminacji Żydów w ośrodkach zagłady.

[4] Przy placu Krasińskich w Warszawie przed świętami Wielkiej Nocy 1943, tuż przed wybuchem powstania w getcie warszawskim, postawiono karuzelę, która prawdopodobnie działała jeszcze w pierwszych dniach powstania. Karuzela należała do rozstawionego w okolicy wesołego miasteczka. Widoczna spoza murów getta, wspominana przez polskich i żydowskich świadków, stała się jednoznacznym symbolem stosunku części społeczeństwa polskiego do powstania żydowskiego, a także do całej kwestii Zagłady Żydów polskich. W 1943 Czesław Miłosz pisze wiersz *Campo di fiori*, w którym opowiada o karuzeli z placu Krasińskich, czyniąc z niej trwałą metaforę dla obojętności Polaków wobec mordowanych Żydów.

[5] Słynny list Mordechaja Anielewicza do Icchaka Cukiermana z 23 kwietnia 1943 z fragmentem: „...marzenie mojego życia spełniło się. Dane mi było zobaczyć żydowską obronę w getcie – w całej jej wielkości i chwale..." został wyniesiony z getta przez pinkiertowców. Oryginał pisany w języku hebrajskim zaginął razem z archiwum ŻOB-u na Lesznie 18 w czasie powstania warszawskiego. Zachowało się tłumaczenie Cukiermana na jidysz i przekład na język polski przygotowany przez Adolfa Bermana dla podziemia polskiego. Jak zauważa Icchak Cukierman w swojej książce *Nadmiar Pamięci*, różnice między trzema tekstami są znaczne.

[6] Cywia Lubetkin i Icchak Cukierman ukrywali się przed i w czasie powstania warszawskiego w mieszkaniu przy ul. Leszno 18. Tam też znajdowały się dokumenty ŻOB-u i Droru.

[7] Dawid Daniel Guzik (1890-1946), dyrektor finansowy Jointu (amerykańskiej organizacji charytatywnej) w Polsce; gromadził i rozdzielał fundusze dla ŻOB-u w getcie i po tzw. aryjskiej stronie; wspierał ukrywających się Żydów; po wojnie współorganizował nielegalną emigrację do Palestyny; zginął w katastrofie lotniczej w 1946.

[8] *American Jewish Distribution Committee*, potocznie Joint – amerykańska organizacja charytatywna założona w 1914, wspierająca żydowskie instytucje społeczne poza Ameryką. W krajach europejskich Joint był szczególnie aktywny w czasie II wojny światowej; do 1941 działał legalnie, a od lutego 1941 w Generalnym Gubernatorstwie za pośrednictwem Żydowskiej Samopomocy Społecznej. Po przystąpieniu USA do wojny działacze Jointu kontynuowali swą działalność w podziemiu, zdobywając środki finansowe z pożyczek wewnętrznych. Dyrektorami Jointu byli m.in. Icchak Giterman, Leon Neustadt i członek konspiracji Dawid Guzik.

[9] Tak opowiada tę historię Icchak Cukierman: „Gdy wybuchło powstanie, Luba utknęła na Pradze, a Jurek – w zamkniętym mieszkaniu. Minął dzień i jeszcze jeden dzień. Jurek słyszał strzały. I najpewniej zrozumiał, co się dzieje, i cieszył się. Gdy nie miał już nic do jedzenia, zaczął walić pięściami w drzwi, by ktoś go wypuścił. Przyszli sąsiedzi, otworzyli drzwi i zatrzymali go. Próbował coś im tłumaczyć, powoływał się na swego przyjaciela Huberta [Aleksander] Kamińskiego, który był jednym z przywódców AK, i miał nadzieję, że mu uwierzą. Ale oni przekazali go polskiej żandarmerii, która w pośpiechu się organizowała, i tam został zabity". Ta wersja śmierci Jurka Grasberga różni się od opowiadanej przez jego żonę, Lubę Gawisar. Nie istnieje żaden ślad źródła informacji przekazanej przez Icchaka Cukiermana.

[10] Alina Margolis-Edelman – urodzona w Łodzi; lekarz pediatra; w getcie warszawskim uczennica Szkoły Pielęgniarstwa Luby Bielickiej; wyszła z getta w styczniu 1943; została ukryta przez Janinę Kapuścińską, żonę profesora Uniwersytetu Warszawskiego, w jej mieszkaniu przy ul. Wilczej, potem mieszkała pod fałszywym nazwiskiem na Ursynowie; w powstaniu warszawskim pracowała w szpitalu powstańczym przy ul. Miodowej; kanałami, razem z Adiną Blady Szwajgier, lekarką szpitala na Miodowej, i żołnierzami AK wydostała się ze Starówki; przebywała w obozie w Pruszkowie, następnie w Grodzisku; stamtąd weszła z grupą tzw. patrolu sanitarnego doktora Świtala na warszawski Żoliborz, żeby przeprowadzić grupę ukrywających się żobowców do szpitala w Boernerowie; działaczka i założycielka wielu organizacji społecznych, m.in. *Médecins du Monde* i polskiej Fundacji „Dzieci Niczyje", wolontariuszka wielu międzynarodowych akcji humanitarnych; po fali represji antyżydowskich w 1968 opuściła Polskę; od 1972 mieszka w Paryżu, od 1989 również w Warszawie.

Rozmowa z Adiną Blady Szwajgier

[1] „Shoah" – 9-godzinny francuski film dokumentarny o Zagładzie Żydów w Treblince, Auschwitz i Sobiborze zrealizowany przez Claude'a Lanzmanna w 1986.

[2] Marek Edelman podaje, że była to ulica Śmiała nr 24 (w rozmowie z A.G., 1 stycznia 2000).

PRZYPISY

³ Chodzi o strajki robotnicze na Wybrzeżu w grudniu 1970.

⁴ Adina Blady Szwajgier *Wspomnienia lekarki* Zeszyty Niezależnej Myśli Lekarskiej, Niezależna Oficyna Wydawnicza, Warszawa 1989.

⁵ Ludwik Hirszfeld (1884-1954) – lekarz mikrobiolog, immunolog i serolog; w czasie wojny w getcie warszawskim i po tzw. aryjskiej stronie, od 1945 profesor Uniwersytetu Wrocławskiego; wybitny naukowiec w swoich dziedzinach. Postawa Hirszfelda to synonim zachowania przechrzczonego i zasymilowanego Żyda odmawiającego jakiejkolwiek identyfikacji z losem żydowskim.

⁶ Jean-Marie Lustiger (ur.1926) – francuski duchowny i teolog katolicki; polski Żyd; od 1981 arcybiskup Paryża; od 1983 kardynał.

⁷ Dr Zofia Rozenblum-Szymańska (1888-1978) – lekarka, społecznik; inicjatorka i założycielka Poradni Pedagogicznej Towarzystwa Przyjaciół Dzieci; przed 1939 prowadziła badania w Domu Sierot prowadzonym przez doktora Korczaka; w 1979 wydała wspomnienia *Byłam tylko lekarzem* Warszawa 1979.

⁸ Centralny Komitet Żydów Polskich – założony w lipcu 1944 w Lublinie jako Komitet Żydowski, od 1950 Towarzystwo Społeczno-Kulturalne Żydów w Polsce; połączył wszystkie, poza religijnymi, partie żydowskie w Polsce; głównym zadaniem Komitetu było niesienie pomocy ocalałym, repatriacja Żydów z ZSRR i organizacja emigracji żydowskiej z Polski.

⁹ Ludwik Hirszfeld *Historia jednego życia* Warszawa 1967.

¹⁰ Juliusz Zweibaum (1887-1959) – histolog; od 1945 profesor Uniwersytetu Warszawskiego i Akademii Medycznej w Warszawie; autor pracy o epidemiach w getcie warszawskim zatytułowanej *Kurs przysposobienia sanitarnego z epidemiami w latach 1940-42*, [w:] „Archiwum Historii Medycyny" 1958, z. 3/4

¹¹ Juliusz Zweibaum *O książce L.Hirszfelda* [w:] „Kuźnica", 1947, nr 13.

¹² Henryk Makower (1904-1964) – przed wojną lekarz internista w Łodzi; w getcie warszawskim ordynator oddziału zakaźnego szpitala Bersonów i Baumanów; razem z prof. Hirszfeldem prowadzili nielegalne zajęcia dla studentów medycyny w getcie; w styczniu 1943 uciekł z żoną z getta, oboje ukrywali się w Miłosnej pod Warszawą; po wojnie profesor mikrobiologii Akademii Medycznej we Wrocławiu.

¹³ Henryk Makower *Pamiętnik z getta warszawskiego, październik 1940 – styczeń 1943*, Wrocław 1987.

¹⁴ Lekarz zatrudniony w policji żydowskiej w getcie.

¹⁵ Obiegowa nazwa kartki żywnościowej w getcie warszawskim.

¹⁶ W dwudziestoleciu międzywojennym forma dyskryminacji w wyższych szkołach, polegająca na ustanowieniu odrębnych miejsc w salach wykładowych dla studentów

żydowskich, których wyróżniano na podstawie kryterium religijnego. (Na Uniwersytecie Warszawskim studenci żydowscy otrzymywali w indeksach stemple z napisem „Miejsce w ławkach nieparzystych"). Rzekomo dla zapobieżenia corocznym burdom antysemickim organizowanym przez ugrupowania nacjonalistyczne w 1937 minister wyznań religijnych i oświecenia publicznego umożliwił rektorom użycie wybranych przez nich metod. Niektórzy rektorzy zdecydowali o wprowadzeniu getta ławkowego (wzbudziło to protesty wielu wybitnych uczonych) nie osiągając jednak rezultatów. Studenci żydowscy protestowali przeciwko tej formie dyskryminacji, nie zajmując miejsc w ogóle; solidaryzujący się z nimi wykładowcy prowadzili zajęcia również stojąc. Tylko nieliczna grupa profesorów czynnie uczestniczyła we wprowadzaniu tej formy dyskryminacji na przykład odmawiając podpisania indeksu studentowi stojącemu lub regularnie spóźniając się na wykład, by dać czas ONR-owskiej bojówce na wyrzucenie z sali studentów Żydów. Dyskryminacja na wyższych uczelniach dotykała w wyjątkowy sposób studentów medycyny, być może ze względu na wysoki procentowo udział Żydów w tym zawodzie (w 1936 na 7950 lekarzy z samodzielną praktyką jako głównym źródłem utrzymania było 4888 osób wyznania mojżeszowego).

[17] Konflikty narodowościowe na wyższych uczelniach, czy raczej nastroje antysemickie, przejawiały się m.in. też w postulacie wprowadzenia limitów przyjmowania (*numerus clausus*) bądź w ogóle nieprzyjmowania (*numerus nullus*) Żydów na wyższe uczelnie. Faktycznie nigdy nie wprowadzono tych zasad na szerszą skalę (*numerus nullus* obowiązywał jedynie na Katolickim Uniwersytecie Lubelskim), jednak w propagandzie antysemickiej hasło *numerus clausus* na uczelniach obecne było stale.

[18] Obiegowa nazwa założonego w czerwcu 1941 więzienia w getcie warszawskim mieszczącego się w budynkach przy ul. Gęsiej (dawniej polskie więzienie wojskowe). Decyzja o jego założeniu zapadła, gdy okazało się, że liczba więźniów żydowskich przetrzymywanych poza gettem rośnie w lawinowym tempie. Początkowo była mowa o więzieniu dla 100-150 osób, ale dwa miesiące przed tzw. Wielką Akcją przetrzymywano tam około 1300 Żydów. Od początku istnienia więzienia większość stanowili drobni przemytnicy ujęci po tzw. stronie aryjskiej; wyroki opiewały zwykle na 3 miesiące. Wysoki odsetek wśród więźniów stanowiły dzieci (w maju 1942 było ich około 40 procent), Adam Czerniaków wielokrotnie interweniował na rzecz ich uwolnienia. Od schyłku 1941 na dziedzińcu więzienia odbywały się egzekucje skazanych za opuszczenie getta: pierwsza w listopadzie 1941, a następna – miesiąc później. Więzienie podlegało Żydowskiej Służbie Porządkowej, ale wyroki śmierci wykonywała policja polska.

[19] Szwancparade (niem. *Schwanzparade*) – dosł. defilada ogonów; często Niemcy rozstrzygali o rzekomej przynależności rasowej sprawdzając, czy mężczyzna jest, czy nie jest obrzezany.

[20] Lata 1946, 1947, 1956, 1957, 1968 – kolejne fale emigracji Żydów z Polski.

[21] Chodzi o politykę państwa Izrael wobec krajów arabskich, a przede wszystkim o aneksję terenów Jordanii i Egiptu po wojnie sześciodniowej 1967.

PRZYPISY

[22] Dawid Warszawski, właśc. Konstanty Gebert (ur. 1953) – publicysta, redaktor naczelny wychodzącego w Warszawie miesięcznika „Midrasz".

[23] Tytuł polemicznego artykułu Dawida Warszawskiego wobec homilii prymasa Józefa Glempa wygłoszonej 15 lipca 1989; tekst ukazał się we wrześniowym numerze „Polityki" w 1989.

[24] Renia Frydman urodziła się w Warszawie; w getcie pracowała jako pomocnica pielęgniarska w szpitalu dziecięcym Bersonów i Baumanów; wyszła z getta w marcu 1943; mieszkała pod fałszywym nazwiskiem razem z Aliną Margolis u polskiej rodziny na Ursynowie; po wojnie była aktorką w Teatrze Żydowskim w Warszawie; w 1968 na skutek antysemickich represji wyjechała z Polski z synem do Włoch; mieszka we Frankfurcie nad Menem.

[25] Stefa Wilczyńska (1886 - 6 sierpnia 1942) – studiowała nauki przyrodnicze i medyczne w Belgii; od założenia Domu Sierot doktora Korczaka przy ul. Krochmalnej 92 była jego najbliższą współpracownicą; zginęła z dziećmi w Treblince 6 sierpnia 1942.

[26] Esterka Winogron – wychowawczyni Domu Sierot doktora Korczaka; zginęła z dziećmi w Treblince 6 sierpnia 1942.

[27] Anna Braude-Hellerowa (1888-1943) – pediatra, działaczka społeczna; kierowała szpitalem dziecięcym Bersonów i Baumanów od 1930 do jego likwidacji w 1942; wicedyrektor ostatniego szpitala w getcie przy ul. Gęsiej 6/8. Najprawdopodobniej zginęła w czasie powstania w getcie.

[28] Natka – wychowawczyni Domu Sierot doktora Korczaka; zginęła z dziećmi w Treblince 6 sierpnia 1942.

[29] Stasia – Ryfka Rozensztajn (10 września 1912 Warszawa – 2 grudnia 1999 Nowy Jork), mieszkała w Warszawie przy ul. Miłej; ukończyła żydowską szkołę CISzO i Akademię Sztuk Pięknych w Warszawie; była ideologiem i działaczką Bundu w getcie warszawskim; po powstaniu warszawskim wywieziona z Pruszkowa razem z Marysią Sawicką na roboty do Niemiec; po wojnie mieszkała w Nowym Jorku.

[30] Dola Kielson, pielęgniarka, zastrzelona w Otwocku w 1943; dr Hela Kielson, lekarz chorób wewnętrznych w Szpitalu Dziecięcym Bersonów i Baumanów, po wojnie w Szwecji; Aleksander Kielson, ojciec Doli i Heli.

[31] Władysław Bartoszewski (ur.1922) – historyk, pisarz, publicysta; współtwórca Rady Pomocy Żydom „Żegota", organu Delegatury Rządu Rzeczypospolitej Polskiej na Kraj; uczestnik powstania warszawskiego; więziony przez władze PRL; badacz dziejów AK, eksterminacji ludności polskiej i żydowskiej; przewodniczący Międzynarodowej Rady Muzeum w Oświęcimiu, senator RP.

[32] Choroba głodowa to zespół patologiczny objawiający się zaburzeniami czynności organizmu wywołanymi trwałym niedożywieniem. Badania nad chorobą głodową podjęła w 1942 grupa lekarzy z getta warszawskiego z inicjatywy doktora Izraela Milejkowskiego. Kierownictwo naukowe badań prowadzonych przez kilkunastu lekarzy objął doktor Julian Fliderbaum. Plan działania obejmował śledzenie obrazu klinicznego i zmian biochemicznych u dzieci w wieku 6-12 lat i dorosłych w wieku 20-40 lat. Przedmiotem obserwacji były przypadki głodu, wolne od dodatkowych powikłań, u ludzi sprowadzanych ze schronisk dla uchodźców. Wyniki badań, finansowanych przez Judenrat, przerwanych wskutek wywiezienia większości badających i badanych do ośrodka zagłady w Treblince, opublikowano po wojnie w książce pt. *Choroba głodowa. Badania kliniczne nad głodem wykonane w getcie warszawskim w roku 1942* Warszawa 1946.

[33] Zygmunt Warman (1905 Lublin-1965 Warszawa) – syn prezesa gminy żydowskiej w Lublinie; absolwent wydziału prawa UW w 1927; sekretarz Judenratu w getcie warszawskim; od stycznia 1943 po tzw. aryjskiej stronie pod fałszywym nazwiskiem; w powstaniu warszawskim żołnierz grupy żobowców w oddziale AL; po 1945 radca prawny i adwokat w Warszawie, od 1956 sędzia Sądu Najwyższego.

[34] Emanuel Ringelblum (1900 Buczacz-1943 Warszawa) – żydowski historyk, działacz społeczny i polityczny Poalej Syjon-Lewica; w getcie warszawskim organizator konspiracyjnego ośrodka archiwalno-dokumentacyjnego pod nazwą Oneg Szabat, zwanego Archiwum Getta lub Archiwum Ringelbluma, gromadzącego dokumentację o życiu Żydów podczas okupacji. W lutym 1943 opuścił getto z żoną i 13-letnim synem. Ukrywał się ze swoją rodziną i 30 innymi Żydami w bunkrze przy ul. Grójeckiej 84. W Wigilię Paschy 1943 Ringelblum wszedł do getta. Wiadomo, że w lipcu 1943 znajdował się w obozie pracy w Trawnikach, skąd wydostali go działacze polskiego i żydowskiego podziemia (Tadeusz Pajewski i Róża Kossower). Ringelblum wrócił do schronu przy Grójeckiej 84. 7 marca 1944 bunkier został wykryty, a ich żydowscy mieszkańcy i polscy opiekunowie (rodzina Marczaków i Mieczysław Wolski) zabrani na Pawiak. Kilka dni później wszyscy zostali rozstrzelani w ruinach getta.

[35] Szmuel Zygielbojm (1895-1943) – przywódca Bundu, działacz w Warszawie i Łodzi; po wybuchu wojny organizował podziemną działalność partii. Delegowany przez Bund wszedł do stołecznego Judenratu, ze współpracy z którym wycofał się po krótkim czasie, odmawiając kolaboracji z Niemcami. W grudniu 1939 wyjechał nielegalnie do Belgii, przez Francję, we wrześniu 1940 dotarł do Nowego Jorku. Tam, pracując jako rękawicznik, działał w Bundzie, publikował artykuły o sytuacji Żydów w Polsce. Pod koniec 1941 Bund zaczął wywierać nacisk na władze polskie w Londynie, by powołały jego reprezentanta do Rady Narodowej rządu polskiego, w której jedynym żydowskim przedstawicielem był Ignacy Schwartzbart, syjonista. W marcu 1942 Zygielbojm został wysłany do Londynu jako członek Rady Narodowej, drugi reprezentant społeczeństwa żydowskiego.
Działał w izolacji od chwili swojego pierwszego przemówienia, w którym powiedział: „postępować będę [...] jako przedstawiciel partii reprezentującej większość ludności żydowskiej w Polsce"; z tego powodu znalazł się w otwartym konflikcie ze Schwartzbartem. Wręcz skandal wybuchł w maju 1942, kiedy Zygielbojm przedstawił projekt ustawy uznającej antysemityzm za przestępstwo. Jako pierwszy zaznajo-

mił się też – dzięki raportowi Bundu o losie Żydów warszawskich, nadesłanym z kraju przez Leona Feinera – z sytuacją w getcie warszawskim i innych gettach. Treść jego przemówienia radiowego na ten temat przedrukowała podziemna prasa getta warszawskiego. Zygielbojm bezskutecznie zabiegał o pomoc finansową rządu polskiego dla Żydów. W lipcu i sierpniu 1942, podczas tzw. Wielkiej Akcji, bezskutecznie domagał się, by sprawy żydowskie znalazły się wśród priorytetów rządu polskiego. Oskarżał rząd polski i posłów o obojętność i złą wolę. W październiku 1942 spotkał się z Janem Karskim, łącznikiem Polskiego Państwa Podziemnego, który przywiózł z Polski m.in. szczegółowe informacje od przywódców żydowskiego podziemia: Leona Feinera z Bundu i Arie Wilnera z HaSzomer HaCair. Zygielbojm, świadom dramatycznie upływającego czasu, odwoływał się do sumień polityków, apelował o pomoc m.in. do Churchilla i Roosevelta. 12 maja 1943, kiedy otrzymał informację o zamordowaniu ostatnich Żydów warszawskich (wśród nich żony i 16-letniego syna), popełnił samobójstwo. Zostawił dwa listy: do polskiego prezydenta Władysława Raczkiewicza i premiera rządu polskiego Władysława Sikorskiego, w których wyjaśniał swoją decyzję: [...] „Niech moja śmierć będzie krzykiem protestu przeciw obojętności, z którą świat patrzy na zagładę Żydów, patrzy i nie robi nic, by ją powstrzymać".

[36] Płk Józef Andrzej Szeryński – przedwojenny inspektor w Komendzie Policji, komendant Żydowskiej Służby Porządkowej w getcie warszawskim. W czasie tzw. Wielkiej Akcji 1942 dał się poznać jako okrutny i nadgorliwy wykonawca rozkazów niemieckich, za co został skazany przez żydowskie podziemie na karę śmierci. 25 sierpnia 1942 został postrzelony w zamachu przez Izraela Kanała, bojowca w przebraniu policjanta ŻSP. Przyjmuje się, że Szeryński popełnił samobójstwo zażywając cyjanek po walkach w getcie w styczniu 1943.

[37] Mowa tu o artykule Jana Błońskiego pt. *Biedni Polacy patrzą na getto* opublikowanym po raz pierwszy w „Tygodniku Powszechnym" 1987, nr 2 i wielokrotnie przedrukowywanym i tłumaczonym. Tekst Błońskiego stał się punktem wyjścia do bardzo szerokiej dyskusji na temat stosunku, odpowiedzialności, winy, czy też udziału Polaków w Zagładzie Żydów, prowadzonej głównie na łamach „Tygodnika Powszechnego", „Stolicy" i „Gazety Krakowskiej". Szczególnie agresywnie polemizował z tekstem Błońskiego w „Tygodniku Powszechnym" mec. Władysław Siła-Nowicki.

Rozmowa z Haliną (Chajką) Bełchatowską i Bronkiem Szpiglem

[1] Jakub Wiernik uciekł z Treblinki w sierpniu 1943. Na prośbę Celiny Lubetkin spisał swą relację, która była pierwszym raportem wysłanym do Londynu. Wiernik jest autorem makiety obozu w Treblince, która znajduje się w Muzeum Bojowników Getta w kibucu Lochamej Hagettaot.

[2] Według Marka Edelmana, grupa ta wyskoczyła z pociągu w Zielonce k/Warszawy (w rozmowie z A.G. 1 stycznia 2000).

[3] Według Marka Edelmana, grupa ta mieszkała przy ul. Nowolipie 67 (w rozmowie z A.G. 1 stycznia 2000).

Rozmowa z Kazikiem Ratajzerem

[1] Każdego roku grupy młodzieży izraelskich szkół średnich przyjeżdżają w tzw. delegacje do ośrodków zagłady w Polsce i odwiedzają miejsca pamięci zamordowanych Żydów.

[2] Powstańcy zdobyli gmach Sądów przy ul. Leszno pierwszego dnia walk, 1 sierpnia 1944, i w zasadzie nie byli atakowani przez Niemców przez kilka dni. 6 sierpnia rozpoczęło się natarcie niemieckie na rejon pn. Śródmieścia. Gmachu Sądów bronił batalion „Chrobry I", którego żołnierze pochodzili z Narodowych Sił Zbrojnych, oraz batalion kpt. Sosny. 7 sierpnia akowcy wycofali się na Stare Miasto.

[3] Żobowcy mieszkali wówczas przy ul. Leszno 18.

[4] Franciszek Jóźwiak, pseud. Witold (1895-1966) – członek PPS, legionista, członek KPP; współorganizator PPR w 1942, szef Sztabu GL, a potem Armii Ludowej; po wojnie komendant główny MO, członek Biura Politycznego KC PZPR.

[5] Józef Sak – przed wojną nauczyciel literatury w Częstochowie; organizator podziemnego gimnazjum Droru w getcie warszawskim; po wojnie wyjechał do Izraela; zmarł w wieku 67 lat.

[6] Simcha Rotem „Kazik" *Wspomnienia bojowca ŻOB* Warszawa 1993.

[7] Icchak Cukierman „Antek" *Nadmiar pamięci (Siedem owych lat) Wspomnienia 1939- -1946* Warszawa 1999.

[8] Antek Cukierman w swojej książce (dz.cyt. str.331) pisze: „Zapadła decyzja o założeniu bazy (AL) na Lesznie 18. Wysłaliśmy tam grupę naszych towarzyszy. [...] Chodziło nam o to, żeby przenieść tam ludzi, którzy nie byli niezbędni w walkach, by trzymali naszą bazę, która będzie nam potrzebna, jeśli będziemy musieli się wycofać. A jednocześnie ktoś pilnował naszego archiwum i broni. [...] Muszę tu zaznaczyć, że Kazik był bojownikiem i był bardzo nam potrzebny, ale znał bunkier i drogę do niego; wiedzieliśmy, że można na nim polegać, że doprowadzi grupę na miejsce i pomoże im zorganizować się".

[9] Marek Edelman *Getto walczy* Warszawa 1945.

[10] Petach Tikwa – miasto położone kilkanaście kilometrów na pn.-wsch. od Tel Awiwu.

[11] Atlit – miasteczko między Hederą i Hajfą; miejsce internowania nielegalnych imigrantów do Palestyny. Po zakończeniu II wojny światowej Brytyjczycy administrujący Palestyną (Mandat Brytyjski w Palestynie od 1917 do 1948) zezwalali każ-

dego miesiąca na wjazd 1500 Żydom. Nielegalni imigranci odsyłani byli do obozów internowania przede wszystkim na Cyprze. Od 1946 do pierwszej połowy 1948 do Palestyny przybyło 17 tysięcy legalnych i 39 tysięcy nielegalnych imigrantów.

[12] Abba Kowner (1918 Sewastopol – 1988 Izrael) – działacz HaSzomer HaCair w Wilnie, przywódca partyzantów w Wilnie, poeta hebrajski; w czasie ostatecznej akcji wysiedleńczej z getta wileńskiego we wrześniu 1943 pokierował ucieczką żołnierzy żydowskich do partyzantki leśnej; przywódca tzw. Grupy „Mścicieli", która powstała w 1945 z Żołnierzy Brygady Żydowskiej i żydowskich ocaleńców planujących akcję zemsty na Niemcach odpowiedzialnych za zagładę Żydów; od 1945 w Izraelu, od 1946 w kibucu Ein haHoresz.

[13] Witka Kempner Kowner – aktywna w żydowskim podziemiu w Wilnie: w maju 1942 razem z dwójką innych wysadziła pociąg z żołnierzami niemieckimi, brała udział w wielu akcjach, m.in. w uwolnieniu grupy 60 Żydów w październiku 1943; po wojnie, razem z mężem, Abbą Kownerem, działała w grupie „Mścicieli" w Europie Zachodniej; w 1946 zamieszkała w kibucu Ein haHoresz w Izraelu.

[14] „Zemsta" – amerykański film dokumentalny zrobiony w latach 90.

[15] Chaluce (hebr. *chalucim*) – pionierzy; chaluce z Czerniakowa – młodzież żydowska pracująca na farmie czerniakowskiej została przesiedlona do getta warszawskiego w listopadzie lub grudniu 1942.

[16] Rebeka Pasamanik lub Pasamonik – członkini Akiby, w czasie powstania w getcie w grupie Berla Brojde kwaterującej przy Miłej 29.

[17] Akiba i HaNoar HaCyjoni (hebr.) – Młodzież Syjonistyczna – młodzieżowe żydowskie organizacje syjonistyczne opowiadające się za budowaniem państwa żydowskiego i kulturą hebrajską.

[18] Żydowski Związek Wojskowy (ŻZW) – wojskowa organizacja założona w getcie warszawskim przez członków prawicowych organizacji syjonistycznych (Bejtar i Syjoniści Rewizjoniści). Nie istnieją żadne dokumenty odnotowujące datę założenia organizacji bądź zapisujące jej działalność. Wiadomo, że liderzy ruchu rewizjonistycznego w Polsce (dr Dawid Wdowiński, dr Michał Strykowski i dziennikarz Leon, Arie, Rodal) poparli ideę zbudowania organizacji wojskowej, a jej przywódcą wojskowym został Paweł Frenkel. W przededniu powstania w getcie warszawskim nie doszło do konsolidacji sił istniejącej od jesieni 1942 ŻOB i ŻZW. ŻZW utrzymywał osobiste a nie formalne kontakty z żołnierzami AK i dzięki nim zdobywał broń. Podziemnym tunelem wykopanym najprawdopodobniej przez żołnierzy ŻZW szmuglowano do getta m.in. broń. (Tym samym tunelem 1 maja 1943 Kazik Ratajzer i Zygmunt Frydrych wyszli z getta w poszukiwaniu pomocy dla pozostałych powstańców). ŻZW miał swoją bazę przy ul. Muranowskiej 7, tuż przy murze getta. Istnieją relacje o zaciekłych walkach prowadzonych przez żołnierzy ŻZW przy pl. Muranowskim w pierwszych dniach powstania. Wiadomo, że po walkach opuścili

oni getto podziemnym tunelem (Muranowska-Bonifraterska). Część z nich zginęła zaraz po wyjściu w budynku po drugiej stronie muru; inni zostali zamordowani w lasku koło Michalina pod Warszawą.

[19] „W getcie centralnym istniał mały oddział Akiby pod dowództwem Lutka Rotblata. Na terenie szczotkarzy znajdował się mały oddział Akiby pod dowództwem Jakuba Praszkera". (Marek Edelman w rozmowie z A.G., listopad 1999). Israel Gutman podaje, że był to oddział organizacji HaNoar HaCyjoni. Marek Edelman i Kazik Ratajzer zapamiętali tę grupę jako należącą do organizacji Akiba.

[20] Michał Klepfisz produkował „koktajle Mołotowa" w getcie a także po stronie aryjskiej, m.in. w mieszkaniu państwa Dubielów, którzy ukrywali Nelly i Włodkę Blit, bliźniaczki, córki Lucjana Blita, przedwojennego sekretarza KC Cukunftu. Nelly Blit Dunkel przypomniała wojenną atmosferę mieszkania państwa Dubielów: Michał Klepfisz produkował „koktajle Mołotowa", pędziło się tam bimber, i słuchało zachodnich radiostacji (w rozmowie z A.G., Nowy Jork, grudzień 1999).

[21] Arie Wilner został aresztowany w mieszkaniu po tzw. stronie aryjskiej 6 marca 1943.

[22] Henryk Grabowski, Słoniniarz – przed wojną należał do drużyny harcerskiej Ireny Adamowicz (późniejsza działaczka Żegoty, kurierka AK do gett w Warszawie, Wilnie, Kownie i Białymstoku), która wprowadziła go do konspiracyjnej pracy na rzecz niesienia pomocy Żydom. W mieszkaniu Grabowskiego przy ul. Podchorążych 2a gromadzono broń dla getta, przemieszkiwał tam Jurek Wilner, Tadek Szejngut. Henryk Grabowski wydostał rannego Jurka Wilnera z obozu pracy pod Rembertowem. Po wojnie prowadził warsztat samochodowy, potem był taksówkarzem. Ukończył zaocznie studia politechniczne. Henryk Grabowski zmarł w Warszawie w 1997. Odznaczony medalem „Sprawiedliwy wśród Narodów Świata".

[23] Medal „Sprawiedliwy wśród Narodów Świata" został ustanowiony w 1953 przez Jad waSzem w Jerozolimie uchwałą parlamentu izraelskiego; na podstawie dokumentacji i relacji świadków zebranych przez Jad waSzem komisja pod przewodnictwem sędziego izraelskiego Sądu Najwyższego przyznaje medale i tytuły „Sprawiedliwy wśród Narodów Świata"; w alei Sprawiedliwych na terenie Jad waSzem sadzono drzewka dla upamiętnienia „Sprawiedliwego", dziś wmurowuje się pamiątkowe tabliczki. Pośród około 16 tysięcy obywateli 30 państw uhonorowano dotychczas prawie 5300 Polaków.

[24] Helena Balicka-Kozłowska (ur.1920) – przed wojną w PPS, w czasie wojny w konspiracyjnym ZWM; w powstaniu warszawskim żołnierz AL; po wojnie w ZWM; odznaczona medalem „Sprawiedliwy wśród Narodów Świata" za pomoc Żydom podczas okupacji; autorka wspomnień *Mur ma dwie strony* Warszawa 1958; mieszka w Warszawie.

[25] Stefan Siewierski, siostrzeniec Anny Wąchalskiej i Marysi Sawickiej, wychowanek PPS-u, był łącznikiem Icchaka Cukiermana, wspomagał Kazika Ratajzera w jego działaniach po tzw. aryjskiej stronie. Odznaczony medalem „Sprawiedliwy wśród

PRZYPISY

Narodów Świata". Kazik Ratajzer tak pamięta okoliczności śmierci Stefana: „10 maja 1943 Stefan z radości, że udało nam się wyprowadzić powstańców z getta, poszedł do jakiejś knajpy. Nie był specjalnie ostrożny. Miał przy sobie broń. W każdym razie wiadomo, że go Niemcy z tej knajpy zabrali. Jak, gdzie i kiedy zginął – nie wiadomo" (w rozmowie z A.G., 21 stycznia 2000).

[26] Gina Rotem – żona Kazika Ratajzera urodziła się w Chorzowie; wyjechała z Polski w 1943.

[27] Dokument stwierdzający przyznanie Krzyża Srebrnego orderu Virtuti Militari powstańcowi getta warszawskiego inż. Michałowi Klepfiszowi nosi datę 18 lutego 1944 i jest podpisany przez Naczelnego Wodza, gen. broni Kazimierza Sosnkow-skiego. Marek Edelman w rozmowie z A.G. w listopadzie 1999: „Wystarczył jeden telefon i Sikorski mógł podjąć decyzję. Jestem pewien, że słyszeliśmy tę informację przez radio trzeciego lub czwartego dnia powstania".

[28] Izraelski parlament.

[29] Zysie Friedman – przed wojną generalny sekretarz Agudat Israel w Polsce, dziennikarz i redaktor czasopism religijnych, wykładowca hebrajskiego; w getcie warszawskim przedstawiciel Agudat Israel w radzie społecznej przy Joincie; zginął w 1943 w jednym z obozów lubelskich. Icchak Cukierman odnotowuje wstrzemięźliwą reakcję Friedmana na pomysł samoobrony przedstawiony w czasie spotkania przywódców różnych partii politycznych w getcie warszawskim w pierwszych dniach tzw. Wielkiej Akcji: „Synu, Bóg daje i Bóg zabiera".

[30] Israel Gutman *Żydzi warszawscy 1939-1943* Warszawa 1982.

[31] Leon Najberg *Ostatni powstańcy getta* Warszawa 1993.

[32] Chodzi o walkę, jaką stoczyli po wyjściu z getta, w domu przy ul. Muranowskiej, żołnierze ŻZW.

[33] Anna Wąchalska – wdowa po działaczu PPS, siostra Marysi Sawickiej. Obie panie udzielały schronienia i pomagały żołnierzom ŻOB-u i uciekinierom z getta po tzw. aryjskiej stronie. Razem z siostrą i siostrzeńcem Stefanem Siewierskim odznaczona została medalem „Sprawiedliwy wśród Narodów Świata".

[34] Przy ul. Leszno 16 znajdował się kościół ewangelicki, w którym stacjonowali Niemcy. Może również chodzić o kościół NMP przy ul. Leszno 34.

[35] 7 sierpnia 1944 na terenie nieczynnych Kolejowych Warsztatów Naprawczych w Pruszkowie Niemcy zorganizowali obóz przejściowy (niem. *Durchgangslager*) ludności cywilnej stopniowo wysiedlanej ze stolicy w trakcie i po powstaniu warszawskim. Przez obóz przeszło około pół miliona ludzi.

[36] Chodzi o warszawski klub sportowy PPS-u „Skra".

[37] Marek Edelman w rozmowie z A.G. w listopadzie 1999: „Ta druga grupa nie była tam dłużej niż 2-3 dni".

[38] Jakub Celemeński, pseud. Celek – członek Bundu, w getcie warszawskim zajmował się organizacją kolportażu gazetek podziemnych na prowincji; jeździł ze specjalnymi misjami do gett i obozów w Polsce; łącznik z tzw. stroną aryjską zajmujący się szmuglem broni do getta; od kwietnia 1943 reprezentant Bundu (obok Leona Feinera, Maurycego Orzecha, Salo Fiszgrunda i Bernarda Goldszteina) poza gettem; po wojnie zamieszkał w USA, tam zmarł.

[39] Marek Edelman w rozmowie z A.G. w listopadzie 1999: „Ci kanalarze to był kontakt podany przez PPR, przez Jóźwiaka".

[40] Feliks Rajszczak (1902-1977) – majster murarski, po wojnie kierownik zaopatrzenia w komendzie MO; członek KPP, potem PPR i PZPR; dostarczał żywność do getta, w swoim mieszkaniu przy ul. Twardej ukrywał w specjalnie przygotowanym pomieszczeniu kilka osób; aresztowany przez Gestapo nie wydał swoich podopiecznych.

[41] Rudi Assuntino, Wlodek Goldkorn *Strażnik. Marek Edelman opowiada* Kraków 1999.

[42] Lalo, Icchak Windman, członek ŻOB-u w Częstochowie. Kazik Ratajzer przypuszcza, że Lalo zginął w Warszawie wydany Niemcom przez szmalcowników. (Simcha Rotem *Wspomnienia bojowca ŻOB* Warszawa 1993 str. 82,83).

[43] Marek Edelman w rozmowie z A.G. w listopadzie 1999: „Tam było jakieś 8-10 osób".

Rozmowa z Markiem Edelmanem

[1] Dawid Wdowiński *And we are not saved* Londyn 1964.

[2] Rozmowa z Józefem Grynblattem przeprowadzona przez A.G. w Warszawie w lipcu 1991, zanotowana na taśmie magnetofonowej.

[3] Żydowski Komitet Robotniczy (*Jidisze Arbeter Komitet*) – założony w 1943 w USA przez działaczy żydowskich związków zawodowych, głównie przez związki krawców. Jego przywódcami byli Dawid Dubiński, Jakub Pat, Adolf Held, Beniamin Tabaczyński. Wszyscy wyemigrowali z Rosji do USA na początku wieku.

[4] W *Dojres Bundistn* (t.2, Nowy Jork 1956) Wiktor Szulman zapisał biogram Maurycego Orzecha.

[5] Słowa wypowiedziane przez Dawida Ben Guriona, późniejszego pierwszego premiera Izraela, na spotkaniu aktywistów socjalistycznej partii Mapai 8 grudnia 1942.

PRZYPISY

[6] Ignacy Schwarzbart (1888-1961) – jeden z przywódców Syjonistów Ogólnych; od 1938 poseł na Sejm; drugi, obok Szmula Zygielbojma z Bundu, przedstawiciel Żydów w Radzie Narodowej rządu polskiego w Londynie.

[7] Cywia Lubetkin *Zagłada i powstanie* Warszawa 1999.

[8] Rebe z Góry Kalwarii i jego dwór opuścili Polskę w pierwszych dniach września 1939.

[9] Pierwsze tłumaczenie książki Icchaka Cukiermana ukazało się po rozmowie z Markiem Edelmanem.

[10] Melach Neustadt *Churban u Mered szel Jehudej Warsza* (Zagłada i Powstanie Żydów Warszawy) Tel Awiw 1947.

[11] *Szomer* (hebr.) – strażnik – członek młodzieżowej organizacji syjonistycznej.

[12] Stasia Rozensztajn zmarła dwa dni później, 2 grudnia 1999.

[13] Kazimierz Pużak, pseud. Bazyli (1883-1950) – działacz PPS-u, wielokrotnie więziony; w latach 1919-1935 poseł na Sejm; w procesie szesnastu w Moskwie skazany na 1,5 roku więzienia; w procesie przywódców PPS-WRN w 1948 skazany na 5 lat, zmarł w więzieniu w Rawiczu.

[14] Chodzi o Blimę Klog.

[15] Barbara Engelking *Zagłada i pamięć* Warszawa 1994, s.189 [J.Sz., wywiad 35]: „Nas, lekarzy ze szpitala, Niemcy zagonili któregoś dnia, pod karabinami, w czasie akcji do łapania Żydów. Każdy musiał pięciu dostarczyć na Umschlag. Musieliśmy to zrobić – nie było wyjścia".

[16] Estera Iwińska (1886-1963), siostra Wiktora Altera, przywódcy Bundu, adwokat, działaczka Bundu, we wrześniu 1939 była zakładniczką razem ze Stefanem Starzyńskim, uciekła i przedostała się do USA.

[17] Elżunia Frydrych, studentka I roku chemii, otruła się w kalifornijskim hotelu 16 października 1962.

[18] Alina Margolis-Edelman w rozmowie z Anną Bikont [w:] „Gazeta Wyborcza", dod. „Wysokie Obcasy", 18 grudnia 1999.

[19] Chaim Mordechaj Rumkowski (1877-1944) – przełożony starszeństwa Żydów w getcie łódzkim; wydaje się, że nie dzięki jego całkowicie uległej postawie wobec Niemców, a raczej dzięki profitom, jakie getto dawało Hansowi Biebowowi, administratorowi niemieckiemu, udawało się odsuwać decyzję o ostatecznej likwidacji getta, która nastąpiła pod koniec sierpnia 1944, kiedy mieszkańców getta łódzkiego wysłano do Auschwitz. Wedle ustnie przekazanych relacji, Rumkowski został zabity w Auschwitz przez łódzkich Żydów wchodzących w skład *Sonderkommando*.

Biogramy

Altman Tosia – ur. 24 sierpnia 1918 we Włocławku. Instruktorka HaSzomer HaCair, od 1938 w centralnym dowództwie. W 1939 i 1940 werbowała do organizacji w miastach Generalnego Gubernatorstwa. W 1941 wraz z Leą Koziebrodzką organizowała grupy samoobrony w getcie wileńskim. W 1942 odwiedziła getta w Grodnie, Białymstoku i na Śląsku, a następnie sporządziła raporty o sytuacji tamtejszych społeczności żydowskich. Była główną przedstawicielką ŻOB-u po tzw. aryjskiej stronie. W powstaniu walczyła w getcie centralnym. 8 maja 1943 znajdowała się w bunkrze ŻOB-u przy Miłej 18. Kiedy Niemcy zaatakowali bombami gazowymi, udało jej się przedostać do bunkra przy Franciszkańskiej 22. W nocy z 8 na 9 maja wyszła z getta kanałami z grupą kilkudziesięciu powstańców. Wraz z bojowcami schroniła się w lesie w Łomiankach. Po kilku dniach wróciła do Warszawy. Ukrywała się razem z innymi członkami HaSzomer HaCair w fabryce błon fotograficznych na Pradze przy ul. 11 Listopada 10. 24 maja wybuchł tam pożar. Ciężko ranna Tosia Altman, wydana przez polskiego policjanta Niemcom, zmarła w kilka dni później.

Anielewicz Mordechaj – ur. w 1919 w Warszawie. Tuż przed wojną ukończył gimnazjum Laor na Nalewkach, aktywny członek HaSzomer HaCair – instruktor, a następnie komendant grupy. W 1939 pojechał w sprawach organizacyjnych do Kołomyi (przez krótki czas w areszcie sowieckim), później przebywał w Wilnie z Mirą Fuchrer. Od stycznia 1940 w Warszawie prowadził działalność podziemną w HaSzomer HaCair i w HeChaluc – był jednym z jego przywódców po śmierci Josefa Kapłana. Latem 1942 organizował grupy samoobrony w gettach śląskich. Od grudnia 1942 przywódca ŻOB-u. W styczniu 1943 zorganizował pierwszą zbrojną akcję w getcie warszawskim. 8 maja 1943 Niemcy zaatakowali bunkier dowództwa powstania przy Miłej 18. Zginęło 140 żołnierzy ŻOB-u, wśród nich Mordechaj Anielewicz.

Beatus Frania – ur. w 1926 w Koninie. W październiku 1942, w przededniu likwidacji getta w Ostrowcu Kieleckim, do którego była przesiedlona, uciekła do Warszawy. Była aktywistką Droru i łączniczką ŻOB-u z tzw. stroną aryjską, przewoziła członków ŻOB-u do getta warszawskiego z innych gett. Przed i w czasie powstania była pierwszą łączniczką Icchaka Cukiermana. 12 maja 1943, kiedy dowiedziała się o upadku powstania, popełniła samobójstwo.

Berliński Hirsz (Hersz) – ur. w 1908 w Łodzi. Uczeń chederu i polskiej szkoły podstawowej, aktywista Cukunftu, następnie Poalej Syjon Smol (Lewicy). Po wybuchu wojny próbował przedostać się do Warszawy. Aresztowany, uciekł z obozu koncentracyjnego w Rawie Mazowieckiej, następnie z obozu w Częstochowie. Z Łodzi przedostał się do strefy sowieckiej, po krótkim czasie wrócił do Warszawy. W getcie warszawskim pracował w fabryce Landaua. Z ramienia Poalej Syjon Smol organizował oddziały ŻOB-u. W powstaniu dowodził grupą na terenie szczotkarzy. Wyszedł z getta kanałami 10 maja 1943. Walczył w partyzantce w lasach wyszkowskich. W powstaniu warszawskim był żołnierzem oddziału ŻOB-u, zginął na Żoliborzu w sierpniu lub wrześniu 1944. 29 kwietnia 1945 jego ciało zostało przeniesione na cmentarz żydowski przy ul. Gęsiej.

Biały Janek – ur. w Warszawie. W powstaniu kwietniowym dowodził grupą PPR-u w getcie centralnym. Grupa ta wyszła z getta kanałami 10 maja i przyłączyła się do partyzantów polskich. Wszyscy, 10 żołnierzy ŻOB-u, zostali przez tychże partyzantów zamordowani.

Bilak Janek. Członek Bundu. Przed wojną był technikiem dentystycznym. W powstaniu w getcie dowodził jedną z piątek na terenie szczotkarzy. Po powstaniu ukrywał się w Warszawie razem z Chaną Kryształ, Pniną Papier i Dowem Szniperem przy ul. Rakowieckiej. W czasie powstania warszawskiego musieli oni opuścić swoją kryjówkę. Wraz z tłumem Polaków zapędzono ich na Gestapo. Kiedy uzbrojony Dow Sznipcr oddał kilka strzałów, Niemcy zastrzelili jego i Janka Bilaka.

Blank Marek – ur. w 1922 w Warszawie. Aktywny członek Gordonii. W getcie prowadził tajne nauczanie. W powstaniu walczył pod dowództwem Eliezera Gellera na terenie szopów Toebbensa & Schultza; brał udział w obronie bunkra przy Franciszkańskiej 30.

Blum Abrasza (Abraham) – ur. 11 września 1905 w Wilnie. Uczeń reformowanego chederu i żydowskiego gimnazjum w Wilnie, ukończył studia politechniczne w Gandawie, w Belgii. W 1929 wrócił do Warszawy. Przez krótki czas działał w komunistycznej organizacji młodzieżowej, a w 1921 związał się z Bundem (był członkiem CK Cukunftu i KC Bundu w podziemiu). Od końca listopada 1942 reprezentował Bund w Komisji Koordynacyjnej ŻKN i Bundu, która była konspiracyjną reprezentacją społeczeństwa żydowskiego Warszawy wobec polskiego podziemia. W powstaniu walczył w grupie Bundu na terenie szczotkarzy. Wyszedł z getta kanałami 10 maja 1943 i schronił się w mieszkaniu przy ul. Barokowej 2, w którym przebywała Fajgele Peltel. Po kilku dniach, najprawdopodobniej wskutek donosu, w mieszkaniu przeprowadzono rewizję. Blum próbował uciec z IV piętra po związanych prześcieradłach. Spadł. Aresztowany na ulicy. Zginął wkrótce potem na Gestapo.

Błones Lusiek (Eliezer) – ur. w 1930 w Warszawie. Wychowany w rodzinie urzędniczej. Przed wojną członek Skifu, w getcie łącznik z tzw. stroną aryjską. Był najmłodszym żołnierzem w powstaniu, walczył w grupie Bundu. Wyszedł z getta kanałami 10 maja 1943 i ukrył się z powstańcami w lasku w Łomiankach. Z Załmanem Frydrychem i innymi zaprowadził chorego brata, Jurka, do wsi Pługi. Grupa ta, wydana przez Polkę, została zamordowana przez Niemców.

BIOGRAMY

Błones Guta – ur. w Warszawie. Starsza siostra Luśka i Jurka, przed wojną była członkiem Skifu i Cukunftu. W 1942 uciekła z transportu do ośrodka zagłady w Treblince i wróciła do getta. (W jej mieszkaniu przy Nowolipiu 67 znajdowała się drukarnia Bundu). Pracowała razem ze swoimi braćmi w szopie Roericha przy ul. Smoczej. W powstaniu walczyła w grupie Bundu. Z getta wydostała się kanałami 10 maja 1943. Wkrótce potem zginęła razem z braćmi i innymi żołnierzami we wsi Płudy.

Błones Jurek – ur. w 1924 w Warszawie. Aktywny członek Skifu. W getcie zajmował się przemytem broni. W powstaniu był dowódcą piątki bojowej Bundu na terenie szczotkarzy; brał udział w obronie bunkra przy Franciszkańskiej 30. 10 maja 1943 wyszedł z getta kanałami. Zamordowany przez Niemców we wsi Płudy.

Borzykowski Tuwia – ur. w 1911 w Łodzi, przed wojną mieszkał w Radomsku. Członek grupy młodzieżowej Freiheit, HeChaluc, następnie partii Poalej Syjon. W getcie warszawskim był działaczem podziemia – prowadził tajne nauczanie, pisał artykuły dla prasy konspiracyjnej. W powstaniu walczył na terenie getta centralnego (ul. Gęsia, Nalewki) w grupie Josefa Farbera. W czasie powstania został wysłany kanałami na tzw. aryjską stronę. Brał udział w powstaniu warszawskim. W 1949 wyjechał do Izraela. Wraz z innymi ocaleńcami założył kibuc Lochamej Hagettaot (Bojowników Getta), w którym zmarł w 1959.

Brojde (Braudo) Berl – ur. w 1918 w Słonimiu koło Baranowicz na Białorusi. Wychowany w religijnej rodzinie, ukończył cheder i szkołę średnią, był członkiem Freiheit. Pierwsze miesiące wojny spędził w kibucu w Łodzi. Następnie w Warszawie był członkiem komuny chalucowej przy ul. Dzielnej. Jesienią 1941 przywiózł do Warszawy grupę bojową Droru, którą zorganizował w getcie w Ostrowcu Kieleckim. W getcie warszawskim zajmował się tworzeniem grup młodzieżowych, tajnym nauczaniem i prasą podziemną. 29 listopada 1942 uczestniczył w wykonaniu wyroku śmierci na agencie Gestapo Izraelu Firście. 17 stycznia 1943 został schwytany przez Niemców z grupą Droru i wysłany transportem do Treblinki. Uciekł z wagonu i wrócił do getta. Od lutego 1943 był komendantem Droru. W powstaniu dowodził swoją grupą w getcie centralnym. 8 maja, ciężko ranny, znajdował się w zaatakowanym przez Niemców bunkrze komendantury przy Miłej 18. Zginął tam wraz z innymi żołnierzami.

Brylensztajn (Brylantensztajn) Staszek – ur. w Warszawie. Uczeń szkoły CISzO przy Karmelickiej 29, członek Skifu, później Cukunftu. W powstaniu walczył w grupie Bundu Jurka Błonesa. Zginął 2 lub 3 maja 1943 w obronie bunkra przy Franciszkańskiej 30.

Bryskin Aron (Paweł) – ur. w Warszawie. W powstaniu dowódca grupy bojowej PPR-u na terenie getta centralnego. 8 maja wydostał się z getta (z bunkra przy Franciszkańskiej 22) kanałami na ul. Tłomackie razem z kilkoma żołnierzami ze swojej grupy. Ukrywał się wraz z nimi przy ul. Miodowej 24. Kiedy 27 maja 1943 jego grupa zastrzeliła dwóch oficerów granatowej policji, żandarmeria zablokowała ulicę Miodową, a dozorca domu, w którym mieszkali bojowcy, sprowadził policję. W walce zginęło kilku Niemców, Bryskin i pozostali, poza jednym, żołnierze ŻOB-u.

Cukierman Icchak (Antek) – ur. w 1914 w Wilnie. Członek organizacji młodzieżowej Dror, jeden z przywódców konspiracji w getcie warszawskim, redaktor prasy podziemnej i tajnego nauczania, współzałożyciel ŻOB-u, zastępca Mordechaja Anielewicza, komendanta ŻOB-u. W grudniu 1942 brał udział w zamachu na oficerów niemieckich w kawiarni „Cyganeria" w Krakowie. W czasie powstania w getcie działał jako łącznik ŻOB-u po tzw. aryjskiej stronie, reprezentował organizację w kontaktach z AK i AL. W powstaniu warszawskim walczył w szeregach AL-u. W 1947 wyjechał z żoną, Cywią Lubetkin, do Palestyny. Zmarł w kibucu Bojowników Getta, którego był współzałożycielem, w 1981.

Czerniaków Adam – ur. w 1880 w Warszawie. Przewodniczący Gminy Żydowskiej w getcie warszawskim. Studiował chemię na Politechnice Warszawskiej, tytuł inżyniera uzyskał na politechnice w Dreźnie. Był znanym działaczem społecznym i politycznym, publicystą i pedagogiem. Wspierał stowarzyszenia rzemieślników żydowskich, organizował żydowskie szkolnictwo zawodowe, był współpracownikiem Jointu. W 1931 został wybrany do Senatu RP. Był również radnym miejskim oraz wiceprzewodniczącym Tymczasowego Zarządu Gminy. Kiedy we wrześniu 1939 Maurycy Meisel, przewodniczący Gminy, uciekł z Warszawy, Czerniaków na polecenie prezydenta miasta przejął jego funkcję. Był prezesem Judenratu do swej samobójczej śmierci 23 lipca 1942.

Diamand (Diamant) Abraham – ur. w 1900 w Sieradzu. Był synem właściciela młyna, ukończył polską szkołę podstawową. Był sekretarzem Poalej Syjon Smol w Kaliszu. Między 1921 a 1924 służył w Wojsku Polskim. Na początku wojny przybył z rodziną do Warszawy. W powstaniu w getcie walczył w grupie bojowej Poalej Syjon Smol Hirsza Berlińskiego na terenie szczotkarzy. Uznany za jednego z najdzielniejszych żołnierzy. W boju przy Świętojerskiej 32 zabił 7 Niemców. 1 maja w walce przy Franciszkańskiej 30 został ranny. Kiedy próbował się przebić do swego dowódcy, by oddać mu broń, spadł do płonącej piwnicy. Ciała jego nie odnaleziono.

Ejger Abraham – ur. w 1923. Potomek rabiego Akiwy Eigera. Jesienią 1942 przyjechał do Warszawy z grupą Droru Berla Brojde z Ostrowca Kieleckiego. W powstaniu walczył w grupie Droru pod dowództwem Henocha Gutmana. Zginął 3 maja w walce o bunkier przy Franciszkańskiej 30.

Erlich Elek (Eliachu). Członek ŻOB-u. Zginął w powstaniu w getcie. 29 kwietnia 1945 jego ciało przeniesiono na cmentarz żydowski przy ul. Gęsiej.

Fajgenblat Jakub (Jacek) – ur. w 1919 w Warszawie. Przed wojną sekretarz gniazda Gordonii w Warszawie. W powstaniu dowodził grupą bojową Gordonii na terenie szopów Toebbensa & Schultza. 29 kwietnia wyszedł z getta kanałami i przyłączył się do partyzantów w lasach wyszkowskich. Na początku 1944 wrócił do Warszawy z chorą Gutą Kawenoki. Ukrywał się z Kawenoki i Zygmuntem Igłą przy pl. Grzybowskim 6. Kiedy Gestapo, wezwane przez dozorcę domu, Jabłońskiego, przyszło ich aresztować, żobowcy zaczęli się bronić. Wszyscy troje polegli w walce.

Farber Josek – ur. w 1921 w Warszawie. Ojciec jego, handlarz towarami żelaznymi, był zdeklarowanym syjonistą, w latach 1924-1926 mieszkał w Palestynie. W getcie warszawskim Josek pracował w szopie Landaua. W czasie powstania dowodził grupą bojową HaSzomer HaCair na terenie getta centralnego. Był jednym z żołnierzy, którym nie udało się wydostać na drugą stronę i którzy walczyli w ruinach getta do końca maja. Ostatni powstańcy najprawdopodobniej skryli się w bunkrach przy ul. Nalewki 37 i 38. Okoliczności śmierci Joska Farbera nie są znane.

Fingerhut Gienek – ur. w Łodzi. Członek ŻOB-u. W powstaniu kwietniowym walczył na terenie Toebbensa & Schultza w grupie Gordonii. Wyszedł z getta kanałami i przedostał się do partyzantki. Zginął w lasach wyszkowskich.

Frydrych Zygmunt (Zalmen) – ur. w 1911 w Warszawie. Wychowany w rodzinie chasydzkiej rabiego Nachmana z Bracławia, mieszkał przy Nowolipkach 60. Ukończył szkołę CISzO, aktywista Bundu, sekretarz organizacji sportowej Jutrznia. Uczestnik kampanii wrześniowej, więziony w obozie dla jeńców wojennych w Królewcu. W getcie warszawskim prowadził działalność podziemną. W czasie pierwszej akcji wysiedleńczej (lipiec-wrzesień 1942) został wysłany przez Bund do Treblinki, by przekonać się, jaki jest los deportowanych. Na podstawie jego relacji podziemne gazety żydowskie przedstawiły wstrząsające fakty o ośrodku zagłady w Treblince. W czasie powstania był łącznikiem między grupami bojowymi a sztabem ŻOB-u, kontaktował się również z tzw. stroną aryjską. 30 kwietnia Frydrych i Kazik Ratajzer zostali wysłani przez dowództwo ŻOB-u na drugą stronę. 10 maja, razem z powstańcami, którzy wyszli kanałami, Frydrych dotarł do Łomianek. W kilka dni później wraz z grupą bojowców został zamordowany przez Niemców we wsi Płudy. Żona, Cila, zginęła w obozie na Majdanku, a córeczka Elżunia przeżyła wojnę w klasztorze w Przemyślu.

Frymer Chaim – ur. w 1920 w Gniewoszowie w Lubelskiem, mieszkał w Warszawie. Pochodził z rodziny religijnej. W powstaniu, w grupie bojowej Akiba w getcie centralnym; brał udział w walce o bunkier przy Miłej 29. Wyszedł z getta kanałami 10 maja i walczył w lasach wyszkowskich w oddziale partyzantów rosyjskich. W marcu 1945 wyjechał z Polski do Palestyny. Zmarł w Izraelu w 1972.

Fuchrer Mira – ur. w 1920 w Warszawie. Aktywistka HaSzomer HaCair, współpracownica i przyjaciółka Mordechaja Anielewicza, z którym w 1939 wyjechała do Wilna. Do Warszawy powróciła w 1940. W powstaniu walczyła w getcie centralnym. Zginęła 8 maja 1943 w bunkrze komendy ŻOB-u przy Miłej 18.

Fuden Regina (Lilit) – ur. w 1922 w Warszawie. Aktywistka HaSzomer HaCair. Jako członek ŻOB-u utrzymywała kontakt między gettem a polskim podziemiem. W czasie powstania była łączniczką grup bojowych działających na terenie szopów Toebbensa & Schultza. 29 kwietnia wyprowadziła 40 bojowców kanałami i powróciła do getta ze Szlomo Baczyńskim po kolejną grupę. Zginęła w ruinach getta, a okoliczności jej śmierci nie są znane.

Geller (Geler) Eliezer – ur. w 1918 w Opocznie. Absolwent Wyższej Szkoły Handlowej w Łodzi, aktywny działacz Gordonii. W kampanii wrześniowej brał udział w bitwie pod Kutnem. W drugiej połowie 1940, podobnie jak wszyscy polscy żołnierze Żydzi, został zwolniony z obozu i przeniesiony do getta warszawskiego. Był inicjatorem i redaktorem gazety Gordonii „Słowo Młodych", która docierała również do innych gett. W 1941 i w 1942 jako Jan Kowalski jeździł do gett na Śląsku i organizował tam grupy oporu. Utrzymywał kontakt z biurem Histadrutu w Genewie. Uczestniczył w akcji zbrojnej w getcie w styczniu 1943. W powstaniu był komendantem 9 grup bojowych na terenie szopów Toebbensa & Schultza. Getto opuścił kanałami 29 kwietnia 1943 i razem z innymi bojowcami ukrywał się na strychu fabryki błon fotograficznych przy ul. 11 Listopada 10. Kiedy 24 maja wybuchł tam pożar, mimo że poparzony i ranny, zdołał jednak uciec. W lecie 1943 został wysłany razem z grupą Żydów posiadających zagraniczne paszporty do obozu w Bergen Belsen, następnie do Bergau koło Drezna, a 21 października do Auschwitz. W jakiś czas później został tam zamordowany.

Gepner Abraham – ur. w 1872 w Warszawie. Właściciel fabryk branży metalowej, w odpowiedzi na bojkot żydowskich kupców i handlarzy organizował po 1912 żydowskie stowarzyszenia kupców. Był znanym w Warszawie patronem żydowskich organizacji charytatywnych. We wrześniu 1939 wraz ze Szmuelem Zygielbojmem reprezentował społeczność żydowską w Komitecie Obrony Miasta. W okresie istnienia getta, jako członek Judenratu, zajmował się organizowaniem pomocy socjalnej dla jego mieszkańców: utrzymywał kontakty z Jointem, prowadził magazyny żywnościowe w getcie. Wspierał finansowo ŻOB i ŻZW. 3 maja 1943 został wyprowadzony przez Niemców przy Franciszkańskiej 30 i zastrzelony na rogu Gęsiej i Zamenhofa.

Górny Jechiel – ur. w 1908. Aktywista Poalej Syjon Smol. W getcie warszawskim był robotnikiem w szopie Landaua przy ul. Gęsiej 30. W powstaniu walczył w grupie Hirsza Berlińskiego na terenie szczotkarzy. Zginął 10 maja 1943 przy wyjściu z kanału na ul. Prostej.

Grasberg Jurek – ur. w Warszawie. Matka jego była modystką, właścicielką sklepu z kapeluszami. Przed wojną rozpoczął studia agronomiczne na Uniwersytecie Warszawskim. Był harcmistrzem, bliskim współpracownikiem Aleksandra Kamińskiego. Wyszedł z getta w marcu 1943. Według niektórych relacji zamordowany przez AK najprawdopodobniej pierwszego dnia powstania warszawskiego.

Growas Merdek (Mordechaj) – ur. w 1921 w Warszawie. W imieniu ŻOB-u wykonywał wyroki śmierci na agentach Gestapo. 29 października 1942 wraz z Elkiem Różańskim wykonał wyrok na zastępcy kierownika żydowskiej Służby Porządkowej w getcie, Jakubie Lejkinie. Brał udział w pierwszej zbrojnej akcji w getcie 18 stycznia 1943. W powstaniu był dowódcą jednej z grup HaSzomer HaCair walczącej w okolicy Nalewek, Zamenhofa i Miłej. Getto opuścił kanałami 10 maja i wraz z innymi przedostał się do Łomianek, a potem do partyzantki w lasach wyszkowskich. Był dowódcą 10-osobowej grupy Żydów, która walczyła w szeregach AK (Chaim Arbuz, Abraham Zaudman, Chagit Putermilch, Israel Krótki, Jocl, Tamar, Berl Tasenkraut, Julek Junghajzer, Izio Lewski). Bojowcy ci najprawdopodobniej zostali zamordowani przez polskich partyzantów z oddziałów NSZ-owskich.

Gruzalc Lejb (Lewi, Lejwi) – ur. w 1919 w Warszawie. Działacz Cukunftu. W powstaniu w getcie warszawskim był dowódcą grupy bojowej Bundu w getcie centralnym. Zginął w czasie walk przy Miłej 29.

Grynszpan Jurek – ur. w 1918 lub 1919. Wychowany w rodzinie inteligenckiej. W powstaniu w getcie był komendantem jednej z czterech grup bojowych PPR-u. Walczył

BIOGRAMY

na terenie szczotkarzy. Ciężko ranny w czasie walk o bunkier przy Franciszkańskiej 30, zmarł 4 maja 1943.

Gutman Hanoch (Henoch) – ur. w 1919 w Łodzi. Aktywista ruchu syjonistycznego, członek Droru. Po wybuchu wojny przyjechał do getta warszawskiego. Działał w komunie przy Dzielnej 34, prowadził podziemne seminaria i zakładał grupy samoobrony w getcie w Hrubieszowie. W sierpniu 1942 podjął nieudaną próbę zamachu na policjanta żydowskiego, Mieczysława Szmerlinga. Był uczestnikiem pierwszych walk w getcie warszawskim w styczniu 1943. W powstaniu dowodził grupą na terenie szczotkarzy. Nie zdołał wyjść kanałami – został w getcie razem ze swoją przyjaciółką Fejcze (Ciporą) Rabow. Szczegóły ich śmierci nie są znane.

Heinsdorf Miriam – ur. w 1913 w Warszawie. Mieszkała w Lublinie do 1939, potem w Warszawie. W czasie wojny działała w centrali HaSzomer HaCair, jeździła do różnych gniazd organizacji w okupowanej Polsce. Z getta utrzymywała kontakt z biurem Histadrutu w Genewie. Była członkiem ŻKN. W powstaniu walczyła w grupie HaSzomer HaCair Szlomo Winogrona na terenie szopu Schillinga. Pozostała w getcie. Szczegóły jej śmierci nie są znane.

Heller Szymon – ur. w Krakowie w rodzinie inteligenckiej. Przed wojną rodzice jego przeprowadzili się do Warszawy. Heller został uczniem gimnazjum Haskala i członkiem HaSzomer HaCair. W czasie powstania był jednym z dowódców grupy na terenie szopów Toebbensa & Schultza. Zginął 22 kwietnia 1943, skacząc z balkonu płonącego domu przy ul. Leszno 76.

Himelfarb Edek – ur. w Falenicy. Członek grupy bojowej Gordonii od stycznia 1943. W powstaniu walczył pod dowództwem Jakuba Fajgenblata na terenie szopów Toebbensa & Schultza. Wyszedł z getta kanałami 29 kwietnia. Zginął po tzw. aryjskiej stronie.

Hochberg Adolf – ur. w 1922 w Lipsku. Przed wojną przyjechał do Polski, by wziąć udział w szkoleniu kibucowym. W powstaniu w getcie walczył w grupie bojowej Droru. 10 maja wychodził kanałami na aryjską stronę. Wraz ze Szlamkiem Szusterem wrócił po bojowcach, którzy pozostali w bocznych kanałach. Zginął tego samego dnia przy włazie na ul. Prostej.

Hochberg Dawid – ur. w 1925 w Siedlcach. Od 1930 mieszkał z matką, nauczycielką szkoły CISzO, w Warszawie przy Nowolipkach 20. Był jednym ze zdolniejszych uczniów gimnazjum Laor, aktywnym członkiem Skifu. W powstaniu w getcie dowodził grupą Bundu na terenie getta centralnego. 27 kwietnia, ciężko ranny u wejścia do bunkra przy Miłej 29, zatarasował swym ciałem otwór i w ten sposób umożliwił pozostałym bojowcom odwrót.

Jankielewicz Edek (Adam). W powstaniu w getcie warszawskim członek grupy bojowej Bundu Lejba Gruzalca. Wyszedł z getta kanałami 10 maja 1943, wraz z innymi żołnierzami ŻOB-u przewieziony do Łomianek. W oddziałach partyzanckich w lasach wyszkowskich walczył w grupie Adama Szwarcfusa. Zginął w jednej z akcji w miasteczku Brok.

Kanał Izrael – ur. w 1921 w Bydgoszczy. Wychowany w pobożnej, zamożnej rodzinie o tradycjach syjonistycznych. Ukończył gimnazjum, był aktywnym członkiem organizacji Akiba. Na początku wojny rodzina jego przeniosła się do Warszawy. Rodzice zmarli w getcie. Izrael i jego brat Salo mieszkali w kibucu swej organizacji przy Nalewkach 10. Na polecenie podziemia pracował w policji żydowskiej do czasu Wielkiego Wysiedlenia w lipcu 1942. 21 sierpnia 1942 Izrael dokonał zamachu, pierwszego w getcie, na szefa policji żydowskiej, Józefa Szeryńskiego, w jego mieszkaniu przy ul. Nowolipki 10. (Szeryński został raniony). Przed powstaniem uczył członków ŻOB-u posługiwania się bronią. Był dowódcą grupy HaSzomer HaCair w tzw. akcji styczniowej 1943. W czasie powstania był komendantem getta centralnego. Z getta wydostał się kanałami i do 10 maja 1943 walczył w partyzantce w lasach wyszkowskich. W sierpniu 1943 został wysłany z grupą Żydów posiadających zagraniczne paszporty do obozu w Bergen Belsen, a następnie do Bergau koło Drezna. Najprawdopodobniej zamordowany w Auschwitz.

Kapłan Josef – ur. w listopadzie 1913 w Kaliszu. Wychowany w rodzinie religijnej, był uczniem chederu, jesziwy, a następnie szkoły polskiej z wykładowym językiem hebrajskim. Od trzynastego roku życia był członkiem HaSzomer HaCair, z czasem aktywistą centrali tej organizacji w Warszawie. Na przełomie 1939 i 1940 organizował podziemną działalność HaSzomer HaCair na terenie wschodniej Polski. Od grudnia 1940 działał w getcie warszawskim. Pracował w biurze Jointu, założył kibuc Maapilim, następnie, wysłany do Częstochowy, pomagał przy założeniu kibucu w Żarkach. Informował organizacje żydowskie za granicą o sytuacji społeczności żydowskiej w okupowanej Polsce. Przekazywał również wiadomości do centrali Histadrutu w Szwajcarii. W 1941 ukończył swą książkę, dokumentującą działalność HaSzomer HaCair, która ukazała się w 1942 w Palestynie. Mieszkanie przy Nowolipkach 45, które zajmował z Miriam Heinsdorf, było ważnym punktem kontaktowym organizacji; tam fabrykował dokumenty dla działaczy podziemia. Był również współzałożycielem pierwszego oddziału bojowego w getcie. Aktywny w ŻKN, wybrany został do sztabu ŻOB-u. 3 września 1942 został aresztowany przez Gestapo w szopie Landaua, w którym pracował. Najprawdopodobniej wydał go jeden z członków ruchu, aresztowany kilka dni wcześniej. Kapłan został zamordowany na Pawiaku 11 września 1942.

Kawa Hersz (Hesiek, Heniek) – ur. w 1913 w Warszawie. Ojciec jego był fryzjerem. Przed wojną ukończył szkołę handlową i pracował w dziale handlowym w aptece. W getcie działał w podziemnych komunistycznych związkach zawodowych. Brał udział w akcjach zwanych przez bojowców eksami. W czasie powstania był dowódcą jednej z sześciu grup bojowych na terenie Toebbensa & Schultza. Ciężko ranny w walkach, zmarł 27 kwietnia w bunkrze na Nowolipiu.

Kawenoki Guta – ur. w 1920 w Łodzi. Jej rodzina pochodziła z Białegostoku. Ojciec był fabrykantem tekstylnym, a matka farmaceutką. Kawenoki pracowała jako pomoc technika dentystycznego, była aktywnym członkiem Gordonii. W 1940 przyjechała do Warszawy. W getcie była skarbnikiem ŻOB-u. W czasie powstania walczyła na terenie szopów Toebbensa & Schultza, następnie w partyzantce w lasach wyszkowskich i w okolicy Czerwonego Boru nad Narwią. Kiedy ciężko zachorowała, wróciła do Warszawy. Ukrywała się z Jakubem Fajgenblatem i Zygmuntem Igłą przy

BIOGRAMY

pl. Grzybowskim 6. Wszyscy troje zginęli w walce z Niemcami, którzy przyszli ich aresztować.

Kleinwajs Michałek (Hanoch, Heniek) – ur. w 1917 w Warszawie. Członek Gordonii, w powstaniu w grupie Eliezera Gellera walczył na terenie szopów Toebbensa & Schultza. 29 kwietnia wydostał się z getta kanałami i razem z innymi bojowcami przyłączył się do partyzantów w lasach wyszkowskich. Zginął w Warszawie po tzw. aryjskiej stronie razem z grupą Dawida Nowodworskiego.

Klepfisz Michał – ur. 17 kwietnia 1913 w Warszawie. Wychowany w rodzinie chasydzkiej. Ojciec jego był mełamedem (nauczycielem w chederze) i działaczem Bundu. Matka – nauczycielką literatury polskiej w szkole żydowskiej. Klepfisz był członkiem Cukunftu i „Ringen", akademickiej grupy bundowskiej, aktywnie działał także w bundowskiej organizacji sportowej „Morgenstern". Ukończył Politechnikę Warszawską. Po wybuchu wojny wyjechał do Lwowa, a stamtąd do Doniecka. Pracował w rosyjskiej fabryce samolotów. W 1941 wrócił do Warszawy i zajął się organizowaniem podziemnych punktów produkcji „koktajli Mołotowa". Często kupował broń dla getta po tzw. aryjskiej stronie. Mieszkał u Polaka o nazwisku Szczepaniak przy ul. Górnośląskiej 3, później przy Pańskiej 48. Wydany Gestapo przez owego Szczepaniaka, został wysłany transportem do Treblinki. Uciekł z wagonu i wrócił do getta. W czasie powstania walczył w grupie Jurka Błonesa na terenie szczotkarzy. Zginął 20 kwietnia na podwórku domu przy ul. Świętojerskiej 32. Został odznaczony przez Rząd Polski w Londynie krzyżem Virtuti Militari.

Koński Jehuda – ur. w 1923 w Siedlcach. Wychowany w rodzinie pobożnego krawca. Ukończył gimnazjum żydowskie Tarbut. Był członkiem Gordonii. Przed powstaniem był dowódcą grupy bojowej tej organizacji. Wraz z Szymonem Lewantalem zajmował się kupowaniem broni. Obaj zostali wydani przez agenta Gestapo i aresztowani w fabryce Toebbensa w marcu 1943. Torturowani okrutnie na Befehlstelle, nie podali Niemcom żadnych informacji. Zmarli w czasie śledztwa.

Korn Lea – ur. w 1918 w Łodzi. W Warszawie kontynuowała przedwojenną działalność w Gordonii, opiekowała się dziećmi w getcie. Przed powstaniem mieszkała ze swoją grupą bojową w domu na rogu ul. Dzikiej i Stawki. Walczyła na terenie Toebbensa & Schultza. Kiedy jej grupa wychodziła kanałami z getta 29 kwietnia, Korn dobrowolnie pozostała z rannymi w bunkrze przy ul. Leszno 76.

Koziebrodzka Lea (Lonka) – ur. w 1917 w Pruszkowie. Ojciec jej był nauczycielem hebrajskiego. Ukończyła hebrajskie gimnazjum Jehudyja w Warszawie i rozpoczęła studia romanistyczne na Uniwersytecie Warszawskim. W 1939 wstąpiła do Frajhajt. W czasie wojny była łączniczką Droru, jeździła do gett na terenie całej Polski (po tzw. aryjskiej stronie działała jako Krystyna Kosowska) – przewoziła dokumenty, pieniądze, broń, eskortowała również członków organizacji z miasta do miasta. W kwietniu 1942, w drodze powrotnej z Wilna do Warszawy, została aresztowana na stacji kolejowej w Małkini. Znaleziono przy niej 4 pistolety i prasę podziemną. W czasie przesłuchań w al. Szucha i na Pawiaku nie przyznała się do posiadania fałszywych dokumentów. 11 listopada 1942 została wysłana do Auschwitz. 18 marca 1943 zmarła w obozie na tyfus.

Kryształ-Fryszdorf Chana (Hanka) – w powstaniu w getcie warszawskim walczyła w grupie Bundu Welwła Rozowskiego na terenie szopu Roericha. Wyszła z getta kanałami 10 maja. Ukrywała się w Warszawie. Po wojnie wyjechała z Polski przez Szwecję do Ameryki. Zmarła w 1989 w Ameryce.

Landau Margalit (Emilia) – ur. w 1926 w Warszawie. Ojciec jej, Aleksander Lejb Landau, był współwłaścicielem fabryki wyrobów drzewnych. Kiedy w czasie wojny fabrykę skonfiskowano, został jej kierownikiem. Fabryka Landaua była miejscem, w którym członkowie ŻOB-u znajdowali schronienie. Przez jakiś czas mieścił się tam również sztab ŻOB-u. Landau była członkiem HaSzomer HaCair. 29 października 1942 uczestniczyła w wykonaniu wyroku śmierci na adwokacie Jakubie Lejkinie, zastępcy komendanta Służby Porządkowej. Zginęła 18 stycznia 1943 przy ul. Zamenhofa w czasie pierwszych walk w getcie.

Lent Szaanan – ur. w marcu 1926 w Newe Szaanan koło Tel Awiwu. Przyjechał do Polski razem z rodzicami w latach trzydziestych. Ojciec jego był tramwajarzem. Na początku wojny Lent mieszkał we Lwowie i tam działał w młodzieżowej organizacji komunistycznej. Następnie w getcie warszawskim. W powstaniu w getcie warszawskim walczył w grupie Poalej Syjon Smol na terenie szczotkarzy (ojciec jego również brał udział w powstaniu). Szaanan zginął 3 maja w obronie bunkra przy Franciszkańskiej 30.

Lewental Szymon – ur. w 1917 w Warszawie. Członek grupy bojowej Gordonii, uczestniczył w walkach styczniowych. W marcu 1943 aresztowany razem z Jehudą Końskim w fabryce Toebbensa. Został zamordowany podczas śledztwa, nie zdradziwszy żadnej informacji.

Lewin Lejzer (Eliezer) – ur. w 1891. Z okupowanej Łodzi przedostał się do Warszawy, gdzie był jednym z organizatorów partii Poalej Syjon Smol w podziemiu. Opuścił getto w czasie powstania kwietniowego kanałem z terenu Toebbensa & Schultza. Wraz z powstańcami przedostał się do Łomianek. Po wojnie wyjechał do Palestyny. Mieszkał w kibucu Jagur. Zmarł w 1967.

Litman Josef – ur. w 1919 w Nowym Dworze Mazowieckim. W getcie pracował w fabryce Landaua. Był członkiem grupy bojowej HaSzomer HaCair Hirsza Berlińskiego, walczył m.in. na terenie szczotkarzy. Z getta wyszedł kanałami 10 maja. Walczył w grupie partyzantów pod dowództwem Dawida Nowodworskiego w lasach wyszkowskich. Oddział polskich partyzantów, w skład którego wszedł, został zaatakowany przez Niemców. Litman, śmiertelnie raniony, został dobity przez partyzantów.

Lubetkin Cywia (Celina) – ur. w 1914 w miasteczku Byteń na Polesiu. Ojciec jej był właścicielem sklepu. Cywia ukończyła polską szkołę podstawową. Szybko związała się z ruchem chalucowym, była członkiem Droru. W 1938 przeniosła się do Warszawy i tam działała w centralnym komitecie HeChaluc. W 1939 była delegatką na Światowy Kongres Syjonistyczny w Genewie. Wróciła do Warszawy pod koniec sierpnia. Do stycznia 1940 roku przebywała we Lwowie, następnie przyjechała znowu do Warszawy. Wraz z przyjaciółmi budowała podziemną organizację oporu w getcie. Podczas powstania była w dowództwie ŻOB-u. 10 maja wyszła kanałami z getta. Brała udział w powstaniu warszawskim, walczyła w oddziale AL-u na Starówce. W 1946 wyjechała na Kongres Syjonistyczny do Bazylei, a stamtąd do Palestyny. Mieszkała w kibucu Lochamej Hagettaot. Zmarła 11 lipca 1978.

Manulak Bronka – ur. w Łodzi. Rodzina jej związana była od trzech pokoleń z ruchem Poalej Syjon. Po wybuchu wojny przyjechała do Warszawy. W powstaniu walczyła w grupie Poalej Syjon Smol. Zginęła w kanałach 10 maja.

Maselman Rysiek – ur. w 1922 w Warszawie. Członek grupy bojowej PPR-u, łącznik ŻOB-u. Współorganizował wyjście powstańców kanałami 10 maja. Tegoż dnia eskortował grupę bojowców do Łomianek. Razem z innym łącznikiem ŻOB-u, Jurkiem Zołotowem, wrócił do Warszawy po drugą grupę, która została w kanałach. Na pl. Bankowym, zaskoczeni przez policję granatową, zaczęli się bronić. Jurek Zołotow zginął, a Maselman, raniony, został rozstrzelany przy ul. Żabiej koło Ogrodu Saskiego.

Morgenstern Jochanan – ur. w 1905 w Zamościu. Od 1929 pracował jako instruktor w warszawskiej centrali Poalej Syjon Smol. Współpracował z gazetami tej partii. Był delegatem Poalej Syjon Smol na XXI Kongres Syjonistyczny w Genewie. Na początku wojny został aresztowany i wysłany do obozu pracy pod Lublinem. Dzięki pomocy działaczy żydowskich wrócił do getta warszawskiego i stał się jednym z przywódców podziemnej Poalej Syjon Smol. Członek ŻKN-u, a następnie ŻOB-u, zajmował się finansami organizacji. Pracował w szopie K.G. Schultza. Wyszedł z getta z powstańcami 29 kwietnia i schronił się wraz z innymi w piwnicy domu przy Ogrodowej 29. Kiedy 6 maja weszli tam gestapowcy, rozstrzelali wszystkich mężczyzn, wśród nich Morgensterna.

Nowodworski Dawid – ur. w Warszawie. Był jednym z organizatorów żydowskiego podziemia. W swoim mieszkaniu przy ul. Leszno 6 prowadził nasłuch radiowy dla prasy podziemnej. Był założycielem kibucu na Nalewkach 23. W połowie sierpnia wysłany transportem do Treblinki. Uciekł z Treblinki i wrócił do getta. Pracował w szopie Landaua. W powstaniu był dowódcą grupy bojowej HaSzomer HaCair na Nowolipiu 67 (teren szopów Toebbensa & Schultza). 29 kwietnia wyszedł z powstańcami kanałami na tzw. stronę aryjską. Był dowódcą oddziału partyzantów w lasach wyszkowskich. Wrócił do Warszawy, by organizować przerzut Żydów przez Węgry do Palestyny; został wydany policji przez folksdojcza i zginął. Razem z Nowodworskim zginęli: jego żona, Ryfka Szafirsztajn, Heniek Kleinwajs, Dorka Dembińska i Szymon Szajntal.

Orzech Maurycy – ur. w 1891, działacz żydowskich i polskich związków zawodowych, współpracownik PPS-owskiego „Dziennika Ludowego" i korespondent żydowskiego pisma w Ameryce „Forward". W 1940 przewieziony z aresztu na Litwie (w Kownie lub Wilnie) do getta warszawskiego. W getcie został członkiem CK Bundu. Wyszedł z getta w lipcu 42. Rzekomo w 1943 próbował uciec za granicę; aresztowany w Kołomyi, przewieziony na Gestapo w Warszawie, zamordowany w sierpniu 1943.

Papier Zygmunt (Zisza, Zysiek) – ur. 3 maja 1917 w Nowym Dworze. Przed wojną członek drużyny Makabi. W getcie warszawskim pracował w szopie Landaua. Późną jesienią 1942 został przyjęty do organizacji Poalej Syjon Smol przez Hirsza Berlińskiego. W powstaniu walczył w grupie Berlińskiego, m.in. na terenie szczotkarzy. Zginął 3 maja 1943, gdy Niemcy wrzucili bomby gazowe do tunelu, którym ewakuowała się grupa z bunkra przy Franciszkańskiej 30.

Perelman Mejloch (Mejlach, Majloch) – ur. w 1921 w Warszawie. Uczeń szkoły CISzO, członek Cukunftu i Skifu. Walczył w powstaniu w oddziale Bundu pod dowództwem Lejba Gruzalca na terenie getta centralnego, był również dowódcą patroli wypadowych. W czasie akcji przy Gęsiej 80 trzech bojowców zginęło, a Perelman został ciężko raniony w brzuch. Zdołał ukryć broń przyjaciół i przeczołgać się najpierw do bunkra przy Miłej 29, gdzie nikogo już nie zastał, a następnie na ul. Miłą 18. Tam, na gruzach, znaleźli go towarzysze i zanieśli na trzecie piętro domu przy ul. Muranowskiej 37. Kilka godzin później zginął w płomieniach.

Płotnicka Chana – ur. 3 kwietnia 1918 w Płotnicach koło Pińska. Wychowana w rodzinie chasydzkiej. Ojciec jej handlował bydłem. W 1920, po pogromie w Płotnicach, rodzina osiedliła się w Pińsku. Chana nie uczęszczała do żadnej szkoły. Była aktywną działaczką organizacji młodzieżowej Frajhajt. Na początku 1939 została wysłana przez organizację do Lwowa, Białegostoku i Warszawy. W pierwszych miesiącach 1942 wróciła do Warszawy. W czasie powstania znajdowała się na terenie szopów Toebbensa & Schultza. 20 kwietnia próbowała wydostać się z getta przy pomocy bojowców Gordonii. Cała grupa została zabrana na ul. Leszno 80, skąd prowadzono ludzi do pociągu na Umschlagplatz. Bojowcy, udając, że chcą zdradzić miejsca kryjówek, wciągnęli policjanta do bramy i zaczęli strzelać. W tej walce Płotnicka została zabita.

Płotnicka Frumka – ur. 11 listopada 1914 w Płotnicach koło Pińska. Frumka, podobnie jak jej siostra Chana, nie chodziła do szkoły. Należała do organizacji Frajhajt. Jako działaczka ruchu chalucowego odwiedzała kibuce w Białymstoku i Łodzi. Po 1939 była jedną z najbardziej aktywnych. Poruszała się po całym kraju na fałszywych papierach. Współdziałała z Tosią Altman, Arie Wilnerem i Leonem Perlsteinem. Sporządziła pierwsze raporty o zagładzie Żydów we wschodniej Polsce, utrzymywała kontakt z przedstawicielami HeChaluc za granicą. W drugiej połowie 1942 organizowała ruch oporu w getcie w Będzinie. Zginęła 3 sierpnia 1943 w akcji samoobrony w Będzinie.

Praszker Jakub – ur. w 1913 w Łodzi. Wychowany w biednej rodzinie chasydzkiej. Na początku wojny przyjechał do Warszawy i działał w centrali chalucowej, utrzymywał kontakt z centralą Histadrutu w Genewie. Był członkiem ŻZW, dla którego zdobywał broń po tzw. aryjskiej stronie. W powstaniu dowodził grupą bojową HaNoar HaCyjoni na terenie szczotkarzy. Zginął w bunkrze przy Wałowej 8, który został wysadzony w powietrze. Razem z Praszkerem zginęli inni powstańcy, wśród nich jego żona, Róża Mastbaum.

Putermilch Jakub (Jakubek) – ur. 23 września 1924 w Warszawie. Wychowany w rodzinie religijnej. Jego rodzice mieli sklepik na Nowolipkach. Putermilch był uczniem chederu, uczył się w szkole zawodowej. Jako członek HaSzomer HaCair wstąpił do ŻOB-u w 1942. W powstaniu walczył na terenie szopów Toebbensa & Schultza w grupie Gordonii pod dowództwem Jakuba Fajgenblata. Getto opuścił kanałami 29 kwietnia. Walczył w partyzantce nad Bugiem. W 1945 wraz z żoną, Maszą Glajtman, wyjechał do Palestyny. W 1947 zmobilizowany przez Haganę (podziemną żydowską organizację paramilitarną) walczył o niepodległość Kraju. Brał również udział w wojnie w 1956. W Izraelu pracował w firmie budowlanej. Zmarł 9 września 1984 w Tel Awiwie.

Rotblat Lutek (Lejb) – ur. 14 października 1918 w Warszawie. Ukończył polskie gimnazjum, był instruktorem HaNoar HaCyjoni, w getcie – członkiem organizacji Akiba. Był jednym z pierwszych, którzy namawiali do działania zbrojnego. W jego mieszkaniu przy Muranowskiej 44 znajdowała się zamaskowana kryjówka bojowców ŻOB-u. W powstaniu był dowódcą grupy Akiby w getcie centralnym. 8 maja wraz ze swoją matką znajdował się w bunkrze przy Miłej 18. Gdy Niemcy wrzucili bomby gazowe, Lutek strzelił najpierw do swojej matki, a potem do siebie.

Rozenfeld (Rojzenfeld) Michał (Michał Biały). Przed wojną student Uniwersytetu Warszawskiego, nauczyciel w internacie CENTOS-u. Po wybuchu wojny prowadził działalność społeczną we Lwowie. Od 1942 w getcie warszawskim. W sztabie ŻOB-u reprezentował PPR. 8 maja znajdował się w bunkrze przy Miłej 18, zdołał się jednak stamtąd wydostać. Wyszedł z getta kanałami 10 maja i wraz z innymi przyłączył się do partyzantów w lasach wyszkowskich, był dowódcą oddziału. We wsi Krawcowizna grupa jego została zaskoczona przez Niemców. Rozenfeld zginął w walce.

Rozowski Welwł (Welwel) – ur. w 1916 w Warszawie. Student Uniwersytetu Warszawskiego, aktywny członek Bundu. W getcie zajmował się m.in. młodzieżowymi grupami Cukunftu. W listopadzie 1942 uciekł z pociągu jadącego do Treblinki. Wrócił do getta. W powstaniu był dowódcą piątki na terenie szopu Roericha przy Smoczej. 29 kwietnia opuścił getto kanałami. Ukrywał się w Warszawie razem z Markiem Edelmanem. Wydany przez szmalcowników, zginął na Gestapo w maju 1943.

Stolak Abram – ur. w 1918. Służył w Wojsku Polskim w randze kaprala. W getcie pracował w szopie Brauera na Nalewkach. W powstaniu walczył w grupie bojowej Poalej Syjon Smol. 10 maja wyszedł z getta kanałami. Walczył w partyzantce nad Bugiem. Utonął, kiedy z partyzantami przeprawiał się przez rzekę.

Szejngut Tuwia (Tadek) – ur. w 1920 w Warszawie. Ukończył żydowską szkołę zawodową przy ul. Grzybowskiej, był członkiem HaSzomer HaCair. Na początku wojny przebywał w kibucu Maapilim w Częstochowie. W grudniu 1942 został wysłany na akcję ŻOB-u do Krakowa (zamach na oficerów niemieckich w kawiarni „Cyganeria" dokonany razem z Icchakiem Cukiermanem). Po powrocie do Warszawy był łącznikiem ŻOB-u po tzw. stronie aryjskiej. Współorganizował wyjście bojowców kanałami. Latem 1943 ukrywał się z Kazikiem Ratajzerem przy ul. Waszyngtona 80 w mieszkaniu niejakiego Pokropka. Zginął podczas strzelaniny, która wywiązała się, gdy Niemcy przyszli go aresztować.

Sznajdmil Berek (Abraham, Szmuel, Adam) – ur. w Łodzi. Uczeń szkoły religijnej Talmud Tora, następnie gimnazjum realnego, które ukończył w 1922. Działał w łódzkim Cukunfcie. Student Uniwersytetu Warszawskiego, ukończył szkołę oficerską, był komendantem Cukunft-Szturmu. Pracował w Warszawie jako księgowy. Na początku wojny przebywał w Wilnie. Kiedy wrócił do Warszawy, pracował dla Bundu, z którym był związany od lat przedwojennych. Reprezentował tę partię w Komisji Koordynacyjnej ŻKN i Bund powstałej w końcu listopada 1942. W powstaniu walczył na terenie szczotkarzy. Zginął w pierwszych dniach maja w obronie bunkra przy ul. Franciszkańskiej 30.

Szniper Dow – członek grupy bojowej HaSzomer HaCair w powstaniu w getcie. Wyszedł na aryjską stronę 10 maja. W czasie powstania warszawskiego w sierpniu 1944 ukrywał się w mieszkaniu przy ul. Rakowieckiej razem z Chaną Kryształ i Pniną Papier. Całą trójkę, schwytaną w przypadkowej blokadzie ulicy, zaprowadzono na Gestapo. Przed budynkiem w Alei Szucha Dow wyciągnął broń i strzelił. Został zabity na miejscu.

Szuster Szlamek (Szlomo) – ur. 18 września 1926 w Pruszkowie. Był członkiem organizacji Dror Frajhajt. W styczniu 1941 przesiedlony z rodziną do getta warszawskiego, pracował na farmie chaluców na Czerniakowie. Należał do grupy bojowej Droru, w powstaniu w getcie warszawskim walczył w oddziale Hanocha Gutmana na terenie szczotkarzy. Objął dowództwo oddziału, gdy Gutman został ciężko ranny. 10 maja 1943 opuszczał getto kanałami wraz z innymi bojowcami. Powstańcy przebywali w kanałach 48 godzin. Tuż przed planowanym wyjściem włazem przy ul. Prostej Szuster dostał rozkaz sprowadzenia bojowców z kanałów bocznych. Grupa trzydziestu kilku osób wyszła z kanału. Szlamek z pozostałymi nie zdążył. Kiedy jego grupa wychodziła w jakiś czas później, właz był już obstawiony przez Niemców. Wszyscy powstańcy zginęli. Nie istnieje żadna relacja naocznego świadka tego zdarzenia.

Szwarc Meir – ur. w 1916 w Warszawie. Uczeń gimnazjum Laor, członek Bundu. W getcie był rykszarzem, mieszkał przy ul. Prostej. Na polecenie ŻOB-u został werkszucem (strażnikiem fabrycznym). W powstaniu był łącznikiem w getcie centralnym. 20 kwietnia razem z grupą bojowców był prowadzony na Umschlagplatz. W strzelaninie, którą rozpoczęli bojowcy, został ranny. 29 kwietnia wyszedł z getta kanałami. Po tzw. aryjskiej stronie ukrył się w piwnicy przy ul. Ogrodowej 29. Kryjówka ta została zaatakowana przez Niemców 6 maja. Meir był jedynym, który zdołał uciec. Przedostał się na Pragę do fabryki błon fotograficznych, gdzie ukrywali się bojowcy HaSzomer HaCair. 24 maja wybuchł tam pożar. Meir schronił się w mieszkaniu Polaka, który ukrył go w szafie. Kiedy niebezpieczeństwo obławy niemieckiej minęło, ów Polak znalazł w szafie martwego Meira. Przyczyną śmierci był najprawdopodobniej atak serca.

Szyfman Leja – ur. w 1922 w Warszawie. W czasie powstania walczyła w grupie bojowej Lejba Gruzalca w getcie centralnym. Zginęła 27 kwietnia w czasie ataku na bunkier przy Miłej 29.

Szyfman Miriam – ur. w 1915 w Warszawie. Ukończyła szkołę CISzO przy Miłej 57. Była robotnicą w zakładzie obróbki metalu, działała w Cukunfcie. W getcie była sekretarzem tej organizacji, kolportowała prasę podziemną. Była krawcową w szopie Roericha na Nowolipiu, skąd wykradała mundury wojskowe dla bojowców. Tam też zorganizowała bojową grupę Bundu. W powstaniu walczyła w grupie Bundu. W czasie ćwiczeń z bronią, przed powstaniem, została ranna w nogę. Kiedy 10 maja Niemcy zaatakowali bunkier szpitalny przy Gęsiej 6, popełniła samobójstwo.

Wald Beniamin – ur. w 1920 na Czerniakowie w Warszawie. Uczeń chederu i jesziwy, członek HeChaluc i Frajhajt. W getcie warszawskim należał do grupy bojowej Droru. Uczestniczył w pierwszej akcji zbrojnej w styczniu 1943. W powstaniu dowodził grupą bojową na terenie szopów Toebbensa & Schultza. 29 kwietnia 1943 prowadził swoich żołnierzy kanałami na tzw. aryjską stronę. Wszyscy zginęli przy włazie na ul. Ogrodowej.

Warman Marysia (Bronisława Feinmesser) – ur. w 1919 w Warszawie. Wychowana w zasymilowanej rodzinie. Uczęszczała do powszechnej szkoły polskiej i żydowskiego gimnazjum Zaksowej przy ul. Miodowej 21. W getcie warszawskim pracowała w szpitalu dziecięcym Bersonów i Baumanów. W 1941 i 1942 uczyła się w getcie warszawskim w medycznej szkole podziemnej prof. Hirszfelda. Przez kilka miesięcy poruszała się między gettem a tzw. stroną aryjską załatwiając sprawy dla szpitala. W sierpniu 1942 opuściła getto i zamieszkała w polskiej dzielnicy. Współpracowała z Bundem opiekując się ukrywającymi się Żydami (organizowała miejsca ukrycia, fałszywe dokumenty, rozdzielała pieniądze między podopiecznych itd.) Po wojnie pracowała w PWN, skąd została zwolniona w ramach antysemickich czystek w 1968. W 1970 wyjechała do USA z synem Jerzym. Mieszka w Nowym Jorku.

Węgrower Jehuda (Juda) – ur. w 1920 w Warszawie. Przed wojną uczeń hebrajskiej szkoły Tarbut, a później seminarium nauczycielskiego przy ul. Gęsiej. W 1942 po tzw. aryjskiej stronie prowadził archiwum HaSzomer HaCair, które przekazał do Archiwum Ringelbluma. Wrócił do getta przed wybuchem powstania. Postrzelony w płuca w czasie akcji rozklejania ulotek wzywających do oporu. W powstaniu walczył w oddziale HaSzomer HaCair w getcie centralnym. Był jednym z 14 ocalałych po ataku na bunkier przy Miłej 18. Wraz z 30 bojowcami wyszedł kanałami z getta 10 maja 1943. Zmarł tego samego dnia w Łomiankach pod Warszawą, gdzie skryli się powstańcy.

Wilner Jurek (Izrael, Chaim, Arie) – ur. w listopadzie 1917 w Warszawie. Był synem kupca i właściciela fabryki skór. Uczył się w prywatnej szkole hebrajskiej. W 1939 miał wyjechać do Palestyny, jednak koledzy z HaSzomer HaCair namówili go, by pozostał w gnieździe warszawskim. W pierwszych miesiącach wojny jeździł w sprawach organizacyjnych do Łodzi, Lwowa i Wilna. W Wilnie przez rok pracował dla organizacji z ukrycia (razem z innymi działaczami żydowskimi chronił się w klasztorze sióstr benedyktynek). Na początku 1942 wrócił do Warszawy. W lecie 1942 organizował w gettach śląskich grupy samoobrony. W Warszawie, po aryjskiej stronie, mieszkał u swojej siostry Guty przy ul. Marszałkowskiej. Był przedstawicielem podziemia żydowskiego w kontaktach z AK, zajmował się zakupem broni dla getta. W styczniu 1943 wziął udział w pierwszych walkach w getcie. Po kilku tygodniach aresztowany na skutek donosu. Torturowany – nie przyznał się do żadnej działalności, został zabrany na Pawiak, a następnie wysłany do obozu pracy w Kawęczynie.

Dzięki pomocy Henryka Grabowskiego i akcji ŻOB-u wrócił do getta. Wziął udział w powstaniu. Zginął 8 maja w bunkrze ŻOB-u przy Miłej 18.

Przedstawione biogramy zostały opracowane głównie na podstawie książki Melecha Neustadta Zagłada i Powstanie Żydów Warszawy *oraz – wielu pisanych i ustnych wspomnień. Warto jednak zaznaczyć, że niektóre fakty odnotowane przez historię nie zostały nigdy potwierdzone przez relacje naocznych świadków. Tak więc w naszej pamięci historycznej, która nie jest zapisem obiektywnym, przechowujemy różne wersje tego samego zdarzenia, różne daty i liczby.*

Indeks osób

W indeksie **pogrubioną czcionką** zaznaczono stronę, na której znajduje się biogram danej osoby, *kursywą* – na której dana osoba występuje na fotografii.

Adamek 121
Adamowicz Irena 372
Alina 160
Alojz 46
Alter Wiktor 375
Alterman Ewa 60, 61
Alterman Szlojme (Szlomo) 70, 72
Altman Tosia 43, 45, 101, 102, 290, 334, 357, **377**, 388
Andzia 96
Anielewicz Mordechaj 28, 39-46, 62-65, 68-70, 101, 158, 163, 235, 241, 249, 253, 274-276, 278, 279, 286, 289, 292, 309, 313, 318, 328, 329, 334, 347, 357, 363, **377**, 380, 381
Anielewicz, matka Mordechaja 292
Anielewicza Mordechaja dziadek 45
Antek zob. Cukierman Icchak
Appolion zob. Opolion
Arbuz Chaim 382
Assuntino Rudi 374
Baal Szem Tow (Beszt) Izrael 326
Baczyński Szlomo 381
Balicka-Kozłowska Helena 238, 372
Baran Dwora 240, 241, 243
Bartoszewski Władysław 198, 367
Bauman Zygmunt 210
Beatus Frania 148, 256, **377**
Bejgelman (Bingelman) Menachem 334
Bełchatowska Halina (Chajka) 73, 78, *215*, *219*, 359
Bełchatowska Halina, rodzina 213
Ben Gurion Dawid 279, 374
Berliński Hirsz (Hersz) 71, 92, 95-98, 101, 220, 292, 318, 358, **378**, 380, 382, 386, 388
Berman Adolf 278, 363
Bernard, zob. Goldstein
Biały Janek **378**
Biebow Hans 375

Biederman Sara (Krysia) 163
Bielecki Czesław 35, 339
Bielicka Luba *288*
Bikont Anna 375
Bilak Janek 70, 101, 106, *108*, 263, 290, **378**
Blady Szwajgier (Meremińska) Adina 12, 13, 166, *207*, *211*, 225, 264, 266, 267, 286, 294, 295, 302, 304, 364, 365
Blady Szwajgier Adina, rodzina 170--173, 175, 178, 186, 197, 204, 206, *207*, 210
Blank Marek 133, **378**
Blit Dunkel Nelly 372
Blit Lucjan 372
Blit Włodka 372
Bloch Zelo 344
Blum Abrasza (Abraham) 102, 197, 203, 263, *288*, **378**
Blumenfeld (Blumental) 92, 357
Blumenthal Nachman 10
Blumsztajn 94, 358
Błones Guta 102, 131, 134, 216, 217, 263, 297, **379**
Błones Jurek 95, 101, 102, 216, 263, *296*, 297, 378, **379**, 385
Błones Lusiek (Eliezer) 71, 102, 216, 263, 290, 297, **378**, 379
Błoński Jan 210, 369
Borochow Ber 357
Borzykowski Tuwia 71, 163, 166, 169, 249, 294, 337, **379**
Bothmann Hans 342
Bracha, siostra Arona Karmiego 119, 120
Brandt Karl 124, 126, 350, 361
Braude-Hellerowa Anna (Naczelna) 194, 198, *199*, 201, 367
Brauer 389
Bresław Szmul 317

Breżniew Leonid 30, 337
Brojde (Braudo) Berl 59, 63, 371, *379*, 380
Brylensztajn (Brylantensztajn) Staszek 70, 98, **379**
Bryskin Aron (Paweł) 59, 63, **379**
Bujak Zbigniew 27, 35, 36, 213, 333
Celemeński Jakub (Celek) 75, *231*, 258, 374
Chagall Marc 36, 339
Chajale, siostra Józefa Litmana 92
Chłopikowa 125, 126
Chłopikowej mąż zob. Jeruminiak
Chmielnicki Aron, rodzina 111-113, 115-117, 119-121, 124, 129
Chmielnicki zob. Karmi Aron
Cholawski zob. Karmi Aron
Chorążycki Julian 344
Chruściel Antoni (Monter) 276
Churchill Winston Spencer 347, 369
Cukierman Icchak (Antek) 71, 76, 78, 109, 147, 153, 161, 163, 165, 169, 186, 224-227, 228, 229, 230, *231*, 241, 243, 255, 256, *257*, 258, 260, 261, 263, 266, 267, 274, 276, 278, 279, *280*, 281, 282, *284*, 285, 292-294, 297, 303, 317, 318, 337, 359, 363, 364, 370, 372, 373, 375, 377, **380**, 389
Cwi 97
Cyrankiewicz Józef 34, 305, 338
Czerniaków Adam 28, 29, 39, 203-205, 308, 309, 318, 319, 321, 334--336, 349, 350, 366, **380**
Czerniaków Felicja 335
Czyżyk Cipora 230, *231*
Dawidowicz Tobcia 220
Dembińska Dorka 387
Diamand (Diamant) Abraham 95, 358, **380**
Diamand, ociec Abrahama 380

393

Domb 165, 166
Domb, rodzina 165, 166
Dubielowie 372
Dubiński Dawid 277, 374
Duński Cwi 44
Dylewska Jola 316
Eberl Imfried 343
Edek 163
Edelman Cecylia 17, 18, 20, 21, 57, 308
Edelman Natan Feliks 17, 18
Edelman Marek 11-13, *19*, *31*, 49, 52, 57, 60, 64, 68, 70-73, 95, 98, 101, 102, 104, 134, 158, 163, 166, 169, 170, 188, 190, 191, 193, 197, 198, 202, 205, 208, 224-227, 229, 233, 240-242, 246, 249, 253, 258, 266, 267, *268*, 269, 272, *280*, *283*, *287*, *299*, *306*, *311*, *314-316*, 318, 324, 329, 332, 334, 335, 337, 364, 369, 370, 372-375, 389
Edelman Marek, rodzina 17, 18, 34
Edelsztam 120, 121
Eichmann Adolf 327
Eiger Akiwa 380
Einstein Brucha 216
Ejger (Eiger) Abraham (Abram Josek) 98, 240, 241, 359, **380**
Engelking Barbara 375
Erlich Elek (Eliachu, Alek) 358, **380**
Erna 156
Faberfeld Henryk *90*
Fajgenblat Jakub (Jacek) 133, 134, **380**, 383-385, 389
Falkowa 76
Farber Josek (Josef) 89, 92, 94, 357, 379, **380**/**381**
Farber Josek 357
Farber, ojciec Joska 380
Feiner Abraham (Abram) *58*, 220
Feiner Leon 347, 369, 374
Feinmesser Bronisława zob. Warman Marysia
Filipek Włodzimierz 17
Fingerhod 131
Fingerhut Gienek (Genek) 133, **381**
First Izrael 379
Flsz (rodzina) 338
Fiszgrund Julek 224
Fiszgrund Salo 302, 337, 374
Fliderbaum Julian 368
Folman Chawka 297
Frania (Franka), łączniczka zob. Beatus Frania
Frania 18, 308
Frank Hans 336, 340, 354
Franka, łączniczka 148
Frasyniuk Władysław 36, 339

Fredlewski 113
Frenkiel Izio 60
Frenkiel Paweł 274, 275, 371
Friedman Zysie 247, 373
Frydman Renia (Zosia Skrzeszewska) 189, 194, 224, 367
Frydman Renia, rodzina 194, 367
Frydrych Cila 381
Frydrych Elżunia 249, 304, 305, *306*, *307*, 375, 381
Frydrych Zygmunt Załmen (Załman) 53, 249, 251, *252*, 255, 260, 293, 304, 335, 336, 351, 371, 378, **381**
Frymer Chaim 59, 68, 69, 76, 95, 101, *105*, 106, **381**
Fryszdorf Chana (Hanka) zob. Krysztal-Fryszdorf Chana (Hanka)
Fryszdorf Gabryś 107, 220
Fuchrer Mira 42, 377, **381**
Fuden Regina (Lilit) 130, 139, **381**
Gaik (Gajek) Władysław (Krzaczek) 104, 148, 149, 261, 263, 264, 269, 270, 293, 359
Galewski Marcel 344
Gancwajch Abraham 321
Gawisar Luba (Zielona Marysia) *159*, 229, 230, 235, *280*, 285, 286, 364
Gebert Konstanty (Dawid Warszawski) 188, 367
Gefen Lejb 127, 129, 361
Gefen Paweł 127
Gelblum Irena 76, 161, 163, 165, 229, 232, 238, 253, 267, 285, 286
Geller (Geler) Eliezer (Jan Kowalski) 114, 121, 126, 127, 129, 134-136, 139, 141, 142, 144, 146-149, 318, 329, 378, **381**/**382**, 385
Georg Willy 154, 155
Gepner Abraham 354, **382**
Gerke Hans Joachim 29, 84, 90, 91, 93
Giliński 308
Giterman Icchak 364
Glajtman Putermilch Masza 77, 82, 98, 102, 109, 133, 151, 230, *231*, 253, 262, 278, 289, 291, 292, 389
Glajtman Putermilch Masza, rodzina 49, 52, 53, 56, 57
Goldkorn Wlodek 374
Goldsztmit Henryk zob. Korczak Janusz
Goldsztein Bernard 325, 374
Goliborska Tosia (Teodozja) 295, 303, 337
Gomułka Władysław (Wiesław) 26, 267, 277, 332

Gorbaczow Michaił 30, 337
Gordon A.O. 347
Górny Jechiel **382**
Górny Jur 358
Grabowska 238
Grabowski Henryk 238, 292, 372, 392
Grajek Stefan 139, 144, 147-149, 166, 225, 294, 362
Grajek, żona Stefana 139
Grasberg Jurek 158, 160, 161, 166, 225, 229, 266, 282, 286, 364, **382**
Grasberg, matka Jurka 382
Greiser Artur 341
Growas Merdek (Mordechaj) 69, 70, 220, 382, **382**
Grupińska Anka 7-15, *211*, *301*, *314--316*, 364, 369, 370, 372-374
Gruzalc Lejb (Lewi, Lejwi) 57, 68, 69, *287*, **382**, 388, 390
Grynbaum Lejzor *23*
Grynberg Michał 356
Grynblatt Józef (Bednarczyk) 274, 276, 374
Grynszpan (Grinsztajn) Jurek 98, **382**/**383**
Grynszpan-Frymer Pnina 59, 71, 76, *105*, 230, *231*, 253, 262, 263, 270, 356-359, 378, 390
Grynszpan-Frymer Pnina, rodzina 81-83, 85, 86, 89, 95, 356
Guta, siostra Jurka Wilnera 391
Gutman Hanoch (Henoch) 70-72, 95, 97, 98, 239-243, 286, 380, **383**, 390
Gutman Israel 247, 273, 285, 372, 373
Gutmana Henocha przyjaciółka 286, 240
Guzik Dawid Daniel 165, 364
Hartglas Apolinary 354, 355
Heinsdorf Miriam 89, 92, 357, *383*, 384
Hela, siostra Szlamka Szustera 72
Held Adolf 277, 374
Heller Szymon 130, 141, 142, 144, **383**
Heller Szymon, rodzina 383
Herzl Teodor 325
Himelfarb Edek (Adek) 133, **383**
Himmler Heinrich 327, 328, 334, 341, 342, 343, 353
Hirszfeld Ludwik 173, 175, 178, 365, 391
Hirszfeld, żona Ludwika 173, 178
Hitler Adolf 21, 24, 26, 32, 33, 136, 327, 341, 345
Hlond August 30, 324, 337

394

INDEKS OSÓB

Hochberg Adolf 72, 73, 240, 251, 263, 269, 272, 291, **383**
Hochberg Dawid 69, *287*, 297, **383**
Hochberg, matka Dawida 383
Hoefle Hermann 352
Hoess Rudolf 327
Hornungowa 302
Igła Zygmunt 220, 380, 384, 385
Inka zob. Blady Szwajgier Adina
Iwińska Estera 305, 375
Jakubek (rodzina Jakubków) 121
Jan Paweł II 34
Jankielewicz Edek (Adam, Adek) 57, 60, **383**
Jaruzelski Wojciech 24, 30, 326
Jasiek z Częstochowy 270
Jaworski Seweryn 36, 339
Jelenkiewicz (Ostaszewska) Janka 188
Jeruminiak 125, 126
Joel 382
Josek zob. Ejger Abram 359
Jóźwiak Franciszek (Witold) 225, 281, 370, 374
Junghajzer Julek 382
Jurek zob. Wilner Arie
Jurek, harcerz 286, 290
Kac Mania 308
Kacenelebogen Franka 121
Kacenelebogen Jofka 120
Kacenelebogen Mosze 113
Kajszczak Bronisław 149, 151
Kamiński Aleksander (Hubert, Kazimierz) 28, 158, 160, 166, 224, 229, 235, 282, 336, 364, 382
Kanał Izrael 264, 318, 329, 369, **384**
Kanał Salo 384
Kanał, rodzice Izraela i Salo 384
Kapłan Josef (Józef) 39, 43, 89, 92, 317, 357, 377
Kapuścińska Janina 364
Kapuściński 364
Karmi Aron (Chmielnicki, Cholawski, Kucyk) 73, *150*, 230, *231*, 240, 243
Karmi Miriam *231*
Karmi Rachel *150*
Karmiego Arona kuzyn zob. Lerer Lutek
Karski Jan (właśc. Jan Kozielewski) 44, 279, 347, 369
Kaufman Mosze *58*
Kawa Hersz (Hesiek, Heniek) 136, **384**
Kawa, ojciec Hersza 384
Kawenoki Guta 133, 146, 380, **384/385**
Kawenoki Guta, rodzina 384

Kazimierz zob. Kamiński Aleksander
Kempner Kowner Witka 230, 371
Kielson Aleksander 197, 367
Kielson Dola 197 367
Kielson Hela 197, 201, 303, 367
King Martin Luther 24, 326
Kirszenbaum Menachem 347
Kiszczak Czesław 35, 339
Kleinwajs Michał 131, 133, 139, 146, 149, **385**, 387
Klemperer Victor 10
Klepfisz Gina *245*, *287*
Klepfisz Irena *301*, *307*
Klepfisz Michał 52, 97, 238, 243, *244*, 246, 286, *287*, 293, 308, 372, 373, **385**
Klepfisz Michał, rodzina 385
Klog Blima (Blumka) 304, 375
Koenigstein, chirurg 189
Koenigstein, laryngolog 189
Koenigstein, żona chirurga 189, 190
Kojfman Mojszele 216, 217
Kolbe Maksymilian Maria (właśc. Rajmund Kolbe) 24, 325, 326
Komorowski Tadeusz (Bór, Lawina) 26, 332
Konrad Franz 66, 67, 103, 137, 138, 140, 143, 145
Konrad Fritz 357
Koński Jehuda 132, 134, **385**, 386
Koński, ojciec Jehudy 385
Korczak Janusz (właśc. Henryk Goldszmit) 24, 193-195, 203, 326, 355, 365, 367
Korn Lea (Korun Lea, Leja) 133, 134, 146, 362, **385**
Korngold Lea 136
Kosowski Bolek 121
Kossak-Szczucka Zofia 190, 330
Kossower Róża 368
Kotarbiński Tadeusz 41, 346
Kowner Abba 230, 360, 371
Koza 60
Koziebrodzka Lea (Lonka, Krystyna Kosowska) 377, **385**
Koziebrodzkiej Lei ojciec 385
Krakowski 124
Krall Hanna 15, 28, 33, 35, 188, 190, 300, 313, 334, 335
Krótki Israel 382
Krupnik 165
Krysia zob. Biederman Sara
Kryształ-Fryszdorf Chana (Hanka) 106, 107, 220, 378, **386**, 390
Krzaczek zob. Gaik (Gajek) Władysław
Krzyżanowski 124
Kucyk zob. Karmi Aron

Kuroń Jacek 36, 339
Lalo zob. Windman Icchak
Landau Aleksander Lejb 86, 88, 89, 92, 94, 95, 357, 378, 380, 382, 384, **386**, 387
Landau Margalit (Emilia) 69, 89, 94, 357, 386
Lange Herbert 342
Lanzmann Claude 364
Lauber, prof. 185
Lebendiger Aba 114, 115
Lebendiger Aba, rodzina 114, 115
Lejkin Jakub 321, 382, 386
Lenin Włodzimierz (właśc. Władimir Uljanow) 18, 323
Lent Hersz 217, 220, 386
Lent Szaanan 101, 220, 358, 359, **386**
Lerer Cipora 240
Lerer Lutek 115, 116, 120, 121
Leszczyński 124
Lewental Szymon 132, 385, **386**
Lewin Lejzer (Eliezer) 139, 144, 362, **386**
Lewski Izio 382
Lichtenbaum Marek 318, 321
Lifszyc Pola 308
Lilit zob. Fuden Regina
Lipko, rodzina 41
Lis Bogdan 36, 339
Litman Josef (Józef) 89, 92, 94, 95, 98, 101, 104, 358, **386**
Litman, matka Józefa 92
Lodzia 106
Loth Feliks 181, 185, 189
Loth Feliks, rodzina 181, 185
Lubetkin Cywia (Celina) 71-73, 78, 98, 101, 104, 153, 163, 166, 169, 186, 224-227, *228*, 229, 230, *231*, 233, 241, 253, 266, 267, 269, 272, 277, 279, *280*, 281, 285, 291, 294, 303/317, 337, 363, 369, 375, 380, **386/387**
Lubetkin, ojciec Cywii 386
Lustiger Jean-Marie 175, 365
Łopata Chaim 247, 273
Machtyngier Leon 156
Makabi Juda 346
Makower Henryk 178, 365
Małka, siostra Pniny Grynszpan-Frymer 356
Manulak Bronka 102, 263, 358, **387**
Marczakowie 368
Margolis-Edelman Alina (Ala) 34, 166, 188, 189, 305, 364, 367, 375
Margolisowa Anna 188, 197
Mark Bernard 358, 359
Marrus Michael R. 330

395

Maselman Rysiek 102, 256, 261-264, 269, 270, 272, **387**
Mastbaum Róża 388
Maślanko Mieczysław 324
Matywiecki Anastazy (Nastek) 226
Mazurkiewicz, prof. 183
Mądry 260, 261, 265
Meed Vladka zob. Peltel Władka
Meisel Maurycy 380
Mende Gerhardt 350
Meremińscy 170
Meremińska zob. Blady Szwajgier Adina
Meryn Moniek 40, 42
Meryn Sewek 39
Michałowicz 183
Michel Henri 333
Michnik Adam 36, 339
Mikołaj I 170
Mikołaj II 170
Milejkowski Izrael 368
Miłosz Czesław 363
Mira, przyjaciółka Anielewicza 45
Mirosława, siostra Tadeusza Rajszczaka 358
Mitterrand Francois Maurice 30, 337
Morgenstern Jochanan 139, 144, 318, 362, **387**
Moritz 114, 115
Mosdorf Jan 323, 324, 325
Mosdorf, brat Jana 20
Mostowicz Arnold 309
Mubarak Hosni Muhammad 21, 325
Mussolini Benito 281
Nachman z Bracławia 22, 381
Naczelna zob.Braude-Hellerowa Anna
Najberg Leon 247, 373
Narutowicz Gabriel 30, 336
Natek 242
Natka 194, 195, 367
Neufeld 82
Neuman-Neurode 319
Neustadt Leon 364
Neustadt Melach (Melech) 286, 293, 354, 375, 392
Niewiadomski Eligiusz 30, 336
Niezabitowscy 171
Nowodworska 387
Nowodworski Dawid 133, 135, 142, 147, 149, 385, 386, **387**
Ogórek Chana 175, 178
Ogórek Chany dzieci 175
Opolion (Appolion) 130, 131, 361
Orzech Murycy 277, 278, *287*, 374, **387**
Osęka Janusz 33

Ostaszewska Janina 188
Pacholski 124
Pajewski Tadeusz 368
Papier Dawid 83, 86, 88, 89
Papier Mates (Matis) 95, 356
Papier Mendel 86, 88, 89
Papier Pnina zob. Grynszpan-Frymer Pnina
Papier Sara 86, 88, 89
Papier Zygmunt (Zisza, Zysiek) 86, 88, 89, 92, 94-96, 98, 101, 358, 359, **387/388**
Papier, rodzina Pniny Grynszpan-Frymer 81-83, 85-89, 95, 107, 109, 356
Pasamanik (Pasamonik) Rebeka 233, 371
Passenstein M. 350
Pat Jakub 277, 374
Pejsachson Idzia 39
Pelcer 356
Peltel Władka (Fajgele) 102, 286, 361, 378
Perec Icchok Lejbusz 36, 339
Perelman Mejloch (Mejlach, Majloch, Melach) 61-65, 68, 69, 289, 291, 292, **388**
Perlstein Leon 388
Pilotka 130, 131, 240
Pinkiert Mordechaj (Motl) *128*, 361
Pivot Bernard 14
Piwnik Jan (Ponury) 333
Plewczyńscy, synowie Janiny 192
Plewczyńska Janina 192
Płotnicka Chana 139, 141, **388**
Płotnicka Frumka **388**
Płotnickiej Chany ojciec 388
Pobóg (pseud.) 189
Pokropek 389
Połtorzycki Aleksander 99
Popiełuszko Jerzy 34, 338
Posner 170
Praga Rafał 303
Praszker Jakub 97, 276, 286, 359, 372, **388**
Przemyk Grzegorz 30, 337
Putermilch Chagit 382
Putermilch Jakub (Jakubek) 59, 73, 74, *75*, 76, *77*, 78, 109, 133, 134, 230, *231*, **388/389**
Putermilch Jakub, rodzina 389
Putermilch Masza zob. Glajtman Putermilch Masza
Pużak Kazimierz (Bazyli) 303, 375
Rabow Fejcze (Cipora) 383
Raczkiewicz Władysław 369
Rajszczak Feliks 265, 266, 358, 374
Rajszczak Tadeusz 96, 238, 358

Rajszczak Weronika 358
Rajszczak, żona Tadeusza 238
Rakowski Mieczysław Franciszek 34, 338
Rappaport 45
Ratajzer Kazik (właśc. Simcha Rotem) 70-73, *75*, 76, 82, 97, 102, 104, 161, 163, 165, 166, 186, *231*, *257*, 266, *268*, *280*, 281, 286, 291, 293, 294, 370-374, 381, 389
Ratajzer Kazik, rodzina 223, 235, 239, 260, 267
Reagan Ronald Wilson 30, 337
Ringelblum Emanuel 204, 274, 322, 342, 350, 355, 368, 391
Ringelblum, syn Emanuela 368
Ringelblum, żona Emanuela 368
Rodal Leon (Arie) 274, 371
Roerich 216, 217, 220, 379, 386, 389, 391
Romek 125
Ron Szmuel (Rozencwajg) 12, 39, 344, 346
Ron Szmuel, rodzina 41
Roosevelt Franklin Delano 277, 347, 369
Rotblat Lutek (Lejb) 233, 334, 372, **389**
Rotblat Lutek, rodzina 334, 389
Rotem Gina 239, 243, 373
Rotem Simcha zob. Ratajzer Kazik
Rotszajn Heniek 88
Rottenberg Wanda *231*
Rowecki Stefan (Grabica, Grot) 26, 332
Rozenblum-Szymańska Zofia 175, 178, 365
Rozenblum-Szymańskiej Zofii siostra 178
Rozencwajg 121
Rozencwajg zob. Ron Szmuel
Rozenfeld (Rojzenfeld) Michał (Michał Biały) 318, 334, **389**
Rozensztajn Ryfka (Stasia) 197, 201, 202, 217, 225, 253, 255, *287*, 294, 295, 297, *298*, *299*, 300, 304, 367, 375
Rozensztajn Rytka, rodzina 297
Rozental Mordechaj 113, 114
Rozowski Lejbl 291
Rozowski Welwł (Welwel) 197, 213, 216, 217, 220, 291, 294, 297, 302, 386, **389**
Rozowski Welwł, rodzina 202, 297
Różański Elek 382
Rufeisen-Schüpper Hela 362
Rumkowski Chaim Mordechaj 309, 375

INDEKS OSÓB

Rut 334
Rybicki Józef 276
Rychter, dr 183
Sadat Anwar 325
Sadowska Barbara 337
Sak Józef 225, 253, 255, 370
Sammern von, Ferdynand 329
Sawicka Marysia 225, 226, 253, 255, 260, 268, 367, 372, 373
Sawicka Paula 300
Schilling 383
Schoen Waldemar 319
Schultz F. *54, 55*, 342, 353
Schultz K.G. 353, 387
Schwarzbart Ignacy 279, 281, 368, 375
Siewierska Alina 238, 255
Siewierski Stefan 238, *257*, 268, 372, 373
Sikorski Władysław 369, 373
Silverstein Lea (Lodzia) 166
Siła-Nowicki Władysław 210, 369
Skrzeszewska Zosia zob. Frydman Renia
Sokrates 11
Sosnkowski Kazimierz 373
Spasowski Władysław 41, 42, 346
Stach 106, 109
Stalin Józef (właśc. Dżugaszwili) 24, 30, 184
Stangl Franz 343
Starzyński Stefan 375
Stasia zob. Rozensztajn Ryfka
Stasiek 116, 125
Staśka siostra 125
Stefa 358
Stolak Abram 60, 96, 102, 263, 358, **389**
Stroop Jurgen 329, 358
Strykowski Michał 371
Strzelecka Jadwiga 165, 166
Syrkin Nachman 357
Szafirsztajn Ryfka 387
Szajntal Szymon 387
Szapiro Paweł *316*
Szczepaniak 385
Szejngut Tuwia (Tadek) 149, 161, 261, 263, 264, 270, 372, **389**
Szeryński Józef Andrzej 205, 240, 318, 321, 369, 384
Szlojmele 98
Szmerling Mieczysław 383
Sznajdmil Berek (Abraham, Szmuel, Adam) 70, 98, 276, 286, *287*, **389/390**
Szniper Dow 106, 107, 378, **390**
Szpigiel Bronek (Baruch) 73, 78, *214, 218, 287*, 302, 359

Szpigielman 170, 197
Szulman Meir 43
Szuster Szlamek (Szlomo) 71-73, 104, 240, 241, 243, 253, 263, 269, 272, 291, 383, **390**
Szuster Szlamek, rodzina 390
Szwajgier (Blady) Adina zob. Blady Szwajgier Adina
Szwarc Meir 139, 141, 146, **390**
Szwarc Szlojme 220
Szwarcfus Adam 383
Szyfman Leja (Lea) 57, 60, 69, **390**
Szyfman Miriam 57, *58*, **390/391**
Szymańska zob. Rozenblum-Szymańska Zofia
Śledziewski Wacław 102, 359
Świdowski Władysław 170, 175, 186, 197, *207*
Święcicki Tytus 32, 337
Świętochowski Władysław 302
Śwital Stanisław 33, 337, 364
Tabaczyński Benamin 277, 374
Tacyt 10
Tadek zob. Szejngut Tuwia
Tamar 70, 354, 382
Tania 18
Tasenkraut Berl 382
Tencer Kalman 39
Tenenbaum Mordechaj 317
Toebbens W.C. 89, 131, 132, 134-136, 139, 144, 237, 240, 258, 352, 385, 386
Trumpiański 308
Trzeciak Stanisław 21, 30, 325
Wacek 256, 261, 264, 269, 270, 272
Wajs Kuba 133
Wajsgruz Minia 216
Wald Beniamin 136, 237, 239, 240, **391**
Wald Misza 130
Wałęsa Lech 338
Warman Jerzy 391
Warman Marysia (Bronisława Feinmesser) 192, 225, 266, 286, 305, **391**
Warman Zygmunt 204, 225, 337, 368
Warszawski Dawid zob. Gebert Konstanty
Wasilewska Wanda 308
Wasser Bluma 358
Wasser Hirsz 358
Wąchalska Anna 251, *254*, 255, 256, 260, 268, 372, 373
Wdowiński Dawid 274, 371, 374
Weil Simone 313
Węgrower Jehuda (Juda) 68-70, 72, 101, 102, 151, 290, 334, **391**

Wiernik Jakub 216, 369
Wiernik Lola 216, 217
Wilczyńska Stefa 193, 194, 367
Wilner Jurek (Izrael, Chaim, Arie) 43, 161, 163, 237, 238, 276, 278, 292, 293, 297, 334, 369, 372, 388, **391/392**
Wilner, ojciec Jurka 391
Windman Icchak (Lalo) 270, 374
Windmana Icchaka siostra 270
Winogron Esterka 193, 194, 367
Winogron Szlomo 383
Witold zob. Jóźwiak Franciszek
Władka zob. Peltel Fajgele
Włocławski 94, 358
Wojciechowski Czesław 102, 359
Wolf Helena 183
Wolski Mieczysław 368
Zalcman Bruch 216
Zalcman Pnina 70
Zandman Abraham 382
Zandman Pnina 334, 354
Zarchi Alik 197
Zarchiego Alika siostra 197
Zarzycki 281
Zawadzki 115
Zieja Jan 30, 336
Zielona Marysia zob. Gawisar Luba
Ziemian Józek 305
Zimand Roman 14, 330, 335, 336
Zofia 45, 46
Zofii córka 46
Zołotow Jurek 387
Zosia zob. Frydman Renia
Zuckerman Ilana 125
Zweibaum Juliusz 178, 365
Zycher 53
Zyferman 304
Zygielbojm Szmuel 205, 309, 368, 369, 375, 382
Zygielbojm Szmuel, rodzina 369
Zylberg, matka Luby Gawisar 153, 156, 158, 160, 161
Zylberg, ojciec Luby Gawisar 153, 156, 158, 160, 161
Żabotyński Włodzimierz 348

1 – **Judenrat**, ul. Grzybowska 26/28 (pierwsza siedziba)
2 – **Judenrat**, ul. L.Zamenhofa 19 (siedziba po Wielkiej Akcji)
3 – **komenda Żydowskiej Służby Porządkowej**, ul. Krochmalna 32 (pierwsza siedziba)
4 – **komenda Żydowskiej Służby Porządkowej**, ul. Ogrodowa 15/17 (siedziba po Wielkiej Akcji)
5 – **szpital zakaźny**, ul. Stawki 6/8
6 – **Werteerfasungstelle**, ul. Niska 4-20
7 – **Befehlstelle**, ul. Ogrodowa 17 (pierwsza siedziba)
8 – **Befehlstelle**, ul. Żelazna 103 (siedziba po Wielkiej Akcji)
9 – **bunkier Komendy Głównej ŻOB-u**, ul. Miła 1
10 – **wyjście z kanału przy ul. Ogrodowej**
11 – **wyjście z kanału przy ul. Prostej**
12 – **wejście do getta zaminowane przez powstańców**, ul. Franciszkańska
13 – **wejście do getta zaminowane przez powstańców**, ul. Nowolipie
14 – **dom przy ul. Leszno 84** (od kwietnia 1941 punkt zbiorczy dla wywożonych z getta do obozów pracy przed Wielką Akcją i do ośrodków zagłady w czasie powstania kwietniowego; także Arbeitsamt)
15 – **miejsce jednej z akcji solidarnościowych AK**, skrzyżowanie ulic Bonifraterskiej i Sapieżyńskiej
16 – **miejsce jednej z akcji solidarnościowych GL**, skrzyżowanie ulic Franciszkańskiej i Nowiniarskiej
17 – **most nad ulicą Chłodną**, przy skrzyżowaniu z Żelazną
18 – **dom przy ulicy Leszno 18** (baza ocalałych przywódców powstania, od momentu opuszczenia getta do wybuchu powstania warszawskiego)

Getto warszawskie
22.07.1942